中国文化产业创新研究

汪振军　著

河南人民出版社

图书在版编目(CIP)数据

中国文化产业创新研究 / 汪振军著. —郑州:河南人民出版社,2011. 12
ISBN 978 - 7 - 215 - 07421 - 7

Ⅰ. ①中… Ⅱ. ①汪… Ⅲ. ①文化 - 产业 - 研究 - 中国 Ⅳ. ①G124

中国版本图书馆 CIP 数据核字(2010)第 223411 号

河南人民出版社出版发行
(地址:郑州市经五路 66 号　邮政编码:450002　电话:65788037)
新华书店经销　　河南省瑞光印务股份有限公司印刷
开本　710 毫米 × 1000 毫米　　1/16　　印张　20
字数　300 千字
2011 年 12 月第 1 版　　　2011 年 12 月第 1 次印刷

定价:49.00 元

目录

第一章 什么是文化软实力

随着全球政治、经济、文化的交融，软实力的概念受到国际社会的普遍重视，软实力与硬实力相对应，日益成为一个国家综合国力的一部分。文化作为软实力的主要承载者，对于一个国家的发展至关重要。文化软实力越来越对一个国家政治、经济、社会发展产生深远的影响，成为一个国家参与国际竞争的决定性力量之一。

一、什么是软实力

软实力(Soft Power)，也称“软力量”，最初由美国哈佛大学教授约瑟夫·奈于20世纪90年代提出的。按照他的观点，软实力是与传统的国家军事和经济力量等组成的硬实力(Hard Power)相对应的一个概念。一般来说，软实力是指能够影响他国意愿的精神力量，包括政治制度的吸引力、价值观的感召力和文化感染力等因素。

软实力主要体现在“软”上。它不是强硬的征服、压制、威逼、利诱，而是通过吸引、感染、感动、影响，无形中同化人、说服人、改变人的思维方式、价值观念、行为方式。应该承认软实力也是综合国力竞争的重要组成部分，它与代表硬实力的政治、经济、军事、科技同等重要。约瑟夫·奈认为：“所谓软实力，就是一国通过吸引和说服别国服从你的目标从而使你得到自己想要的东西的能力。”约瑟夫·奈把软实力概括为导向力、吸引力和效仿力，是一种同化式的实力，是一个国家思想的吸引力和政治导向的能力。

约瑟夫·奈更多的是从政治和国际关系的角度来阐释软实力，强调软实力的重要性。实际上软实力的概念所包含的内容远比他讲得复杂。比如一个国家悠久的文化传统、崇高的文化价值、良好的道德风尚、优雅的处事方式、精美的文化产品、正确的外交理念、强大的传播能力、积极的处世心态、和谐的人际关系、巨大的品牌价值以及国家交往中的亲和力、影响力、号召力等，都属于软实力的范畴。

其实，对于软实力重要性的发现并不是从约瑟夫·奈开始的。早在1840年，法国历史学家、社会学家托克维尔在《论美国的民主》一书中就指出，昔日的君主只靠物质力量进行压制，而今天的民主共和国则靠精神力量进行压制，连人们的意志它都想征服。历史已经验证了托克维尔的话。美国虽然只是一个移民国家，没有多长的历史，但其经过200多年的发展却创造了奇迹。如今，美国不但在经济等硬实力上成为世界强国，而且在软实力上也已成为文化强国。人们在消费它的物质产品的同时，也无形中受到其文化的影响。

今天，我们都知道文化人类学家本尼迪克特的名著《菊花与刀》。其实这本书写作的背景是：二战后期，美国人除了想利用军事手段，还在思考如何用另一种手段对付日本。当时形势非常严峻，美国人考虑：日本人将会干什么？能否不进攻日本本土就使其投降？对于日本本土及日本军队的宣传中，应该怎样减少牺牲美国人和如何削弱日本人战斗的意志？1944年6月，本尼迪克特奉命研究日本。她本人虽然没有直接去过日本，但通过大量的资料和访问，深入分析了日本人的国民性格、文化矛盾、价值观念、行为方式，最终将一个完整的日本文化模式呈现了出来。该书以研究报告的形式上报美国政府后，对于美国认识日本起到了重要作用。这就说明，美国在二战期间就已经意识到软力量的重要性。

本尼迪克特在谈到《菊花与刀》的写作时说："本书不是一部专门论述日本宗教、经济、政治或军事的著作。它考察日本人关于生活方式的臆想。它描述这些臆想在各种现实活动中的表现。它讲清楚是什么东西使日本人成为这样一个日本人的国家。"①也就是这本书为本尼迪克特赢得了巨大声誉，并成为全世界研究日本文化的权威著作。

美国之所以能在今天成为世界上最强大的国家，一个很重要的原因就是对于文化的重视。本尼迪克特的成名也在于她用一种全新的眼光看待文化。其实在《菊花与刀》之前，她曾写过一本《文化模式》，已展现出她对文化的独特看法。她认为，文化行为虽是地域的，人的所作所为虽然千差万别，但无论怎样孤

---

① 本尼迪克特著，孙志民译：《菊花与刀》，九州出版社2005年1月第1版，第10页。

立的行为彼此之间都有某种内在联系；而比较研究可以使人们注意那些自己没办法理解的事，并对日常琐碎习惯和家常事务进行研究，“当这些最不引人注目的东西被投身在全民族的屏幕上时，它们对于一个民族未来的影响远比外交家们签署的条约影响要大得多”。正是本尼迪克特发现文化软力量的重要性，后来她的《菊花与刀》才成为文化研究的典范之作。

软实力是相对于硬实力而言的，我们在分析研究软实力的过程中必须正确看待两者之间的关系。

硬实力与软实力既紧密联系，又相互区别。它们不是简单的加减关系，而是相辅相成、相互制约和协调发展的关系。硬实力是软实力的有形载体、物化，而软实力是硬实力的无形延伸。在当前全球化浪潮、信息革命和网络时代的大环境下，硬实力的重要性显而易见。但软实力则具有超强的扩张性和传导性，能超越时空，对人类的生活方式和行为准则产生巨大的影响。

概而言之，硬实力的核心是经济，软实力的核心是文化。经济是物质的，文化是精神的，物质和精神构成了人类生活的两个重要方面。

那么文化与经济到底是一种什么样的关系？

首先，经济与文化发展密不可分。

历史上经济发展的轨迹与文化兴衰的脉络是两条同频共振、互生互长的曲线，呈现高度正相关。一个社会经济发展水平高，文化发展的水平相应地也高，两者相互依存、相互促进、相辅相成。一方面，经济是文化发展的基础，没有充分的物质条件作保障，文化很难达到很高的层次和水平。中国的盛唐和两宋之所以成为中国文化的高峰，创造了千古相传的唐诗和宋词，就是因为这段时期是中国封建社会历史上经济、政治最为发达的时期。中国古人曾讲过：“仓廪实而知礼节”。只有老百姓有饭吃，有衣穿，温饱问题解决了，人才能文明起来。另一方面，文化对经济的发展具有反作用。虽然我们讲物质决定精神，但精神也有自身的能动作用，对物质的发展产生一定的影响。历史上经济与文化发展的不平衡现象比比皆是。如先秦时期的春秋战国，是历史上的动乱时期，但恰恰这段历史的环境产生了“百家争鸣”的局面。再如魏晋时期，社会动乱，恰恰为文人的精神创造提供了一个自由宽松的环境，魏晋玄学与“竹林七贤”成为历史绝唱。从历史发展的总体而言，经济与文化的发展基本上是平衡的。有什么样的物质生活水平，就有什么样的精神文化水平。我们不可能再过远古时期的那种刀耕火种小国寡民的生活，古人也不可能享有我们今天的电影与网络。与时俱进，经济与文化协调发展，是整个硬实力与软实力发展的规律。

其次，文化与经济融合之势日趋明显。

如果说在农耕经济和工业经济时代，经济与文化互为一体表现得还不充分、还不深入，那么随着现代经济的发展，特别是知识经济、创意经济时代的到来，文化的经济属性越来越强，经济的文化内涵越来越多，文化与经济逐渐相互交融、共生发展，经济文化化、文化经济化、经济文化一体化的趋势日益明显。经济文化化是经济发展的必须趋势。肯德基、麦当劳代表的快餐文化；IBM、戴尔、惠普、微软代表的电脑文化；劳斯莱斯、凯迪拉克、雪铁龙代表的汽车文化等，物质产品的品牌化就是经济的文化化。同样，美国新闻集团、时代华纳所代表的传媒文化；好莱坞所代表的电影文化；迪士尼所代表的娱乐文化等，则是文化经济化的典型。当今世界文化与经济发展已经难分难解，文化产业作为一种新兴产业已经完全打破了文化与经济的界线。硬实力与软实力的结合成为今天社会发展的普遍现象。过去有一种说法叫"文化搭台，经济唱戏"，其实，这是对文化与经济的错误理解。文化不能只是经济的配角，文化自身也应该是主角并成为经济发展中的一支重要力量，文化产业就是文化经济。从两者之间的关系看，经济发展需要以文化作为基础、动力、指导、灵魂、目的，文化发展需要与经济相结合，文化只有走向市场才能产生应有的社会效益和经济效益。

最后，文化作为软实力的影响日益强大。

文化特有的兼容、大众、多样、渗透、传承等重要属性，与现代经济发展的开放性、服务性、创新性、知识性、品牌性等重要趋势相互呼应，产生了极大的聚变效应，使文化的影响力和辐射力大大增强，成为提升综合实力和核心竞争力的加速器和倍增器。文化以物质和非物质形式对于现实世界发挥着巨大的作用，文化产业是物质与精神的统一体。文化生产、传播、营销也需要一定的技术与物质作为支撑。"作为经济体系的一部分，文化产业既是一种硬实力资源，又是一国文化软实力的物质基础。文化产业受益于潜在的文化软实力，从文化中获取养分，也实现着潜在的文化软实力，甚至创造性地提升一国的文化软实力。"①

---

① 北京大学中国软实力课题组：《软实力在中国的实践》，人民网—理论频道 2008 年 3 月 5 日，http://theory.people.com.cn/GB/41038/6957719.html.

马克斯·韦伯认为,宗教观念与习俗的某些转型是资本主义在西方兴起的文化前提。20世纪下半叶的西方新制度经济学家们则发现,没有一系列制度的变迁,一次又一次的技术革命都是不可能实现的。中国改革开放所取得的巨大成就充分证明,没有解放思想、改革开放、市场经济观念的确立,中国不可能取得经济发展的突飞猛进。如今,文化作为软实力越来越显示其重要的作用。党的十七大报告指出,"当今时代,文化越来越成为民族凝聚力和创造力的重要源泉、越来越成为综合国力竞争的重要因素"。随着国际形势的变化,原来用军事征服的方式已经逐渐演变为文化的渗透。发达国家通过发展文化产业,将自己的文化产品输送到弱小国家,从而在不知不觉中改变了弱小国家的文化价值观。这种"文化殖民"的现象被学术界称为"后殖民现象"。从经济的角度看,文化产业作为新的经济增长点,已经成为发达国家实现产业转移和产业升级的主要方式。从外交的角度看,"不战而屈人之兵",发挥软实力的重要作用已成为国际外交的新趋势。

二、文化软实力的内涵

文化是人类创造物质财富和精神财富的总和。文化又分为物质文化、制度文化和思想文化三个层次。文化作为软实力,包括物质文化的生产力、制度文化的约束力和思想文化的吸引力。就目前的情况而言,虽然人们对于"文化软实力"这一概念已经普遍认可,但什么是文化软实力?文化软实力包括哪些内容?则没有形成一致看法。笔者认为,文化软实力主要包括五个方面:价值理念、社会风尚、文化遗产、文化事业、文化产业。

1. 价值理念

价值理念是指人们对周围的客观事物的意义、重要性的总评价和总看法。不同的地区和民族有不同的文化价值理念,但是全世界和全人类又有共同的文化价值理念。从价值的分类看,有科学价值、人文价值、宗教价值、审美价值、道德价值等,人类对于外部世界的看法形成了系统的价值观。价值观最终取决于人生观和世界观。真、善、美是全人类文化的普遍价值和最高价值。价值观决定了人们对于世界、对于自然、对于社会、对于他人的看法。一种文化固然包含多个层次,但最深层的和最本质的应该是它的核心价值理念。一种文化有没有竞争力和影响力,就在于它的核心价值能不能说服别人、打动别人并得到人们的普遍认同。文化既具有地域性和民族性,又具有世界性和普适性。老子、孔子与西方的柏拉图、亚里士多德,他们的思想一样具有永恒的魅力。中华民族在漫长历史过程中形成了自己稳固的价值理念,即使在当代也同样有价值,有意义,具有普遍性,并且在深层意义上与西方的文化价值理念息息相通。比如"天人合一"、"自强不息"、"厚德载物"、"己所不欲,勿施于人"、"君子和而不同"、"道并行而不悖"、"礼之用,和为贵"、"协和万邦"等在今天仍具有现实意义。西方文化尽管与中国文化有较大差异,但"平等"、"自由"、"博爱"、"科学"、"民主"、"法治"、"公平"、"正义"等一系列的文化价值理念无不是人类思想的精华,值得中国人学习、借鉴和使用。因此,对待中西文化,包括对于古代文化,没有必要采取中西对立、古今对立、今是昨非的态度。"凡是敌人拥护的,我们就要反对;凡是敌人反对的,我们就要拥护。"这种不分青红皂白的对立思维只能将自己置于孤立无援的境地。特别是在当代全球化的语境下,在各种思想文化多元并存和相互交融的情况下,还采取自我封闭、唯我独尊的姿态,已经不能适应形势的发展和变化。我们应该采取一种既尊重差异、包容多样,又注重自我、发展自我的态度。对于各种文化价值理念,我们应该吸取其精华,剔除其糟粕,在经济、政治、文化和社会建设中树立起我们的核心价值体系,用中国特色的文化理论凝聚全社会的力量,用改革创新和开拓进取熔铸新的民族精神,不跟风、不盲从,体现中国个性与中国品格,这才是中国独立于世界文化之林的根本。

2. 社会风尚

社会风尚是文化的晴雨表和风向标。如果说,价值理念是文化的深层结构,社会风尚则是文化的显在结构。人们从一个地区、一个民族、一个国家的社会风尚很容易地感知到文化的存在。社会风尚的形成具有历史性和当下性。所谓历史性,是说社会风尚的形成有一个长时间的积淀和积累过程。所谓当下性,是说社会风尚的历史性是通过当下表现和反映出来的。好的社会风尚体现了一个社会文明的厚度与高度,它表现出来的是民风的纯正,长幼的有序,社会的正气,行为的刚正,家庭与社会的和谐,公平与正义的实现。俗话说"十里不同风,百里不同俗"是讲地域文化的差异性。但地域文化也有共同性,全社会要有一个大家共同遵守的良性规范和道德底线,这样,这个社会才能形成共识,才能稳定和谐。比如热爱祖国、尊老爱幼、见义勇为、诚实守信、男女平等、互助互爱、恪尽职守等,对于形成好的社会风气至关重要。好的社会风气是一种竞争力,也是一个地区的生产力。社会风气好了,自然就有更多的人愿意与你交往,就会吸引更多的人来经商,在对外交往和经商的过程中也取得了别人的信任。因此,好的社会风尚蕴藏着巨大的精神能量和物质能量。好的社会风尚需要每个人努力才能形成,要靠点点滴滴的积累才能形成。好的社会风尚还具有向心力、凝聚力和感染力,任何不道德的行为、违法的行为和犯罪行为都会在文明的社会中日益减少,任何自然灾害和困难都会在文明的社会中得到克服。社会风尚作为一种软力量,无时无刻不在规范着人、感化着人、影响着人,让人变得文明,变得自信。

3. 文化遗产

文化遗产是历史留下的文明财富,是文明的历史见证,是存活的历史记忆。文化遗产包括有形文化遗产和无形文化遗产。有形文化遗产或称物质文化遗产,即具有重要历史、艺术、科学价值的文物、建筑群和遗址等。如北京的故宫、天坛,西安的兵马俑,河南的龙门石窟等。无形文化遗产也称非物质文化遗产,主要是指具有较高历史和艺术价值的传统戏剧、音乐、文学、美术、工艺技术及生产生活知识、节日习俗等。如京剧、昆曲、木版年画、太极拳、书法、瓷器、春节、中医等。总的来说,物质文化遗产是指已经出土的和尚埋在地下的各种可移动的文物(历史典籍、艺术品、各种器物等)及不可移动的历史遗迹、遗址(建筑、壁画、古村落、石刻等)。非物质文化遗产则包括今天的民俗文化和民间文化,即世代相传的、具有民族特色的衣食住行、生产风俗、信仰风俗、节日风俗、岁时风俗、人生礼仪以及生产知识、医药保健知识等。文化遗产具有不可再生性和不可替代性。一些文化生态环境被破坏之后,文化就会很快消亡。文化遗产之所以是软实力,就在于文化遗产不仅具有认识价值、教育价值、审美价值、娱乐价值,还具有文化产业再生产的价值。文化遗产是文化开发和利用的基础,是新文化创造的动力和源泉。文化遗产是一个国家文化历史悠久与厚重的证明,是文化传统的承载者,也是后人文化创造的根基。特别是在今天,随着科学技术的发展,现代生活方式的改变,文化遗产的价值就更加明显地体现出来。我们之所以要珍惜我们的文化遗产、保护我们的文化遗产,更重要的原因是,我们要让古老的文化在当代发挥重要的作用,成为民族文化创新的资本,让文化的血脉一代一代地延续下去。

4. 文化事业

文化事业单位是指在文化领域从事研究创作、精神产品生产和文化公共服务的组织机构。文化事业涵盖门类多,单位分布广。如演出事业单位,包括剧团、乐团、歌舞团等;艺术创作事业单位,包括艺术创作院所、艺术中心、音像影视中心等;图书文献事业单位,包括图书馆、档案馆、文献信息中心等;文物事业单位,包括文物保护站、文物考古队(所)、博物馆、纪念馆等;群众文化事业单位,包括群众艺术馆、文化馆(站、宫)、青少年宫、俱乐部等;广播电视事业单位,包括广播电台(站)、电视台、转播台(站)等。文化事业的主要任务是为社会提供精神产品和各种公共文化服务,保障广大人民群众的文化权益,提高全社会的文化素质,活跃全社会的文化气氛,激发全社会的创造激情。因此,文化事业的性质是公益性的,它不以赢利为目的,它是普及性的,面向广大农村和城市的最基层群众。文化事业之所以成为软实力的重要组成部分就在于它是衡量一个国家和地区文化发展和文明水平的重要标尺。当前我国文化事业建设的重点是构建全方位的公共文化服务体系,包括公共文化基础设施的建设,如图书馆、文化馆、博物馆、展览馆等;公共文化服务工程建设,如广播电视村村通工程、文化信息资源共享工程、乡镇综合文化站和基层文化阵地建设工程、农村电影放映工程、农家书屋建设工程;以及开展各种各样公益性的文化活动。建设公共文化服务体系的核心重在"服务"二字,即不断提高公共文化产品生产供给能力,满足广大人民群众的多元文化需求。在现阶段,政府对于文化事业的投入和人均文化事业费是考核文化软实力的重要指标。公共文化设施的建设与公共文化活动的开展也是文化软实力的重要体现。

5. 文化产业

文化产业是相对于文化事业而言的。如果说文化事业是公益的、免费的,那么文化产业则是经营的、市场的。联合国教科文组织对文化产业的定义是:按照工业标准,生产、再生产、储存以及分配文化产品和服务的一系列活动。"文化产业"(Culture Industry)一词最早源自德国法兰克福学派的"文化工业"(Culture Industry)。文化产业是在全球化的消费社会背景中发展起来的一门新兴产业,被公认为21世纪的"朝阳产业"或"黄金产业"。20世纪90年代初,美国前总统克林顿提出了文化产业(Culture Industry)的概念。几年后,英国前首相布莱尔又提出 Creative Industry 的新概念，被译为“创意产业”或“创造型产业”。2000 年 10 月，在党的十五届五中全会通过的《中共中央关于制定国民经济和社会发展第十个五年计划的建议》中，第一次在中央正式文件中使用了“文化产业”这一概念。党的十六大和十七大文件中都将“文化产业”作为重要的概念提出。2004 年，国家统计局在与中宣部及国务院有关部门共同研究的基础上，制定了《文化及相关产业分类》，将文化及相关产业概念界定为：“为社会公众提供文化、娱乐产品和服务的活动，以及与这些活动有关联的活动的集合。”根据这一概念，文化产业分为三个层次九大类，即文化产业核心层包括：(1)新闻服务，(2)出版发行和版权服务，(3)广播、电视、电影服务，(4)文化艺术服务；文化产业外围层包括：(5)网络文化服务，(6)文化休闲娱乐服务，(7)其他文化服务；文化产业相关层包括：(8)文化用品、设备及相关文化产品的生产，(9)文化用品、设备及相关文化产品的销售。现在，文化产业已经成为国际社会衡量文化软实力的最重要的指标。文化产业在国民生产总值中的比重日益为人们所重视，而成为国际社会衡量一个国家文化实力与综合国力的硬指标。

三、文化软实力的表现

文化软实力需要载体，也需要表现。文化软实力的打造离不开科学技术的推动，离不开文化内容和形式的不断创新，离不开一定的具体的历史环境。文化软实力的增强，既要依靠它强大的生产能力，也要依靠它自身的文化内涵和艺术魅力。

1. 文化生产力

文化生产力是相对于物质生产力而言的。物质生产力早在 100 多年前马克思的著作中就已经出现，并且成为人们耳熟能详的名词。20 世纪 80 年代改革开放初期，我们提出了“科技生产力”的概念。进入 21 世纪，我们又提出了“文化生产力”的概念。党的十六届四中全会第一次提出：“深化文化体制改革，解放和发展文化生产力。”2006 年颁布的《国家“十一五”时期文化发展规划纲要》指出：“坚持树立新的文化发展观，不断深化对文化发展的地位、方向、动力、思路、格局和目的的认识，冲破一切束缚文化发展的思想观念、做法、规定和体制机制性障碍，不断解放和发展文化生产力，促进文化与经济、政治、社会协调发展。"至此,文化生产力走向历史的前台,进入当代文化发展的视野,成为文化发展的中心。

其实,早在《1844年经济学哲学手稿》中,马克思就提出了人的精神生产的问题。他指出:"全部人的活动迄今都是劳动,""宗教、家庭、国家、法、道德、科学、艺术等等,都不过是生产的一些特殊的方式,并且受生产的普遍规律的支配"。[①] 这里讲述的宗教、法、道德、科学、艺术等概念都属于文化的范畴,也即精神的范畴,与物质生产相比,它们是特殊的生产,但同时又受着"生产的普遍规律的支配"。

马克思在他晚年写作《巴枯宁〈国家制度和无政府状态〉一书摘要》时更明确地提出了"两种生产力"的概念:"……平原和山区的差别,沿河流域、气候、土壤、煤、铁、已经获得的生产力(物质方面和精神方面的)、语言、文学、技术能力……"[②]在这里,马克思把生产力的种类作了区分,即物质方面的生产力和精神方面的生产力,二者共同构成了生产力的内容。

今天我们之所以特别提出"文化生产力"的概念,是与当今经济文化发展的新趋势密切相关的。一是随着科学技术的推动,文化的生产方式发生了重要的改变。原来传统的、作坊式的文化生产已经被现代化的大机器工业流水线式的生产方式所取代。文化的批量生产和复制使得文化生产的成本大幅度下降。二是随着市场经济在各国的迅猛发展,文化也作为商品进入市场。原来属于事业的、有计划的文化生产,越来越被市场化的生产所取代。文化再也不是象牙塔里的东西,而是变成大众可以消费的文化商品。三是文化生产者角色发生了重大变化。过去,文化艺术的创造完全是艺术家、文学家的事,一般人没有条件、没有资格去从事艺术创造。现在,随着网络的普及和技术的进步,每个有才华的人都可以随心所欲地进行创作和传播。独立电影、DV拍客、个人博客、网络小说、数字摄影、数字出版、动漫游戏、手机短信、微博等,每个人都可能借助非常便利的传播手段将自己的作品传播出去。整体来讲,现在的文化已经进入一个全民创意和消费时代。只有想不到,没有做不到。文化生产力的解放使文化进入一个民主化、大众化、商业化的时代。衡量文化生产力开始运用数字指

---

① 《马克思恩格斯全集》第42卷,人民出版社1979年版,第127页,第121页。

② 《马克思恩格斯全集》第18卷,人民出版社1964年版,第682页。

标，点击率、收视率、发行量、排行榜、票房、利润、出口量等都是文化生产力的具体体现，也是衡量国家软实力的量化指标。

2. 文化感召力

文化软实力重在“软”字上。所谓“软”，就是它不是生硬的说教、不是命令、不是高高在上，而是以理服人、以情动人、以美悦人。文化的“软”是以文化特有的方式和特有的力量悄悄地改变人、打动人、感化人。文化只有以“软”的方式才能达到“润物细无声”的效果。当文化在人们心中激起层层涟漪，让人心悦诚服，让人为爱动心，让人为美动容的时候，文化产品才有市场，才能得到较高的经济回报。由此看到，文化的“软”又是与经济的“硬”联系在一起的。

文化的感召力，也就是文化的吸引力，其主要表现方式有三：

一是理。天下万物，皆有道理贯穿其中。文艺作品只有将其中的理讲清楚，让人觉醒、开悟，才能受到人们的欢迎。比如老子的《道德经》之所以能流传至今，就在于它将纷繁复杂世界的道理讲清楚了。《道德经》中很多名句一直为人们所传诵。如“上善若水”、“天下之至柔，驰骋天下之至坚”、“有无相生、难易相成，长短相形、高下相倾”、“大器晚成”、“大音希声、大象无形”、“大巧若拙”……老子的这些话既说出了自然界和人类社会生存的道理，又给人们以生存的智慧。这些至理名言在今天仍然启迪着人们的心智。再如宋明理学讲的“月印万川”形象地说明了“理”的普遍性和渗透性。文化的作用就是揭示事物内在之理，让人启蒙，心灵敞亮。

二是情。文学艺术最关键的是要以情动人。因为人的喜、怒、哀、乐都是人生的经历和体验，都和人的生活与追求相关。文学艺术作品中的情，既是日常生活人们感情的写照，也是人类感情的升华。它源于生活又高于生活，具有典型性。人们在阅读和欣赏这些作品的时候，既能得到心灵的共鸣，又能得到情感的释放与升华。如“床前明月光，疑是地上霜。举头望明月，低头思故乡”表达的是一种乡情；“渭城朝雨浥轻尘，客舍青青柳色新。劝君更尽一杯酒，西出阳关无故人”表达的是一种友情；“红豆生南国，春来发几枝。愿君多采撷，此物最相思”表达的是一种爱情……正是文学作品表达了人类的种种感情，才满足人们各种各样的精神需求，文学才得以永恒。

三是美。文化以发现美、表现美、创造美为天职。爱美之心人皆有之，自古以来，人都有爱美的天性。文学艺术家就是那些善于发现美、表现美、创造美的人。自然之美、心灵之美、艺术之美,大千世界,百花齐放,各美其美。长城的壮观、故宫的庄严、敦煌飞天的飘逸、李白诗歌的浪漫、李清照诗词的婉约、王羲之书法的优美、齐白石绘画的天真、曹雪芹《红楼梦》的凄美、沈从文《边城》中的人性之美、青花瓷白底蓝花的简约、钧瓷色彩的自然天成……文化就是靠这缤纷多彩的美来吸引人,并装点人们的生活。尽管在许多作品中也反映人世之假、丑、恶,但它是作为真、善、美的对立面而出现的。人类的心灵正是依靠文化中美的指引迈向一个高尚的境界。美对人心灵的净化作用,是任何物质与金钱都不能达到的。

3. 文化创造力

文化的魅力在于创造。这种创造不仅体现在内容上,还体现在形式上。在内容上,文化在强调继承的同时,更体现其时代性;在形式上,每一个时代要有自己的新形式。并且内容的创新与形式的创新不是割裂的,而是合二为一的。中国文学史上有大量的梅、兰、竹、菊之作,仅以梅花为例就有许多,但诗人笔下的梅花却各具姿态和神韵。如王淇的《梅》:"不受尘埃半点侵,竹篱茅舍自甘心。只因误识林和靖,惹得诗人说到今。"借梅花表达自己远离世俗、淡泊明志、不受侵扰、独有追求的情怀。卢梅坡的《梅》:"梅雪争春未肯降,骚人搁笔费评章。梅须逊雪三分白,雪却输梅一段香。"通过梅与雪的比较,写出梅的特点。以议论入诗,妙趣横生。陈与义的《腊梅》:"一花香十里,更值满枝开。承恩不在貌,谁敢斗香来?"以梅喻人,物我合一,以吐隐衷,情景交融。陆游的《卜算子·咏梅》:"驿外断桥边,寂寞开无主,已是黄昏独自愁,更著风和雨。无意苦争春,一任群芳妒,零落成泥碾作尘,只有香如故。"以梅花自比,表达作者孤高自傲、耻与小人为伍的高尚情操。毛泽东的《咏梅》:"风雨送春归,飞雪迎春到,已是悬崖百丈冰,犹有花枝俏;俏也不争春,只把春来报,待到山花烂漫时,她在丛中笑。"诗承古意,又独辟新境,格调一反古人,以乐观自信,独步当代。同一事物,不同的人因遭际境遇不同,各表心怀,各有新意,这就是创新。

从形式来看,创新也是与时俱进的。先秦诸子散文、汉代歌赋、唐诗、宋词、元曲、明清小说,好像形式占尽再无新招;不料,自五四新文化运动以来,白话文取代了文言文,经历中国文化千年以来未有之大变局,文化从形式到内容发生天翻地覆之变化。现代启蒙,知识分子从西方引来火种,将科学与民主的种子遍撒中国,新文学、新文化、新思潮纷纷登台亮相;新小说、新散文、新诗歌、新绘画、新音乐、新戏曲等如雨后春笋层出不穷，文化创新的热潮显示了中国新文化的实绩。徐志摩的诗既非西方，也非古代，但你只要读一读他的《再别康桥》，就会看到，他能将东方与西方、传统与现代结合得那么完美，自然天成，不留任何人为痕迹，不能不说他是诗界的天才。可见，江山代有才人出，文化的创新随时代的波浪永远向前奔腾，永远没有止境。

今天的中国也同样面临文化创新的格局。文化的创造力在全球化时代已成为一个国家软实力的重要标志。在一个众声喧哗的时代，在一个世界各国文化都在奔跑的时代，谁的文化创造性强，谁就能跑在最前边，谁就有话语权，谁就能跨越国界占领市场。

4. 文化竞争力

从历史上看，文化尽管有多种多样，但不是每一种文化都有强大生命力的。有的文化可以延续几千年而不衰落；有的文化如流星，如过眼烟云，一晃而逝。1900 年梁启超在《二十世纪太平洋歌》中提出四大文明古国：中国、印度、埃及和小亚细亚。梁启超的说法来源于当时世界学术界公认的“五大文明发源地”。《世界文明史》（美国威廉·麦克高希著）称，“古巴比伦（公元前 4000 年到公元前 2250 年）、古埃及（公元前 3500 年）、古希腊（公元前 3000 年到公元前 1100 年）、古印度（公元前 2000 年）、古中国（公元前 1600 年商朝建立）是世界上的五大文明发源地”。这是学术界认同最多的说法。目前中国学术界公认的说法是：中国是世界文明的发源地之一，有着 4078 年的文明史，与古埃及、古巴比伦、古印度并称为“四大文明古国”。现在，埃及与巴比伦文明已经衰落，留下来的只有印度和中国。

就中国文化来讲，也存在着与其他文化的竞争关系。南宋以前中国文化一直处于上升阶段，南宋以后就开始走下坡路。这种趋势一直延续到 20 世纪初。中国文化强盛时期，文化向外输出，如日本、朝鲜、东南亚、甚至西亚都受到中国文化的影响。中国文化走下坡路时期，外来民族进入中原，如蒙古人、满族人所建立的元、清两朝代。虽然中原政治衰落，但文化仍有强大势力，所以，外族统治以后，外族文化不但没有消灭和征服中原文化，反而被中原文化同化，出现民族文化融合之局面。及至近代，西方列强入侵中国上百年，西方文化也乘势而入，但中国文化并没有被彻底沦为殖民地文化。中国后来战胜列强，获得国家独立自主，实因中国文化自身之强大。中国八年的抗日战争之所以取得最终胜利,就是因为中华民族的爱国主义精神和中华民族不屈不挠的精神!由此可见,中华民族虽历经艰难曲折,但中国文化仍然是有生命力和竞争力的。当然,中国文化之所以强大,不是因为长期封闭,而是因为不断在外来文化的刺激反应中调整自己,通过回应、修正、吸收、创新,重新获得自身的活力。

今天的中国文化面临的是全球化的历史语境,各种文化也在激烈地竞争,不仅包含着意识形态深层领域的竞争,还包含着经济层面文化产业的竞争。今天,要考量一个国家的文化竞争力主要从三个层面入手:

最深层次是文化创意。比如一个民族对于文化传统和文化资源的传承、开发、创新,对于外来文化的吸纳,对于自己文化的创造。特别是能否为当代人提供新的文化理念、文化内涵、文化形式。

中间层是文化的产品层。这是文化的物化层面。一方面包含各种文化设施,另一方面包含各种文化产品和文化服务。既有公益性的,也有经营性的。其中最主要的是文化产品的生产与供给能力。

第三个层面是文化的运作和营销层面。文化产品要进入市场必须要有营销。这是文化意义得以实现最终端的方式。文化只有与市场接轨,才能走入千家万户,才能影响人们的心灵。因此,文化的营销和运作至关重要。

要实现文化竞争力的不断强大必须要有三个着眼点:

一是大师。大师是一个国家和民族的文化代表,他(她)有跨越专业、种族、地域、国界的能力。一个时代如果没有文化大师,这个时代必定是灰暗无光的。大师的作用和意义在于其以自己独立的人格、渊博的学识、宏阔的眼光、伟大的作品,照亮一个时代的文化道路,创造一个时代的精神高标。比如俄国的托尔斯泰、法国的雨果、英国的莎士比亚、德国的康德、中国的老子和孔子,等等。中国现在进入了一个非常的文化阶段,我们缺的不是一般意义上的专家、学者和艺术家,而是能够代表我们这个时代民族精神的大师。

二是品牌。全球化时代、市场化时代、创意时代,不但物质产品需要品牌,而且文化产品同样需要品牌。品牌的意义不仅在于它具有较高的经济价值,更重要的是其具有不可复制的文化价值。它深厚的文化寓意、独特的视觉符号、新颖的表现形式,在这个容易模仿、容易同质化的时代,具有特别的市场号召力和强烈的文化认同感。现在中国文化走向国际市场缺的不是一般意义上的产品,而是有影响力的文化品牌。

三是个性。大师也好，品牌也好，最重要的是要有个性。没有个性的文学艺术家成不了大师。没有个性的文化产品也成就不了品牌。文化产品和物质产品最大的不同是它强调差异、多样、个性、创造。尽管我们已经进入到一个文化批量化、规模化的生产时代，但对文化产品的个性化的要求不会随着时代而改变。个性是文化的徽章，是艺术的标识。没有重复的题材，只有平庸的艺术家。在任何高超的艺术大家眼里，都能在常人司空见惯的事情和现象中发现惊人的艺术价值，他会化腐朽为神奇，他能点石成金。正像艺术家罗丹讲的："不是生活中缺少美，而是缺少发现美的眼睛。"我们的时代恰恰需要这样有敏锐洞察力的艺术家，需要有个性有品位的文化鸿篇巨制。

英国前首相撒切尔夫人曾经说过："中国不会成为世界上的大国。因为中国出口的是电视机，而不是思想观念。"撒切尔夫人的话很有挑战性，也从另一方面说明了文化软实力的巨大作用。她的话很值得我们深思。

第二章　经济发展的文化维度

当今时代，经济发展无疑成为最强劲的主旋律，人类许多问题的解决都依赖于经济发展的速度和质量。但是，经济发展真的就与文化没有多大关系吗？经济发展的背后是否隐含着某种文化的逻辑、文化的理念？经济和文化的关系到底如何？市场经济条件下如何体现公平与正义的原则？如何从经济学的角度维护人的尊严和价值？如何在经济发展的过程中处理好人与人、人与自然的关系，使人类社会科学发展和可持续发展？这一切，都需要我们重新审视和思考。

一、问题的提出

新中国成立60多年来，我们在经济上的最大成就是从计划经济转向了市场经济。尽管在这一转变的过程中，我们经历了许多曲折和斗争。但转变所带来的巨大变化则让每一个中国人看到了光明，得到了实惠。虽然目前的转变还不彻底，还存在着种种问题，还有许多不尽如人意之处，但实践已经证明中国经济改革的大方向是正确的。

可是，我们在发展经济的时候似乎又从一个极端走向了另一个极端。过去是"政治中心论"；现在是"经济中心论"。过去很长一段时间讲"政治挂帅"、"人民公社"、"阶级斗争"；现在主要讲"经济增长速度"、"GDP"、"财富排行榜"。当今，经济成为社会的主旋律，成为社会的风向标，成为衡量人的价值的重要标准，成为人追求幸福的主要目标。从20世纪90年代开始，我们从计划经济转向市场经济，但目前"唯经济论"的势头有增无减，因为经济的发展不仅关系到财富的增长、生活水平的提高，更关系到官员的政绩和升迁。

2008年，中国出现的"三鹿奶粉事件"和世界金融危机对于国人无疑是巨大的棒喝。人们开始注意到经济问题不只是经济本身，它还牵连着道德、良知、诚信等一系列文化问题。2009 年 2 月 2 日，温家宝总理在英国剑桥大学作了题为《用发展的眼光看中国》的演讲。他指出：“有效应对这场危机，还必须高度重视道德的作用。道德是世界上最伟大的，道德的光芒甚至比阳光还要灿烂。真正的经济学理论，决不会同最高的伦理道德准则产生冲突。经济学说应该代表公正和诚信，平等地促进所有人，包括最弱势人群的福祉。”被誉为现代经济学之父的亚当·斯密在《道德情操论》中指出：“如果一个社会的经济发展成果不能真正分流到大众手中，那么它在道义上将是不得人心的，而且是有风险的，因为它注定要威胁社会稳定。”道德缺失是导致这次金融危机的一个深层次原因。一些人见利忘义，损害公众利益，丧失了道德底线。我们应该倡导：企业要承担社会责任，企业家身上要流淌着道德的血液。

2010 年，温家宝总理在《政府工作报告》中说：“我们所做的一切都是要让人民生活得更加幸福、更有尊严，让社会更加公正、更加和谐。”何谓“尊严”？2010 年 2 月 27 日，温家宝总理和网民在线交流时有所阐明，他说：“一、每个公民在宪法和法律规定的范围内，都赋予自由和权利；二、国家的发展最终目的是为了满足人民群众日益增长的物质文化需求；三、整个社会的全面发展必须以每个人的发展为前提，要给人的自由和全面发展创造有利的条件。”

其实，尊严并不是抽象的，它是非常具体的。一个人要有尊严首先要有钱，二是必须有权，三是必须得到别人的承认和尊重。据学者刘植荣先生研究，中国的人均 GDP 在世界排名第 99 位，而我们最低工资在世界 183 个国家和地区中排在了第 158 位，甚至低于 32 个非洲国家的最低工资，中国贫困人口尚有 4000 多万人。① 一个人没有住处，没有工作，衣食不保，何来尊严？可见，经济条件事关人的尊严和价值。同时，人的尊严又与人的权利密切相关，一个人有没有选举权、被选举权、公共事务知情权、劳动权、受教育权、休息权等都是人的尊严的体现。另外，人自身的价值是否被社会承认，人们付出的劳动是否得到应有的物质待遇和精神待遇，也是人的尊严的重要体现。这一切都说明，人活着，其尊严不仅包含着物质层面，还包含更高的精神层面。因为人不仅是物质意义上的人、经济意义上的人，还是社会意义上的人，是精神意义上的人。

由此可见，经济能否良性发展归根到底是文化能否良性发展的问题。当一

---

① 转引自沙叶新：《提升人的尊严》，《中国新闻周刊》2010 年 3 月 17 日。

个社会公平出了问题，人心出了问题，道德出了问题，诚信出了问题，经济也就必然出现问题。所以，中国发展市场经济必须要有一种内在精神作支撑，而不仅仅是盲目发展经济。文化应该是经济发展的内核，文化应该决定经济发展的方向和质量。

二、他山之石：西方学者的研究与探索

其实，只要我们认真阅读一下西方社会学家和经济学家的一些著作，不难从中找到答案。

德国的政治经济学家和社会学家马克斯·韦伯（Max Weber，1864～1920）早在100多年前就注意到这一问题。马克斯·韦伯与卡尔·马克思和爱米尔·杜尔凯姆并列为现代社会学的三大奠基人。他的《新教伦理与资本主义精神》一书从宗教社会学的角度分析了资本主义发展过程中资本主义精神的作用。他认为资本主义之所以能够发展几百年，是有其内在精神作支撑的。这就是理性精神，这种理性一方面固然来自科学，但更重要的是来自宗教，这就是新教的禁欲主义伦理。马克斯·韦伯把资本主义发展的动力归结为新教伦理，人们正是秉持着这种宗教信念和伦理原则克勤克俭地工作和生活。“清教徒特别重视自己的职业，把职业视为上帝荣耀的体现，拥有一份正当体面的工作实际上表现了上帝对自己的眷顾和恩典，而放弃工作不但意味着不负责任，而且更意味着拒绝上帝的恩典。但是有一条必须牢记，那就是，工作的目的不是享乐或一劳永逸地安排自己的一生。清教徒工作观念中这种禁欲主义倾向对于近代资本主义的经济活动产生了重要影响。”①清教徒的禁欲主义的精神信念在很大程度上影响到资本主义的生活方式和行为方式。“清教禁欲主义竭尽全力所反对的只有一样东西——无节制地享受人生及它能提供的一切。”②在日常生活中，任何行动都要遵守这一原则，“任何无节制的人生享乐，无论它表现为贵族的体育活动还是平民百姓在舞场或酒店里的纵情狂欢，都会驱使人舍弃职守，

---

① 刘宗坤著：《诸神时代的智者——马克斯·韦伯》，河北大学出版社1998年10月第1版，第53页。

② 马克斯·韦伯著，于晓、陈维纲译：《新教伦理与资本主义精神》，三联书店1996年版，第130页。

背离宗教，因此理应成为理性禁欲主义的仇敌”。[①] 禁欲主义的宗教依据是，人们在尘世只是受委托管理上帝恩赐给他的财富。所以，任何人都没有权利滥用自己名下的财产。正是这种沉重的责任感，使得人尽心竭力地为上帝做好管理工作，认真对待自己所得到的一切，不敢轻易挥霍。

现代经济学的主要创立者亚当·斯密（Adam Smith，1723～1790）早在200多年前也非常关注经济学中伦理学的问题。亚当·斯密虽不是经济学的最早开拓者，但是他首次提出了全面系统的经济学说，为该领域的发展打下了良好的基础。《国富论》是现代政治经济学研究的起点，也是他一生的代表作。《国富论》的哲学基础说明要获得协助，不能只依赖他人的同情心或利他主义，还要靠激起他人的利己心来实现。“请给我我所要的东西吧，同时，你也可以获得你所要的东西。”换言之，在经济生活中，要从别人那里获得自己所需要的东西，必须给别人所需要的东西。于是社会就有分工、有交换、有价值、有货币等现象产生。人们在利己心的支配下做各种劳动，从而构成了私人财富和社会财富的源泉。将利己心看作人的本性，将经济活动看作利己心作用的结果，实际上反映了一切经济现象是客观的，都受某种自然规律的支配。可以说，亚当·斯密的经济学是以人性论为基础的，他承认利己是人的本性，但这种利己的本性在经济领域中又是发展的原动力，只要人们正确合理地利用人性，它就会带来正面的效果。因此，经济活动中只要双方都遵守平等的原则，结果是不仅能利己，也能利他。其实，亚当·斯密在写《国富论》之前就写出了《道德情操论》（1759年）。亚当·斯密把《国富论》看作是自己在《道德情操论》中论述的思想的继续发挥。《道德情操论》详细论述了伦理中的同情、博爱、克己、正义、仁慈、善恶、美丑、功过、自爱、理性等范畴。特别是在论述同情时他说：“人，不管被认为是多么的自私，在他人性中显然还有一些原理，促使他关心他人的命运，使他人的幸福成为他的幸福必备的条件，尽管除了看到他人幸福他自己也觉得快乐之外，他从他人的幸福中得不到任何其他好处。属于这一类的原理，是怜悯或同情，是当我们看到他人的不幸，或当我们深刻怀想他人的不幸时，我们所感觉到的那种情绪。我们时常因为看到他人悲伤而自己也觉得悲伤，这是一个显而易

---

① 马克斯·韦伯著，于晓、陈维纲译：《新教伦理与资本主义精神》，三联书店1996年版，第130页。

见的事实，根本不需要举出任何实例予以证明。”①

从亚当·斯密的两部名著中，我们看到他的思想是一个完整的体系，他对人性两面性的细致体察不仅构筑了伦理学和经济学两个不同的学科，同时，还指出两个领域的问题实际上都有一个共同的基础即人性。1976年诺贝尔经济学奖得主美国经济学家米尔顿·弗里德曼说：“不读《国富论》不知道应该怎样才叫‘利己’，读了《道德情操论》才知道‘利他’才是问心无愧的‘利己’。”1998年诺贝尔经济学奖得主英国经济学家阿马蒂亚·森说：“在经济学的发展历程中，由于人们只看到斯密在其《国富论》中论述资本主义生产关系，重视经济人的谋利心理和行为，强调‘自利’，却相对忽略了其在《道德情操论》中所重视的社会人的伦理、心理、法律和道德情操，从而曲解、误读了亚当·斯密学说。”著名经济学家梁小民说：“我们目睹了金钱欲爆发之后的种种罪恶，会感到斯密称《道德情操论》比《国富论》更基本的含义。市场经济应该是一个讲道德的经济。没有诚信、同情心这些最基本的道德观念，市场经济就会引发灾难。”温家宝总理曾在跟文学艺术家的一次“谈心”中说：“亚当·斯密的《国富论》，各位都很熟悉，他所著的《道德情操论》同样精彩。”

奥地利经济学家米塞斯（Ludwig von Mises，1881～1973），是现代自由主义运动的主要人物，也是促进古典自由主义复苏的学者，被誉为“现代奥地利学派之父”。他写出了《货币与信贷理论》、《社会主义》、《人类行为》等著作。米塞斯在经济学方面的贡献是提出了独特的货币理论。他认为，任何商品的价格都是由供给量和消费者对该商品的需求紧迫程度（即边际效用）所决定的，因此货币单位的“价格”或者说购买力，也是由同样的市场过程决定的。但是如果超过一定限度，货币供应量的增加对社会不会有任何好处，只能稀释货币的购买力。也即是“通货膨胀”，多发的货币量首先到了政府及相关的利益集团手里，他们可以悄无声息又行之有效地获取好处，代价是牺牲民众的利益、社会的福利，让他们去承受通货膨胀的恶果。根据米塞斯的看法，经济的周期性波动就难以避免，他的“药方”是，首先要停止货币扩张，但不必要急剧紧缩，不要人为控制工资、价格、消费或投资，让经济自行清除那些垃圾，从而走回正轨。米塞斯的立场是自由主义和个人主义的。米塞斯在《人的行为》一书中对人的行为进行了

---

① 亚当·斯密，百度百科，http://baike.baidu.com/view/500771.htm。

深入的思考。他认为,人并非原子式的个人,而是运用其自由意志在世界上行动的人,因此人类行为不可能总结成为历史规律,因此经济学试图通过统计来找出所谓的规律是徒劳无功、误入歧途的。对于米塞斯来说,人类行动的基本公理是:个体具有具体目标,个体有时间偏好,个体采用行动必然在市场过程中进行。[①]

在《自由与繁荣的国度》(1927 年)中,米塞斯深入地论述了经济发展与社会文明的问题。他认为,要求改善自己的物质境遇是有思想的人们的内在本质,这种欲求是消灭不了的,它是一切人类行动的推动力,人通过扩大满足需求的活动走向幸福的社会,要是封锁了这条路,人就只有一个办法:压制并掠夺别人,使自己致富而使他人变穷。他说:"追逐更高的生活水平并不使人幸福,然而,不断努力去改善自己的物质境况却是人的天性。如果禁止他去做这种努力,他会变得迟钝和野蛮。"他认为,物质进步只有在自由主义的资本主义社会里才能够实现。自由主义不是宗教、不是世界观,也不是代表特殊利益的党派。它只给人一样东西,"和平地、不受干扰地提高所有人们的物质富裕程度,从而——只要社会机构有这个力量——使他们远离苦难的外在根源。减少痛苦、增加欢乐,这就是它们的目标"。[②]

哈耶克(Hayek,Friedrich August,1899~1992)是奥地利裔英国经济学家,米塞斯的学生,1974 年获得诺贝尔经济学奖。他相信资本主义经济本身有一种自行趋于稳定的机能,他反对国家对于经济生活的干预。他认为计划经济中的集中决策没有市场经济中的分散决策灵活,所以不可能有高效率;而且计划经济导致政府违背人性、极权,是"通向奴役的道路"。他继承了 18 世纪启蒙思想家的思想,从个人主义出发,强调维护人的自主、自由。这种自由包括政治自由、思想自由和经济自由;其中,经济自由是政治自由和思想自由的基础。实现经济自由的途径是实行市场经济,让市场机制充分发挥调节作用,让人们在市场上进行自由竞争。因此,市场经济就是一种由个人主义出发而形成的、能保证人的自由的"自然秩序",是一种最符合人性的经济制度。哈耶克认为,判断一个社会好坏的标准不是经济福利,而是人的自由程度。哈耶克特别反对把经济

---

① 米塞斯:《传承奥地利经济学的"灯塔"》,新浪网 2007 年 10 月 12 日,http:www. sina. com. cn。

② 夏中义编:《大学人文读本:人与国家》,广西师范大学出版社 2002 年 7 月第 1 版,第 175 页。

福利作为理想社会的目标。他认为追求经济福利的目标必然导致国家干预经济。理想社会要通过法治才能实现,要做到这一点,就要实现思想解放,把人的思想从崇尚国家的现代蒙昧主义下解放出来,自觉地为实现这种理想而奋斗。①

哈耶克学说的思想基础是个人主义。他说:我们不能泛泛讨论平等问题,而应该从具体情况出发。“从人是不相同的这一事实出发,得出的结论是:如果平等地对待他们,结果必定造成他们实际的不平等。而使他们地位平等的惟一途径是将他们区别对待。因此,法律面前的平等和物质利益的平等不仅不同,而且相互冲突;在同一时刻我们只能获得其中之一,无法两全其美。法律面前的平等是自由所需要的,但它会导向物质利益的不平等。”②哈耶克的意思是我们要追求权利平等,而不是结果平等。即作为人的基本权利、尊严和价值的平等,要警惕那种取消权利和财富分配差异的结果平等。我们经常讲,人生而平等,主要是讲人的权利平等,但由于人生而有别,又必须面临着种种的不平等。我们要学会以平常心看待不平等,要看不平等是在什么样情况下产生的。在民主社会里不平等是正常的,只有专制和极权社会里的不平等,才是需要反省的。哈耶克认为,“个人主义的基本特征,就是把个人当作人来尊重;就是在他自己的范围承认他的看法和趣味是至高无上的。纵然这个范围可能被限制得很狭隘;也就是相信人应该发展自己的天赋和爱好。”③他认为自由主义的基本原则是“在安排我们的事务时,应该尽可能多地运用自发的社会力量,而尽可能少地借助于强制”④。

由以上几位经济学家的研究可以看出,他们的专业领域虽然是经济学,但他们最关注的还是人。也就是说,经济学也是人学,是以人为中心,以人的全面发展和人的自由、平等、尊严为最终目的。

---

① 哈耶克,百度百科,http://baike. baidu. com/view/130263. htm。

② 夏中义编:《大学人文读本:人与国家》,广西师范大学出版社 2002 年 7 月第 1 版,第 237 页。

③ 哈耶克著,王明毅、冯兴元译:《通往奴役之路》,中国社会科学出版社 1997 年 8 月第 1 版,第 21 页。

④ 哈耶克著,王明毅、冯兴元译:《通往奴役之路》,中国社会科学出版社 1997 年 8 月第 1 版,第 24 页。

三、文化作为经济发展的新维度

相比而言,中国之所以没有出现具有世界影响的经济学家,一个很重要的原因就是缺乏独立思考的精神,缺乏真正的人文关怀。我们的经济学只是在一味地为现行政策做注脚,而没有自己严肃认真的独立思考和判断。我们的经济学只是在专业技术的层面围着数字兜圈子,而缺少对整个社会公平正义和个人自由的思考。因此,中国的经济学需要改革,中国的经济也需要反思。我们在经济发展的同时,一定要考虑经济中的人的因素。事实上经济不是脱离道德的,经济不仅仅受经济规律的支配,而且也是由人来决定的。而人,不仅是经济意义上的、物质意义上的人,也是文化意义上的、道德意义上的、审美意义上的人。作为文化意义上的人不仅为产品和服务注入文化内涵,使产品和服务获得市场增值,而且在复杂多样的经济交往中,人的道德情感、思维方式、审美方式也使经济更加文化化。今天,经济文化化已经成为经济发展的新趋向和新潮流,文化软实力对于经济的作用日益彰显。因此,我们要顺应这个潮流,为经济发展注入文化的动力和活力。同时,也要学会用文化的眼光看待经济和社会。

2008 年美国金融危机的爆发,说到底也是一个文化问题。正是金融杠杆、资本市场、媒体造势、政府逐利的联合行动,推动房屋的过度需求,引诱了那些没有购买能力的人去买房,由于没有偿还能力,造成资金链断裂,从而引发经济危机。如果按马克斯·韦伯所说的"理性、禁欲、节俭、诚信、勤劳"是资本主义精神,那么,资本主义发展到今天已经丧失了这种精神,以追求物质利益的最大化,奢靡、享乐、放纵成了它的典型病症。资本主义文化已经走向了它的反面,经济发展是为了增长而增长。工业文明的线性增长模式,不问目标,只讲过程;不讲质量,只讲数量。人们在追求物欲满足的同时,精神也走向癫狂。20 世纪以海德格尔为代表的哲学家对西方文明的批判,说明西方文明在发展过程中已经出现了严重的问题。而要纠正整个现代文明所出现的种种偏差,必须树立新的文化理念。

首先,我们在经济发展中要树立生态文明的理念。

从世界范围看,以高投入、高耗能、高消费为特征的工业文明,对生态环境造成严重的破坏。从 20 世纪 60 年代开始,人类对人与自然的关系开始反思和重新认识。1972年,联合国发表《人类环境宣言》郑重宣示:人类在开发利用环境的同时,也承担着维护自然的义务。20世纪90年代以来,以《里约热内卢环境与发展宣言》、《21世纪议程》等为代表的一系列具有里程碑意义的纲领性文件的问世,标志着人与自然和谐发展的生态文明理念已经形成。

从我国改革开放以来经济高速发展来看,我国的生态形势异常严峻。一方面,我国人均资源紧张。人均耕地、淡水、森林分别仅占世界平均水平的32%、27%和12.8%,石油、天然气、铁矿石等资源也低于世界人均水平;我国沙化土地面积为173.97万平方公里,占国土面积的18.12%;水土流失总面积已达356万平方公里,占国土面积的37.1%;另一方面,由于长期实行粗放型经济,资源过度开发,环境污染严重,要完成"十一五"期间将单位GDP能耗降低20%左右,主要污染物排放量减少10%,任务十分艰巨。①

因此,中国的经济发展不能走西方片面追求高增长的老路。对于中国这个13亿人口的大国来说,如果还是沿袭过去高投入、高耗能、高排放、低效率而过分依赖自然资源的粗放型增长方式,走先污染后治理、边污染边治理的道路,中国不仅不能全面实现小康社会的奋斗目标,而且能否可持续发展也是一个大问题。在这种情况下,我们首先要转变发展观念,从过去片面追求数字、追求速度、追求GDP,开始转向健康的经济增长,转向追求经济发展的质量,转向以人为本、全面协调可持续发展,真正将人与自然的和谐发展放在第一位,将生态文明建设放在第一位。我们的目标是:既要金山银山,也要绿水青山。

在这方面,我们可以从中国传统文化中汲取有益的精神资源。中国文化比起西方文化最大的特点就是"天人合一"。当西方文化的"天人相分"走向极致、出现问题时,中国文化的"天人合一"文化价值观在今天的经济社会发展中却有着积极的作用。在中国文化中,许多思想家、哲学家都思考了天人关系问题。《周易》有言:"刚柔交错,天文也;文明以止,人文也。观乎天文,以察时变,观乎人文,以化成天下。"老子在《道德经》中说:"人法地,地法天,天法道,道法自然。"庄子在《齐物论》中说:"天地与我并生,而万物与我为一。"《易传·文言》说:"夫大人者,与天地合其德,与日月合其明,与四时合其序,与鬼神合吉

① 中宣部理论局编:《理论热点面对面·2008》,学习出版社、人民出版社2008年6月第1版,第86~87页。

凶。先天而天弗违,后天而奉天时。”宋代的张载在中国文化史上第一个提出“天人合一”的命题。他说:儒者“因明致诚,因诚致明,故天人合一,致学而可以成圣,得天而未始遗人”。(《正蒙·乾称》)同时,中国人在讲天人关系时,还侧重于天人感应,人对自然应该敬畏,乐天知命;如果强力而为,作恶多端,是要遭到报应的。总的来说,中国古代的“天人合一”思想强调的是人与自然的和谐统一,人的行为与自然的协调。也就是说,人不能违背自然,不能征服自然、破坏自然,而只能热爱自然、敬畏自然、顺应自然、利用自然。在古人看来,自然不是独立于人之外无生命的客体,而是与人生活在同一世界的有生命的主体。它与人息息相通,是人的认识对象、生活对象、道德对象、审美对象,两者和谐相处,合二为一,共同达到物我同一、天道与人道合一的境界。中国古代“天人合一”的思想对于解决当今世界由于工业化和无限制地开发自然、掠夺自然、破坏自然所带来的环境恶化和生态破坏,无疑具有重要的启迪意义。

其次,我们在经济发展中要树立道德的理念。

市场经济固然讲自由竞争,讲优胜劣汰,讲利益的最大化,但市场经济不应该排斥道德;相反,离开道德的约束,它所产生的后果是相当可怕的。马克思、恩格斯在《共产党宣言》中,曾对资产阶级的道德败坏,进行了无情的揭露。他们说:资产阶级“使人和人之间除了赤裸裸的利害关系,除了冷酷无情的‘现金交易’,再没有任何别的联系了,它把宗教的虔诚、骑士的热忱、小市民的伤感,这些情感的神圣激发,淹没在利己主义打算的冰水之中。它把人的尊严变成了交换价值”。例如,2008 年的“三鹿奶粉事件”深刻地说明了企业道德丧失给社会带来的巨大损害和影响。由此可见,在今天的市场经济中重申道德的作用具有十分重要的现实意义。因为相比法律来讲,道德对于全社会更具普遍的意义。如果说法律是强制的硬力量,道德则是自觉的软力量。法律是外在的,道德是内在的。法律是事后的,道德是事先的。法律是他律,道德是自律。法律禁止人做坏事,道德引导人做好事。在市场经济条件下,我们要提倡公平公正、自由竞争、诚实守信、互利互惠,提倡古人讲的“君子爱财,取之有道”和“义利统一”,反对垄断、欺诈、强买强卖、缺斤短两、假冒伪劣。真正在全社会形成讲质量、讲信誉、讲诚信、讲互利、讲仁义的良好风气。对于个人和企业来讲,不仅要讲收入、讲利润、讲效益,还要讲奉献、讲责任、讲博爱。汶川地震中各界人士的无私援助,让我们看到了每个人心中善的种子、善的阳光。我相信,如果全社会养成讲道德的社会风尚,经济发展一定会给人们带来福祉。

再次,我们在经济发展中要树立法治的理念。

著名经济学家吴敬琏认为,自由市场经济是人类创造的最有效的组织生产和安排分配的方式。但自由市场经济在当下中国遭遇的困境充分说明,没有一系列良好的制度安排作为其基础设施,市场经济的正常发展就是不可想象的。法治则是支撑市场经济的基本制度安排。① 法治是市场经济良性发展的保障。特别是对于我们这个刚刚从计划经济转向市场经济的国家来说,用法治约束和规范市场行为十分必要。法治的主要作用有两方面:一方面保障正常的市场行为自由、公正、有序地进行;另一方面对于破坏和违背自由、公正、有序原则的行为进行法律制裁。在目前情况下,第一,我们必须用法律手段明确界定企业产权关系,理顺产权关系,真正使企业成为自主经营、自负盈亏、自我发展、自我约束的法人实体和市场竞争主体。第二,用契约化的形式保障市场的公平交易。传统的计划经济是行政的和指令性的分配方式,而市场经济则是通过市场的自由自主的交换来进行的。而要保障交易双方公平、公正、合理,就必须采用契约化的形式,违背契约就要受到法律的制裁。第三,用法治保障公平的竞争。由于市场主体的多元化,竞争变成必然。正常的竞争主要依靠产品的质量、信誉、服务等因素,但由于利益的驱动,市场中必然存着不择手段的竞争,而要扼制由此带来的不良后果,主要还是要依靠法治。第四,用法治监督强者保护弱者。市场经济虽然以自由为前提,但必须保证公开、公平、公正。因此,在现行情况下,我们要对政府的行为进行约束和监督,避免公权私用、公权滥用、公权不公,特别要制止政府的垄断行为。同时,对于市场中的弱势群体要有必要的法律保护。

最后,我们在经济发展中要树立全面发展的理念。

科学发展观提出以人为本,全面协调可持续发展。这就要求我们在注重经济发展的同时,一定要树立发展的整体观。因为社会的发展不是单单经济发展了,物质生活水平提高了,人们就感到满意。现在,衡量社会的整体发展要有新标准,要认识到发展速度不等于发展质量,经济增长不等于经济效益,经济发展

---

① 吴敬琏:《通过政治体制改革建立市场经济法治》,大洋社区 2007 年 12 月 25 日,http://club.dayoo.com。

不等于科学发展。我们要思考:GDP 总量虽然增加了,但城乡居民人均实际收入增加了没有?物质生活水平虽然提高了,但整个社会风气是否有所改善?除了 GDP,是否还有另外的评价标准?这一系列问题,促使我们改变现有的观念,寻求更为全面、更为客观、更能让大家满意的评价标准。从国际范围看,一些拉美国家片面强调经济增长而忽视社会公平,最后陷入内乱的教训是非常深刻的。从 20 世纪 80 年代开始,拉美一些国家经济发展很快。如阿根廷在 1991、1992 年分别实现 10.6% 和 9.6% 的高增长;2001 年,巴西人均 GDP 达到 2957 美元,墨西哥达到 6200 美元,委内瑞拉达到 4877 美元,阿根廷达到 7416 美元。但在发展过程中由于忽视了社会公平问题,致使贫富差距悬殊,两极分化。如 2002 年拉美地区失业率高达 9.6%;2004 年拉美地区贫困人口已达 2.27 亿人,但百万富翁增长率居全球之首。由此引起的社会矛盾激化,动荡不安,群众抗争运动此起彼伏。如墨西哥萨帕塔农民起义,巴西无地农民运动,阿根廷拦路者运动,秘鲁、危地马拉、玻利维亚等国反私有化运动等。与此相反,30 年前,不丹国王提出"幸福指数"(GNH)的概念后,20 多年来,在人均 GDP 仅为 700 多美元的南亚小国不丹,国民总体生活得较为幸福。"不丹模式"引起了世界的关注。美国、英国、荷兰、日本等发达国家也已开始幸福指数的研究,并创设了不同模式的幸福指数。由此可见,经济发展、收入水平只是衡量社会发展的一个很重要的指标,同时,广大百姓的满意程度也很关键。而要使百姓满意,必须在政治文明、法治建设、社会保障、文化教育、生态文明等诸方面得到全面发展。全面发展、平衡发展、整体发展、和谐发展、可持续发展应该是一种全新的发展观。只有用这种新的发展观作指导,并内化成我们全社会的自觉行动,我们的国家才会有光明灿烂的未来。

第三章　中国传统文化精神

文化价值、文化传统、文化精神是文化最内在最本质的东西，也是文化软实力中最有竞争力的部分。如果说文化底蕴的形成是一个历史的积淀过程，那么，文化精神的形成则是一个不断探索的过程。文化精神既有稳定性，又有创新性。中国文化灿烂辉煌，五千年文明光耀世界。作为四大文明古国之一，很长时间居于世界前列。中华文明之所以能在世界多种文明中传承至今，绵延不断，越来越强，乃由于中国文化有自己内在的精神，有自己蕴积深厚的生命力。它的优良传统像血液一样早已融入每一个国人的肌体之中，代代相传，并形成强大的凝聚力。不管遇到什么样的困难和挫折，依然能永葆青春，焕发活力。

一、天人合一

天人关系是中国文化的基本问题，也是人与生俱来所必须面对的问题。在这一问题上，中国人和西方人的态度截然不同。西方人主要是一种天人相分的态度，外部世界作为客体独立于主体之外，天与人是独立的客观实在，中间有一条分明的界线。而中国人一开始对于外界的认识就是浑沌的、感觉的、整体的，因此，中国人的天人观是合一的。

西周时期，人们认为天是有意志的人格神，是自然与社会的主宰。《尚书·洪范》说："惟天阴骘下民。……天乃赐禹洪范九畴，彝伦攸叙。"认为天是保佑下民的，因而天把九大法赐给禹，人伦才得以确定。

《左传》昭公二十五年记载郑大夫子太叔述子产之言说："夫礼，天之经也，地之义也，民之行也。天地之经，而民实则之。"又记子太叔之言说："礼，上下之纪，天地之经纬也，民之所以生也，是以先王尚之。"这些论述说明了天、地、人的关系。"礼"作为人们奉行的法则，实际上也是天地的法则，人们遵奉礼，实际上是遵奉天地。至于天道和人道的关系，"天道远，人道迩，非所及也，何以知之"。

(《左传》昭公十八年)对于天象与人的福祸的联系,子产是否定的。

春秋时期,作为儒家的开创者孔子虽然很少讲天与天命,但对人与自然的关系却有自己深入的思考。《论语·为政》中有:“子曰:吾十有五而志于学,三十而立,四十而不惑,五十而知天命,六十而耳顺,七十而从心所欲,不逾矩。”意思是说人在不同的阶段要遵奉人生发展的规律,不可强力而为。他所讲的“知天命”就是知道自己作为一个人来讲,应该干什么不应该干什么。人只有遵循自然发展的规律,才可能活得相对顺心和自由。

孔子说:“天何言哉?四时行焉,百物生焉,天何言哉?”(《论语·阳货》)意思是说,一年四季,春夏秋冬的更替,昼夜旦暮的转移,万物的生生不息、新陈代谢,都是按照自己固有的规律进行的,而不是“天”的意志和安排。再如“岁寒,然后知松柏之后凋也”(《论语·子罕》),“迅雷风烈必变”(《论语·乡党》),“草上之风必偃”(《论语·颜渊》)等,都是从运动的角度论述自然的变化状态。在孔子眼里,自然界上到日月星辰,下到草木燕雀诸物,都处在运动之中。

孔子通过一段与别人的对话,间接地表达了自己对于自然的热爱。“唐棣之花,偏其反而。岂不尔思?室是远而。”子曰:“未之思也,夫何远之有?”(《论语·子罕第九》)意思是说:“唐棣开花,先开后合,像白浪一样随风翻浪。难道我不想念你?只是住处相隔遥远。”孔子说:“我看是没有想念,如果真想念的话,哪里会觉得距离遥远呢?”

孔子对山水情有独钟。子曰:“智者乐水,仁者乐山;智者动,仁者静;智者乐,仁者寿。”(《论语·雍也第六》)意思是说:智者之所以喜欢水,在于水的灵动,就像人的智慧。仁者之所以喜欢山,就在于山的坚定,就像人的仁爱。孔子在谈山水时总是与人的品德和人生联系在一起,这也是孔子作为儒家的特点。孔子的“逝者如斯夫,不舍昼夜”(《论语·子罕第九》),就表达了孔子对人生的遐思。

《说苑·杂言》曾记载孔子观水的故事。子贡问曰:“君子见大水必观焉,何也?”孔子曰:“夫水者,君子比德焉。遍予而无私,似德;所及者生,似仁;其流卑下,句倨皆循其理,似义;浅者流行,深者不测,似智;其赴百仞之谷不疑,似勇;绵弱而微达,似察;受恶不让,似包;蒙不清以入,鲜洁以出,似善化;至量必平,似正;盈不求概,似度;其万折必东,似意。是以君子见大水必观也。”

孔子为什么这样喜欢观水?就是因为水性与德性有着惊人的相似之处。

孔子说水能够启发君子加强自己的德行修养。水的伟大在于它遍布天下给予万物,并无偏私,有如君子的道德;所到之处,万物生长,有如君子的仁爱;水性向下,随物赋形,有如君子的高义;浅处流动不息,深处渊然不测,有如君子的智慧;奔赴万丈深渊,毫不迟疑,有如君子的临事果决和勇毅;渗入曲细,无微不达,有如君子的明察秋毫;蒙受恶名,默不申辩,有如君子包容一切的豁达胸怀;泥沙俱下,最后仍然是一泓清水,有如君子的善于改造事物;装入量器,一定保持水平,有如君子的立身正直;遇满则止,并不贪多务得,有如君子的讲究分寸,处事有度;无论怎样的百折千回,一定要东流入海,有如君子的坚定不移的信念和意志。所以君子见到大水一定要仔细观察。因为这无疑是在观照自身啊!

通常人认为,孔子是入世的、功利的、道德的。其实孔子的理想却是人与自然的和谐相处,人的自我的心灵自由。《论语·先进》告诉我们这样一件事:一天,孔子饶有兴致地问围坐在自己身边的几位得意弟子的志向,子路、冉有、公西华纷纷慷慨陈词,表达了自己不凡的理想和追求。唯有曾点(曾皙)与众人的志向相左:“莫春者,春服既成,冠者五六人,童子六七人,浴乎沂,风乎舞雩,咏而归。”意思是说,当春天来了,穿上舒适的春装,相约上五六成年人,六七少年人,结伴到沂水里去游泳,然后在凉爽宜人的舞雩台上吹吹风,大家悠哉游哉地玩个痛快,之后高高兴兴地唱着歌回家。这番话表面上看起来很没有抱负,没想到却得到了孔子的赞同:“吾与点也!”意思是说我赞同曾点的想法呀!

孔子在天人方面最突出的贡献是他的“比德说”。与其说孔子关注自然、热爱自然,不如说,孔子更关注自然与人性的联系,他的落脚点仍然是人的自身的德性和修养。

孟子作为儒家思想的继承人,主张把天道和人道联系起来。他说:“尽其心者,知其性则知天矣。”(《孟子·尽心上》)认为天有善恶之心,人性天赋,人有善端,与生俱来,因而性天相通。

道家与儒家不同,他们看待天人关系,更注重发现自然、顺应自然、回归自然。老子在《道德经》一开篇就讲:“道,可道,非常道;名,可名,非常名。无,名天地之始;有,名万物之母。”老子第一次提出“道”的概念,既作为万物的本源,又作为他哲学体系的核心,微妙玄虚,无以言表,此之谓:“玄而又玄,众妙之门”。他又说:“道生一,一生二,二生三,三生万物。”“道常无为,而无不为。”“人法地,地法天,天法道,道法自然。”这些都说明“道”为万物之源,一切由此而生。人作为天地一物，只有顺其自然，才能各得其所。“无为无不为”既是自然的法则，也是人的法则。

如果老子更多的讲的是大千世界的辩证法，那么庄子则在老子强调“道”的基础上更崇尚人的自由，强调人对世俗的超越。他认为，人与天地自然都是由气构成，人是自然的一部分，因而天人是统一的，但由于被名利诱惑，种种不善之行，又造成了天人对立。要恢复人之本性，必须破除人所建立的种种制度和文明。他主张“无以人灭天”。《庄子·达生》曰：“天地者，万物之父母也。”他反对人文，追求“天地与我并生，而万物与我为一”（《庄子·齐物论》）的天人合一的境界。他说：“天地有大美而不言，四时有明法而不议，万物有成理而不说。圣人者，原天地之美而达万物之理。”他主张人应该发现天地之间的美，顺应万物之理。他追求的是一种“逍遥”境界：“日出而作，日入而息，逍遥于天地之间，而心意自得。”（《庄子·知北游》）“形在江海之上，心存魏阙之下，故寂然凝虑，思接千载，悄然动容，视通万里。”（《庄子·让王》）“鹏之徙于南冥也，水击三千里，抟扶摇而上者九万里，去以六月息者也。”（《庄子·逍遥游》）物我合一，物我齐一，是庄子心中的理想。“昔者庄周梦为蝴蝶，栩栩然蝴蝶也，自喻适志与！不知周也。俄然觉，则蘧蘧然周也。不知周之梦为蝴蝶与，蝴蝶之梦为周与？周与蝴蝶，则必有分矣。此之谓‘物化’。”（《庄子·齐物论》）“庄周梦蝶”表达了物我合一的人生理想。

《周易大传》在天人关系方面提出“裁成辅相”之说。《象传》云：“天地交泰，后以裁成天地之道，辅相天地之宜，以左右民。”《系辞传》云：“与天地相似，故不违；知周乎万物而道济天下，故不过；旁行而不流，乐天知命，故不忧；安土敦乎仁，故能爱；范围天地之化而不过，曲成万物而不遗，通乎昼夜之道而知。”《文言传》云：“夫大者，与天地合其德，与日月合其明，与四时合其序，与鬼神合吉凶。先天而天弗违，后天而奉天时。”

汉董仲舒讲天人合一，提出“天副人数”，把人体与自然界的时令节候相比拟，认为天有阴阳，人也有阴阳，提出“以类合之，天人一也”（《春秋繁露·阴阳义》）。董仲舒以天人感应为核心的天人合一论过于牵强附会。

宋代张载在中国文化史上第一个提出“天人合一”。他认为儒者“因明致诚，因诚致明，故天人合一，致学而成圣，得圣而未始遗人。”（《正蒙·乾坤》）在张载的思想中，天地皆由气构成，气是万物的本源，也是天人合一的基础。《西铭》云："乾称父，坤称母，予滋藐焉，乃浑然中处。天地之塞吾其体，天地之帅吾其性，民吾同胞，物吾与也。"天地犹如父母，人与万物都是由气生成，气之本性也是人与万物的本性。人与自然万物在本性是相通的。人民都是我的同胞，万物都是我的朋友。从本质上讲，张载是主张性天相通的，"性与天道云者、易而已矣"。(《正蒙·太和》)他把天人合一看成是最高境界，主张穷理尽性。"为天地立心，为生民立命，为往圣继绝学，为万世开太平"，完成人道天道的统一。

禅宗作为中国化的宗教，更与大自然结下不解之缘。僧人常年居于深山古寺，看花开花落，云起云飞，自然心灵空寂，断绝烦恼。参禅，重要的是心境。"境生于象外"，才能心灵自由。"悟得来，担柴挑水，皆是妙道。""禅便如这老牛，渴来喝水，饥来吃草。"一切皆是自然，立地便能成佛。"看山是山，看水是水；看山不是山，看水不是水；看山还是山，看水还是水。"同样是山水，在看的过程，心情发生变化，看到的山水也就不一样。禅宗讲究的是人对自然的彻悟。

灵澄禅师的一首诗《西来意颂》意境很好："因僧问我西来意，我话居山七八年。草履只栽三个耳，麻衣曾补两番肩。东庵每见西庵雪，下涧长流上涧泉。半夜白云消散后，一轮明月到床前。"一切看似无意，无意中体味到佛之真谛。

中国诗歌中有许多关于人与自然合一的美好篇章：

王维的《山居秋暝》："空山新雨后，天气晚来秋。明月松间照，清泉石上流……"《鸟鸣涧》："人闲桂花落，夜静春山空。月出惊山鸟，时鸣春涧中。"

孟浩然的《过故人庄》："故人具鸡黍，邀我至田家。绿树村边合，青山郭外斜。开轩面场圃，把酒话桑麻。待到重阳日，还来就菊花。"《秋登兰山寄张五》："北山白云里，隐者自怡悦。相望始登高，心随雁飞灭。愁因薄暮起，兴是清秋发。时见归村人，沙行渡头歇。天边树若荠，江畔洲如月。何当载酒来，共醉重阳节。"

陶渊明的《饮酒》："结庐在人境，而无车马喧。问君何能尔？心远地自偏。采菊东篱下，悠然见南山。山气日夕佳，飞鸟相与还。此中有真意，欲辨已忘言。"

中国文化的格调优雅、情趣尽在于此。虽然俗世并不使人快乐和自由，但只要我们改变对于这个世界的态度，仍然可以体味到心灵的快乐，追求到人与自然和谐相处的"诗意栖居"。

恩格斯对自然和精神的统一问题，有过一系列精辟的论述。他说："我们一天天地学会更加正确地理解自然规律,学会认识我们对于自然界的惯常行程的干涉所引起的比较近或比较远的影响。”[①]他还说:“自然界和精神是统一的。自然界不能是无理性的……而理性是不能和自然界矛盾的。”[②]“思维规律和自然规律,只要它们被正确地认识,必然是互相一致的。”[③]恩格斯的这些论述,与中国古代的天人合一思想有异曲同工之妙,特别是在当代,这种思想更有着深刻的合理性和现实性。

二、以人为本

人文主义或人本主义,虽然是西方近代以来的文化理念,在中西文化里存在着巨大差异,但又有一些相同之处。

以人为本有两层意思,第一层意思是人这个概念,有两个相对的东西,一个是神,一个是物。西方中世纪以神为本,人只不过是上帝的奴仆。到了文艺复兴运动之后,西方才开启了人文主义的传统,重视人的价值,尊重人的地位,发挥人的个性,主张以人权反对神权,以人性反对神性。西方人本主义强调民主、自由、平等、博爱、人格的独立与完整。而中国历史上的人本思想则很少谈神性,重视的是现实中的人,是人的道德、人格节操、人际关系、人生境界。

第二层意思是以人为本的本,不是哲学上本原的本,而是根本的本。因为这个本,是相对于末而言的。强调以人为本,不是要追问世界的第一性是不是人,而是说在天、地、神、人、物之中谁最重要。中西文化中的以人为本,都强调人的价值和作用。西方近代哲学对人的主体性的强调,西方现代哲学对生命意识的强调,都说明了人在文化中的重要性。而中国文化一开始,就将目光投射在人身上,不像西方那样具有过多的形而上追问和主客体分离,它更多的是关注人的内心。儒家对于现实的关怀,道家对于个体自由的追求,禅宗对于俗世的摆脱,都在追求人有一个内在完整、纯洁、自由的世界。人的价值不以外物占有的多少为标准,而以人的道德和心灵的富足为目标。

孔子学说集中体现了儒家的人本思想,他虽承认天命,但怀疑鬼神。他说:

---

① 恩格斯著:《自然辩证法》,人民出版社 1971 年版,第 159 页。
② 恩格斯著:《自然辩证法》,人民出版社 1971 年版,第 200 页。
③ 恩格斯著:《自然辩证法》,人民出版社 1971 年版,第 203 页。

"务民之义,敬鬼神而远之,可谓知矣。"(《论语·雍也》)孔子重视生的问题,而不是死后的问题。《论语》记载:"季路问事鬼神,子曰:未能事人,焉能事鬼?曰:敢问死!曰:未知生,焉知死?"(《先进》)孔子不赞同祈祷,《论语》载:"子疾病,子路请祷。子曰:'有诸?'子路对曰:'有子之',诔曰:'祷尔上下神祇'。子曰:'丘之祷久矣'。"(《述而》)孔子对鬼神采取存疑的态度,既不否定,也不肯定,但认为人应该解决现实生活中问题,而不必向鬼神祈祷。孔子强调人贵于物,"天地万物,唯人为贵"。《论语》记载,马棚失火,孔子问伤人了吗?不问马。说明在孔子看来,人比马重要。孔子的人本思想的核心应该是"仁者爱人"。爱人就是要看到别人的长处,体谅别人的难处,有体人如己之感。他所说的"己所不欲,勿施于人"(《颜渊》)"己欲立而立人,己欲达而达人"(《论语·雍也》)合在一起,就是"忠恕"之道。在对别人宽恕仁爱的同时,孔子要求个人应该有所追求,有自己的人格和节操。孔子说:"岁寒,然后知松柏之后凋也。"(《论语·子罕》)"三军可以夺帅,匹夫不可夺志也。"(《论语·子罕》)"不降其志,不辱其身。"(《论语·微子》)这种精神与《周易》古经所说的"不事王侯,高尚其事"(《蛊》卦)、《象传》所说的"不事王侯,志可则也"是一脉相承的。

孟子发展了孔子的"仁爱"思想,进一步提出了"老吾老以及人之老,幼吾幼以及人之幼"的理想社会。孟子特别重视个人人格的修炼。他说:"生亦我所欲,所欲有甚于生者,故不为苟得也。死亦我所恶,所恶有甚于死者,故患有所不辟也。"(《孟子·告子上》)在义与利之间,孟子是选择前者的,以义为上,以义为先。孟子说:"士穷不失义,达不离道。……古之人得志泽加于民;不得志,修身见于世。穷则独善其身,达则兼济天下。"(《孟子·告子上》)孟子之后,"独善其身"和"兼济天下"就成为中国知识分子的自觉追求。

老子学说,"道"和"德"是紧密相联的,选择不同的道路,就选择了不同的德性。并且老子讲"德"往往是与自然之"道"联在一起的。比如"上善若水",讲的既是自然之水,又是社会中人。水性与人德有许多相同之处,所以人要向水学习,要有水一样的德性。在做人方面,老子明确指出:"信言不美,美言不信。善者不辩,辩者不善。知者不博,博者不知。圣人不积,既以为人己愈有,既以与人己愈多。天之道,利而不害;圣人之道,为而不争。"(《道德经·八十一章》)一方面要人朴实无华,诚以待人;另一方面要人"不争",不要在利益面前与人相争,要无为谦让。"不尚贤,使民不争;不贵难得之货,使民不为盗;不见可欲,使民心不乱。是以圣人之治,虚其心,实其腹;弱其志,强其骨。常使民无知无欲。使夫知不敢弗为而已,则无不治。”(《道德经·三章》)他的意思是当人断除了对于利益过多的追求和争斗,人与人的关系才会和谐,社会才会稳定,国家才能得到治理。

荀子在观察自然的基础上,深入地思考了人何以贵的问题。他说:“水火有气而无生,草木有生而无知,禽兽有知而无义,人有气有生有知有义,故最为天下贵也。”(《荀子·王制》)与自然界的水火、草木、禽兽相比,人有气、有生、有知、有义,集优点于一身,这是其他任何一种东西都无法相比的,所以人最优秀,最珍贵。

墨子提倡“兼相爱,交相利”,具有博爱的情怀。所谓兼爱,包含平等与博爱的意思,是一种无差别、无差等的爱。墨子要求君臣、父子、兄弟都要在平等的基础上相互关爱。墨子言:“视人之国若视其国,视人之家若视其家,视人之身若视其身。”“诸侯相爱则不野战,家主相爱则不相篡,人与人相爱则不相贼,君臣相爱则惠忠,父子相爱则慈孝,兄弟相爱则和调。天下之人皆相爱,强不执弱,众不劫寡,富不侮贫,贵不敖贱,诈不欺愚。凡天下祸篡怨恨可使毋起者,以相爱生也,是以仁者誉之。”墨子很重视个人的品德修养。《修身》篇云:“志不强者智不达,言不信者行不果。据财不能以分人者,不足与友;守道不笃、遍物不博、辩是非不察者,不足与游。”其意为意志不坚强的人智力就不会发达,出言不守信用的人行事就不会成功。拥有钱财不能分给他人的人,不值得与其交友;不能忠实坚持为人之道、不能广博认识事物、不能明察是非的人,不值得与其同游。

管子明确提出了“以人为本”的概念。他说:“夫霸王之所始也,以人为本;本理则国固,本乱则国危。”他从政治稳定的角度,讲了以人为本的重要性。

《礼记·礼运》中描绘的“大道之行也,天下为公,选贤与能,讲信修睦。故人不独亲其亲,不独子其子,使老有所终,壮有所用,幼有所长,矜、寡、孤、独、废、疾者皆有所养”是一个理想的“大同”社会。

先秦时期这些思想家们提出的以人为本的思想,是基于当时的社会动乱,人心不古,其中有不少理想成分。而恰恰是这种若隐若现的理想,成了后世人们弥足珍贵的追求。

以人为本,东汉思想家仲长统讲得最为鲜明。他说:“所贵乎用天之道者,则指星辰以授民事，顺四时而兴功业，其大略也，吉凶之祥何取焉？……从此言之，人事为本，天道为末，不其然与？”（《全后汉文》卷八十九）这里提出的“人事为本”说明了人的重要性。

佛教东传之后，宣扬灵魂不灭、三世轮回的观念，一些人受此影响，儒家学者起而反驳。南北朝的何承天著《达性论》说：“人非天地不生，天地非人不灵，……安得与夫飞沉蠉蠕并为众生哉？……至于生必有死，形毙神散，犹春荣秋落，四时代换，奚有于更受形哉？”完全否定了佛教灵魂不灭生死轮回的理念。范缜著《神灭论》提出“形为质而神为用”的观点，更彻底地反对神不灭论。

宋明理学提出的气本论、理本论、心本论等学说，都不承认鬼神的存在。气本论强调世界的构成和人的精神的存在；理本论强调事物在差异性中的共同性，由物质进入道德；心本论强调人心的作用，提出吾心与宇宙的关系。宋明理学一方面执着于大千世界的形而上追问，另一方面又致力于人之本心，力图达到宇宙、万物、人生、本心的和谐境界，都强调了人的本体性和主体性存在。因此，这一时期的哲学应该是中国文化思想的一个高峰。宋代周敦颐说：“二气交感，化生万物，万物生生而变化无穷焉，惟人也得其秀而最灵。”（《太极图说》）其充分肯定了人的地位与作用。

中国传统文化探讨的核心问题是人生意义、人生价值、人生理想、人的道德，因此，它是关于人的学说的哲学。在中国文化中，如果说道家更侧重于自然主义的话，儒家则更侧重于人本主义，关注的是人的品德、习性、内心。自汉以来，儒家之所以能成为中国文化的主流，就在于它能切合现实人生。哲学家张岱年先生认为儒家的人本思想主要表现在三个方面：(1)肯定人的价值。(2)认为人的价值主要在于人具有道德的自觉性，而人的道德自觉性表现为人格的尊严与社会责任心。(3)认为人生理想的最高原则是“和”，即“多样性的统一”。①

总的来看，中国传统文化是一种伦理本位的文化，和西方以自然本位的文化不同，它重视的是人伦关系。人是社会中的人，是国家中的人，是家庭中的人，而不是自然意义上的人。中国文化的“三纲”“五常”“八条目”（格物、致知、正心、诚意、修身、齐家、治国、平天下）都是将个体放在各种关系之中，因此，中

---

① 张岱年著：《文化与价值》，新华出版社2004年4月第1版，第205页。

国传统人本主义讲的是个体在群体中的地位、作用与价值。它“把道德实践提到至高地位,对于人的精神的开发,对于个体道德自我的建立,有着十分重要的意义。它是道德教育代替宗教信仰,用道德自觉抑制宗教强制,大大丰富了中国文化的人文精神。”①

中国传统人本思想除了重视人的地位、人的价值、人的品德、人生意义,还比较重视在政治生活中人的地位与作用。这就是历史上很多人提出的“民本”思想。虽然“民本”思想不是今天的“民主”思想,但“民本”思想的提出在漫长的封建社会无疑是有积极意义的。因为中国社会是以皇权为中心的集权统治,如果抽象地提“以人为本”,可能有助于帝王思想的泛滥。“民本”思想的提出尽管有其巩固政权的历史背景,但实行起来对于老百姓是有好处的。所谓“民为贵、君为轻”、“水能载舟,亦能覆舟”和“休养生息”政策,都是重视了老百姓的地位与作用。这一点,我们在谈中国人本主义思想时应该既要看到它的局限性,又要看到它的积极性。

三、刚健有为

我国文化的基本精神之一是自强不息。“天行健,君子以自强不息;地势坤,君子以厚德载物”、“天地之大德曰生”等,是对中华民族刚健有为、自强不息、生生不已精神的集中概括和生动写照。

儒家重视“刚”的品德。孔子说:“刚毅木讷近仁。”(《论语·子路》)刚毅即是具有坚定性。孔子的弟子曾子说:“可以托六尺之孤,可以寄百里之命,临大节而不可夺也。君子人与?君子人也。”(《论语·泰伯》)“临大节而不可夺”即是“刚毅”。

《周易大传》提出“刚健”“自强不息”的生活准则。《彖传》云:“大有,柔得尊位大中而上下应之曰大有,其德刚健而文明,应乎天而时行。”《文言传》云:“大哉乾乎!刚健中正,纯粹精也。”《象传》云:“天行健,君子以自强不息。”《系辞传》云:“夫乾,天下之至健也,德行恒易以知险而克服之,以达到恒易。”这些谈刚健的话都与天相关。天,一方面指上天,另一方面又泛指大自然。大自然

① 张岱年、方克立主编:《中国文化概论》,北京师范大学出版社2004年1月第2版,第292页。

包括日月星辰运行的规律是崇尚刚强的,只有刚强才能有生存有发展,要生存要发展又必须努力向上、积极进取。作为人,也是如此。

儒家重视“不息”。《中庸》云:“故至诚无息。不息则久,久则征。征则悠远,悠远则博厚,博厚则高明。……《诗》云:‘维天之命,于穆不已’,盖曰天之所以为天也。‘于乎不显,文王之德之纯’,盖曰文王之所以为王也,纯亦不已。”

在中国文化中,与刚健自强相联系的是关于独立意志、独立人格、独立不改的生命原则。孔子曰:“三军可夺帅也,匹夫不可夺志也。”(《论证·子罕》)又赞扬伯夷、叔齐“不降其志,不辱其身”。他说:“志士仁人,无求生以害仁,有杀身以成仁。”(《论语·卫灵公》)

孟子提出:“生我所欲也,义亦我所欲也,二者不可得兼,舍生而取义者也。生亦我所欲,所欲有甚于生者,故不为苟得也。死亦我所恶,所恶有甚于死者,故患有所不辟也。如使人之所欲莫甚于生,则凡可以得生者何不用也。使人之所恶莫甚于死者,则凡可以辟患者何不为也!由是则生而有不用也;由是则可以辟患而有不为也。是故所欲有甚于生者,所恶有甚于死者。非独贤者有是心也,人皆有之,贤者能勿丧耳。”

《孟子·告子上》云:“一箪食,一豆羹,得之则生,弗得则死。呼尔而与之,行道之人弗受;蹴尔而与之,乞人不屑也。”意思是说:只要得到一小筐饭、一小碗汤就可以保全生命,不能得到就要饿死;如果是轻蔑地呼喝着叫别人吃,哪怕是饥饿的过路人都不愿接受;如果是用脚踢着给别人吃,那就连乞丐都不屑要了。《礼记·檀弓》有一段故事与此相类似:“齐大饥,黔敖为食于路,以待饿者而食之。有饿者,蒙袂辑屦,贸贸然来。黔敖左奉食,右执饮,曰:‘嗟!来食!’扬其目而视之曰:‘予唯不食嗟来之食,以至于斯。’从而谢之,不食而死。”可见,孟子写这段话是有根据的。他说:“富贵不能淫,贫贱不能移,威武不能屈,此之谓大丈夫。”(《孟子·滕文公下》)

儒家刚健进取的思想对后世产生了积极的影响。屈原、史马迁、嵇康、陶渊明、李白、岳飞、文天祥、郑板桥、闻一多、朱自清、梅兰芳等都是有骨气的志士仁人。屈原说:“路漫漫其修远兮,吾将上下而求索。”司马迁在《报任安书》中写道:“盖西伯(文王)拘而演《周易》;仲尼厄而作《春秋》;屈原放逐,乃赋《离骚》;左丘失明,厥有《国语》;孙子膑脚,《兵法》修列;不韦迁蜀,世传《吕览》;韩非囚秦,《说难》《孤愤》;《诗》三百篇,大抵圣贤发愤之所为作也。”西晋大音乐家、“竹林七贤”代表人物嵇康宁可被斩首洛阳东市，也不为司马氏王朝所用，临刑前还当众演奏了他的拿手曲目《广陵散》。东晋诗人陶渊明：“吾不能为五斗米折腰，拳拳事乡里小人邪。”唐朝诗人李白“仰天大笑出门去，我辈岂是蓬蒿人”、“安能摧眉折腰事权贵，使我不得开心颜！”岳飞以“精忠报国”四字为一生处世的准则，宁可以“莫须有”的罪名死于狱中，也不向奸臣秦桧求情。文天祥被俘乃书《过零丁洋》：“人生自古谁无死，留取丹心照汗青。”囚禁四年，经历种种严酷考验，其始终不屈，于1283年从容就义，年仅47岁。郑板桥清正为官后因请求赈济农民而得罪豪吏，告疾罢官归，“掷去纱帽不为官”，居扬州以诗书画自适。闻一多面对国民党特务的手枪在云南大学至公堂发表了最后一次演讲。朱自清宁可饿死也不吃“嗟来之食”——美国的救济粮。梅兰芳以民族大义为重，蓄须明志，不为日寇演戏。

当然，中国文化中除了具有“刚性”的一面，也有“柔性”的一面。与儒家重刚相反，道家“贵柔”。老子非常推崇水，水的特点恰恰与道家崇尚的美德贵柔、谦下和不争相同。《道德经》上说水是“善利万物而不争”之物，所以在道家看来确实是“上善若水”。“天下莫柔弱于水，而攻坚强者莫之能胜，以其无以易之也。弱之胜强，柔之胜刚，天下莫不知，莫能行。”以柔弱胜刚强，这就是水的“柔德”。“道冲，而用之或不盈。渊兮似万物之宗。挫其锐，解其纷，和其光，同其尘。”这就是老子的道。水铺天盖地柔和地展开，柔光所及，木石皆成琉璃，每一寸柔光都含着粉碎一切、荡涤一切的力量。“天下之至柔，驰骋于天下之至坚。无有，入于无间。”水没有形状，所以可以渗透到没有空隙的地方。水无孔不入，无坚不摧，无往不胜。水是最柔弱的东西，也是最坚强的东西。“滴水穿石”、“抽刀断水水更流”、“青山遮不住，毕竟东流去”、“大江东去浪淘尽，千古风流人物”。一切事物、个人在水面前好像都是软弱的和渺小的。水是最美的：“秋水共长天一色，落霞与孤鹜齐飞。”水又是最有情的：“日日思君不见君，共饮长江水。”中国文人曾经用超群的才华和无数的篇章描写水，歌颂水，由此可以看到人对水寄予了多么深的感情。

有人将水之德概括为六点：其一，水往低处流。启迪我们做人，尤其是握有一定权力的人，要眼睛向下，时刻关注最基层群众的切身利益。其二，水溶万物而不争。水与千千万万种物质，融为一体，构成了人们生活中不可缺少的物质。水的这种不争之德，启迪我们应该不争名不争利，将个人的价值体现在默默的奉献之中。其三,水随遇而安。无论石缝岩隙,还是沼泽碱滩,水都能顽强地生存。即便只是一滴露珠儿,它也会笑迎朝霞,熠熠闪光。水的这种豁达顽强的精神,启迪我们即使是处于艰苦的环境,也要安贫乐道,恪尽职守,有一分热、发一分光。其四,水遇寒而结为冰。水的三态(固态、液态、气态)变化,体现了水极大的灵活性。尤其是水遇寒而结为冰,更是启迪我们在越是困难的时候,越是要增强凝聚力、向心力。其五,水质透明,清澈见底。水的这种鲜明特性,启迪我们做人要光明磊落,襟怀坦白。"君子坦荡荡",我们应做一个清纯如水的人。其六,水的公平。水是最公平的,我们常常希望掌权者要"把一碗水端平"。这是我们做人做事的基本准则。只有"端平一碗水",才能赢得民心。水是博大精深的,它对我们的启迪还有许多。如"滴水穿石",启迪我们对事业的追求要锲而不舍;"千条江河归大海",启迪我们一旦认准一个目标,就要有一往无前的勇气和坚定执著的精神;"海纳百川,有容乃大",启迪我们要有恢宏的气度,博大的胸怀。水对我们的启迪是如此丰厚广博,难怪先哲要发出"上善若水"的赞叹!①

在关于人的修养问题上,庄子及其后学提出了"心斋"、"坐忘"等理论,要求忘掉人己、物我的区别,停止一切身心活动,以达到"形如槁木,心如死灰"的境地。魏晋玄学在道家的基础上将"无"强调到很高的程度,知识分子抨击纲常名教,热爱自然山水,追求个人心灵自由宁静。隋唐佛学大讲虚静无为,涅槃静寂。即使宋明理学也沾染了佛教的一些思想。道佛虽有差异,但以无为宗,强调内心的纯净、空灵还是一致的。中国文化自先秦以来一直有出世与入世、刚健有为与清静无为、动与静的争论。儒道互补,佛道互渗,三教合一,成为中国文化的典型特征。但总体来讲,中国文化的学说还是以入世、有为、健进、立业为主,道家和佛家相对于儒家对国人的影响要弱一些。但各种思想都有它自己的地位和价值,我们不能厚此薄彼。

明末清初思想家、教育家颜元(1635~1704)在对以往评说的基础上,提出了"健动"的观点。他说:"三皇、五帝、三王、周孔皆教天下以动之圣人也。五霸之假,正假其动也。汉唐袭其动之一二,以造其世也。晋宋之苟安,佛之空、老之无,周、程、朱、邵之静坐,徒事口笔。总之,皆不动也而人才尽矣!圣道亡矣!

① 《从"上善若水"说起》,解放网—上海法制报2008年5月19日,www.jfdaily.com。

乾坤降矣！吾尚言，一身动，则一身强；一家动，则一家强；一国动，则一国强；天下动，则天下强。”（《颜习斋言行录》）此所谓“动”，亦即有所作为。

总的来说，刚健有为、自强不息是一种积极进取的态度，它对于整个中华民族精神的形成具有重要的作用。中华民族之所以能历尽艰难而不灭，就是有一种坚韧不拔的奋斗精神。同时，刚健有为、自强不息，也是一种创新的精神，中国古人早就有“苟日新，日日新，又日新”的名言。中国历史上的多次变法、维新、革命、改良，都体现了自我进取的创新精神。正是积极的创新，才使每一代的文化有了新的内涵和形式，中华文明才会绵延不绝。

四、以和为贵

从词源学看，“和”字出现较早，已见于甲骨文和金文。《说文》：“和，相应也，从口禾声。”在早期甲骨文中，“和”作“龢”。《说文》：“龢调也，读与和同。”“和”字的起源与音乐有关。如《广雅》：“和，谐也。”《老子》：“音声相和。”《国语·周语下》：“乐从和。”《吕氏春秋·慎行论》：“和五声。”“和”就是和谐、协调的意思。后来，“和”的内涵不断丰富发展，成为中华民族价值体系中的核心概念。

和谐，是中国文化的基本精神之一，也是中国文化区别于西方文化的重要特征之一。西方文化一开始就强调物我二分、主客对立，二元对立的思维方式一直纠结于物质与意识、现象与本质、物与我的一系列矛盾之中；而中国文化一开始就主张和谐，人与自然的和谐，自我身心的和谐，人与人之间的和谐，民族国家之间的和谐，和谐成为中国文化的中心话题。“和”是中国文化中的最高价值。

儒家很早就关注“和”的问题。孔子弟子有若说：“礼之用，和为贵。先王之道斯为美。小大由之。有所不行，知和而和，不以礼节之，亦不可行也。”（《论语·学而》）礼作为维系社会关系的纽带，具有十分重要的作用。中国很早就有“礼乐治国”的概念。《乐记》说：“大乐与天地同和，大礼与天地同节。和，故百物不失；节，故祀天祭地。……如此则四海之内合敬同爱也。礼者，殊事合敬者也；乐者，异文合爱者也。礼乐之情同，故明王以相也。”如果音乐的本质是和谐，礼的本质也是和谐。礼的作用是规范社会每一个人的言行，协调好人与人之间的关系，让每一个人做事说话都能恰到好处。如果“礼崩乐坏”，社会就会大乱。因此，对于每一个人来讲，不用一定的规矩制度（礼）来加以节制，是不行的。

孔子说：“君子和而不同，小人同而不和。”（《论语·子路》）所谓“和而不同”是指君子之交，每一个人都会保持自己的个性和自由，绝不强人所难与我一样，这是对别人的尊重，也是人性丰富多彩的保障。所谓“同而不和”是指小人在利益面前是相同的，但为了利益分割又会争得你死我活，因此，小人之间的关系是不会融洽的。孔子赞成的是君子之交，因为君子之交淡如水，像茶虽淡却意味悠长。

孔子又说：“君子矜而不争，群而不党。”意思是说，君子庄重而不与别人争执，合群而不结党营私。“群而不党”也就是孔子在《为政》篇里所说“君子周而不比，小人比而不周”的意思。周而不比就是群而不党，普遍团结人而不搞宗派，不拉小团体，不结党营私。朱熹在《论语集注》中说：“君子小人所为不同，如阴阳昼夜，每每相反。然究其所以分，则在公私之际，毫厘之差耳。”君子出于公心，小人囿于私利。出于公心所以能胸怀宽广，纳百川而归于海，搞五湖四海而不搞拉帮结派。出于私利所以就心胸狭窄，结党营私而排除异己，搞宗派主义而不讲道义原则。

由此可见，孔子讲的“和”是多样性的统一，“同”则是一味地附和乃至结党营私。孔子明确指出，做人要近君子而远小人。因为，君子能够宽厚待人，与人和谐相处。

其实，“和同之辨”始见于西周末年周太史史伯的言论中。《国语》记述史伯之言曰：“夫和实生物，同则不继。以他平他谓之和，故能丰长而物归之；若以同裨同，尽乃弃矣。”（《国语·郑语》）这也就是说，“和”是不同事物的结合，不同、差别是“和”的前提，这样的“和”才能长久，“和”，物才能生。如果“去和取同”，那就会“声一无听，物一无文，味一无果，物一无讲”。在这里，不同事物相互为“他”，“以他平他”即聚集不同事物而达到平衡，这叫做“和”，这样才能产生新事物。如果以相同的事物相加，是不能产生新事物的。

春秋时齐国的晏子也强调了“和”与“同”的区别。据《左传》昭公二十年记载，晏子与齐侯有一段对话：“齐侯至自田，晏子侍于遄台，子犹驰而造焉。公曰：‘唯据与我和夫！’晏子对曰：‘据亦同也，焉得为和？’公曰：‘和与同异乎？’

对曰:‘异。和如羹焉,水火醯醢盐梅以烹鱼肉,燀之以薪。宰夫和之,齐之以味,济其不及,以泄其过。君子食之,以平其心。君臣亦然。君所谓可而有否焉,臣献其否以成其可。君所谓否而有可焉,臣献其可以去其否。是以平而不干,无争心。’故《诗》曰:‘亦有和羹,既戒既平。鬷嘏无言,时靡有争。’先王之济五味,和五声也,以平其心,成其政也。声亦如味,一气、二体、三类、四物、五声、六律、七音、八风、九歌,以相成也,清浊、小大、短长、疾徐、哀乐、刚柔、迟速、高下、出入、周疏,以相济也。君子听之,以平其心。心平,德和,故《诗》曰‘德音不瑕’。今据不然,君所谓可,据亦,据亦日否。若以水济水,谁能食之?若琴瑟之专一,谁能听之?同之不可也如是。”

景公打猎回来,晏子在遄台随侍,梁丘据乘车疾驰而来。景公曰:“只有梁丘据与我比较和谐啊!”晏子回答曰:“梁丘据只是与您保持一致,怎么能算和谐呢?”景公曰:“难道和与同不是一回事吗?”对曰:“当然不同了。‘和’就像做肉汤一样,要用水、火、醋、肉酱、盐、梅等烹调鱼肉,先用火烧煮,再由厨师来调味,使味道酸咸适中,味道淡了,就多加一些调料,味道过于浓了,就加水冲淡。君子食用这样的羹汤,心里才感到平静。君臣关系也是这样。君主肯定的东西,如果有不对的,臣子应当把自己的反对意见贡献给君主,使君主能够做出正确的决定;君主认为不对的东西,如果有对的地方,臣子应当把其中有道理的意见贡献给君主,以便让他能够改正自己的错误,这样政治才能够获得真正的稳定,因此才能做到政策平和而不违礼,百姓也无争夺之心。所以《诗经》说:‘亦有调和好的羹汤,厨师已经做得味道适中。神灵享用无所指责,朝野上下没有争端。’正是先王调和五味,谐调五声,以稳定其内心,才成政事。声音和味道一样,是由一种气韵、两种舞蹈形式、三种诗歌类别、四种材料、五种声音、六种律吕、七种音阶及八风、九歌互相配合谐调而成的,是由清浊、大小、短长、疾徐、哀乐、刚柔、迟速、高下、出入、疏密这些相互配合谐调而成的。君子听了这样的音乐,心境平和。内心平静,德行便显得平和,所以《诗经》有赞美周公摄政的句子‘德音不瑕’(德行和音乐一样没有瑕疵)。而如今梁丘据就不是这样。您肯定的,他也跟着肯定;您说不对的,他也跟着不同意。就像单纯用水来加水,做出来的,就不是食物,谁能吃呢?又像琴瑟只有一种音调,还成什么音乐,谁还能听下去呢?君臣之间不能一味地逢迎和保持一致,就是这个意思”。

晏子以烹饪和音乐为例,说明汤好喝是因为对于不同材料的加工;音乐好听,是因为不同声音、音调和乐器的演奏。如果都是一样的,那就不会有好的汤和音乐。晏子所说的“和”是指不同见解的相反相成,具体指君臣之间的意见需要相互补充,才能达到比较全面正确的判断。

在中国传统文化中,有关和谐的思想可以追溯得更远。和谐一词早已有之,它原指乐律的调和。据《尚书·舜典》说:“诗言志,歌永言,声依永,律和声,八音克谐,无相夺伦,神人以和。”在这里,和谐不仅是乐律的本质,而且应当是自觉追求的境界。对和谐的推崇在《周易》中也有所体现。《周易·乾·象》云:“乾道变化,各正性命,保合太和,乃利贞。”由于乐律来自对自然之声的发现,所以古人推而广之,逐渐把和谐看作自然的法则。

《中庸》中有:“致中和,天地位焉,万物育焉。”“和”也是万物生长的前提。老子也讲“和”。《老子》第四十二章:“万物负阴而抱阳,冲气以为和。”意思是说万物各自包含阴、阳两个对立面,这阴阳二气,相互激荡,从而得到统一。它讲的是万事万物生成的过程,这个“和”就是对立统一,你中有我,我中有你。《老子》第五十六章:“塞其兑,闭其门,挫其锐,解其分,和其光,同其尘,是谓玄同。”意思是说,关闭传递知识的门窗,挫掉自己的锋芒,解脱自己的纷扰,蕴藏自己的光彩,混同自己于尘垢之中,这就叫做高深奥妙的玄同。在这里,玄同就是“抱一”、“得一”,即一切事物处于一种没有差别的“同一”状态中。老子在这里强调“玄同”实际上是一种生存智慧和技巧。它与前边讲的“和”似乎有矛盾,但实际上并不矛盾。因为事物的起因产生于阴阳二气,是一种矛盾。事物的存在也有矛盾即隐与显。只有把握好隐与显的关系,事物才可能很好地生存。就像一个人,过于张扬,反而容易遭人嫉恨,而低调生存,隐其锋芒,反而有利于生存发展。人与事物能不能生存和发展,关键是否能达到一种和谐状态,把握好矛盾的平衡点。

《庄子·天道》说:“夫明白于天地之德者,此之谓大本大宗,与天和者也;所以均调天下,与人和者也。与人和者,谓之人乐;与天和者,谓之天乐。”中国哲学把“与天和”、“与人和”看作是最大的快乐,正是因为其所追求的目的,乃是建立在和谐基础上的“天人合一”和“天人之乐”。

儒家讲的“和”,包括了自然界在内的和谐。《中庸》:“万物并育而不相害,道并行而不悖。”这就是儒家所设想的“太和”景象。大自然的万物各有生长的空间,相互不干扰、不侵害,万事万物各行其道而不冲突且共同前进。这就是一种非常和谐的状态。

孟子提出:“天时不如地利,地利不如人和,三里之城,七里之郭,环而攻之而不胜;夫环而攻之,必有得天时者矣,然而不胜者,是天时不如地利也。城非不高也,池非不深也,兵革非不尖利也,米粟非不多也,委而去之,是地利不如人和也。故曰,域民不以封疆之界,固国不以山溪之险,威天下不以兵革之利。得道者多助,失道者寡助;寡助之至,亲戚畔之;多助之至,天下顺之。以天下之所顺,攻亲戚之所畔,故君子有不战,战必胜矣。”他主要从战争的角度,讲了“人和”的重要性。在天时、地利、人和这三者中,人和最重要,它是战争胜利的根本。

在处理人际关系和建立社会和谐方面,儒家还提出了仁、义、礼、恭、宽、信、敏、惠、智、勇、忠、恕、孝等一系列概念,旨在实现“人和”,建设大同社会的理想。正如《礼记·礼运》所云:“故人不独亲其亲,不独子其子。使老有所终,壮有所用,幼用所长,鳏寡孤独废疾者皆有所养。”荀子则提出:“和则一,一则多力。”(《荀子·王制》)道家反对追名逐利、人与人的相互倾轧,希望能有一个和谐的社会。老子认为:“天之道,损有余而补不足。人之道,损不足以奉有余。孰能以有余以奉天下,唯有道者。”(《老子》第七十七章)老子主张“无欲”、“无为”、“无争”,彼此和谐相处,宽大为怀,人人过一种“甘其食、美其服、安其居、乐其俗”的理想生活。老子提出的“去甚,去奢,去泰”、“知止”、“知足”等主张,要人们效法天道,“有余以奉天下”,实现相对均衡。

在处理身与心的关系上,儒家肯定人们对物质利益的正当追求。孔子说:“富与贵,是人之所欲也。”(《论语·里仁》)“富而可求,虽执鞭之士,吾亦为之。”(《论语·述而》)但他又强调“欲而不贪”(《论语·尧曰》),反对放纵欲念。他说:“君子有三戒,少之时,血气未定,戒之在色;及其壮也,血气方刚,戒之在斗;及其老也,血气已衰,戒之在得。”(《论语·季氏》也就是说,人要掌握中和的原则,保持平衡谦和的心态,不能贪得无厌,不能违背自然发展的规律。

在民族与民族、国家与国家的关系上,中国传统文化提出了“协和万邦”的思想。《尚书·尧典》说:“克明俊德,以亲九族;九族既睦,平素百姓;百姓昭明,协和万邦。”《周易·乾卦》说:“首出庶物,万国咸宁。”孔子提出“四海之内皆兄弟”(《论语·颜渊》),又说:“远人不服,则修文德以来之,既来之则安之。”(《论语·季氏》)主张以文德感化外邦,反对轻率地诉诸武力。孟子提出“仁者无敌”(《孟子·梁惠王上》),主张“以德服人”(《孟子·公孙丑上》),提倡王道,反对霸道。儒家提倡的“修身、齐家、治国、平天下”的模式,都是以“德”为本,先管好自己,治理好家庭,才能治国平天下。而且平天下不是以武力压人,而是以德服人,感化人,这样才能实现“协和万邦”的理想。《易传》说:“圣人感人心而天下和平”,只有人心归顺,才是实现和平理想的正确途径。

中国古代哲学家、政治家十分注意把“矛盾”作为和谐得以建立的前提,“《易》以道阴阳”(《庄子》)。按照《周易》中的说法,阴阳恰恰是构建和谐时不可或缺的两大基本要素。故古人认为,没有阴阳矛盾,便没有和谐;而没有和谐,矛盾则无法得以化解。和谐是对合理性的追求,故《周易》特别强调六十四卦、三百八十四爻居位要“中”、要“正”、要“当”。只有居位“中”,居位才“正”、才“当”。在中国传统文化中,“和”往往表述为“中”、“中庸”、“中道”、“中和”等概念。“和”与“中”密不可分,实现“和”的理想,最根本的途径是“持中”。孔子把“中”衍化为“中庸”,上升为最高的道德准则,使之成为一个道德哲学范畴。他说:“中庸之为德也,甚至矣乎!民鲜久矣。”(《论语·雍也》)又说:“不得中行而与之,必也狂狷乎!”(《论语·子路》)

总的来看,中国人讲“和”是以“中”为前提。中国人的“和”,不是无原则的“和”,而是适度的“和”。“和”作为中国人的智慧和处事方式,它的积极作用是显而易见的。追求人与自然的和谐,我们可以持续发展,保持一个良好的生态环境。追求人与人之间的和谐,可以得到一个人人都有自由、人人都能发展的稳定社会。追求人的身心和谐,可以保持一个良好的心态,使人身体健康,感到心灵的自足与快乐。追求民族国家之间的和谐,可以赢得一个和平的发展环境。从某种意义上说,和谐是向心力,和谐是凝聚力,和谐是竞争力。有了一种和谐的思维方式,我们每个人做事就不会走极端,人与人之间就会求同存异,国家与国家就会和谐相处,人们理想中的大同世界才会实现。因此,和谐不仅仅是物质上的富足,人人有饭吃,更重要的是人人有话说,是一种精神上的交流。特别是在当代,和谐思维对于我国全面建设小康社会和世界和平发展具有十分重要的意义。

第四章　让金子闪光：传统文化资源与当代文化产业

文化产业的快速兴起标志着一种新的文化现象和经济现象应运而生。在发展文化产业过程中，各国由于文化传统、文化资源、文化特色、技术水平、审美习惯等因素的差异，其发展的模式和路径也各不相同。对于西方技术相对发达、历史不长、文化资源相对贫乏的国家来说，文化产业发展的侧重点主要集中在技术含量高的产业形态上，文化产业发展的模式主要是利用技术和创意将自己或者其他国家的文化资源拿来为我所用。而对于具有悠久历史文化传统的国家，其侧重点就是要认真挖掘自身的文化资源，将其转化为适应当代人需要的文化产品。中国是一个历史悠久、传统文化资源相当丰富的国家，因此，传统文化也就成为当前中国文化产业取之不尽、用之不竭的资源。

一、渊源有自的中国传统文化

任何一个国家要发展文化产业，其前提必须是充分利用本国的文化资源。中国的情况也不例外。可以说，追寻自己的文化传统，整理自己的文化资源，认识自己的文化特性，是发展文化产业的前提。

谈到中国文化，特别是中国传统文化，对于它的构成和特性，历史上的研究已汗牛充栋，笔者只是在前人研究的基础上，对于中国传统文化本身做粗浅的体会和理解。

今天，我们在讲中国传统文化时，基本上将“传统”作为一个时间性概念，“传统”二字，基本上和“过去”是同一语，它与“现代”相对应。“现代”又是晚近和现在的意思。另外，在许多论者心中，传统与现代还有一层意思，即传统代表了中国，现代代表了西方。如果从“西方文化中心论”出发，中国的传统实际上就成了落后的代名词。其实，这样的理解比较粗浅。因为，一种文化仅从时间和区位的角度来理解,是远远不够的。时间和区位只能作为认识和评价文化的坐标,它们本身并不是评判文化的标准。正由于此,笔者认为,“传统”除了具有时间的特性,还具有其本身的文化属性。

徐复观先生在《传统文化短论》中对“何谓传统”作了具体的分析,他认为,传统(tradition)是“某一个集团或某一民族,代代相传的生活方式和观念”。他对于传统的理解,既有时间的维度,又有空间的维度。他认为“传统”有五种基本的性格或构成因素,即“民族性”、“社会性”、“历史性”、“实践性”、“秩序性”。①

笔者认为,对于中国传统文化的研究,仅仅局限在一个维度是不够的。过去人们的许多研究基本上都是在时间的维度上展开,人们主要研究的是中国文化的延续、发展和流变,以历史的分期研究中国文化传承。这样的研究尽管有其不可比拟的优势,但也存在着严重的缺陷。同时,由于文化偏见或眼界所限,在谈到中国传统文化时,人们过去更多地停留在精英文化层面,而对民间民俗文化重视不够;人们更多地停留在文物和考古的物质层面,而对器物本身所包含的非物质性重视不够。实际上要全面理解中国传统文化,不能仅仅停留在狭义的“国学”层面,还应该深入到中国社会的“活态”文化层面。传统的生活方式、行为方式、风俗习惯、审美风尚、宗教信仰等体现了我们民族的宇宙观、人生观、自然观、价值观。对于这一问题,日本哲学家务台理作在《历史哲学中的传统问题》一文中认为,传统的横断面可分两个层次:一是“低次元的传统”,另一是“高次元的传统”。“低次元文化”基本上是一种“基层文化”,“高次元文化”基本上是“高层文化”。“基层文化”是民间文化,大众文化;“高层文化”是知识分子文化,小众文化。“基层文化”是相对稳定的、无意识的、保守的;“高层文化”则是自觉的、前进的、解放的。对于整个民族文化而言,两种文化发挥的作用是不同的:没有“基层文化”,整个民族的生活是飘浮无根的;没有“高层文化”,整个民族文化就会止步不前。笔者认为,两种文化既有对立冲突的一面,也有相互补充的一面,少了任何一种文化,整个传统都是不完整的。

关于中国传统文化,我们最重要的是把握传统文化的内在精髓,这种内在

---

① 姜义华、吴根梁、马学新编:《港台及海外学者论中国文化》,上海人民出版社 1988 年版,第 461 ~ 463 页。

的精髓既体现在精英文化，也体现在民俗文化。那么，什么是中国传统文化最重要、最本质的东西？中国传统文化是如何形成的？它的核心是什么？

方立天先生在《中华文化的核心与国民素质的提高》的演讲中认为："传统文化的核心，就是一个价值观问题。我们讲的世界观、人生观、价值观这三种观念，价值观是最根本的，也就是说世界观、人生观最后体现在价值观上。"他认为："价值观中最根本的是人生价值观，人生价值观最重要的就是一个人的智慧、理想、才能的体现，为国家、为人民、为民族做出的贡献，这是真正的人生价值观。"①

具体到中国传统文化本身，虽然先秦曾有诸子百家，后世又在此基础上不断发展，大家迭出，新说不穷，但中国文化的主干应该是儒、道、佛三家。儒、道两家是土生土长的中国文化，佛教是外来的文化。20 世纪 80 年代，李泽厚认为中国文化是"儒道互补"，虽有道理但不全面。实际上，在中国文化发展过程中，佛教作为外来文化对中国文化的形成也做出了巨大贡献。佛教中国化所形成的禅宗文化，一方面吸纳了儒道思想的精髓，另一方面又对儒道文化的发展产生了重要影响。三种文化形成了三足鼎立的局面，其文化张力使中国文化自身变得丰富多彩。

儒家文化注重现实功利，讲"修、齐、治、平"，其核心是如何做人的问题。它提倡仁爱、礼教、纲常伦理、上下尊卑、长幼有序，注重在现实中实现自己的人生理想和价值。道家则讲自然，主张尊重自然，尊重人的本性，一切要顺其自然。它追求的不是现实的功利，而是人的自由和率真。佛教讲出世、因缘、因果、空，特别是禅宗讲顿悟，讲不立文字，见性成佛。这三家，虽然见解各异，但其共同点都是人的哲学，与西方重自然、重本体、重本质的形而上的哲学不同，中国哲学的三家都是在讲如何做人。因此，中国哲学与文化从本质上是人的哲学。

中国传统文化或哲学在讲人的哲学上主要是在人与自我、人与他人、人与自然这三重关系展开。后来，方立天先生又加了一条是"人与民族和国家关系"，这一条实际上也可加入"人与他人"这一项中。儒、道、佛三家为中国人提出不少非常有见地的思想，直至今天，这些思想对于中国乃至世界的发展都具有重要的价值和意义。

---

① 国家图书馆编：《部级领导干部历史文化讲座》，北京图书馆出版社 2008 年 2 月第 1 版，第 3 页。

（一）人与自我

讲的是自我的作为，作为社会中的自我，应该保持怎样的人格和节操。孔子的“三军可夺帅也，匹夫不可夺志也。”孟子的“富贵不能淫，贫贱不能移，威武不能屈，此之谓大丈夫也。”庄子的“至人神矣！大泽焚而不能热，河汉冱而不能寒，疾雷破山、飘风振海而不能惊。”也就是说，做人要有勇气、要有人格、要有坚持。那么，到底应该坚守人的什么？孔子讲“杀身成仁”，孟子讲“舍生取义”，可见“仁”和“义”是做人的根本。中国古人最反对见利忘义的小人，作为君子追求的不是物质的富贵而是精神的宝贵。《左传》讲“立德”、“立功”、“立言”，“立德”是第一位的。

（二）人与他人

人在社会中，如何处理与他人的关系？中国人的日常生活要面对各种各样的关系，如父子关系、君臣关系、夫妇关系、长幼关系、朋友关系，长幼关系又延伸出兄弟关系，这些关系又演变为“五伦”。中国文化中最核心的问题就是讲如何处理这五种关系。所谓“父慈、子孝、兄良、弟悌、夫义、妇听、长惠、幼顺、君仁、臣忠”，每个人都要各安其位，各守其德。中国文化中的“三纲”“五常”“十义”都是在讲做人的规则。由此产生的价值范畴，成了全社会共同遵守的信条，如“仁、礼、和、义、信”。这不仅成了维系人与人关系的纽带，还同时成为中国人的人生智慧。中国人的“修身、齐家、治国、平天下”，由小到大，由低到高，由个人到国家都离不开这些东西。

（三）人与自然

从人与自然的关系而言，中国人是讲究和谐统一的，因为天道与人道是息息相通的。中国儒家提出“天人合一”，人事必须顺应天意，要将天之法则转化为人之准则，顺应天理，方能国泰民安。孔子的“五十而知天命”，孟子的“尽心知性知天”。中国道家提出“道法自然”，将“自然”这个概念提升到了形而上的高度。老子讲的“上善若水”，庄子讲“天地与我并生，万物与我为一”，反对人为地破坏自然，主张顺应自然，回到素朴的自然状态。中国佛家提出“佛性”为万物之本源。宇宙万物千差万别，都是“佛性”的不同表现形式，其本质仍是佛性的统一。而佛性的统一，就意味着众生平等，万物皆有生存的权利。总的来看，中国人对于自然不像西方是一种对立状态、征服态度，而是与自然和谐共处，心心相印，物我合一。

上述中国传统文化核心价值体系的三个方面体现了中国人对于人与自我、人与他人、人与自然的认识，其思想已经渗透到千千万万中国人的日常生活之中。关于中国传统文化的传承方式笔者认为主要有这几方面：其一是通过大量的历史典籍和文献；其二是通过大量的文物和自然遗产；其三是通过丰富多彩的文学艺术；其四是通过强大的政治制度；其五是通过民间风俗文化。特别是对于第五种传承，过去人们对其认识不够，现在来看，价值重大。

从中国传统文化的构成看，中国民间文化里渗透着精英文化价值观，而中国精英文化有不少来自于民间文化。“阳春白雪”与“下里巴人”尽管有不少分野，但也有不少共通之处。中国民间文化虽然是一种草根文化，但又是中国精英文化发展的基础。作为一种活态文化，它具有顽强的生命力和丰富多样的表现形态。

著名民俗文化专家乌丙安先生认为中国民俗文化包括四大类和50个系列：

“1. 物质生产与消费民俗，又叫经济民俗类，包括生态、采集、狩猎、捕捞、游牧、农耕、工匠、商贸、交通运输、医药和衣、食、住、行等系列。

2. 社会群体、聚落生活及人生礼仪的民俗，又称社会类民俗，包括家族宗族、村寨乡里、都市城镇、行帮、交际、两性、产育、婚姻、寿诞、丧葬等系列。

3. 信仰崇拜民俗和传统节会民俗。由于民间节日、祭日都有信仰民俗意识的遗留，所以把它们统归为信仰民俗类，包括大自然崇拜、动植物崇拜、鬼灵信仰、神灵信仰、祖灵信仰、禁忌、巫卜、传统节日、祭日、庙会等系列。

4. 民间文学艺术、游艺竞技活动的民俗，又简称游艺民俗，包括民间工艺、雕塑、绘画、音乐、歌舞、戏曲、游艺娱乐和竞技体育，还有民间口头遗产的神话、故事、歌谣、史诗、谚语等系列。”①

民俗学者高丙中以民俗事象所归属的生活形态将民俗分为三大类8小类：

“1. 物质生活民俗

（1）生产民俗（农业、渔业、采掘、捕猎、养殖等物质资料的初级生产方面）。

（2）工商民俗（手工业、服务业和商贸诸业等物质资料的加工、交易与服务

---

① 国家图书馆编：《部级领导干部历史文化讲座》，北京图书馆出版社2008年2月第1版，第119～121页。

方面)。

(3)生活民俗(衣、食、住、行等物质消费方面)。

2. 社会生活民俗

(4)社会组织民俗(家族、村落、社区、社团等组织方面)。

(5)岁时节日民俗(节日与活动所代表的时间框架)。

(6)人生礼俗(诞生、生日、成年、婚姻、丧葬等人生历程方面)。

3. 精神生活民俗

(7)游艺民俗(游戏、竞技、社火等娱乐方面)。

(8)民俗观念(诸神崇拜、传说、故事、谚语等所代表的民间精神世界)。"①

不管学术界对于民俗有多少种分法,民俗文化说到底是一种生活文化,是人们世代相传的、日常的、年复一年的活动方式,是人们生存的基本文化模式。它既有短暂的、昙花一现的东西,也有相对稳定、相对普遍的东西。民俗文化通过种种方式潜移默化地影响着人们的思想、观念、行为方式,成为一个民族和国家文化的符号与徽标。

随着联合国教科文组织"非物质文化遗产"概念的提出,这笔文化遗产也越来越被政府、学界和民间重视。目前,列入中国第一批国家级非物质文化遗产名录的项目共计518项,列入第二批国家级非物质文化遗产名录的项目为564项。随着国家名录的公布,政府行为的介入,我国已经全方位地掀起了一场保护非物质文化遗产的热潮。

二、百年来中国文化的两次转向

如前所述,中国传统文化所讨论的核心问题是人生问题,人生哲学也就成了中国哲学的圆心。入世也好,出世也好,都是要人成其为人。著名哲学家冯友兰曾这样论述:"入世与出世是对立的,正如现实主义与理想主义也是对立的。中国哲学的任务,就是把这些反命题统一成一个合命题。这并不是说,这些反命题都被取消了。它们还在那里,但是已经被统一起来,成为一个合命题的整体。如何统一起来?这是中国哲学所求解的问题。求解这个问题,是中国

① 高丙中著:《中国民俗概论》,北京大学出版社2009年10月第1版,第9~10页。

哲学的精神。”[①]冯友兰曾在《新原人》中认为，人与动物的不同，在于人做某事时，他了解他在做什么并且是自觉地在做。正是这种自觉使他的人生具有了各种意义，正是这各种意义，就构成了人生的不同境界。冯友兰将人生的境界从低到高分成四种，即：自然境界、功利境界、道德境界、天地境界。他认为，生活于道德境界的人是贤人，生活于天地境界的人是圣人。哲学就是教人怎样成为圣人的方法。中国哲学说到底就是“内圣外王之道”。笔者认为，这就是中国哲学有别于西方哲学之处。

哲学是文化的精髓，由中国哲学可以看到中国文化的本质所在。相对于重视天人相分，重个体、重科学、外向的、有宗教的西方文化，中国文化更重视天人合一，重群体、重人伦，是内向的、封闭的、现实的东方文化。这种文化的形成除了与自身的自然环境有关，也与自身的生存形态有关。中国文化说到底是一种农耕文化，是在小农经济的基础上发展起来的文化。虽然它也发源于黄河流域和长江流域，向东西南北不断扩张和传播，但文化的辐射毕竟没有超出大陆本身。田园经济的日出而作与日落而息，四合院封闭的居住环境，使得人们的思维只能是诗性的而非哲理的，现实的而非理想的，自足的而非竞争的，封闭的而非开放的。当然，我们与西方文化的这种对比并不是要贬低中国文化，而是强调中国文化的特性。事实上，中国文化自身的优点和个性是非常明显的。比如仁爱、仁义、礼乐治国、己所不欲勿施于人、道并行不悖、君子和而不同、协和人我、协和万邦、天人合一等，这些关于爱自己、爱他人、爱祖国、爱自然的博爱情怀实际是维系整个社会向前发展的重要基石。中国文化之所以能延续数千年而依然生生不息，正是因为有这些精神和思想所支撑。

“中国文化就是在这样的古老的文明之光的烛照中，以置换变形的方式缓缓演进、代代承传。在西洋人的坚船利炮打到虎门之前，中国人一直坚守和自诩自己的观念与传统。他们做着属于自己的天国梦，他们叙述着祖先的辉煌，农耕渔猎，男耕女织，日出而作，日入而息，黄发垂髫，怡然自乐。正是这种自信与优游，成就了以道德伦理为表征的文化，带动了周边国家的开化和发展，开创了人类有代表性的东方智慧和文明。”[②]然而，1840 年英国的入侵，使得清朝的

---

① 冯友兰著：《中国哲学简史》，北京大学出版社 1985 年 2 月第 1 版，第 9～10 页。

② 陈江风著：《观念与中国文化》，广西师范大学出版社 2006 年 11 月第 1 版，第 307 页。

美梦一夜之间被打碎。刚开始还有些不服气,但此后的屡败屡战,屡战屡败,不仅使这个庞大的帝国丧失土地,也使它的文化遭到前所未有的重创。从鸦片战争、甲午海战,直到清政府的灭亡,从林则徐、魏源、康有为、梁启超到严复、谭嗣同、孙中山无不在寻找振兴中国的良方。但真正引起中国文化革命和转向的还是20世纪初的新文化运动。

"新文化运动本质上是企求中国现代化的思想启蒙运动。在西方思潮的影响下,先进的知识分子总结了晚清以来历次社会变革的经验教训,意识到中国要向现代社会转变,建立名副其实的民主共和制度,必须在意识形态尤其是价值观领域彻底反对封建伦理思想,击退在辛亥革命后愈加嚣张的尊孔复古逆流。和以往历次变革不同,新一代的知识精英开始把思想启蒙作为自己的主要使命,他们相信,只有国民精神的解放才会有社会的革新进化,而当务之急,要在传统文化的劣根上动手术,打破以'三纲五常'为核心的专制主义文化束缚。"①1915年9月,《青年杂志》在上海创刊,从第二卷起更名为《新青年》,新文化运动由此肇始。1917年迁到北京后,《新青年》集结了一大批具有新思想的文化人,特别是1919年五四运动,更是将新文化运动推向顶峰。作为新文化运动的风云人物陈独秀一开始就显示出不凡的气势。他在《青年杂志》一卷一号发表《敬告青年》一文,提出了对于中国文化的热切希望:"一、自主的而非奴隶的。二、进步的而非保守的。三、进取的而非隐退的。四、世界的而非锁国的。五、实利的而非虚文的。六、科学的而非想象的"。从此之后,《新青年》大力倡导民主与科学的思想,提出要从西方请进"德先生"和"赛先生"来"救治中国政治上、道德上、学术上、思想上一切的黑暗"②。这篇文章的中心思想就是中国需要"改弦更张",中国旧有的文化已经明显落后于欧洲文化近千年,已经变得一文不值。他号召青年应该从孔子的教义中解放出来,成为独立自主的人。在之后的一段时间里,陈独秀的《宪法与孔教》《孔子之道与现代生活》、易白沙的《孔子平议》、李大钊的《孔子与宪法》《由经济上解释中国近代思想变动的原因》、吴虞的《儒家主张阶级制度之害》《吃人与礼教》、鲁迅的《狂人日记》《我之节烈观》《我们现在怎样做父亲》等文章,对于以孔子为代表的传统文化进行了

① 钱理群、温儒敏、吴福辉:《中国现代文学三十年》,北京大学出版社1998年第1版,第5页。
② 陈独秀:《〈新青年〉罪案之答辩书》,《新青年》第3卷第3号。

猛烈抨击。这些文章在当时的知识界引起巨大反响，大批激进的知识分子开始以"重新估定一切价值"的眼光对于许多问题开始讨论，形成热潮。新文化运动之所以能够在当时社会掀起那样大的波澜，主要还得益于众多知识分子广泛地吸取了西方近代以来的先进文化。无论是陈独秀、胡适、鲁迅、周作人，还是蔡元培，他们都受到了日本和欧洲思潮的影响。在民主与科学的大旗下，张扬个性解放、妇女解放、思想自由、恋爱自由。新文化运动的结果是全社会的思想解放。通过文学革命白话文替代了文言文。通过西方教育的引进建立了新型的大学、中学与小学。不仅教育的形式发生了变化，而且教育的内容已经不再是传统的经史子集，而是像西方一样将自然科学知识引进课堂。新文化运动之后，中国的文化教育才真正与世界接轨，融入了世界文化发展的潮流。

对于新文化运动的所作所为，今天有不少人进行反思。特别是一些海外学者对于陈独秀、鲁迅、李大钊、胡适等人颇有非议，认为他们割断了中国的传统文化，造成了中国传统文化的断裂。其实这是一种书生之见，或者说是脱离具体环境的不实之论。笔者认为，五四一代不但没有割断中国文化传统，反而延续了中国文化。五四一代对于传统文化的批判并不是批判它的精华，而是批判它的糟粕。而且，他们在"破"的同时也有所"立"。可以说，没有他们的文化创造，中国文化就不可能产生由传统到现代的转换。他们在开启现代文化之门的同时，并没有将中国传统文化彻底抛弃，而是有选择有批判地继承。比如陈独秀对中国文字学的研究，鲁迅对中国古代小说的梳理，胡适对禅宗和《水经注》的研究等，正是他们学贯中西、打通古今才成为一代大家。五四之后，中国新文化之所以蔚然成风，成为一种崭新的文化，最重要的是五四一代文化人创造了传统中国文化所没有的东西。

今天，我们的文化同样面临着第二次重要的转向。如果说五四时期的文化转向，是从传统到现代的转向，那么今天的文化转向则是在全球化背景下从盲目崇拜西方向中国文化本位的转向，是顺应时代潮流从文化的精神性向文化的产业性转向，是从精英文化向大众文化的转向。如果说第一次转向带有从上到下的启蒙性质，那么，这一次文化转向则具有从下到上的自觉特征。如果说第一次文化转向是中国知识分子主动向西方文化寻求精神资源，那么，这一次文化转向则是西方文化借助全球化的浪潮不请自来，它具有强烈的市场化和商业化。随着经济全球化浪潮的铺天盖地，随着传媒手段的日益先进，20 世纪西方传播学家麦克卢汉所预言的“地球村”日益成为现实，人们在接受经济全球化所带来的好处时，也在接受文化全球化的事实。

当今时代，世界多极化、经济全球化的深入发展，引起了世界各种思想文化，历史的和现实的、外来的和本土的、进步的和落后的、积极的和颓废的，相互激荡，其中有吸纳又有排斥，有融合又有斗争，有渗透又有抵御。总体上处于弱势地位的广大发展中国家，不仅在经济发展上面临严峻挑战，在文化发展上也面临严峻挑战。文化全球化打破了国家间贸易壁垒，形成了文化贸易的全球市场，加强了不同文化的交流和交往，但同时，文化全球化也不可避免地带有“文化帝国主义”和“后殖民主义”的色彩。发达国家的文化产品所传播的文化价值观以及生活方式深深影响着那些“弱小国家”，“弱小国家”对发达国家的文化价值认同从而致使人们逐渐丧失自己对本土文化的信念。而且，文化产品的渗透与影响远比物质产品久远得多。比如西方的圣诞节、愚人节、情人节、狂欢节等大举进入中国，相反，中国本身的一些节日如春节、清明、端午、中秋、七夕却被淡化。洋节的红火势必影响国人的心理、行为和价值认同，民族文化自然遭遇到前所未有的挑战。如何在激烈的文化竞争中保护、传承和弘扬自己的文化？如何在文化产业的竞争中立于不败之地？目前，不少国家都提出了“文化立国”的战略。因为文化产业和文化产品具有高科技、高附加值、环保、节能的特点，文化产品的出口不仅可以取得显著的经济效益，同时还可以扩大自己的文化影响力，此之谓一箭双雕。当文化变成国际竞争的“软实力”(Soft Power)，变成综合国力不可缺少的一部分时，由此凸显的“文化安全”问题就成了发展中国家必须面对的问题。

由于我国的文化产业起步较晚，中国文化的软实力比起西方发达国家还有相当的距离。目前，西方发达国家已经将文化产业作为朝阳产业发展，其份额已占国民生产总值的10%～25%，而中国文化产业还不到3%。从文化产业经营规模看，仅美国时代华纳电视业务收入就达8亿美元，远远超过我国电影全行业收入的总和。美国《读者文摘》以19种语言发行，发行量达2800万份。[①]而我国期刊发行量超过百万份的寥寥无几。从技术上看，西方文化产业已经广

① 《全球化背景下中国文化产业的机遇与挑战》，中国投资咨询网2008年6月10日，http://www.ocn.com.cn。

泛应用数字、仿真等高新技术，文化产业与高新技术产业相互融合。而我国的文化企业大多还停留于传统技术手段和一般文化产品的制作与开发。从企业规模层面来看，西方已经产生具有强大竞争实力的巨型企业集团和跨国公司。而我国文化企业则规模小、产业集约化程度低、资源分散、竞争力弱。

与此同时，我国现有的文化管理体制也面临严峻挑战。根据世贸组织的协议，要求我国必须遵循成员国之间最惠国待遇原则、国民待遇原则、非歧视原则、政策透明原则等，这必将从体制、机制和环境等方面对我国文化产业经营管理制度产生冲击。受传统体制的影响，目前我国文化产业体制还比较落后，更为突出的是，我国文化立法滞后，许多管理以行政命令为主要手段，许多执法以红头文件为主要依据，这与 WTO 要求的市场运作的公平性、透明化、法治化有明显差距。这就要求我们要修改和放弃原来熟悉的适应计划经济条件的管理手段，学习新的通行规则、规范，而这无疑会带来认识上的冲突和实践中的矛盾。

正是基于上述情况，党的十六大之后，我国非常重视文化产业发展，党的十七大提出了提高国家文化软实力，更加自觉、更加主动地推动文化大发展大繁荣。党中央对文化问题的重视，是把文化放在战略的高度来考虑，说明了我们党在新形势下的文化自觉。文化建设作为科学发展观的现实要求，作为“四大建设”的一部分，在国家整体发展中已经占据重要的地位。百年以来，中国文化的又一次转向已经来临。不过这一次不是由于帝国主义的军事侵略，而是我们顺应全球化的发展潮流，顺应我国经济社会发展大趋势所作的自我调整。当然，今天的文化建设和文化发展，既要立足于民族性，同时也要体现时代性。立足民族性，就是要坚持中国文化本位，不能一味地模仿西方，不能忘掉中国文化传统。体现时代性，就是要结合当下的现实，创造出今天人们接受的精神文化产品。从文化学意义上，我们要落实四个字：“认同”和“适应”。所谓“认同”，是对民族文化的基本价值观和文化传统的精髓，要采取认可的基本态度。所谓“适应”，则是面对变化着的世界和形势，要有自我调适能力，学会与时俱进。

在阿富汗博物馆大门上有一条著名的横幅：“只要一个国家的文化和历史活着，这个国家就会活着。”要让我们的历史文化活着，最有效的办法就是不断创新。我国拥有五千年的文明史，丰富的传统文化资源是我国文化发展的坚实基础。但是资源优势只是文化发展的前提，只有当资源转化为当代人喜欢的产品才能成为产业优势。文化产业不仅仅是文化的问题,更重要的是经济的问题。如果在文化产业的发展过程中过分依赖文化资源的这种比较优势,就很可能丧失文化产业发展的有利时机。中国几千年的优秀传统文化,是历史留给我们炎黄子孙引以为豪的无价之宝,是中国人生存智慧的结晶,是我们民族凝聚力和生命力之所在。目前,我们最为迫切的工作就是要把传统文化的巨大资源当代化,使之成为巨大的经济力量,转化为中国参与国际竞争的软实力。

三、传统资源、文化创意与文化品牌

关于文化资源,中国文联副主席、中国作协副主席丹增在其著作《文化产业发展论》中认为,一般说来,人类发展进程中所创造的一切含有文化意味的文明成果以及承载着一定文化意义的活动、物件、事件以及一些名人、名城等,我们都把其认为是某种形式的文化资源。他还认为,从文化资源的形式上,可分为有形文化资源(如历史遗存遗址、特色民居建筑、历史文化名城名镇、特色服饰、民族民间工艺品等)和无形文化资源(如语言文字、文学艺术、绘画美术、音乐舞蹈、神话传说、风俗习惯、民族节庆等);从文化资源的性质上,可分为历史文化资源、民族文化资源、宗教文化资源、地域文化资源(如都市文化、乡村文化)等;从文化资源的内容上,可分为精神文化资源、器物文化资源、信息文化资源等;从文化产业发展的角度,又可分为可开发资源和不可开发资源。①

笔者认为,传统文化资源应该包括历史文化资源和区域文化资源,自然文化资源和人文文化资源,物质文化资源和非物质文化资源,精英文化资源与民间文化资源。过去,我们对历史文化资源、人文文化资源、精英文化资源比较重视,现在人们的思想观念已经发生了重大变化,特别是在发展文化产业的过程中,越来越重视区域文化资源、自然文化资源和非物质文化资源。各国各地充分利用本土本地文化资源优势,利用现代创意,谋划文化产业发展。

当然,有些资源对于一个地方来说,具有独特性和唯一性,但也有一些资源并不具有唯一性,你有我有他也有。在这种情况下已经发生不少文化资源争夺战,好像抢到了文化资源的所有权,就天然地拥有了不可比拟的文化优势。其

---

① 丹增著:《文化产业发展论》,人民出版社 2005 年 11 月第 1 版,第 104 页。

实，这是对于文化产业的误解。因为有些文化资源并不仅仅是一个地方政府、一个协会、几个专家说了就算数的，有些文化资源具有多个发源地，流传相当广泛，在许多地方存活，这样就很难说是一个地方的专利。比如河南南阳、湖北襄阳的诸葛亮之争，河南汝阳、伊川、陕西白水的杜康之争，河南泌阳、桐柏的盘古之争，河南长葛、宁陵、偃师的葛天氏之争，河南、陕西的黄帝之争，浙江、河南的梁祝之争，广东和浙江的《三字经》作者之争，安徽休宁和宁国的中国第一状元县之争，如此等等，不胜枚举。

其实，在富有创意的文化产业时代，简单的文化资源之争，并不是一种高明的竞争。只有利用文化创意将文化资源拿来为我所用，才能创造出适销对路的、含有丰富文化内涵的产品，才是创造品牌的重要途径。文化资源对于每一个地方来说都是一笔精神财富，即使同一人物和同一事件都有自己的演绎和诠释，这实际上也彰显了不同地方人们的文化想象力和创造力。我们对于这种文化，必须等量齐观，而不能厚此薄彼。比如杜康酒，各地都有传说和故事，都有自己的文化渊源，人为地分出真假和高下，并无实际意义。而承认其存在的合理性，恰恰体现了文化本身的多样性和我们当代人对于不同文化的包容性，这就是"道并行而不悖"，"和而不同"。在激烈的市场竞争中，和谐是文化发展的重要保障，斗则两伤，和则两利，只有文化共享，才能经济共赢。

文化生产与物质生产有时有着相同的规律，资源尽管重要，但对资源的加工更重要，关键看你能否做出有特色的产品。

2008 年，美国好莱坞动画大片《功夫熊猫》(Kung Fu Panda)在全球大获成功。这部影片制作成本 1.3 亿美元，全美累计票房 2.1 亿美元，海外累计票房 3.4 亿美元，在华上映一个月达到 1 亿元票房。一些文化评论指出，《功夫熊猫》的成功，是"中国丰富的故事资源库，加上好莱坞的资金跟营销方式"。但事实上，《功夫熊猫》最大的成功，是文化创意的成功。《功夫熊猫》身上有美国人的文化性格，它从开玩笑的方式到"人生观"都是美国式的。《功夫熊猫》自始至终都贯穿着中国文化的元素，虽然在《功夫熊猫》中中国文化被美国所引用、借鉴，他们同样也在影片中渗透了美国的文化。如美国人超强的想象力、"美国梦"的奋斗精神、积极向上的幽默感、极强的商业敏感度等。这同时也是一种文化的转换，即一种文化对另一种文化吸收、改造、更新成为新文化形式的过程。

与之相比，中国的动画功夫片《风云决》尽管也取得了小小的成功，但与《功夫熊猫》相比，不可同日而语。正如文化评论人郭松民指出的那样，一部好的电影应该带给人们某种感动和思考，甚至是某种不安或酸楚，让人们带着某种依恋、忧伤抑或充满希望的感觉离开影院，而不是观众心灵的空白。从《风云决》的制作看，中国动漫技术已是国际水平，但也正因为如此，其在内容上，主要是在文化和价值上的贫困也就显得特别的突出。观众走出影院之后会发现，头脑中还是一片空白——这才是《风云决》真正的软肋。与好莱坞动画大片以及曾获奥斯卡电影奖的日本动画片相比，中国国产动画缺少的是文化之根、创意之魂，因此，国产动漫前路漫漫，依然需要奋斗、探索。①

学习和借鉴西方文化产业的先进经验，并不是要我们一味地去盲目摹仿西方的做法，而是要结合中国本土的文化资源，创新中国的文化产品。中国文化产业的发展应该创造出具有中国文化特色和文化品位的文化产品，塑造属于自己的文化品牌。只有如此，才可能在日益激烈的文化竞争中占有自己的市场。中国是一个文化资源非常丰富的国家，只有积极利用我们本土丰厚的文化资源，张扬本土的文化精神，才是中国文化产业发展的必由之路。因此，中国文化产业创新必须重视民族文化的传承与创新，只有立足于本土文化资源，与时代同步，与现实同步，与人们的审美需求同步，与国际国内的文化市场需求同步，才能创造出既有社会效益又有经济效益的新品牌、新精品。

在这方面，我们已有一些相对成功的经验。

《百家讲坛》是利用现代传媒传播中国传统文化的典型。虽然该栏目运行到现在出现了一些问题，但不能否认它曾经的辉煌。《百家讲坛》本是中央电视台一档收视率较低、差点遭遇淘汰的科教节目，但它却创造了中国电视界的一个奇迹，在央视国际网站上的300多个栏目中，该节目点击率曾排在第二。本是在普通大众中“默默无闻”的学者易中天、阎崇年、刘心武等人，更是凭借《百家讲坛》成为耀眼的明星。《百家讲坛》本着“学者使电视深刻、电视使学者有为的宗旨，以中国传统历史文化为内容定位，让那些无法在大学课堂听课的观众得到知识的享受。”栏目组通过对节目内容和形式的不断完善，实现了从学术论坛向为大众服务的转变。在节目成功的同时，《百家讲坛》更是显现出了强大的社会影响力和市场号召力，掀开了中国传统文化所蕴涵的品牌价值。该节目

① 《如何赋予国产动画片文化灵魂?》，河南日报2008年7月24日。

不但获得了大量广告商的青睐，还带动了图书、音像等衍生产品在市场上的热销。目前，在《百家讲坛》上亮过相的学者名家出版的相关图书都一跃登上畅销书的排行榜。2006年5月，以“品三国”和讲述“汉代风云人物”而名声大噪的厦门大学教授易中天，其书籍以天价拍出，上海文艺出版社以首批印量55万册、14%出版版税夺标，创下了出版界“神话”。

2008年奥运会开幕式晚会是利用中国文化创意传播中华文化最好的范例。中国传统文化的元素和符号得到充分运用，张艺谋和他的团队用现代创意为人们提供了一场无与伦比的视觉盛宴。四大发明（造纸术、火药、指南针、活字印刷）、文房四宝（笔、墨、纸、砚）、青铜器、古陶瓷、古琴、古筝、书法、山水画、中国古代服饰、京剧、昆曲、提线木偶、丝绸之路、郑和下西洋、敦煌飞天、长城、茶、风筝、太极拳、春江花月夜、清明上河图、中国建筑的斗拱、华表、夸夫逐日神话……从远古一直到改革开放，悠久的中华文明在这条时光隧道里，向世人展示自己的辉煌和博大。这幅画卷是承前启后的美丽音符，东西方文明、古今文明共同搭起一条通向未来的康庄大道。这幅画卷也是现代科技与古老中国文明的完美结合，古老文明通过现代科技的演绎发出灿烂夺目的光彩和神韵。这幅画卷更是中国人民和世界人民沟通的心灵桥梁，随着刘欢和沙拉布莱曼《我和你》那天籁般的歌声响起，全世界所有的人心中无不涌起洋洋的春意。没有哪幅画卷更能够代表古老的中国文化，也没有哪幅画卷更能激起中国人民和世界人民心灵共鸣。奥运开幕式彰显了丰富多彩的中国文化，也向世人展示了一个现代开放的中国。“开放”“多元”“包容”“谦逊”“和而不同”等特质正是中华文明的精神内核。北京奥运、人文奥运，它的价值不仅止于运动，更是一个普世价值的使者。“同一个世界、同一个梦想”表达了中国和世界人民对于奥运的热切期望。多元、包容是普世价值的前提，民主、自由、法治是全球文明的核心。追求幸福自由是“同一个梦想”，而且已经凝固成为奠定“同一个世界”共同价值的传统。①

山西的乔家大院是一个典型的利用区域文化资源创意成为知名文化品牌的例子。张艺谋的一部《大红灯笼高高挂》让曾经身在深闺的“乔家大院”找到

---

① 李晓亮：《北京奥运开幕　文化价值流传》，中国网2008年8月8日，http://2008china.com.cn/GB/128225/128446/7633279.html。

迅速闻名全国的突破口；而弘扬晋商精神，依托真人真事，以清朝晚期的社会历史为背景，记述了祁县乔家第三代传人——晋商骄子乔致庸几十年商海拼搏和奋斗的故事改编的电视剧《乔家大院》的播出，则为大院文化旅游发展注入新鲜血液，带来经济和社会效益的全面提升。首先，从电影《大红灯笼高高挂》到电视剧《乔家大院》，“乔家大院”一直保持强大的宣传攻势，以开放的心态抓住一切可以宣传的机会，采取领先于其他大院市场导入的理念，充分运用电视、电影等多媒体的传播效应，达到扩大影响的效果，最终产生了品牌效应。“乔家大院”由此成为晋中“大院文化”和以公平诚实为处世根基、把严守信誉作为商业道德的“晋商文化”的代名词。2005 年五一黄金周，38 万游客涌入乔家大院，乔家大院原来准备用一年的 30 万张门票，在五一前就销售一空。祁县县委、县政府还把乔家大院开辟为山西民俗博物馆，把民间一年四季习俗，婚、丧、嫁、娶习俗，特别是春节、元宵节的活动内容进行原汁原味展示，有效地保护与开发了历史文化资源。经过 20 余年的保护与开发，仅 2005 年的门票收入就突破了 2000 万元。另外，在掀起山西晋商文化旅游热的同时，《乔家大院》还带来了图书、音像等衍生产品在市场上的热销。由上海辞书出版社出版的《乔家大院》(朱秀海著)一书，因具有优异的市场潜力和良好的网络影响力，继荣获“2006 年度全行业优秀畅销品种”之后，又荣登“2006 年度新浪图书风云榜”。现在，该书的译文本已在日本、韩国等国家发行并畅销。①

目前，利用传统文化资源和区域文化资源进行开发成功的例子还很多。例如云南的《云南映象》、《云南的响声》和《印象·丽江》，广西的《印象·刘三姐》，山西的平遥古城旅游和摄影大赛，河南的少林寺、《风中少林》和《禅宗少林·音乐大典》，浙江的宋城旅游项目和杭州的《印象·西湖》，陕西曲江的大唐芙蓉园，山东曲阜的孔子文化节，深圳的华侨城旅游项目，中央电视台拍摄的一系列文化专题片《故宫》、《敦煌》和传播中国传统文化的名牌栏目《探索·发现》等。但是相对于庞大的传统文化资源而言，目前我们开发利用的还非常有限，能形成知名文化品牌的更有限。从这个意义上来说，中国传统文化资源的开发和利用随着文化产业时代的到来，其前景十分光明。同时，我们也期待着更有创意，能够彰显中国文化精神的知名文化品牌如雨后春笋般层出不穷。

---

① 敖立:《从‘乔家大院’看中国文化品牌营销战略》,《民间文化》2006 年第 9 期。

第五章　中国记忆:非物质文化遗产传承与产业化

文化是历史的年轮,文化又是民族的记忆。人类创造历史的过程就是创造文化的过程。正是人类有了文化,才把自己与动物区别开来。人类从低等的原始文明发展到高等的现代文明,文化起到了关键性的作用。人类文明进步的过程,实际上是层层文明积累的过程,不认识过去也就不会明白现在,因此,对于以往的文化遗产我们应该有一个正确的态度。随着“非物质文化遗产”这一概念进入人们的视野,非物质文化遗产的保护、传承、开发和利用就成为当今社会的热点话题。

一、什么是非物质文化遗产

文化遗产包括物质文化遗产和非物质文化遗产(the Intangible Cultural Heritage)。

1972年11月16日,联合国教科文组织第十届会议在巴黎通过的《保护世界文化和自然遗产公约》对文化遗产如此定义:

文物:从历史、艺术和科学角度看,具有突出的普遍价值的建筑物、碑雕和碑画,具有考古性质成分或结构、铭文、窟洞以及联合体;

建筑群:从历史、艺术和科学角度看,在建筑式样、分布均匀或环境景色结合方面,具有突出的普遍价值的单立或连接的建筑群;

遗址:从历史、审美、人种学或人类学角度看,具有突出的普遍价值的人类工程或自然与人联合工程以及考古地址的地方。

上述对于文化遗产的定义,主要是指物质文化遗产,没有包括非物质文化遗产。其实就文化遗产的内容来说,既有物质的,也有非物质的,两者不能偏废,缺一不可,它们都是人类创造的财富。非物质文化遗产是人类特有的文化实践方式与艺术表现形式，和物质文化遗产一样，它是我们传统文化不可或缺的组成部分。

2003 年 10 月 17 日，联合国教科文组织在巴黎通过的《保护非物质文化遗产公约》指出："非物质文化遗产指被各社区群体，有时为个人视其为文化遗产组成部分的各种社会实践、观念表述、表现形式、知识、技能及相关的工具、实物、手工艺品和文化场所。这种非物质文化遗产世代相传，在各社区和群体适应周围环境以及与自然和历史的互动中，被不断地再创造，为这些社区和群体提供持续的认同感，从而增强对文化多样性和人类创造力的尊重。"

按照上述定义，非物质文化遗产包括五个方面：(1)口头传统和表现形式，包括作为非物质文化遗产的语言；(2)表演艺术；(3)社会实践、礼仪、节庆活动；(4)有关自然界和宇宙的知识和实践；(5)传统手工艺。

2005 年中国政府在联合国教科文文件的基础上，将非物质文化遗产这一概念更加细化和具体化。在《国家级非物质文化遗产代表作申报评定暂行办法》中，对非物质文化遗产的定义是指"各族人民世代相承的、与群众生活密切相关的各种传统文化表现形式（如民俗活动、表演艺术、传统知识和技能，以及与之相关的器具、实物、手工制品等）和文化空间"。

中国非物质文化遗产的范围包括：(1)口头传统，包括作为文化载体的语言；(2)传统表演艺术；(3)民俗活动、礼仪、节庆；(4)有关自然和宇宙的民间传统知识和实践；(5)传统手工技艺技能；(6)与上述表现形式相关的文化空间。

2006 年国务院公布的《第一批国家级非物质文化遗产名录》主要有 10 大类，包括：(1)民间文学；(2)民间音乐；(3)民间舞蹈；(4)传统戏剧；(5)曲艺；(6)杂技与竞技；(7)民间美术；(8)传统手工艺；(9)传统医药；(10)民俗。[①]

虽然，中国的分类与联合国的分类稍有出入，但本质上并无差别。非物质文化遗产主要是与人们的日常生活相关的文化实践、文化形式、文化知识、文化技能、文化符号和精神内涵。非物质文化遗产与物质文化遗产相比有如下特征：

---

① 中国艺术研究院、中国非物质文化遗产保护中心编：《中国非物质文化遗产普查手册》，文化艺术出版社 2007 年 1 月第 1 版，第 13 ~ 17 页。

1. 活态性

物质文化遗产是静态文化，它容易保存、留传。非物质文化遗产则是一种活态文化，它具有自身的生命形态，它以人为载体，通过身体的形式存在和传播。这种“活态”性，在非物质文化遗产的口头传说和表述及其语言、表演艺术、社会风俗、礼仪、节庆以及传统工艺技能等遗产中，表现得尤为突出。非物质文化遗产的文化内涵基本上是通过人的活动展现出来，直接传达给受众。它在传达给受众时往往还会有互动，如表述中的语言交流、肢体交流、情感交流等，这些都是物质文化遗产所不具有的。许多民间传说和民间故事都是以口头的形式存在，有的没有文字记载。比如歌舞、戏曲和手工技艺，它以身体作为载体，离开了人，这些东西就不存在。

2. 传承性

从历史性来看，非物质文化遗产的传承主要依靠世代相传保留下来，一旦停止了传承的活动，也就意味着死亡。而且，往往是口传心授，打上了鲜明的民族、家族的烙印。传承人的选择和确定主要着眼于被选择者的血缘关系与对其保密性的认可。非物质文化遗产具有代代相传的特点，很多技艺都有师承关系，通过传承，这种技艺才能得以延续。比如中国的许多戏曲就是如此，昆曲发展有600年的历史，京剧发展有200年的历史，豫剧发展有100年的历史，都是靠一代一代人传下来，其唱、念、做、打，既是戏曲表演中的四种艺术手段，同时也是戏曲演员表演的四种基本功，都需要学习者多年学习苦练才能掌握。

3. 独特性

非物质文化遗产的独特性主要体现在因人、因时、因地而异。体现了特定民族、国家、地域内的人民的独特的创造力，或表现为物质的成果，或表现为具体的行为方式、礼仪、习俗，这些都具有各自的独特性、唯一性和不可再生性。而且，它们间接体现出来的思想、情感、意识、价值观也都有其独特性，是难以被模仿和再生的。比如同样是京剧，但由于演员的不一样，体现的风格也就有所差异。同样是木版年画，不同的师傅制作出来也不一样。这种独特性不仅体现在品质上，还体现在流派上、风格上和审美风尚上。

4. 变异性

文化的变异性是在中国各民族原有文化的基础上不断变化和发展。非物质文化遗产的变异性在于不同的人、不同的时代、不同的地区、不同的自然环境体现出不同的风貌与物质。同一种东西在传承的过程中会发生不同的变化。文化的变异与文化的继承是相对的,仅有继承而没有变异,文化就没有创造;仅有变异而没有继承,一种文化很容易变成异质文化。许多非物质文化遗产既有同源性,也有变异性。如新疆维吾尔木卡姆传播到了阿塞拜疆等世界其他国家和地区,在其传播过程中有了某些变异和新的发展,并深深地打上了这些区域的烙印。由新疆十二木卡姆演变而来的阿塞拜疆木卡姆和新疆维吾尔木卡姆艺术,曾先后被联合国教科文组织认定为人类口头和非物质遗产代表作。实际上,新疆维吾尔木卡姆艺术包括了十二木卡姆、吐鲁番木卡姆、刀郎木卡姆、哈密木卡姆,即使同属新疆维吾尔木卡姆,但这些木卡姆之间也因产地的不同而有所区别。

5. 民族性

非物质文化遗产的民族性体现在不同的民族会有不同的文化创造。例如史诗《格萨尔》,它与蒙古族的《江格尔》、柯尔克孜族的《玛纳斯》并称为三部英雄史诗,被誉为"东方伊利亚特"。《格萨尔》是迄今为止世界上最长的一部英雄史诗,至今仍被传唱。这部史诗全面而形象地反映了藏族从原始氏族社会向封建社会转变的历史过程,是一部反映当时藏族社会状况的百科全书。我们由此可以了解古代藏族社会的政治、经济、文化、历史和生活等情况,以及其独特的文化——心理结构、文化价值、审美取向、日常生活、民风民俗。

6. 地域性

非物质文化遗产都是在一定的地域产生的,与独特的自然生态环境、文化传统、宗教信仰、生产生活水平,以及日常生活习惯、习俗息息相关。因此,它既是该地域地理环境的产物,也是该地域人文环境的产物;离开了该地域的自然环境和人文环境,便失去了其独特的艺术风格和艺术特色。同一样东西,不同的地域会体现不同的风味和风格。比如同是中国饮食,就分出鲁、川、粤、闽、苏、浙、湘、徽"八大菜系"。"八大菜系"因地域、物产、环境、习惯不同,烹调技艺各具风韵,其菜肴之特色也各有千秋。再比如同是木版年画,河南朱仙镇、天津杨柳青、江苏桃花坞、山东维坊、福建漳州、广东佛山和四川绵竹也呈现出不同的地域风格。

"非物质文化"概念之所以作为一种新的文化概念,是因为它具有更为深广的文化内涵和外延。尽管物质文化遗产是文化遗产的重要组成部分,但物质文化遗产远远不能替代非物质文化遗产。况且,作为文化遗产来说,物质和非物质在很大程度上又是结合在一起的,只强调一种遗产就可能丧失另一种遗产。"非物质文化遗产"这一概念的提出,说明人类的文化视野已经变得十分开阔,除了重视那些物质的东西,还重视非物质的东西,这些东西有一部分是神话、传说、故事、技术、技艺、习俗、节日、表演艺术,还有一部分是与之相联系的文化观念、思想情感、审美风尚。而且很多的非物质文化既有民间性,又有精英性,它对整个国家、民族文化的贡献是不可低估的,甚至可以说,离开了非物质文化这一部分,任何地区、国家和民族的文化都是不完整的。非物质文化在某种程度上更能体现一个地区、国家和民族的特色与个性,它是一个地区、国家、民族的文化标识。

二、为什么要保护和传承非物质文化遗产

由于非物质文化自身的非物质性,这就给它的保护与传承带来比物质文化遗产更多的困难。物质文化遗产我们可以采取保护遗址和博物馆收藏的办法,但对非物质文化遗产保护这样做显然就不能完全奏效。我们可以保护非物质文化遗产的劳动成果,但要完整保护整个文化的生命形态,则必须重视传承人的保护。因为非物质文化遗产是以人为文化载体,是一种鲜活的文化形态,因此,保护和传承就相当困难。

目前,非物质文化遗产生存确实到了令人忧虑的地步,比如被列入2003年联合国教科文组织保护的人类口头与非物质遗产代表作的古琴艺术就是明显的例证。在中国历史上,古琴占据着十分重要的地位,与棋、书、画并列且为首,是文人品位的标志。人们弹奏古琴不仅是为了演奏音乐,还和自赏、自娱、自乐、冥想有关,它是个人修养与人际交往的重要工具。中国古琴已有3000多年的历史,它是文人文化或"雅"文化的重要标志。古琴弹奏艺术复杂而精妙,大量乐谱依靠口头传承。中国古琴有7根弦,13个微,通过10个不同的拨弦方式,演奏者可以演奏出4个8度。古琴演奏有三种基本技巧:散、按、泛。同一个音高可以在不同的弦、不同微位用散、按、泛等方法奏出,音色富于变化。中国古琴艺术主要靠口传心授,有只可意会不可言传的特点,不同的人因知识修养和个性不同,可以演奏出不同的风格,营造不同的意境。但是就是这种高雅

的艺术，目前已经到了需要保护的地步，因为现在大多数人已经不再演奏这种技术难度高超的乐器了。据调查，目前，70岁以上的琴家不出10人，50岁以上者仅40余人。近年来，虽有部分年轻人学习琴，但琴界传人与20世纪中叶相比，毕竟渐趋式微。此外，历史上的几千个乐曲大多已经失传，现存经常演奏的曲目不过100个。古琴作为修身养性的传统功能几乎已经消失。其结果是，这种曾经兴盛一时的艺术形式已经逐渐成为一种专业乐器的演奏，只是被人们当作古老的传统和表演艺术来欣赏，古琴艺术亟待保护。①

非物质文化遗产生存在当代主要面临三个问题。

首先，随着全球化浪潮的扑天盖地，中华民族的习俗、节日、信仰、习惯、爱好，也受到了前所未有的冲击，文化的个性和多样性受到严重威胁，非物质文化遗产的生存面临前所未有的危机。美国的动画、韩国的影视剧、日本的动画片已经进入中国的市场，外来文化的大举进入，使原有的民族文化遭到冲击。它不仅改变着我们的生活习惯，也改变着我们的文化价值观。以节日为例，现在越来越多的青少年喜欢过圣诞节、狂欢节、情人节、愚人节等，而不喜欢过春节、元宵节、清明节、中秋节、重阳节，对洋节的崇拜和对中国节日的冷落，反映了目前青少年一代的文化心态和价值认同。以中国文化价值观所凝聚的传统节日在今天全球化的背景下越来越丧失其重要性和严肃性。而没有了这些中国节日，中国人对于国家的认同，对于父母的孝敬，对于长辈的尊敬就无从谈起。因为节日不仅是一种吃，更重要是一种文化仪式，人们通过这种仪式了解和体验到人生的神圣和责任。中国人关于天人合一的观念、和谐的观念、孝亲的观念、尊老的观念都是从具体的节日中得到体现，中国传统节日不仅具有娱乐功能，更重要的还有教化功能和审美功能。现在，中国节日在西方节日的冲击下，有的淡化消失，有的只剩下空壳。对于节日，除了吃、游、玩、购，人们再也记不起它原来的意义，有的甚至完全改变了它原来的意义，而变成了纯粹的形而下的物质满足，而没有形而上意义上的精神追求。

其次，随着现代化进程的加快和人们生活方式的改变，一些非物质文化遗产正以人们难以想象的速度消亡。中国大量的非物质文化遗产基本上是农业时代的产物，生产力的不发达、科学技术的落后、生活环境的封闭和人们外出机

① 邹启山主编：《人类非物质文化遗产代表作》，大象出版社2006年9月第1版，第6页。

会的稀少，是许多非物质文化遗产存在的社会生态条件，但是，一旦这些情况发生改变，非物质文化遗产的存在与传承就面临着许多困难。以中国有影响的皮影戏来说，它有上千年的历史，曾经在26个省（市、区）盛行过，但是随着生活条件的变化，特别是电影、电视、网络兴起之后，这门传统的艺术已经式微。如陕西华县的皮影戏，清末时有二三十家，民国极盛时有48家，每个班社至少5人。如今80高龄的艺人魏振业，20世纪50年代初，成为华县四大剧社之一"光华社"创始人，凭着近300部折子戏游走关中。也就是在那个时候，魏振业有了终生难忘"连唱51天"的辉煌记忆。但是现在这种辉煌已不复存在，截至目前，陕西华县皮影戏大部分剧目已经失传，现在仍能演出的剧目，仅存本戏100余部、折子戏50余部，历史上的"十大本"已经没有人能演了。而且随着表演艺人的相继退出，很多剧目正在快速的失传中。华县皮影戏表演艺人现有15人左右，他们中60岁以上的占8人。如今演出市场十分不景气，一本戏要演四五个小时，一个皮影戏班演出下来能有700元左右的收入就已经很不错，再平均分到5个人手里后就没多少了。即使如此，这样的演出机会也是少的到了难以维持生活的状况。因此，在华县当地几乎找不到一个专职的皮影艺人了。①

最后，从非物质文化遗产自身来说，它是以人际传承为特点的，随着许多老艺人的不断离去，年轻一代向往新的生活，宁可外出打工，也不愿从事这些传统行业，非物质文化遗产正面临着人亡艺绝的危险。据中国工艺美术协会秘书长王山于2008年12月完成的《全国工艺美术行业调查报告》透露，在全部1865个工艺美术品种中，生存困难的536个，占28.74%；濒危的253个，占13.57%；停产的117个，占6.72%。这其中既有手工景泰蓝，也有天津"风筝魏"，它们都难以逃脱的困境是技艺后继乏人。在青藏高原，酥油雕塑因制作繁难，创作条件艰苦，很难吸引年轻人，从而导致艺僧减少；在江苏无锡，曾深受世人欢迎的传统惠山泥人也已濒危；在四川，具有3000多年历史的成都漆艺和凉山州"彝族漆器髹饰技艺"早已陷入濒危状态……贵州省大方县生产的皮胎漆器在日本很受欢迎，常被作为豪华奢侈的艺术品收藏，但在国内基本没有市场。在大方县的村里，调查人员看到，只有一群老人在做这种漆器。带头的两个老人，一个65岁，一个70岁。老人说："年轻人都不愿学，我们死后就没人会做了。"具体

① 《中国皮影戏》，中央电视台《探索·发现》栏目2009年11月26日，http://space.tv.cctv.com。

负责调查工作的中国工艺美术协会副秘书长侯惠哲，在苗寨看到的情形与此类似。年轻人大多外出打工，从事传统手工艺的，都是留守的中老年人或是背着孩子的女人。但一等孩子断奶，这些女人也将纷纷外出打工。多少年来，苗族的女子在出嫁前，会花大约一年半时间为自己织一件盛装，待出嫁那天穿。王山曾亲眼见识过一件这样的盛装，"简直美轮美奂"。但在苗寨，人们告诉侯惠哲，现在很少有人再为这样的盛装搭进去一年多时间了，"出嫁那天，买一件机器加工出来的穿上，就行了"。①

今天，人们之所以要保护非物质文化遗产，就是因为这些珍贵的东西已经到了岌岌可危的地步，如果不及时加以保护，很多文化形态就会消亡。过去，我们对实物形态的文化遗产比较重视，而对非物质文化遗产的价值认识不够。今天随着历史的发展，人们已经明确地认识到：非物质文化是承载人类精神与情感的重要载体，是维系国家统一、民族团结的基础，也是人类智慧的体现。因此对非物质文化遗产的保护、挽救、传承、整理和研究不仅是对人类文化传统一份应有的尊重，也是人类文化现实、文化未来的一种需要。

2007 年 6 月 9 日是第二个中国"文化遗产日"。国务院总理温家宝和中共中央政治局常委李长春分别到中华世纪坛，观看了在那里举行的中国非物质文化遗产专题展。温家宝总理说："非物质文化遗产也有物质性，要把非物质文化遗产的非物质性和物质性结合在一起。物质性就是文象，非物质性就是文脉。人之文明，无文象不生，无文脉不传。无文象无体，无文脉无魂。文化文化，文而化之，化而文之，两者要很好地结合起来。人类文明只有代代相传，才能不断丰富发展；只有相互交流，才能文物化成。"在谈到对非物质文化遗产的理解时，温总理说："第一，它是民族文化的精华；第二，它是民族智慧的象征；第三，它是民族精神的结晶。""非物质文化遗产都是几百年、几千年传下来的，为什么能传下来，千古不绝？就在于有灵魂，有精神。一脉文心传万代，千古不绝是真魂。文脉就是一个民族的魂脉。今天，保护非物质文化遗产，就是传承民族文化的文脉。我们不仅要保护，也要继承、发扬和创新；不仅要发扬本民族的优秀文化，也要学习借鉴世界其他民族的先进文化。因此，非物质文化遗产的展出，不仅是一种文化教育，也是一种精神教育。"温家宝总理的讲话可谓高屋建瓴、深

① 《中国传统手工艺如何走出"人亡艺绝"的宿命?》，中国青年报 2009 年 3 月 18 日。

入透彻，同时也说明了党和国家领导人对于非物质文化遗产的高度重视。[1]

2007 年，胡锦涛同志在十七大报告中明确指出：弘扬中华文化，建设中华民族共有精神家园。对于民族文化资源，胡锦涛同志指出："加强对各民族文化的挖掘和保护，重视文物和非物质文化遗产保护"。这是我们党第一次在党的重要文件中提出非物质文化遗产保护问题，可谓意义重大。

笔者认为，保护非物质文化遗产有如下重要意义：

1. 保护非物质文化遗产有利于保护中国传统文化

中国传统文化博大精深，包罗万象。非物质文化遗产是中国传统文化的重要组成部分，是长期积淀的结晶，内容异常丰富。中国人的生存方式、生活方式、生产知识、教育、文学、艺术以及对家庭、民族、国家的认知和情感，都通过非物质文化遗产延续下来，它与物质文化遗产一样具有很高的文化价值。比如云南叙事长诗《阿诗玛》流传于石林彝族自治县撒尼彝区的村村寨寨，源远流长，涉及撒尼衣食住行等方方面面，是现存的一种鲜活的彝族传统文化，根植于彝族人群体的文化传统和文化历史之中，在该民族群体中起着确认文化身份的作用，已经成为撒尼及彝族人的一张代表性"名片"。"阿诗玛"也是被广泛认同的中华民族具有美好象征意义的女性形象之一，象征着撒尼人的精神、信仰、价值取向。"阿诗玛"的故事流传很广，具有很高的人类学、民族学、民俗学研究价值。

2. 保护非物质文化遗产有利于保护民族文化和地域文化的多样性

中国是一个多民族国家，地域辽阔，文化多样，每个民族、每个地方都有独特的非物质文化遗产，它是勤劳中国人的智慧结晶。神话、故事、传说、饮食、生产、风俗、戏曲、歌舞、音乐，因民族文化和地理环境不同呈现不同的文化个性。它们既有不同，也有互补，正是多种多样的民俗文化构成了中国文化的灿烂辉煌，和而不同，各美其美。比如，同是皮影戏，许多地方都有，但各有特色。如唐山皮影戏、冀南皮影戏、孝义皮影戏、复州皮影戏、海宁皮影戏、江汉皮影戏、陆丰皮影戏、华县皮影戏、华阴皮影戏、灵宝皮影戏、罗山皮影戏等。中国皮影戏可以说是中国的手工动画，比西方现代动画要早得多，它的制作技艺和表演艺术都达到了一个很高的水平，体现了中国人独特的文化创造。

---

① 《一脉文心传万代》，中国网 2007 年 6 月 10 日，http://www.china.com.cn。

3. 保护非物质文化遗产有利于增强中华民族的认同感、凝聚力和对祖国的热爱

中国非物质文化遗产体现了中国人对于民族与国家的认同和情感。比如春节，十几亿中国人每到春节都要和家人团聚在一起，全世界的华人都要过春节，这就是中国区别于其他国家的文化标志。就像西方人过圣诞节一样，中国人对于家国的情感也是通过春节表现出来的。中国人的凝聚力很大程度上是靠一代又一代人传承下来的节日、习俗、礼仪，中国人对于祖国的热爱也是通过这些具体的节日事项体现出来。可以想象，如果没有春节、元宵、清明、端午、中秋、重阳等一系列独特的节日，中国人很难对自己的祖国形成一种统一的认识和深厚的情感。当然，节日只是非物质文化遗产的一种，其他的非物质文化遗产也一样凝聚着中国人对自己祖国的认知和情感，它们对于中华民族凝聚力、向心力的形成具有重要的作用。

4. 保护非物质文化遗产有利于促进文化创新和先进文化建设

今天的文化创新不是无源之水，无本之木。文化创新和先进文化建设尽管要借鉴西方优秀的文化资源，但更应该以中国文化为本位、为基础、为核心。在继承与创新的关系上，没有继承就谈不上创新。只有吸取精华、剔去糟粕，与时俱进、大胆创新，文化才有新的面貌。从文化创新的角度看，张艺谋创意的北京奥运会开幕式，所运用的文化元素很多都来自于中国的非物质文化遗产。中国焰火、书法、绘画、舞蹈、戏曲等都可以从中看到，但它与现代高科技结合，又成为浑然一体的艺术创新，吸引了整个世界的目光。从先进文化建设的角度看，我们今天讲的和谐文化、生态文化、科学发展观，这些新的文化理念，既有时代性，也有继承性。中国传统文化中的“天人合一”、“和谐人我”、“和而不同”、“协和万邦”等，对今天的先进文化建设都很有当代价值。

5. 保护非物质文化遗产有利于中国文化产业的开发和繁荣

非物质文化遗产不仅是中国文化的活化石，还是今天发展文化产业的重要资源。比如河南洛阳的唐三彩、禹州的钧瓷、宝丰的马街书会、登封的少林武术、开封的小吃、淮阳的泥泥狗、浚县的泥沽沽、新县的茶叶种植和加工技术等，这些非物质文化遗产都已成为文化产业的增长点。中国的唐诗、宋词、书法、绘画、故事、传说、民间工艺品、歌舞、中医、体育、游戏、杂技、饮食、酒酿造技术等都是文化产业绝好的素材和引线。其产品不仅有广阔的市场，同时，对于弘扬

中国自身的文化具有重要的作用。

三、如何保护、传承、利用非物质文化资源

按照国务院办公厅《关于加强非物质文化遗产保护工作的意见》，非物质文化遗产保护的工作目标是："通过全社会的努力，逐步建立起比较完备的、有中国特色的非物质文化遗产保护制度，使我国珍贵、濒危并具有历史、文化和科学价值的非物质文化遗产得到有效保护，并得以传承和发扬。"

非物质文化遗产保护工作的指导方针：保护为主、抢救第一、合理利用、传承发展。正确处理保护和利用的关系，坚持非物质文化遗产保护的真实性和原真性，在有效保护的前提下合理利用，防止对非物质文化遗产的误解、歪曲或滥用。在科学认定的基础上，采取有力措施，使非物质文化遗产在全社会得到确认、尊重。

经过几年来的努力，"非物质文化遗产"这一概念已经在全社会深入人心，受到政府、学界、企业和民间的高度重视，保护非物质文化遗产的理念已经变成一种自觉行为。

据媒体报道，自2005年6月启动的我国第一次非物质文化遗产普查已基本结束。据不完全统计，参与这次普查的有76万人次，走访民间艺人86万人次，投入经费3.7亿元，收集珍贵实物和资料26万多件，普查的文字记录量达8.9亿字，录音记录7.2万小时，录像记录13万小时，拍摄图片408万张，汇编普查资料8万册，非物质文化遗产资源总量近56万项。目前，各省（区、市）正在对普查成果进行汇总和整理。① 截至2009年，中国的世界非物质文化遗产共26项②，列入国家级"非遗"保护名录的1028项，"非遗"传承人1044位，"非遗"

① 《我国非物质文化遗产普查工作取得显著成果》，经济日报2009年12月13日。

② 《中国的世界非物质文化遗产》，光明日报2010年1月29日。人类非物质文化遗产（26项）：1. 昆曲；2. 古琴艺术；3. 新疆维吾尔木卡姆艺术；4. 蒙古族长调民歌；5. 中国传统桑蚕丝织技艺；6. 南音；7. 南京云锦织造技艺；8. 宣纸传统制作技艺；9. 侗族大歌；10. 粤剧；11. 格萨（斯）尔；12. 龙泉青瓷传统烧制技艺；13. 热贡艺术；14. 藏戏；15. 玛纳斯；16. 花儿；17. 西安鼓乐；18. 中国朝鲜族农乐舞；19. 中国书法；20. 中国篆刻；21. 中国剪纸；22. 中国传统木结构营造技艺；23. 端午节；24. 妈祖信俗；25. 中国雕版印刷技艺；26. 呼麦。急需保护的非物质文化遗产（3项）1. 羌年；2. 黎族传统纺染织绣技艺；3. 中国木拱桥传统营造技艺。

资源总量近56万项。作为我国第一次非物质文化遗产全面普查,这次普查深入到社区、乡村,扩大了社会影响,提高了社会公众的保护意识。

但是在非物质文化遗产保护方面也出现了另外一种情况,与国家级"非遗"数量暴增相对应的,是大量的"非遗"正在消失。2009年11月26日,文化部部长蔡武说"非遗"的传承链条正在中断:六十年间传统剧种损失了1/3;消失的舞蹈类遗产超过二十多年前统计总量的三成,其中河北、山西两省近2/3的传统舞蹈失传。

不可否认,当前非物质文化遗产保护和利用存在如下问题:

1. 对于"非物质文化遗产"概念理解有偏差

非物质文化遗产主要是指其非物质性,而现在申报的许多非物质文化遗产,只看到了其物质性的一面,而忽视了其非物质性的一面,缺少对于非物质文化遗产内涵的挖掘与了解,致使非物质文化遗产只剩下物质的空壳。由于非物质文化遗产概念过于宽泛,从而丧失了其独特性,致使国家、省、市、县的保护名录急剧膨胀,项目拼命增加,结果是应该重点保护的项目淹没在一般项目之中。比如,非物质文化遗产名录中食品项目和酒类项目过多就遭到了人们的反对。有的为了能搭上"非遗"班车,弄虚作假,将时间推到几百年甚至上千年,其实,根本就是现代的,时间也没几年,也不是濒危,谈何保护。比如,北京上了一个酒,这个酒是从山西运过来的,到北京灌瓶后再重新包装,这种"非遗"难免存在水分。而与中国不同的是,韩国的非物质文化遗产保护采取少而精的态度,起到了很好的效果。韩国在40年前就启动了"非遗"的认定和保护工作,迄今不过认定113项国家级"非遗"。正如人们所知道的,韩国还在与中国争夺端午节的"申遗"。[①] 对照韩国,中国目前的情形值得深思。著名作家冯骥才指出"非遗申报往往和政绩或商业利益联系在一起,政绩和利益成为驱动力",食品类"非遗"项目不宜过多,如果都这样搞,"非遗保护名录最后就成食品大全了"。

2. 急功近利,重申报,轻保护

现在很多人之所以重视非物质文化遗产项目的申报,主要是看到国家在这方面投入了一定的资金。一些地方政府、企业和个人申报的目的并不是真心要保护面临灭绝的手艺和艺术,而是千方百计从国家要钱。这就导致了重申报,

① 鞠靖:《中国"非遗"保护工作的红与黑》,南方周末2009年12月4日。

轻保护的局面:项目下来,钱一到手,万事大吉。一些与非物质遗产传承无关的政府部门、企业和个人要名得名,要利得利。甚至一些地方的官员也成了非物质文化遗产的传承人,而真正身怀绝技的民间艺人却被排斥在外。贵州丹寨造纸文化传承人的称号本应该给一位老造纸能手,但却让一位商家弄去了。内蒙古报了一个“勒勒车”,当地真正会做这个车的老人没上,结果地方官员自己成了传承人了。[①] 作为国家第一批非物质文化遗产“河南董永传说”的传承人孙巨才老人,花费 10 年之功,呕心沥血,积累了几十万字的资料,编成一本书,但因无经费,只好搁浅。整体而言,目前非物质文化遗产还没有落到实处,特别是对传承人的保护缺少必要的资金投入。

3. 重商业,轻内涵,产业开发出现无度和无序

随着“非遗”热的兴起,各地掀起了“非遗”资源争夺大战。比如陕西白水和河南汝阳、伊川三地的“杜康”之争,表面上是资源之争,实际上是利益之争。就像河南桐柏、泌阳的盘古传说之争,河南、陕西的黄帝传说之争一样,各地都把文化资源视作“珍宝”,认为文化产业可以给一个地方带来巨大的经济效益。非物质文化遗产也是如此,它的确是文化产业开发的资源,但并不是所有的非物质文化遗产项目都适宜产业开发,有的还是要进行原生态保护,起到一种活化石的作用。即使可以开发的文化资源并不天然就是文化产品,还需要对资源进行创意和加工。只有精加工、深加工,才可成为市场适销对路的产品。如果对于文化资源只是粗加工,只能歪曲文化遗产的内涵,破坏它的原生态,加速它的灭亡。目前,非物质文化遗产的开发已经出现无度和无序的情况。因开发造成的遗产破坏十分严重,商业气息过浓,文化品位很低,使非物质文化遗产处于一种十分尴尬的境地。

4. 原生态遭到破坏,糟粕泛起

“非遗”保护最重要的是保护非物质的文化遗产的原真性。因为对于某些非物质文化遗产,只有讲究它的原真性,才能体现非物质文化遗产的文化价值。但是,现在一些非物质文化遗产在利用的过程中,人为地加入了一些现代的东西,使原来的东西变得不伦不类。非物质文化遗产保护专家田青说:“我曾看过一个世界级的演出,本来是要展现中国传统戏曲的美,结果声、光、电等现代设

① 鞠靖:《中国“非遗”保护工作的红与黑》,南方周末 2009 年 12 月 4 日。

备以及钢琴、大提琴等西方弦乐都用上了，简直不伦不类。一些地方剧团甚至请话剧导演来排戏曲，将传统的'写意'布景换成了非常现代的布景，这样的'创新'，其实会给文化遗产留下新的'遗恨'。"[①]与这些问题不同，非物质文化遗产保护还存在着另外一种倾向：一些曾经被抛弃了的文化陋习又陈渣泛起，许多不良文化以"非遗"的名义大行其道，不但败坏了社会风气，也使人们正常的人生信念发生动摇。之所以出现这样的状况是与我们有些专家的认识相关。有人认为，非物质文化遗产不存在精华与糟粕两分法，只要是老祖宗留下来的都应该原汁原味地保留和保护。的确，从20世纪以来，由于人为因素毁坏了不少优秀的文化遗产，但这并不是对文化遗产不加区分的理由。因为任何一种文化都有一个度，超过了这个度，精华就可能是糟粕，真理可能就是谬误，科学可能变成迷信。比如风水问题、八卦问题、测字问题，其中固然有其合理的因素，但如果走到极端，就会变成了垃圾文化。对此，现在人们还没有充分的认识。

那么如何做好非物质文化遗产的保护与发展？

1. 正确处理物质与非物质的关系

非物质文化遗产重在它的非物质性。对于非物质文化遗产的"非物质"特征的认知，国际民俗学家协会最高资格会员、辽宁大学乌丙安教授有着精炼又通俗的描述：老艺人做出了精美的木雕艺术作品，是看得见摸得着的物质，但是，那位老艺人身怀绝技的手艺，从他口传心授的传承，到艺术构思和操作的手法技巧，雕刻过程中的行业规矩、信仰禁忌等，都是人们难以看到和难以触摸到的，这就是"无形的"、"非物质的"文化遗产。由此可见，非物质文化遗产也有物质性。非物质文化遗产与物质文化遗产是一个有机的整体，在保护过程中决不可将它们对立、孤立起来看待。[②] 比如发源于河南陈家沟的太极拳是内涵丰富的非物质文化遗产，它的一招一式、具体套路都是有形的，可以学习的，但是真正要把太极拳学好，则要掌握那些无形的东西，并非易事。因为太极拳是依据太极阴阳生克之理，汲取诸家武术之长，融中医经络与道家导引吐纳术为一体，形成的一种刚柔相济、阴阳互化、变幻莫测、威力无比的拳种。太极拳将阴阳、动静、正反、有无、形神等对立统一的哲理和宗教、哲学、伦理、医学、武学、艺

---

① 田青：《非物质文化遗产：关键是保护和传承》，文摘报2007年9月6日。

② 阚全安：《非物质文化遗产保护之我见》，福建省艺术馆，http://www.fjysg.net/llyj/2009—07—27/50.html。

术等精神资源融入武术之中，集技击、强体、健身、益智和养性为一体，是一个非常庞大的非物质文化遗产体系。与此同时，与太极拳有关的一些太极拳器械可分长器械、短器械、软器械。长兵器有春秋大刀、长枪、太极杆、太极棍等；短兵器有单双刀、单剑双剑、单鞭双鞭、钩、锤、锏等；软兵器有镖、鞭、三节鞭、九节棍等，这些都是物质文化遗产。太极拳除了调动和发挥身体自身的潜能外，还借助物质器械形成独特的演练套路，从而使有形文化与无形文化得到有机统一。太极拳文化的博大精深也正体现在物质与非物质、形与神、形而下与形而上、具体与抽象、动与静、阴与阳等一系列文化范畴的结合与转化。

2. 正确处理继承与创新的关系

非物质文化遗产是历史遗留下来的产物，对于优秀的非物质文化遗产的保护必须体现其原真性、完整性和活态性。所谓原真性，就是原来是什么样子，现在还应该是什么样子，不能因为时代变了，就任意改变原来的面貌。比如关于白蛇传的传说、孟姜女的传说、董永的传说、梁祝传说、牛郎织女的传说，尽管各地也有不一样的地方，但其故事的内核基本不能改变，要体现原有的历史内涵。所谓完整性，就是保护非物质文化遗产在某种程度上还要保护原有的文化生态。文化生态改变了，文化的意味也就发生了变化。比如过去的戏曲大多在乡村舞台上演出，演员和观众有互动，现在随着电视的普及，人们坐在家里通过电视尽管也能看到戏，但缺少了现场的氛围和情调。所谓活态性，是指非物质文化遗产主要是以人为传播载体的，离开了人，非物质文化遗产就丧失了文化的生动性。比如京剧的表演艺术离开了梅兰芳等一些艺术大师，京剧本身的绝妙性就体现不出来。书法艺术如果离开书法家，用电脑打出来的字来替代，尽管很规范，很整齐，但缺少了书法家书写过程的酣畅淋漓，缺少了书法自身特有的笔墨情趣和个人的风格，从而显得没有生气。非物质文化遗产就是要保护人，要传承经典、精华、精品，同时，作为文化，也需要不断地创新。离开了创新，非物质文化就不能发展。以河南禹州钧瓷的发展为例，我们除了继承原有的柴烧和煤烧技术，还要结合今天的情况探索电烧和气烧技术；除了继承钧瓷原有手拉坯技术，同时还要利用现代科技探索模具成型技术；除了继承钧瓷原有的经典器型，还要结合今天的情况，创造更多新的现代器型；除了展现原有经典的色彩意境，还要不断地创造新的色彩意境。如果我们还是停留在老祖宗所创造的老本上止步不前，因袭传统，被淘汰是必然的。现在很多非物质遗产之所以消失得特别快，除了外部环境的原因，自身不能适应时代变化也是一个重要原因。由此可以看到，非物质文化遗产要想在当代延续下去，不能单单依靠政府有限的资金支持，文化自身的创新也非常关键。因此，强调民间艺人提高文化自觉，提高文化水平，提高艺术水平，树立市场意识，适应新的环境的变化，在原有的基础上进行内涵和形式创新是非常必要的。

3. 正确处理保护与开发的关系

现在有一些专家认为非物质文化遗产的保护与开发是矛盾的，对于非物质文化遗产的开发，只能导致非物质文化遗产的过早死亡。这种观点听起来很有道理，其实并不一定符合实际。笔者认为，非物质文化遗产的保护与开发并不矛盾。如果只保护，不开发，文化遗产就传不下去。从某种意义上说开发也是有效的保护，是文化遗产得以传承的基本条件。比如，我们讲保护春节、保护中秋节、保护元宵节，其实，不用多说，现在的饺子、月饼、元宵已经成为大产业。如果我们只讲问题的一面，而忽略了另一面，非物质文化遗产是没法传下去的。虽然，目前政府通过申请“非遗”，列入“非遗”名录方式保护非物质文化遗产，但这其实仅仅是“非遗”保护的开始与起步，在某种程度上，这一环节其实并不能对“非遗”保护带来实质性的效果。事实上，真正要让藏于深闺的非物质文化遗产延续它的生命，焕发它的光彩，还得靠老百姓，还需要让非物质文化遗产走进当代生活，变成实实在在的产业。而且也只有变成产业，成为人们的衣食之源，非物质文化遗产才能传承下去。比如河北蔚县剪纸又称窗花，已有二百多年的历史，初始图案多为花卉一类的吉祥纹样，后融入天津杨柳青年画、武强年画以及当地雕刻刺绣花样等艺术形式的特色，形成了蔚县剪纸自己特有的风格。在品类繁多的民间剪纸艺坛上，蔚县剪纸以构图饱满、造型生动、色彩绚丽、工艺奇特的艺术风格，独树一帜，是国内唯一的以阴刻为主、阳刻为辅的彩色点染类剪纸。蔚县剪纸在刀功上既有北方民间剪纸的粗犷、质朴的特性，又有南方剪纸阳刻细腻、秀丽的风格。蔚县剪纸以其妩媚娇艳、淳朴华美的艺术魅力为世人所青睐。蔚县剪纸题材广泛，内容繁多，主要以戏曲人物、花卉、脸谱为主。蔚县剪纸凝聚着浓郁的乡土感情，蕴藏着深厚美好的艺术想象、美学内涵,极其美艳淳朴而真挚,具有极为深厚的生活根基和艺术品质。[①] 2003 年,蔚县被中国民间文艺家协会授予"中国剪纸艺术之乡",并挂牌"中国剪纸艺术研究基地"。蔚县剪纸 2006 年 5 月入选第一批国家级非物质文化遗产名录并名列剪纸项首位;2009 年 10 月 2 日,蔚县剪纸入选世界非物质文化遗产,被联合国教科文组织列入《人类非物质文化遗产代表作名录》。蔚县剪纸产业发展生机勃勃。据统计,全县 22 个乡镇中有 16 个乡镇的 96 个行政村分布着剪纸艺人,其中剪纸专业村 28 个,剪纸专业户 1100 户,从业人员 30000 多人,年产剪纸 300 多万套,年收入 9000 多万元。其产品畅销 70 多个国家和地区。[②] 再如河南省濮阳市华龙区东北庄,是个"杂技专业村",有 50 多户农户创办了自己的杂技企业。东北庄与河北吴桥并称中国杂技"南北两故里",其 2007 年、2008 年分别被河南省政府、国务院列入非物质文化遗产保护名录。在清朝中期,该村形成了著名的"乔、刘、李"三家班子。乔家班曾奉清廷之命率团到日本、印度等 20 多个国家演出。东北庄现有农户 559 户,其中"杂技世家"80 余户。目前,这个村子 60% 以上的群众从事杂技产业。自河南省委、省政府提出大力发展文化产业以来,濮阳市委、市政府把杂技产业作为文化强市建设的支柱产业,形成了杂技教育、创作、演出、衍生品制作等完整的产业链条,年创汇超亿元。濮阳杂技也多次代表国家和河南省参加国际演出,先后在国际国内大赛中获奖 300 多项,已经成为濮阳乃至河南走向世界的重要文化名片。由此可见,文化遗产不能仅仅停留在博物馆里和国家名录上,还必须把它做成产业,变成老百姓发家致富的手段。只有这样,文化遗产才能焕发生机,产生活力。现在人们之所以对非物质文化遗产开发多有诟病,主要是因为在开发过程中有些产品艺术水平不高、内容不健康,丧失了作为文化的精髓,成为低层次的重复。但这些问题都可以通过市场的调节来改变。因为随着人们文化水平的不断提高,低俗的文化、不健康的文化、质次价高的文化都会被市场所淘汰。

中国文联党组书记白庚胜曾详细论述了民间文化的传承问题。他认为,"民间文化传承:我们要传承的是一种民族精神;我们要传承的是民族的标识;我们要传承的是社会组织力,一种社会制度;我们要传承的是学术资源;我们要

---

① 《蔚县剪纸》,新华网——河北频道 2009 年 7 月 13 日,http://culture.hebei.com.cn/wtylzx/whpd/khb/whmp/200907/t20090713-152929.shtml。

② 《蔚县剪纸行业协会工作报告》,第一范文网 2009 年 12 月 12 日,http://www.diyifanwen.com。

传承的是知识系统;我们要传承的是情感宝库;上述七方面应该是民间文化保护和传承的内涵。在传承的方式上,要注重教育传承、媒体传承、产业传承、学术传承、民间传承五个方面"①。白庚胜先生虽然讲的是民间文化的保护和传承,但也非常适宜于非物质文化遗产的保护和传承。这里需要强调的是非物质文化遗产作为一种历史的记忆,在今天这样的历史语境中,有的可能还要继续流传下去,有的可能就要消亡,而且有的遗产消亡,是不以人的意志为转移的。从目前的情况看,人们对于非物质文化遗产的保护意识已经大大提高,但还有一些不足。比如在民间传承上,传承人的保护缺少必要的政策和资金支持,传承人的保护措施不够完善;在学术传承方面,音像、文字资料缺乏,研究深度不够,文化遗产的渊源和价值还没有研究清楚;在教育传承方面,家庭、社区和学校缺少专门的机构和人才,经费不足,师资不足,教材不足,组织不力;在媒体传承方面,民间文化工作者和媒体工作者结合不够,媒体传播的速度、质量、水平还存在一些问题。特别是一些媒体工作者对于非物质文化遗产的重要意义认识不到位,对非物质文化遗产的内涵和价值认识不清。一些民间文化工作者目前还不适应资讯发达的媒体环境,从而造成全社会对于非物质文化遗产了解不够、重视不够;在产业传承方面,虽然酒文化、茶文化、陶瓷文化、丝绸文化等早就是产业,但还有很多非物质文化资源没有变成产业,传统文化产业还没有将新的传播手段以及版权制度、授权制度、策划、广告等引入到里边来。许多有价值的民间故事、神话、传说还没有做成今天人们接受的图书、动画、电影、电视,许多文化产品无论从内容还是到形式都不能适应今天消费者的文化需求。文化观念落后、文化资源闲置、文化产品老化使得非物质文化遗产在传承与开发中困难重重。

因此,今天非物质文化遗产的保护、传承和开发,必须以文化价值为着眼点,以人民的文化需求为出发点,以时代的要求为创新点,以广大的市场为基准点,与时俱进,传承、发展、创新,才会有一个光明的未来。

---

① 白庚胜:《民间文化传承论》,《河南大学学报》(社会科学版)2007 年第 1 期。

第六章　品牌的力量：世界文化产业亮点

文化产业是文化经济，这一世界性的历史潮流奔腾向前，不会因为一个人、一个地区、一个民族、一个国家而改变它的发展方向。进入21世纪，世界文化产业经过多年的酝酿、积累、发展，已经涌现出了众多全球性的文化品牌。这一个个耀眼夺目的文化品牌既包含着丰富而新奇的文化创意，也蕴藏着鼓舞人们向前的精神能量。世界文化产业品牌就是在精神方面的独特创造才赢得了超越任何时代的经济价值。

一、《哈利·波特》：打开“魔法世界之门”

1991年，英国作家乔安妮·凯瑟琳·罗琳（Joanne Kathleen Rowling）在从伦敦去曼彻斯特的火车上，看到窗外一个戴着眼镜的小男孩朝她微笑并挥手时，萌生了进行魔幻题材写作的想法。七年后，她把这个想法变成了现实。她创作的《哈利·波特与魔法石》在1997年诞生了，并让全世界的人为之喝彩！《哈利·波特》全书分为七本。《哈利·波特》系列被翻译成70多种语言，在全世界200多个国家和地区累计销量达3.5亿多册，被评为最畅销的四部儿童小说之一。哈利·波特成为继米老鼠、史努比、加菲猫等卡通形象以来最成功的儿童偶像。随着图书的热销，电影版的《哈利·波特》也正式搬上银幕，以每部票房高达7亿美元之多刷新电影界的记录。

那么，为什么《哈利·波特》会有如此大的魅力呢？

首先，也是最重要的，是该书本身的内容的吸引力。

《哈利·波特》算是属于“奇幻小说”，而奇幻小说最大的特点便是神奇的魔法与奇迹、超乎想象力的结合体，充满“诱惑力”，同时极大地满足了人们普遍的好奇心与看新鲜的心理。但仅凭这一点是不能创造这样的“奇迹”的。当今的科幻小说、奇幻小说简直多如牛毛，但是其质量却不敢恭维，只有为数不多的几部，如《魔戒》三部曲、《诛仙》系列等引起过一些轰动。然而《哈利·波特》在众多小说中脱颖而出造就奇迹，首先源于对书中人物的成功塑造。主人公哈利·波特拥有着曲折而惊人的身世，由于失去双亲便被抱养在姨父、姨妈家，从小过着不如意的生活；与他的真实身份和在魔法界的地位有着巨大的反差，他不知道自己有着怎样令人崇拜至极、敬仰的身世，直到11岁那年，猫头鹰送来了他的录取通知书，成千上万从天而降的信件彻底地改变了他的生活……作者将主人公成功地塑造为一个平凡而普通的小男孩儿与传奇的结合体。同时七部书基本上从主人公——哈利的视角出发，使得读者在读书的过程中仿佛身临其境，亲身经历过那些惊心动魄、无比刺激、充满神奇的与魔法有关的故事，倍感亲切。另外，这本书更令人称赞的地方是：作者不只是关注哈利本身，书中的任何一个角色都有着极为精彩、细致的刻画。比如，爱闯祸但纯朴善良的第一男配角，哈利最好的朋友之一——罗恩；聪明、骄傲但又美丽、勇敢的赫敏；还有调皮捣蛋，但几乎每个读者都十分喜爱的韦斯莱兄弟；集智慧与正义、伟大与博爱于一身的，留着长长的银白色胡须、鹰钩鼻及深邃的蓝眼睛的魔法学校校长——邓布利多；以及头号反面人物，邪恶的化身伏地魔等，这些极富特色的配角也同样深深地印在读者脑中。

其次，是跌宕起伏、扣人心弦的故事情节。

七本书分别讲述的是哈利自11岁进入魔法学校后，每一年遇到的惊险、刺激的故事，而这些故事都充满悬念，紧张刺激。比如，第一部书讲述的是一块具有长生不老、益寿延年的神奇魔法石的故事。这一年，哈利的生活发生了翻天覆地、彻头彻尾的变化，他回到了属于他的世界，第一次交到了朋友，第一次真正地享受了学校生活，更有他与自己的宿敌伏地魔的首次交锋。这本书的重要意义在于，完整地构架了一个“魔法世界”。这个“世界”与“现实世界”紧密相联，而那些拥有魔法，使用魔杖轻轻一点便会出现漂亮的烟花、会飞的桌子等神奇场景的巫师，就在川流不息的人群中，或许就从你的身边走过，并且友好地与你打招呼，在擦肩而过的瞬间，当你回过头时，他可能已经“不见”了，那是因为他早已“幻影移形”回到“魔法世界”了。所以每当翻开《哈利·波特》，周围的空气中似乎也真的缠绕着魔法的痕迹，似乎真的存在着这样一个与你的生活环环相连、而你却永远察觉不到的世界。这个“魔法世界”看起来如此真实是因为书中同时重新构建了一个“魔法社会”:他们有自己的行政部门——魔法部,有着自己的银行——古灵阁,而这个银行的最强守卫是龙(自然地与中国的古老图腾相结合,在中国读者看来更有一种息息相关的亲切感),有着专用的货币——金加隆、银可西以及铜纳特,并且讲述了三者之间的换算方法,他们的邮差不是邮递员、不是信鸽,而是猫头鹰,更有意思的地方是,“那里的人”称不会魔法的人为“麻瓜”。一些稀奇古怪充满新鲜气息的“魔法”物品,都是我们生活中所熟悉的物品,且极有可能突然开口说话(比如镜子),或者咬你一口(比如茶壶),让人应接不暇,但却带着愉悦的心情,仿佛一些不听话的小孩儿随时都会出来调皮捣蛋,你绝对不会生气,而是充满喜爱之情。

再次,罗琳严密的构思、巧妙的伏笔更成为“哈利·波特”系列的宝贵之处。

先不说每一部书中前埋伏笔、结尾揭晓这样的巧妙安排,最妙的地方是,当你一部接着一部,尤其是那些有机会伴随“哈利成长”的读者,当读到最后一本的时候会突然发现,在前几本书中一个极小的细节竟然会一直“埋伏”到最后,成为一条极为重要的线索。比如一个挂坠盒,第一次在第四部书中出现,并且仅仅是一笔带过,而直到第六部书,也可以说两年后,再次出现,但这次出现的仅仅一个假“魂器”,直到第七部作为寻找真正的“魂器”时才再度拉回第四部书中提到的那个细节,而此时已成为了一条重要的线索,读者的记忆也被拉回了三年前读书的回忆中,不禁令人拍手叫绝。当你终于拥有了整套书之后,你会忍不住再次从头到尾,完整地将这 7 年连接起来,建立属于自己的“魔法世界”。此时,你会发现书书相连,本本相扣,每部书既可以单本欣赏,更适合全套通读,部部精彩,只能用“惊彩”来形容。

最后,作者的语言风格,清新自然,辞藻虽然不华丽,但是精准到位,整部书的基调轻松、幽默。最重要的是极为生活化,这是《哈利·波特》与其他奇幻小说最大的不同之处。

虽然,作者同样创造了许多新词、新的生物或者物品,但是都是基于我们现有的“奇幻基础”(独角兽、美人鱼、人马等)。那些新的词语,比如魔咒,虽然是新的概念,但是书中主人公哈利同样来自“麻瓜世界”,对魔法世界、对魔咒“一窍不通”,所以就在他步入“魔法世界”重新学习的时候,读者可以真正地同主人公一同“学习”、“生活”;在从小在“魔法世界”中的“魔法家族”长大的好朋友罗恩、同样来自“麻瓜世界”但聪明绝顶的好朋友赫敏以及“学校的老师”们的帮助指导下，读者随着小主人公一同“成长”起来。

值得一提的是，《哈利·波特》在打造“奇幻王国”的同时，还赋予了教育性的内容。主人公的每一次选择都代表着一种战胜自我，辨清真伪、善恶的过程，而贯彻全书始末的最伟大的力量是老校长邓布利多一直倡导的“爱”。这个“爱”指的是一种“博爱”，代表着亲情、友情、爱情之爱，与现实世界的和平主题异曲同工。在“爱的力量”下，正义战胜邪恶，光明再次重返人间，人们（或者说巫师与麻瓜们）终于再次过上了幸福、和谐、安稳的生活。在全书的结尾，一切最终归结于平静，然而充满幸福感。

正是基于上述原因，才使得“小哈利”能够受到广大读者如此热烈的青睐。当然，若想验证是否如此，唯有自己打开“魔法世界之门”，听听那些可爱的孩子们是如何讲述自己故事的时候才会知道吧。

二、《奥普拉脱口秀》：美国电视最具影响力的品牌

《奥普拉脱口秀》是美国电视史上最悠久的日间脱口秀节目，也是全美脱口秀节目中影响最大、收视率最高的节目，截至2010年，已经走过25年的历程。

奥普拉被视为美国最有影响力的电视节目主持人，《时代》杂志曾把她列入“20世纪最具影响力百人志”。奥普拉的成功史就是一部传奇的励志片。她是女人，又是黑人，在成名前还是穷人；没有令人惊艳的外表，没有值得夸耀的家庭背景。相反，草根出身的她有着极其心酸的成长之路。

1954年1月29日，奥普拉·温弗瑞出生在密西西比（Mississippi）的小镇科修斯科（Kosciusko）。奥普拉是私生女，她的童年在又脏又偏僻的农场里度过。那里鱼龙混杂，被人歧视的黑人小女孩在贫民窟里受尽屈辱，9岁那年，奥普拉还遭人强奸。幼小的心灵受到巨大的伤害和扭曲，奥普拉从此在外面厮混、酗酒、抽烟、自暴自弃，是父亲的管教和爱把奥普拉从沉沦的深渊中救起。父亲告诉她：“有些人让事情发生，有些人看着事情发生，有些人却连发生了什么事情都不知道。”就是这句话点醒了奥普拉的内心，她不愿意就这么潦倒糊涂地过一生。于是她发奋学习，不仅拿到田纳西大学的全额奖学金，还在18岁那年一举摘得“田纳西州黑人小姐”的桂冠，从此走上了星光大道。

1972年，奥普拉进入田纳西州州立大学主修演讲和戏剧。大一时，哥伦比

亚广播公司(CBS)纳什维尔分部两次找到她，希望她能去工作，在老师的点拨下，她走进CBS的大门；仅仅在一个月的时间里，《芝加哥早晨》从一个三流的脱口秀一跃而起，三个月后，该节目超越菲尔·当纳变成收视率第一的金牌栏目，奥普拉俨然成为脱口秀的代言人。1985年9月，《芝加哥早晨》更名为《奥普拉·温弗瑞脱口秀》，在全美120个城市同步播出。

《奥普拉脱口秀》之所以能在众多的电视节目中脱颖而出，首要原因在于奥普拉·温弗瑞的真诚、热情与亲和的魅力。因为在恶劣的家庭环境下成长，所以奥普拉能格外体会那些不幸家庭背后的种种心酸。她平易近人、善于倾听，从不装腔作势、高高在上，好像自己什么都懂却把观众当傻瓜。恰恰相反，在镜头面前，她会自揭伤疤来拉近与观众间的距离。她曾公开承认自己14岁时未婚生子，婴儿在出生两周后就夭折；她毫不避讳地承认少不更事的自己吸食过可卡因；甚至还道出自己在孩童时代被性侵犯的经历。说这些不是为了哗众取宠，而是希望通过自身的经历来让她的观众找到自我身份的认同感。乔治·麦尔在奥普拉的传记中这样写道："观众们信任奥普拉，是因为她就是他们中的一员，当她提及自己隐私的时候，人们会发出类似的感叹：哦，原来奥普拉也和我一样，以前做过傻事。"

《奥普拉脱口秀》吸引人的第二个原因是观众能从节目中吸取向上的力量。独立、自主、积极、慈爱始终是这档谈话节目的主题，《奥普拉脱口秀》是现代女性的人生课堂。它既关注女性外在的美丽、健康，又和女性一起探讨婚姻、家庭的现实问题，并帮助她们获得自信。在全球，有122个国家的电视观众都看该节目。与一般谈话节目不同的是，《奥普拉脱口秀》邀请的嘉宾并非是某一领域的专家或学者，而是普通大众，谈论的主题也集中在个人生活方面。为启发嘉宾"实话实说"，奥普拉常不惜将自己的一些秘密也告诉对方。当嘉宾的故事令人感动时，她会和嘉宾一起抱头痛哭。相比其他节目，《奥普拉脱口秀》更直接、坦诚，也更具个性化，因此深受女性的欢迎。有时，奥普拉也会把节目办得像一次集体心理诊疗。她会邀请著名的心理医生到场，并让嘉宾在节目中公开个人生活中最隐秘的角落，通过专家的分析和她的循循善诱，找出问题的症结。在节目中，奥普拉与嘉宾、观众共同袒露心迹，摆脱过去的阴影，一起成长。1986年9月8日，时任《洛杉矶时报》电视评论员霍华德·罗森伯格对奥普拉第一期脱口秀节目这样点评："她是大气的、自信的、进取的、深情的、温柔的、可爱的、自然的、探索真相的、柔和的、真情流露的、触摸心灵的、朴实的。”

第三个原因是《奥普拉脱口秀》能够及时地抓住热点和制造热点。在过去二十多年的节目中，奥普拉在第一时间敏锐地抓住社会热点和影视明星，留给观众无数精彩的访谈瞬间。1986年，她在钢琴表演家李柏瑞斯去世前6周采访了他；1993年，迈克尔·杰克逊借着奥普拉搭建的平台公开指责那些批评他的人，并诉说患有致使皮肤色素混乱的白癜风带来的痛苦。奥普拉善于冲破名人公关的盔甲。在2005年5月那期著名的节目里，电影明星汤姆·克鲁斯展现了自己深情的一面，他在现场激动地从沙发上跳起来称自己爱上了凯蒂·赫尔姆斯。奥普拉还把《老友记》最后一季的拍摄现场搬到了节目的演播厅，让观众和这些陪伴了他们十年的“老友们”亲密接触，场面令人动容。除了光芒四射的名人，她也采访那些在大灾难中死里逃生的普通人，倾听他们的寻常故事。有在车祸中被严重烧伤的幸存者，也有被大猩猩袭击后毁容的人。2004年，奥普拉的疯狂送礼举动震惊全美。当近300名现场观众打开礼品盒找新车钥匙的时候，奥普拉700万美元的慷慨付出和轰动的台词成了一时的经典：“你得到一辆车！你得到一辆车……人人都有车！”

第四个原因是不断求新求变、寻找新的视角。2009年第24季节目的第一期就引起了轰动。55岁的奥普拉与黑眼豆豆乐队成员及2万多名乐迷一起在芝加哥壮丽大道上举办了场面恢宏的街道派对。紧接着，一连串访谈的主角都是重量级人物：泰森和霍利菲尔德，黑人文艺歌手惠特尼·休斯敦……都上了奥普拉的节目。之后，前美国阿拉斯加州州长、共和党副总统候选人莎拉·佩林也上了奥普拉的节目，莎拉·佩林宣传自己的回忆录《单打独斗：一个美国人的生活》，创下该节目在两年内的收视率新高。

奥普拉·温弗瑞，作为一名黑人，当今世界上最具影响力的妇女之一，她的成就是多方面的：通过控股哈普娱乐集团的股份，掌握了超过10亿美元的个人财富；主持的电视谈话节目《奥普拉脱口秀》，平均每周吸引3300万名观众，并连续16年排在同类节目的首位；她在1996年推出的一个电视读书会节目在美国掀起了一股读书热潮；她利用业余时间在大导演斯皮尔伯格的电影《紫色》中客串了一个角色，还荣获了当年奥斯卡最佳女配角的提名。喜欢奥普拉的人甚至认为如果她去竞选美国总统，获胜的把握也很大。美国伊利诺斯大学更开设了一门课程专门研究奥普拉。谈到成功的秘诀，她说：“我生长在一个连水和电都没有的屋子里,周围的人认定我除了在密西西比的棉花田里干活之外不会有什么出息了。但我却深信自己可以用奋斗的生命向世人佐证事在人为的道理。”

2011年,《奥普拉脱口秀》淡出荧屏,但奥普拉却不会走远。很多与奥普拉共事过的同事都认为:“她身上肩负的并不仅仅是一档节目或一本杂志,而是一项使命——通过电视让世界变得美好。”有人甚至将之誉为“奥普拉精神”。[①]

三、迪士尼:从小老鼠起家的产业巨头

迪士尼(The Walt Disney Company)是总部设在美国伯班克的大型跨国公司,主要业务包括娱乐节目制作、主题公园、玩具、图书、电子游戏和传媒网络。皮克斯动画工作室、惊奇漫画公司、试金石电影公司、米拉麦克斯电影公司、博伟影视公司、好莱坞电影公司、ESPN体育和美国广播公司(ABC)都是其旗下的公司。

迪士尼的发起人华特·伊利亚斯·迪士尼(Walter Elias Disney),1901年12月5日生于美国伊利诺伊州的芝加哥。1923年夏,21岁的画家华特·迪士尼乘坐火车从堪萨斯来到电影城好莱坞,他和哥哥罗伊·迪士尼(Roy Oliver Disney)合伙,以每月10美元的租金租下好莱坞一家商店的后仓库。就这样,世界上第一家把动画搬上银幕的电影公司——迪士尼兄弟动画片制作公司于1923年10月16日正式成立,并开始了艰难的创业历程。早期的迪士尼公司主要经营业务是漫画制作和电影拍摄。1928年,迪士尼制作了世界第一部有声动画片《蒸汽船威利》(*Steamboat Willie*),迪士尼动画最重要的主人公米老鼠(Mickey Mouse)由此诞生。1937年,迪士尼公司推出第一部动画长片《白雪公主》。除了影视制作,迪士尼逐渐拓展了自己的业务,1949年,迪士尼音乐公司成立;1955年,迪士尼公司投巨资建造的加州迪士尼乐园开幕。这些重要的事件都是迪士尼公司发展的重要里程碑,标志着迪士尼公司已经从单一的动画电影制作向其他行业进军。经过多年的发展,迪士尼公司已经成为一个名扬世界的跨国集团,其业务涉及动画、电影、主题公园、房地产以及其他行业等多个领

---

① 《脱口秀女王奥普拉》,南都周刊2009年11月27日。

域。作为一个娱乐品牌,迪士尼在2008年《商业周刊》的世界100强品牌(按照品牌价值)中排名为第9位。

1. 迪士尼的经典作品

《白雪公主和七个小矮人》(*Snow White and the Seven Dwarfs*,1937年)是迪士尼第一部长篇动画电影,改编自《格林童话》。它讲述了一个可爱美丽的公主因为后母嫉妒其美貌而被迫逃到森林,偶遇善良的七个小矮人,最后在他们帮助下,克服了后母的诅咒,找到真爱王子的故事。它是世界第一部长篇动画电影、第一部使用多层次摄影机拍摄的动画、第一部有隆重首映的动画电影,获得奥斯卡特别成就奖和奥斯卡最佳原著配乐提名。

《木偶奇遇记》(*Pinocchio*,1940年)是迪士尼第二部经典、长篇剧情动画片,是迪士尼历史上第一部发行家庭影音产品和得到奥斯卡两项音乐大奖的动画电影。它改编自意大利作家卡洛·科洛迪(Carlo Collodi)同名小说。影片是华特·迪士尼继《白雪公主》之后的又一杰作,故事叙述一个由老木匠(Geppetto)所雕塑的小木偶皮诺曹(Pinocchio)如何学会诚实、勇敢、不自私,而成为一个真正的男孩。其教育儿童要抵御种种诱惑,做一个诚实、听话、爱学习、爱劳动,并能帮助父母的好孩子。

《幻想曲》(*Fantasia*,1940年)是迪士尼第三部经典动画、古典音乐合辑动画片、世界第一部使用立体音响的电影,到目前为止为迪士尼动画中重映次数最多的一部,获得奥斯卡最佳音乐表现奖、奥斯卡最佳杰出贡献特别奖。

《小飞象》(*Dumbo*,1941年)是迪士尼第四部经典动画、长篇剧情动画片,获得奥斯卡最佳音乐片配乐奖和奥斯卡最佳歌曲提名。《小飞象》这部迪士尼的经典巨作,不仅温馨感人,旋律优美,更被《纽约时报》称许为“最令人永志难忘的作品”。丹波是马戏团的一头小象,当送子鸟把小飞象丹波送给象妈妈时,小飞象的大耳朵便成为了众人注目的焦点,在大家的嘲弄下,小飞象不仅没有丧失斗志,反而在好友老鼠的鼓励下建立信心,并且发挥天生就会用大耳朵飞翔的潜能。小飞象的故事其实就是真实人生的缩影,当困难来临时,唯一能将其克服的就是爱与坚毅的决心。

《小鹿斑比》(*Bambi*,1942年)是迪士尼第五部经典动画、长篇剧情动画片,获得奥斯卡最佳录音提名、奥斯卡最佳剧情或喜剧片配乐提名、奥斯卡最佳歌曲提名。它叙述了小鹿Bambi的成长故事,是一部主题强调爱与温馨的作品。

Bambi 从踉跄学步开始，与森林伙伴们一起历经季节迭换，在神奇的大自然里学习成长。但是当人类带枪闯入森林，屠杀了他们的亲人、摧毁了他们的家园时，只有爱是抚平伤痕的唯一力量。这部影片对森林的和谐气氛与动物们善良本性的描写十分深入，故事里可爱的动物们温馨地扶持与相处，展现纯真童心及处处有爱的寓意，给孩子们留下了深刻印象。

《美女与野兽》（*Beauty and the Beast*，1991 年）是迪士尼的第 30 部经典作品，荣获六项奥斯卡金像奖提名，成为电影史上第一部提名奥斯卡"最佳影片"的动画电影，并拿下"最佳主题曲"及"最佳原著音乐"两项大奖。主题来自格林童话的寓言故事，故事开始于一个魔法的诅咒，让自私又坏脾气的王子从此变成一头野兽！为解开咒语，野兽必须在被施魔法的玫瑰最后一片花瓣掉落前，设法赢得美丽聪慧的女孩贝尔的真爱。在野兽居住的城堡中一群仆役的帮忙下，贝尔和野兽渐渐培养出真挚的爱情，贝尔也因此明白爱的真谛：真正的美在于内心，不在于外表。电影主题曲《Beauty and the Beast》荣获流行音乐最高荣誉"格莱美大奖"并且被誉为"迪士尼电影音乐的极致作品"、"最壮阔、最瑰丽的颠峰代表作之一"。

《狮子王》（*The Lion King*，1994 年）是迪士尼改编自莎士比亚名剧《哈姆雷特》的经典动画，不过场景从王宫移到了非洲大陆。影片通过描述小狮王辛巴的成长经历，探讨爱、责任和生命意义等严肃主题。迪士尼的动画专家利用水墨绘画的渲染技巧充分显露出非洲大地的壮阔瑰丽，电脑动画将羚群奔驰一幕澎湃呈现，再配合汉斯·季默澎湃的乐章，给人如同史诗般的感受。该片的票房惊人，成为电影史上最卖座的电影之一，其主题曲：《*Can you feel the love tonight*》脍炙人口，广为传唱。

《花木兰》（*Mulan*，1998 年）这部取材自中国著名的民间传说的动画电影是迪士尼推出的第 36 部经典动画，它把我们耳熟能详的巾帼英雄"花木兰"介绍到全世界。花木兰刚柔相济的性格、一往无前的勇气和英姿飒爽的形象把西方观众完全征服了，他们慨叹木兰姑娘英勇事迹的同时，也深深地喜欢上了这个坚强的中华女子，甚至把自己心目中的年度亚裔风云人物毫不犹豫地赠与这个传奇角色，以表达他们对她的崇敬和爱戴之情。

《小叮当》（*Tinker Bell*，2008 年）叙述 Tinker Bell 在遇上 Peter Pan 之前，在仙子世界（Pixie Hollow）跟同伴们发生的故事，大家可以认识她的几位小仙子好朋友,包括 Rosetta,Silvermist,Fawn 和 Iridessa 等。这群小仙子负责大自然的四季交替、颜色变换、风霜雪雨……在这部作品中,Tinker Bell 觉得自己的工作不像其他仙子朋友那么特别,因此想要更换身份,不想再当自己了,没想到这样的改变却造成灾难……全片以 3D 动画方式制作,以直接推出影音产品的方式推出。

2. 迪士尼经典动画形象

米老鼠(又称米奇老鼠或米奇)。1928 年 11 月 18 日,《蒸汽船威利》在殖民大戏院(Colony Theater)上映,标志着米奇老鼠的诞生。米奇以其随和、快乐的天性成为孩子和家庭心目中永远乐观的卡通形象并为人们所钟爱和信任。米奇是《米奇妙妙屋》中的主角,他鼓励他的朋友和观众坚持寻找生活中问题的答案。尽管米奇具有多样的性格,但是他是每一个人的好朋友。他的感召力和友善使他成为妙妙屋的中心人物,而他的亲切和丰富情感使他成为历史上最受欢迎的卡通形象。

唐老鸭。唐老鸭第一次登上银幕是在 1934 年的《三只聪明的小鸡》中,唐老鸭与众不同的声音让他成为了年度传奇人物,并为他赢取了包括 1943 年奥斯卡奖“Der Fuerhrer's Face”在内的多项奖项。唐老鸭的性格易怒、急躁,偶尔特别地好战,以好与人争执而著称。尽管唐老鸭脾气暴躁、易于争吵,但是他却一直拥有一批好朋友在他的左右,更不要提那些争先恐后一睹他暴脾气和诙谐表演的忠实粉丝。唐老鸭那雪白的羽毛、橙黄色的大嘴、纤细的脚杆和宽大的脚蹼,还有它那胖嘟嘟的身体,穿着短短的天蓝色水手服,很逗人喜爱。这身打扮让唐老鸭成了迪士尼创作的经典动画人物之一。

3. 迪士尼主题公园

洛杉矶迪士尼乐园。位于美国加州,是全球首个迪士尼乐园,1955 年 7 月 17 日开业,耗资 1700 万美元,园内共有四个区域:冒险世界、西部边疆、童话世界和未来世界。它每年吸引几百万游客来到这里。华特·迪士尼以瑞士的名山为蓝图设计第一座迪士尼乐园的夜景,使游客与童话中的爱丽丝一起进入梦幻世界的圣殿,给人以非凡的亲身体验。

奥兰多迪士尼世界。1964 年兴建,1971 年 10 月建成并向公众开放。它耗资 7.66 亿美元,位于佛罗里达州的奥兰多郊外,是一座老少皆宜的游乐中心。奥兰多迪士尼世界由 7 个风格迥异的主题公园、6 个高尔夫俱乐部和 6 个主题酒店组成。像迪士尼乐园震惊西部人一样,迪士尼世界轰动了东海岸的人们。在迪士尼世界中,设有中央大街、小世界、海底两万里、明天的世界、拓荒之地和自由广场等。它是孩子和成人的娱乐天堂。

东京迪士尼乐园。1982 年在日本东京千叶县浦安市舞滨建成。由美国迪士尼公司和日本设计公司合作建造,距东京市中心 10 公里。走进园内可以领略到面积 9.2 公顷的水面上,独具匠心的 23 个游乐项目、33 种餐饮设施和 32 家旅游商店,分布在城堡、“火山”之中。这里的游乐项目多与大海以及海的传说相关,供游人体验神奇、浪漫、恐怖和惊险的感觉。

巴黎迪士尼乐园。位于巴黎市郊马恩河谷镇,是欧洲的第一个迪士尼乐园,耗资 440 亿美元,1992 年初开放。巴黎迪士尼乐园是欧洲游客最多的付费游乐场,2000 年共吸引了 1200 万游客。不过由于欧洲人抵制美国文化,加上盖了超乎所需的旅馆,乐园的面积过大,该迪士尼乐园并没有赚大钱。

香港迪士尼乐园。位于香港新界大屿山竹篙湾,总面积为 126 公顷,2000 年动工,2005 年建成,是第一个以加州迪士尼为蓝本的主题公园,游客可以走进童话故事王国。其中,美国小镇大街、探险世界、睡美人城堡、明日世界等是其代表性的娱乐地点,每一处都能给游客带来无尽的奇妙体验。

上海迪士尼乐园。是全球第 6 个、中国第 2 个迪士尼乐园,2009 年 11 月获中国政府批准,估计耗资 244.8 亿元,最早 2014 年开放。据悉,上海迪士尼乐园将不但拥有与全球迪士尼旅游目的地度假区一致的设施,还将具有中国本土的神奇特色。①

4. 迪士尼的成功之道

第一,一流的文化创意。华特·迪士尼的一切成功都来自一只小老鼠。小老鼠太普通了,在日常生活中,普通得让人忘记了它的存在。在过去的文艺作品中,从来没有人将小老鼠写入自己的作品。但迪士尼却在这个不起眼的小动物身上发现了它可爱的一面。他以自己与小老鼠朝夕相处的一段经历为基础,塑造了一个长着大耳朵、戴着白手套、有幽默表演天赋的小老鼠的形象。从此,它把童话、欢乐和梦想撒到全球的每一个角落。迪士尼的卡通故事和文化形象都充满着积极向上的力量,迪士尼文化之所以能够行销全世界就在于它能够给

---

① 迪士尼,百度百科,http://baike.baidu.com/view/17085.htm。

人以快乐、信心、梦想和力量。迪士尼曾有这样一句名言:“我并非主要给孩子拍摄电影,我拍的电影是献给我们每个人心中的孩子,不管我们是 6 岁还是 60 岁。”迪士尼的动画寓教于乐,除了让人们学习主人公的诚实、善良、机智、幽默,还能体验到无比的快乐。

第二,强大的文化整合能力。迪士尼的伟大还在于对原有文化的重新整合和改造,从而变成自己的作品。迪士尼的动画大多来源于著名的童话故事和文学作品。迪士尼曾说过:“将世界上伟大的童话故事,令人心动的传说和动人的民间故事变成栩栩如生的戏剧表演,并且获得世界各地观众的热烈响应,对我来说已成为一种超越一切价值的体验和人生满足”。迪士尼的卡通形象如白雪公主、灰姑娘、小木偶、小飞象,都来自于古老的欧洲文化。近年来,迪士尼又看好了源远流长的中国文化,动画故事片《花木兰》就是对家喻户晓的中国民间故事的“美国式”的改造。迪士尼的超人之处就在于任何好的文化素材都可以拿来为我所用,同时,又创造了另一种独特的文化。

第三,精明的产业经营。迪士尼一开始就是按照产业来做的,后来越做越大,越做越强。迪士尼的经营不是单一的,不是仅仅拘泥于上游产品,它的经营是多样化的、全方位的。迪士尼不仅有卡通、动画、电影、主题公园,还有各种各样的衍生产品,如书籍、玩具、服装、电视、光盘等。目前,迪士尼已经具有完整的产业链和独特的文化产业品牌。以收入巨大的迪士尼主题公园为例,迪士尼公司有 70% 的利润来源于 4 个主题公园。迪士尼主题公园不仅具有文化产业所要求的文化氛围、文化品牌、人物形象、文化意蕴,同时,也具备了旅游产业所要求的吃、住、行、游、购、娱的全部要素。迪士尼乐园不仅是孩子们向往的地方,也是许多成年人的梦想之地。“只要幻想存在于这个世界,迪士尼乐园就永远不会完工。”(华特·迪士尼语)迪士尼乐园带给人们的是一种全新的体验和感觉,因此 70% 的游客会故地重游。同时,迪士尼乐园还考虑了跨文化的因素,东京、香港的迪士尼乐园就充分考虑了日本文化和中国文化的特点。迪士尼乐园成功的秘诀就是:让大家乐起来。如果说,麦当劳生产的是汉堡包,那么,迪士尼生产的是快乐。“让人乐起来”不仅是迪士尼乐园的宗旨,也是整个迪士尼产业王国经营的核心理念。

四、好莱坞:世界电影工业的巨无霸

美国的电影工业享誉世界,2007年,美国生产影片590部,国内票房收入96.3亿美元,国际票房收入267.2亿美元,电影及相关行业从业人员36万人。美国电影版权产业有两个数据值得我们重视:一是国内影院票房占40%,国外票房占60%;二是电影的版权收益通过影院回收的仅占22%,其他78%的收益是电视、音像制品、网络、广告、图书、玩具、服装以及主题公园等领域取得的。10年前,美国电影版权产业的综合收益已超过700亿美元。目前达到了1000亿美元左右的规模,占美国GDP的比重接近1%。电影作品的出口创收,甚至超过航空、汽车等行业。①

1. 好莱坞:电影梦工厂

好莱坞(Hollywood),位于加利福尼亚州西南部的美国第二大城市洛杉矶市的西北部,是世界著名的电影城市。

早在20世纪初,好莱坞只不过是离洛杉矶市中心十几公里的一个人口稀少的小镇。1886年,哈维·维尔克特斯买下了这里的一块地,他的夫人将从苏格兰运来的大批冬青树栽在这里,于是就有了好莱坞这个名字(在英语中,Hollywood是冬青树林的意思)。

1907年,弗朗西斯·伯格斯带领他的摄制组来到洛杉矶,拍摄《基督山伯爵》。他们发现,这里明媚的自然风光、充足的光线以及适宜的气候都是拍摄电影的天然场所。1909年,著名的制片人格里菲斯在好莱坞以天然背景拍摄了几部影片。当时,美国电影的中心在东部,纽约是大本营。从此以后,许多电影公司便纷纷来这里拍片,开始了美国电影业移师好莱坞的大转移。

1911年10月,一批从新泽西来的电影工作者在当地摄影师的带领下,来到一家叫布朗杜的小客栈,他们将租到的客栈改装成一家电影公司的样子。这样,他们创建了好莱坞的第一家电影制片厂——内斯特影片公司。

从那以后,许多电影公司在好莱坞落户,著名的电影公司有:米高梅电影公

① 《以美国为鉴　看电影版权产业将为中国GDP贡献多少》,《中国新闻传播学评论》2009年3月19日,http://www.cjr.com.cn。

司(Metro Goldwyn Mayer,简称 MGM)、派拉蒙影业公司(Paramount Pictures, Inc.)、20世纪福克斯公司(20th Century Fox)、华纳兄弟公司(Warner Brothers)、迪士尼(The Walt Disney Company)、环球公司(Universal)、狮门电影公司(Lions Gate Films)、哥伦比亚影业公司(Columbia Pictures)。好莱坞经典电影有:《卡萨布兰卡》(*Casablanca*)、《教父》(*The Godfather*)、《乱世佳人》(*Gone With The Wind*)、《绿野仙踪》(*The Wizard Of OZ*)、《泰坦尼克号》(*Titanic*)、《飞越疯人院》(*One Flew Over The Cuckoo's Nest*)、《音乐之声》(*The Sound Of Music*)、《巴顿将军》(*Patton*)、《沉默的羔羊》(*Silence Of The Lambs*)、《黑客帝国》(*The Matrix*)、《异形》(*Aliens*)、《七宗罪》(*Seven*)、《肖申克的救赎》(*The Shawshank Redemption*)、《阿甘正传》(*Forrest Gump*)、《新娘不是我》(*My Best Friend's Wedding*)、《夜访吸血鬼》(*Interviewwitn the Vampire*)、《勇敢的心》(*Brave Heart*)、《拯救大兵瑞恩》(*Saving Private Ryan*)、《X 战警系列电影》、《哈利波特系列电影》、《加勒比海盗系列电影》、《阿凡达》(*Avatar*)。①

2. 类型化:好莱坞电影的经典密码

类型电影是电影商业化的必然选择。类型电影都有一定的叙事模式,根据不同的题材和技巧而分为不同的类型。在故事片中,好莱坞经典电影时期的类型主要有西部片、强盗片、歌舞片、喜剧片、恐怖片、科幻片、灾难片、战争片、体育片。

类型电影的突出特征是重复性和可预见性。美国电影经过长期的实践,归纳出一定的叙事模式,从而增加商业上的保险系数,以获得投资的回报。即:(1)公式化的情节;(2)定型化的人物;(3)图解式的视觉形象。从艺术的角度看,类型电影定型化的故事、人物、形象反复出现只能是艺术的倒退,但从商业化的角度,它可能是电影市场成功的密码。如果不是一味的程式化,而是不断地为之注入新的内容与形式,则可能使电影推陈出新。

好莱坞电影的程式化兴起于20世纪20年代末,30~40年代处于鼎盛时期,90年代之后,随着进入全球化时代,好莱坞电影也在力图适应跨地域跨文化的需求,开始在电影叙事上有所创新。商业电影大致可归纳为八种较为宽泛的发展趋势:灾难片、科幻片、恐怖片、音乐歌舞片、家庭片、动作片、喜剧和情节

---

① 好莱坞,百度百科,http://baike.baidu.com/view/6947.htm。

剧。经典电影时期的电影类型只留下一个大体的框架,电影整体呈现类型杂糅的趋势。

灾难片、科幻片、恐怖片在20世纪90年代后期出现相互交叉和杂糅的态势。特别是电脑高科技出现以后,通过虚拟技术和合成音响,更突出视听的立体感、震撼力、冲击力。灾难片《泰坦尼克号》(1997)是科技与爱情的结合,它运用数字虚拟技术还原历史场景,演绎动人的爱情故事,达到了震撼人心的效果。《黑客帝国》(1999)则融合了科技、枪战、功夫的动作元素,给科幻片带来了全新的感受。90年代最经典的恐怖片是1993年由斯皮尔伯格执导的《侏罗纪公园》,用高科技演绎了恐龙时代的场景,给人留下极其深刻的印象。类似的还有灾难片《龙卷风》(1996)和《天崩地裂》(1997),科幻片《完全回忆》(1990)、《终结者》(1991)和《世界末日》(1998),恐怖片《狂蟒之灾》(1997)、《哥斯拉》(1998)和《木乃伊》(1999)等,都由大制片厂拍摄,投资巨大,采用高科技手段。

歌舞片的新发展体现在与动画片的结合上,《美女与野兽》(1991)将最新的电子动画制作技术与百老汇最美的音乐结合起来。1994年的动画音乐片《狮子王》,更是成为该年度最卖座的影片。

90年代之后,最时尚的喜剧类型是所谓的蠢人喜剧。与此同时,有关家庭生活的"情节剧"也比较流行,内容涉及广泛,包括西部片、惊悚片、社会问题片、爱情片和女性片。著名的有《与狼共舞》(1990)、《沉默的羔羊》(1991)、《本能》(1992)、《英国病人》(1996),其中最著名的是《辛德勒的名单》(1993)以纪录片的风格揭示残酷战争中人性的轨迹,具有史诗般的格局和深度。①

好莱坞电影有着成熟的电影运作模式,特别是在电影艺术方面既有固定的叙事套路和题材选择,同时,也有越出常规的融合与创新,正是与时俱进的融合与创新才使好莱坞电影具有持久的生命力和吸引力。

3. 工业化时代的电影大师

好莱坞电影虽有固定的资本运作和市场运作模式,但在100多年的历史发展中,好莱坞之所以能够成为世界电影的高地,还是由于它产生了一流的作品和一流的大师。尽管电影从一开始就与工业化的流水生产密切相联,但作为艺

① 周星、王宜文等著:《影视艺术史》,广西师范大学出版社2005年第1版,第234~238页。

术来讲，仍然要体现它自身的创造性。而作为电影导演的大师则在整个电影创作中发挥至关重要的作用。

从20世纪70年代末起，我们需要记住的好莱坞电影大师主要有三位：斯皮尔伯格、卢卡斯和卡梅隆。

史蒂芬·斯皮尔伯格（Steven Allan Spielberg），1947年出生于美国俄亥俄州的辛辛那提市，犹太人血统，美国著名电影导演、编剧和电影制作人。斯皮尔伯格曾两度荣获奥斯卡最佳导演奖，他的三部电影《大白鲨》（1975）、《E. T. 外星人》（1982）与《侏罗纪公园》，曾打破票房纪录，成为当时最卖座的电影。至今，斯皮尔伯格执导的电影收入在全球已超过85亿美元。早在青年时代，斯皮尔伯格就已经和他的朋友开始制作一些冒险电影。他的第一部电影是在亚利桑那州斯考茨德尔的一家旅馆中拍摄的。1963年，16岁的斯皮尔伯格自编自导了他的第一部独立制作电影——140分钟的科幻冒险电影《火光》。这部成本为400美元的电影在当地电影院放映后取得了100美元的利润。1968年，作为大学摄影室的临时实习生，斯皮尔伯格完成了他的第一部在影院上映的电影短片——24分钟的《安培林》。1969年，他放弃加州州立大学的学业，成为环球制片厂的电视剧导演，开始了他作为一名职业导演的生涯。生性喜欢幻想的斯皮尔伯格最喜欢拍鲨鱼、太空人和蛇之类的题材。1975年，他拍摄了首部巨制《大白鲨》（*Jaws*）。该片那令人战栗的场景为好莱坞赢得4.1亿美元的空前票房收入，让整个电影界目瞪口呆。接着，斯皮尔伯格抓住了人们求幻想、求刺激的心理，从1977年开始，陆续执导和制作了《第三类接触》（1977）、《E. T. 外星人》（1982）和《夺宝奇兵》系列等诸多巨片。这些影片都以充满幻想的故事情节给观众以前所未有的离奇感受，引起了极大的反响。1993年，他更是用近6亿美元的巨额成本制作了《侏罗纪公园》（*Jurassic Park*）。这部梦幻式的影片创造了一个神奇的恐龙世界并迅速在全美掀起了一场史无前例的恐龙热且波及到日本、欧洲和东南亚。首映至今，该片已创利近10亿美元，突破了《E. T. 外星人》创下的最高纪录。而更令惊奇的是，数月之后，他又推出一部与《侏罗纪公园》风格迥异的写实抒情的人文黑白片《辛德勒的名单》（*Schindler's List*，1993）。在该片中，流淌着犹太血液的斯皮尔伯格用史诗般的镜头把50年前第二次世界大战中德国纳粹屠杀600万犹太人的惨剧搬上了银幕。斯皮尔伯格明知冷肃的题材、沉重的主题不被票房看好，但敢于冒险的他却抛弃了最拿手的玩意儿——电影特技,而采用了黑白底片与手提式摄影机。终于,斯皮尔伯格战胜了挑战,他以深沉的激情拍出了影片的真实感、历史感与人道主义情怀,影片不仅赢得了高票房,还与《侏罗纪公园》一起,真正实现了他追求已久的奥斯卡之梦。1998 年在经历了短暂的低谷之后,斯皮尔伯格拍摄了一部"战争电影中的最佳影片"——《拯救大兵瑞恩》(*Saving Private Ryan*),影片重现了 50 多年前惊天动地的诺曼底登陆战的恢宏场面,让人惊骇地目睹了战争的激烈和残酷。影片用纪录片的手法表现了腥风血雨的战场,震撼人心。导演着重刻画了战争中人的关系和人性的表现,斯皮尔伯格也因此第二次获得了奥斯卡最佳导演奖。进入 21 世纪后,斯皮尔伯格平均每年都有一部电影问世,2009 年,斯皮尔伯格荣获第 66 届美国电影电视金球奖终身成就奖。与此同时,斯皮尔伯格在电影经营方面也成绩斐然。1994 年 10 月,斯皮尔伯格与杰弗瑞·卡森伯格、大卫·格芬共同创立了一个属于他们自己的电影公司,这就是后来为世人所熟知的"梦工厂"。梦工厂的产品包括真人电影、动画片、电视节目、家庭视频娱乐、唱片、书籍、玩具和消费产品。其中出品发行的真人电影包括《美版午夜凶铃》、《赛末点》和《香草的天空》等著名影片,并且连续三届的奥斯卡最佳影片《美国丽人》、《角斗士》和《美丽心灵》(第 72、73、74 届奥斯卡)都是由梦工厂出品发行。斯皮尔伯格也是《怪物史莱克》系列的未署名执行制片人,《怪物史莱克Ⅱ》是迄今为止全球票房最高的动画电影。斯皮尔伯格还是商业大片《变形金刚》的监制,其第一部和第二部上映后都创造了可观的票房收入。斯皮尔伯格的大部分电影都表现了普通人与非常人的接触以及在特殊环境中对自我的寻找。在他的电影中表现了外部星球的奇幻景象,满足了人类对外部未知世界的探索。同时,斯皮尔伯格的电影另一个一贯的主题是童真、好奇心和信念,他的这类主题一般都是通过低位拍摄的手法表现出来的,而这也成为斯氏的导演风格之一。[①] 斯皮尔伯格执导的每一部电影都产生了强烈的社会轰动和可观的票房收入,他的电影成为美国电影界的神话。

乔治·卢卡斯(George Lucas),1944 年 5 月 14 日出生于美国加州,毕业于南加州大学电影系。1973 年夏天,乔治·卢卡斯完成了《星球大战》的剧本。在获得 20 世纪福克斯公司的支持后,乔治·卢卡斯在 1974 年 5 月完成了影片

---

① 史蒂芬·斯皮尔伯格,百度百科,http://baike.baidu.com/view/20381.htm。

拍摄脚本。1975年夏天，乔治·卢卡斯获得了800万美元的投资用于拍摄《星球大战》第一部。而他做的第一件事情，就是召集了一帮志同道合的年轻人，成立了"工业光魔"电影特效公司。乔治·卢卡斯的《星球大战》在1977年的问世，创造了一个现代神话。因其前所未有的太空场面和纷繁复杂的星系斗争，它被称为"继摩西开辟红海之后最为壮丽的120分钟"。《星球大战》三部曲（1977～1983年）是"电影史上的里程碑、20世纪最为重要的文化事件之一"。其影响波及整个世界。许多人把美国当代电影的起点定在1977年，因为《星球大战》更明显地定下美国当代电影的基调：应用高科技、取悦年轻观众、追求巨额票房收入。《星球大战》系列也是集美国文化的扩张和渗透能力之大全的电影。《星球大战》系列电影集中使用了最先进的高科技及数字制作手段，创造了一个前所未有的太空世界。它对宇宙中各种星系、文明、生物的描述，它所创造的各种奇形怪状的外星人与航天器，它所表现的波澜壮阔的太空场景和星球大战场面，超出常人所思，非一般科学技术所能表现，不能不说是一种梦幻般的视觉奇观。它在全世界所创下的不可思议的票房收入，标志着电影从默片时代进入有声片时代，又从黑白片时代进入彩色片时代后，正以惊人的速度，进入数字化时代。《星球大战》系列电影上映后，每部都获得了突出的票房业绩。其中：1977年《星球大战：新希望》全球票房7.754亿美元；1999年《星战前传Ⅰ：魅影危机》全球票房9.43亿美元；2005年《星战前传Ⅲ：西斯的复仇》全球票房8.5亿美元。作为电影的副产品，星战系列游戏的数目也是非常可观的，虽然水准参差不齐，但也有不少值得一玩的经典之作。如《星球大战：原力释放》、《星球大战：旧共和国武士》、《星球大战：新希望》、《星球大战：帝国反击战》等。①

詹姆斯·卡梅隆（James Cameron），1954年出生在加拿大奥兰多的一个中产阶级家庭，父亲是一个电气工程师，母亲是一个艺术家。他曾跟随母亲学习过多年的绘画，很小就开始写科幻小说。14岁的时候，看完大师斯坦利·库布里克的《2001太空奥德赛》，卡梅隆惊呆了，在电影院里连续看了10遍之多，从此在心灵中萌发了制作电影的愿望。中学毕业后，卡梅隆被一所大学的物理系录取，但他很快就对大学的课程感到失望，跑出校园闯荡社会。他干过机械修理工，更主要的是给别人开大卡车。1977年，卡梅隆看到了乔治·卢卡斯的经

① 乔治·卢卡斯，百度百科，http://baike.baidu.com/view/406306.htm。

典科幻影片《星球大战》，他激动地意识到这就是他想创造的东西。之后，他进入好莱坞制片人罗杰·卡曼的工作室，为1980年的影片《星空大战》制作特技模型，第二年他就升职为这个工作室的另一部影片《恐怖星系》的第二小组导演和电影制作设计师。1981年，卡梅隆的第一部导演作品问世。这部名叫《食人鱼2：繁殖》的影片在意大利拍摄完毕后，制片方出于对这个羽翼未丰的导演的轻视，不让他参与影片的最终剪辑。卡梅隆一气之下，用一张信用卡撬开了工作室的门，并想尽办法学会使用了意大利的剪辑机，用几个星期的时间自己剪辑了整部片子。在意大利期间，卡梅隆备受疾病、饥饿和贫困的折磨。痛苦的经历使他每晚噩梦缠身，一次他做了一个非常清晰的噩梦：被一个来自未来的机器杀手追杀。根据噩梦的内容，卡梅隆写了一个充满其卓越才华的电影剧本《终结者》。他把这个剧本以一美元的价格卖给了制片人高尔·安尼·赫特，但条件是让他以自己的方式导演这部影片。高尔答应了他的要求。1984年，詹姆斯·卡梅隆推出了他第一部自编自导的影片《终结者》。这部影片的拍摄只花了650万美元，却赚得了3600万美元的票房，并赢得了影迷和评论界的一致好评。1986年，卡梅隆自编自导的第二部作品《异形2》问世。1989年，卡梅隆自编自导的第三部重量级作品《深渊》问世。1991年，被影迷们盼望已久的《终结者2》终于浮出水面，这部影片震惊了影坛，并且赚得了2亿美元的票房，获得了四项奥斯卡奖。《终结者2》的故事探讨了这样一个主题：人类能否避免因为自己的愚蠢和贪婪而造成的灾难？而这个主题又是建立在一种非常具有预见性的假设的基础上的——人工智能的发展有可能使机器自然地产生自我意识，从而对人类造成灾难。1993年，卡梅隆成立了自己的特技制作公司"数字领域"，和卢卡斯的"工业光魔"分庭抗礼。1994年，由"数字领域"制作特技的第一部影片《真实的谎言》出炉。1997年，投资2亿美元的《泰坦尼克号》问世，在全世界产生飓风，席卷全球，创造了美国和世界电影票房的新纪录，达到18亿美元。《泰坦尼克号》体现了卡梅隆的特点。这部影片虽然安排了一条"自高自大的人类文明在自然面前显得不堪一击"这条副线，但两个主人公的爱情悲剧感动了无数人，成为了当年最红的青春偶像，这无疑是这部机械味很浓的影片的最大胜利。[1] 2009年12月,卡梅隆在沉默十年之后,又隆重推出了震惊世界的电影《阿凡达》。阿凡达的名字虽然来自于印度,有天神附体的意思,但影片叙述的故事却是地球人与外星人即人与自然的关系问题。卡梅隆选择这个词作为电影片名,无疑是非常用心的,不单是将故事要点透露出来,同时也把主题进一步升华,达到了在哲学、宗教以及现代科技三者语境中最自然的融合。詹姆斯·卡梅隆表示:"《阿凡达》最终能够拍出来,是一次奇迹。这是一部科幻电影,是我喜欢的东西,科幻电影要表现的是我们现在无法接触到的事物,这是一种预言,它会让你反思我们现在在做的一切,将来会发生什么样的后果。这就是我拍《阿凡达》的初衷之一,我对现在人类对大自然所做的一切感到深深的忧虑,我想将来也许会受到大自然的报复。"[2]电影《阿凡达》延续了《泰坦尼克号》的主题,即对现代工业文明的批判和对旷世爱情的追寻,但《阿凡达》又有突破和创新。从技术上说,《阿凡达》开辟了电影3D技术的新时代,让观众体验到前所未有的视觉效果。从内涵来说,《阿凡达》所揭示的问题就是人类所面临的问题。人与自然的关系是什么?是和谐相处,还是无限制地开发和掠夺?在地球资源枯竭之后,人类向何处去?电影《阿凡达》相信人与自然的相互感应,相互沟通,就像电影里的灵魂树,放射出奇异的光芒。阿凡达在潘多拉星球的爱情也包含着人与自然的关系。《阿凡达》之所以目前达到20亿美元的票房业绩,创造了有史以来电影票房的最高峰,不仅因为3D技术所带来的全新感受,更重要的是人们在看电影的过程中所受到的感染,以及电影本身所给人们带来的无限思考。

五、芭比娃娃:世界玩偶文化的杰作

芭比娃娃(Barbie)是20世纪最广为人知及最畅销的玩偶,由露丝·汉德勒(Ruth Handler,1916~2002)发明,在1959年3月9日举办的美国国际玩具展览会(American International Toy Fair)上首次亮相。芭比玩偶由美泰公司拥有及生产。现在,芭比娃娃已经销往世界上150多个国家,销售总量超过10亿个。

---

① 《关于詹姆斯·卡梅隆(James Cameron)——简介及评价》,豆瓣网2008年5月29日,http://www.douban.com/group/topic/3307449。

② 《阿凡达》,百度百科,http://baike.baidu.com/view/2694918.htm。

1. “芭比”的诞生

露丝·汉德勒是世界玩具市场上畅销最久的玩具——芭比娃娃的创立者，其后创建了美泰玩具公司，是美国最成功的女性企业家之一。

1916 年，露丝·汉德勒出生在美国科罗拉多州首府丹佛市。她的父母原是波兰人，为了逃兵役，像无数个到美国寻梦的移民一样，他们乘坐又热又脏的蒸汽船，来到了大洋彼岸。

19 岁时，露丝刚上大学二年级，她只身来到了好莱坞，在大名鼎鼎的派拉蒙公司摄影片场找到了一份工作。在这里，她遇到了自己一生的爱人埃利奥特·汉德勒，他们很快相爱，并在不久后结婚。

1942 年，踌躇满志的汉德勒夫妇在一间车库里创办了他们的公司，最初的产品是木制画框，埃利奥特研制样品，露丝负责销售。

1945 年，汉德勒夫妇与朋友曼特森开办了一家公司，后来它成为生产布娃娃最有名、最成功的公司。这家公司取名为美泰（MATTEL）。

当时，露丝已经有了一个女儿，作为一个母亲和做玩具的商人，一天，她突然看见女儿芭芭拉正在和一个小男孩玩剪纸娃娃，露丝脑中迸发出了灵感：“为什么不做个成熟一些的玩具娃娃呢？”

到底要将自己的娃娃做成什么样子呢？露丝苦苦思索，正好这时，她需要到欧洲出差。于是，露丝来到了德国，在那里，她看到了一个叫“丽莉”的玩具娃娃十分漂亮，便买下了三个“丽莉”带回了美国。她告诉公司的男同事，自己想设计出一种“成熟”的玩具，但是他们认为“丽莉”衣着太暴露了，是满足男人幻想的产物，并不适合给孩子们。

露丝并没有气馁，她想，为什么我不能将这两点结合起来呢？孩子们需要的是一个长大的，但却不是暴露的娃娃。小女孩不光需要跟自己年龄相仿的玩偶，更需要一个她长大后的理想形象。于是，“芭比”的样子在露丝的脑子里越来越成熟了。在公司技师和工程师的帮助下，芭比娃娃就这样诞生了！

以一个女人的细心，接着露丝又请了服装设计师夏洛特·约翰逊为芭比设计服装。1958 年，他们获得了生产芭比的专利权。芭比娃娃与以往的娃娃都不一样，她是个大人，身高 11.5 英寸，四肢修长、清新动人，有漂亮的衣服，她的脸上还流露出如玛丽莲·梦露般的神秘。最后，露丝把自己的女儿芭芭拉的昵称“芭比”给了这个可爱的娃娃。

2. 与“芭比”一起成长

第一批芭比娃娃是在日本制造的，参展的名目是“芭比——少女的榜样”。但出乎露丝意料的是，“芭比”并没有被抢购一空，而是遭到了玩具经销商的冷遇。

但市场证明了露丝的判断是正确的，摆在经销商货架角落里的“芭比”受到了孩子们的热烈欢迎，越来越多的人开始来买这种清新可爱的玩具，尤其是小女孩对此更是极为热衷，第一年就卖出了35万个。1960年，经销商们完全改变了想法，订单像雪片一样飞到了美泰公司。公司花了几年工夫才满足了人们对芭比的需求，10年里，公众购买芭比的金额达到了5亿美元。

为了证明“芭比”不是一个头脑空空的花瓶，而是一个职业妇女，露丝设计出更多种类的“芭比”。比如医生、宇航员、女企业家、警官、运动员，甚至还有做过联合国儿童基金会的志愿者，到目前为止，她的职业已经超过80种。她可以是中国人、印度人、黑人，她所代言的民族有45个；她的宠物现在已经超过40种了，第一只宠物是叫“Dancer”（跳舞者）的马；她有自己的男朋友“肯”，这是以露丝儿子的名字命名的；她也有自己的三个姊妹，分别是1964年上市的巧比、1992年推出的史黛西及1995年亮相的小凯莉。

反对声音不时响起，但作为一个市场形象，“芭比”是如此的成功。根据美泰公司的统计，一个11岁的美国小女孩可能拥有过10个芭比娃娃，同龄的法国小女孩则拥有5个。除了小孩子，更有数百万的成年女性购买芭比，一个在1959年标价3美元的芭比娃娃，如果保存完好，现在可能会值5000美元。

3. 从玩偶到文化象征

从第一个芭比诞生之日起，它就一直在被不断地改进和创新。芭比娃娃的外形历经500次以上的修正与改良，才成为今日的样子。而最近的外貌更是以美国著名的华裔运动员关颖珊为原型。为了让芭比有漂亮的时装，从1995年至今有10亿件以上的衣服被生产出来，每年约有100款芭比新装推出。现在芭比娃娃畅销世界150个国家，总销售量超过10亿个。这个介于小女孩和成年女子之间的美国少女，是世界玩具市场上畅销最久的玩具，成为全世界男女老少的心爱之物。

20世纪90年代末的一段时期里，芭比几乎天天生活在美国人的收音机中，虽然高唱着“芭比娃娃”的是丹麦演唱组合。她是20世纪生活的代表，是美国女性的一个象征,是现代的蒙娜丽莎,就连以严肃自居的学院,也不得不屈尊研究“芭比现象”。

无论引起了怎样的讨论和赞扬,但有一点可以肯定:芭比是玩偶设计业诞生的第一个活生生的女人,而不再是一个被动的小孩子。芭比的成人化设计打开了小女孩们的视野,她们可以通过芭比感知到幼儿园以外的世界,与芭比一起体验成人生活的各个层面。从海滩女郎到政治家,芭比变化万千的形象激发了孩子们的想象力,她们希望自己在长大后也能像芭比一样。

芭比的成功为美泰公司带来了大量财富。1966 年露丝 50 岁时,美泰公司已经统治了竞争激烈的玩具世界,控制了美国 20 亿美元玩具市场 12% 的份额。露丝说:“那时我已经有我的事业,我的丈夫,我的孩子,还有芭比和肯。我处于世界之巅。”

但此后露丝的生活并不顺遂。1970 年,露丝被诊断患有乳腺癌,并接受了乳房切除手术。同时,美泰公司的新主管开始将公司产品多元化,不再把生产玩具作为重心,这一政策最终导致露丝和她的丈夫被迫远离他们当初创建的公司业务。1975 年,露丝辞去了总裁职务,离开了自己和丈夫创立的公司。①

其实,芭比的成功并不仅止于玩偶方面,随着芭比形象的声名远播和深入人心,芭比系列电影也随之而生。如童话公主系列、仙子系列、现代系列、假日系列,从 2001 年开始就达 16 部之多。作为文化产业来讲,芭比产品之所以能够进入世界市场,受到人们的普遍欢迎,一是因为它塑造了一个人们心目中的偶像。“芭比娃娃可以染成各种不同的颜色,穿上不同的服装,但它们总是呈现出同样的神话般的形象:身瘦、腿长、头发浓密的健康美人。”②芭比娃娃可以说满足了人们对于女性美的想象,它是少年文化乃至成年文化偶像的具像化。二是因为它采用了差异化、民族化、全球化的传播策略。1990 年,美泰公司提出“走多民族之路”。美泰公司根据不同的地区、国家、人种设计生产了不同肤色的芭比娃娃,从而使自己的产品行销到全世界许多国家和地区。芭比娃娃的生产与营销实际上是跨文化的传播,从单纯的地域文化到不同地区、种族、国家的文化,芭比每到一地,都面临着是否适应人们文化需求的问题。从这个意义上

---

① 芭比娃娃,百度百科,http://baike.baidu.com/view/6817.htm。

② 罗钢、刘象愚主编:《文化研究读本》,中国社会科学出版社 2000 年 9 月第 1 版,第 177 页。

说，芭比能够畅销150多个国家，既体现了文化普适性的一面，也体现了跨文化的一面。可以说，芭比找到了市场与文化的双重密码，以至于能够在全世界畅通无阻。

六、法兰克福书展：出版人的奥运会

法兰克福书展(Frankfurt Book Fair)是德国举办的国际性图书展览，是世界上最大规模、最享盛誉的书展，被誉为“世界出版人的奥运会”。书展由德国书商及出版商协会的子公司法兰克福书展会展公司(AuM)负责筹办。

1. 书展概况

法兰克福书展于1949年由德国书业协会创办，每年10月第一个星期三至第二个星期一在法兰克福举行，为期6天。其展览宗旨是：允许世界上任何出版公司展出任何图书。法兰克福书展为来自世界各国的出版商、代理商以及图书馆人员提供一个洽谈版权交易、出版业务及展书订书的场所。

书展的主要功能是推进版权贸易。数据显示，在每届书展上达成的版权交易占世界全年版权交易总量的75%以上，一方面是出版机构的版权负责人前来洽谈、购买国外版或翻译版版权，另一方面是大批文学代理人寻找海外出版公司。此外，在每届书展正式开展前一天的下午两点，都会举办“国际版权经理大会”，以深入探讨版权贸易中的有关问题。

现在每年，会有100多个国家、7000多家出版商和书商、30多万个新品种参加法兰克福书展。该书展已成为世界最大和最重要的图书贸易中心，是世界书业界的盛会，也被誉为“世界文化风向标”。

2. 展馆介绍

1989年之前，法兰克福书展共有5个展览馆，从1990年起共有6个展览馆；展览会每届颁发一次“德国书业协会和平奖”。1988年之前，是上午专业参观，下午对公众开放。从1989年起，改为前3天专业参观，后3天对公众开放。

从1988年开始，书展每年会邀请一个国家作为主宾国。主宾国已经成为每届展览会人们关注的焦点，也是书展最大的亮点。一旦成为主宾国，书展便会花一年的时间在德国及书展上全力推广该国的文化和历史，以增强该国在德国及欧洲的影响力。1988年，意大利成为法兰克福书展的首届主宾国。

2009 年，由中国担当第 61 届法兰克福书展主宾国。2009 法兰克福书展创意主题是：让世界品味中国书香，让中国领略世界风采。

3. 书展由来

法兰克福的图书贸易历史可以追溯到 1000 年前。据历史学家考证，早在 11 世纪这里就有书稿买卖交易。15 世纪，住在法兰克福附近的约翰·古登堡发明印刷机后，欧洲的印刷作坊主、出版商们涌入法兰克福，法兰克福逐渐成为欧洲最重要的图书贸易场所。其提供的服务不仅面向德国人，而且面向其他拉丁语系欧洲国家。书籍被成箱地运往法兰克福，由来自各地的书商带回本地销售。

中世纪交通不发达，商人们就把书籍密封在桶里，扔进莱茵河漂到法兰克福。19 世纪和 20 世纪上半叶，德国图书出版先后受到皇室和希特勒第三帝国政府的严格审查，德国图书贸易中心转到风气更为自由开放的莱比锡城。因为莱比锡一度被划到东德这个政治原因，这段历史往往被有意无意地略过不提。第二次世界大战后，法兰克福再一次成为图书贸易中心。1949 年，第一次现代意义上的图书博览会在法兰克福保罗教堂举办，法兰克福才真正成为现代意义上的国际图书交易中心。德国人对文学的渴望，特别是对外国文学的渴求，对书展起到了推波助澜的作用。到 1954 年，外国出版商的参加人数甚至超过了德国出版界。

今天，该书展已被称作“书业奥林匹克”，每年在书展上达成的版权交易份额约占世界全年总量的 75% 。

4. 书展影响力

德国并不是世界最大的出版国，德语也不是世界使用最广泛的语言，但多年来，法兰克福一直举办着世界规模最大的书展，其中最具特点的国际版权贸易以及出版界人士的聚首是出版商们的期待。另外，书展为参展商提供的各项服务，组织的各项活动也起到了重要的作用。

法兰克福书展为世界各地的出版商寻找到了新的接触机会，它既延续、加强了已有客户，又可寻找新合作伙伴，开发版权与许可贸易。书展是出版社、跨国公司进一步塑造企业形象的大好时机，通过介绍和展示产品从而获得新的消费者，寻找新的发行渠道，交流与收集信息，进行市场调研，进而在展会中占有一席之地。

展会上的业界人士包括出版商、书商、版权经理人、图书批发商、新闻杂志从业者、文稿代理商与文探、作者、图书管理员与案卷保管人、印刷制造商、大学与研究协会等。

同时,法兰克福书展也注意到了与文化市场的结合。2005 年,有 40 个国际出版公司出席书展,书展还邀请了来自 10 个国家的 60 位电影制片人。①

5. 版权交易

2005 年整个书展的主角仍是西方国家,西方之中的主流是英文出版物,也即英美出版物。拉丁语系相对冷清,亚洲语言和东欧语言明显较少。2005 年法兰克福书展主要的版权交易额分别是:德国 38%、美国 14.0%、英国 10.0%、西班牙 7.0%、瑞士 4.0%、意大利 4.0%、澳大利亚 4.0%、比利时 4.0%、法国 3.0%、巴西 2.0%、其他 10.0%。

近年来,法兰克福书展已成为我国出版业人士踊跃参加、收获较大的一项业务活动,特别是购买版权的力度逐步加强,贸易额度逐年上升。在 2005 年第 57 届法兰克福书展第一天,中国各出版集团就与美、英、德、俄、日、韩等国家签署图书版权输出意向 186 个,购入版权 245 个。

2009 年,来自 100 多个国家和地区的 7300 家展商参加了第 61 届法兰克福书展的图书交流和版权贸易,参展出版物多达 40 万种,观众达 30 万人。本届法兰克福书展中国主宾国活动是继北京奥运会之后中国最重要的对外文化展示活动,也是新中国成立 60 年来中国出版业在国外举办的规模和影响最大的出版文化交流活动。中国共有 274 家出版单位参展。中国在本届书展向外输出版权 2417 项。②

6. 历史与走向

如果说法兰克福书展在 20 世纪 90 年代还处在经济和文化政治的紧张关系中,那么它在今天已经能够非常巧妙地处理好经济和文化政治责任的关系。在经济方面,版权交易和开发新的市场占有重要地位。随着 2000 年成立连环画中心,2003 年举办电影和电视论坛,2005 年举办新闻博览会,以及 2006 年引入"非书"概念,法兰克福书展每年都会接纳新的市场领域,为本行业注入新的

---

① 法兰克福书展,百度百科,http://baike.baidu.com/view/1200187.htm。

② 《第 61 届法兰克福书展闭幕 输出版权 2417 项》,人民网—人民日报 2009 年 10 月 19 日,参见搜狐文化,http://cul.sohu.com/20091019/n267483656.shtml。

活力。

越来越多的人认为，数字化是新的机遇。不仅是数字化在影响着图书出版行业，尤其是在全球化背景下，国际合作也变得越来越重要。法兰克福书展在2006年、2007年分别与南非（开普敦国际书展）和阿联酋（阿布扎比国际书展）建立伙伴关系和合资公司。这样做的目的是支持当地图书出版业的专业化发展以及当地市场的开放。“走出去”战略最新的例子就是2008年初在新德里开设了德国图书信息中心。

该书展自1960年以来在政治上的重要角色在过去几年里显得越来越重要：书展是自由地进行思想交流的独立的平台。通过选择主宾国，法兰克福书展为世界上其他国家和民族及其作者和文学流派提供展示的舞台。所以书展总是能为公众带来轰动性主题，引发国际对话与讨论。

教育是法兰克福书展另外一个核心重点。书展通过2006年启动的“未来教育”项目，进一步激发了其教育的热情。资助读书和扫盲活动，以及终生教育，自然而然地成为书展的常规项目。回顾法兰克福书展发展史我们可以看出，书展在经过60年的发展之后，仍然牢牢地站立在逐渐形成的经济、文化和政治的支柱之上。如今，法兰克福书展比以往任何时候都更是世界图书出版行业的贸易场所，但是也同时依旧承担着文化和政治责任：法兰克福书展不只是书展，它是一种机制。①

七、日本动漫产业：谁可与之争锋

日本是动漫产业大国，日本动漫业已有90余年的历史，但真正快速发展是在第二次世界大战之后。时至今日，日本动漫不仅在国际上完全可以和美国相抗衡，具有广泛影响且拥有大批爱好者，而且在国内也已成为日本的第三大产业，占其GDP的10多个百分点，为日本经济的发展做出了突出的贡献。

目前，日本动漫产业年营业额达230万亿日元。据日本贸易振兴会2004年公布的数据，销往美国的日本动画片以及相关产品的总收入为43.59亿美元，是日本出口到美国的钢铁总收入的4倍。日本一年的出版物大约60亿册，

---

① 《法兰克福书展六十年回顾与展望》，中国图书商报2008年8月29日。

其中漫画期刊和单行本就占到21亿册,超过30%,而如果单单计算销售出去的数量,则占到总数的50%以上。全日本今天拥有430多家动漫制作会社和不计其数的自由动漫制作人,电影院年上映动漫大片80余部,电视台年播出动漫4000多部集。据日本三菱研究所调查,有87%的日本人喜欢漫画、84%的人拥有与漫画人物形象相关的物品,动漫迷组织的动漫俱乐部多达数百,并定期发行会刊。在海外,日本动漫同样势头猛烈:据初步统计,目前全球播放的动画节目约有60%是日本制作的,世界上有68个国家播放日本电视动画、40个国家上映其动画电影,许多日本动漫形象成为各国观众耳熟能详的明星人物。①

日本动漫之所以能成为一个庞大的产业,首先是由于它有广泛的社会基础,有庞大的受众群。从漫画分类来看,日本漫画按读者群可分为儿童漫画、少女漫画、少年漫画、女性漫画、青年漫画和成人漫画;从动画分类来看,日本动画又可分为电视动画、录像带动画、动画电影和非主流动画;而且面向不同人群的动画播出时间也各不相同。在日本,各种动漫杂志多达350种,其电视台每周播放动漫节目80多集,一年播放的动漫作品节目接近4000集。精细的分类使得多种动漫产品"总有一款适合你",这种"狂轰滥炸"式的攻势使日本人处于动漫的包围之中,为动漫产业的发展提供了广泛的受众群。

其次,日本动漫产业还有一条完整的产业链。日本动漫的产业化过程主要分为四步:第一,漫画原作在杂志刊载;第二,刊载两个月之后,将内容整合成单行本出版;第三,刊载一年至一年半以后,将作品动画化;第四,如果作品受欢迎,在动画化的同时,商家会马上生产玩具等周边产品,而这些动漫的周边产品几乎覆盖了生活的各个领域,可以说只有你想不到的,没有你买不到的。如此的产业链使动漫生产得以程序化,迅速满足了市场受众需要,达到了大量赢利的目的。

再次,日本政府的大力扶持也是动漫产业发达的原因之一。日本自民党前干事长麻生太郎是狂热的动漫爱好者,他的专用车后备箱每天都装着刚出版的漫画,每周不论多忙都要阅读几十本漫画杂志。2006年,麻生曾提议设立"动漫文化大使",意在将日本动漫的魅力推广到全世界。为了扩大日本动漫在国外的影响力,日本外务省还曾拨款24亿日元从动漫制作商手中购买动画片播放

---

① 《动漫,日本的另一个面孔》,环球时报2006年9月15日。

版权，将这些动画片免费提供给发展中国家的电视台播放。这样做既向海外推广了日本的动漫产业，又增大了日本在外国青少年中的影响，可谓一举多得。①

最后，日本动漫产业成功的最重要的原因是有一流的作品和大师。日本动漫著名的作品有：《铁臂阿童木》、《浪客剑心》、《哆啦 A 梦》、《名侦探柯南》、《聪明的一休》、《圣斗士星矢》、《蜡笔小新》、《樱桃小丸子》、《灌篮高手》、《千与千寻》、《机器猫》、《忍者神龟》、《龙珠》、《龙猫》、《风之谷》、《足球小将》、《IQ 博士》、《新世纪福音战士》和《火影忍者》等。日本四位大师级动画导演为：

1. 宫崎骏(*MIYAZAKI HAYAO*)

在日本，动画界第三代导演宫崎骏与黑泽明并称为“国民电影作家”，并被誉为电影界“国宝”。其作品是当今日本动画电影艺术价值和商业价值的巅峰。总体而言，宫崎骏是一个立足本国传统文化并与西方优秀文化结合的导演，这也正是战时出生的艺术家的综合特征。他思想激进，思维感性，是天马行空的幻想家和具有强烈责任感的儿童教育家。

1941 年 1 月 5 日，宫崎骏出生在东京都文京区，是家中次子。父亲宫崎胜次是军需工厂中岛飞机部件厂中级职员，伯父一家也经营飞机部件厂。家庭环境的影响，使得宫崎骏之后的作品与“飞行”这一主题结缘。1958 年，正值高考的宫崎骏偶然看到东映动画公司的长篇漫画电影处女作《白蛇传》，被其魅力折服，遂决定投身其中。1963 年大学毕业后，时年 22 岁的宫崎骏作为最后一批定期聘用的雇员进入东映动画公司，随后参加了动画《汪汪忠臣藏》的制作。左翼的思想倾向使他很快加入了东映动画公司劳动组合(相当于中国的工会)。在这里，他还结识了比他年长 6 岁、时任副书记、后来的长期合作伙伴高畑勋。

1971 年，宫崎骏与小田部羊一、高畑勋等人脱离东映公司独立。自 1973 年起，宫崎骏或与高畑勋联袂、或独自创作了《阿尔卑斯少女海姬》、《三千里寻母记》、《未来少年柯南》、《红发姑娘安》、《路旁三世》、《名侦探福尔摩斯》等电视动画系列剧。在这一时期，他的思想上也发生了重大转变。“常绿乔木树林文化论”使长年积郁在宫崎骏心中的“厌恶日本人的民族主义情结”得以真正意义上的解脱。因此，如何描写“原始森林与人类的关系”(而非一般研究者误认为的环保)成为宫崎骏创作最根本的问题，“镇守树灵崇拜”这一主题亦贯穿于他

① 张慧中：《日本动漫产业的启示》，人民日报 2007 年 11 月 12 日。

至今为止所有的电影作品中。

1982 年 2 月,宫崎骏与德间书店合作,先后推出了《风之谷的娜乌西卡》的漫画连载和动画电影,并以此为契机,于 1984 年 4 月与高畑勋搭档成立二马力公司,1985 年又成立吉布利制作公司。“吉布利”(*GHIBLI*)在意大利语中意为吹过撒哈拉沙漠的一股热风。它同时也是第二次世界大战中意大利军用侦察机的名字。飞机狂迷宫崎骏给公司起这个名字,意在给日本动画界吹起一股热风。

其后来的主要作品有:《隔壁的多多罗》(1988 年)、《红猪》(1992 年)、《幽灵公主》(1997 年)、《千与千寻的魅影仙踪》(2001 年)。

2. 高畑勋(*TAKAHATA ISAO*)

1935 年 10 月 29 日,高畑勋出生于日本三重县伊势市。学生时代看到的法国著名动画导演坡尔·格里莫的严肃动画片《国王与小鸟》促使他最终走上动画道路。1959 年东京大学法国文学系毕业后,他随即进入东映动画公司工作。1961 年,高畑勋参与创作了薮下泰司、芹川有吾合导的长篇彩色动画电影《安寿和厨师王号》。之后经由森康二提拔,1965 年他开始独立执导处女作《太阳王子·赫尔斯大冒险》。由于难以忍受公司的束缚,1971 年高畑勋与宫崎骏等人脱离公司独立。随后,其执导《熊猫小熊猫》(1972)、《熊猫小熊猫·下雨马戏团》(1973)两部作品。自 1975 年起,紧随“JAPANIMATION”的制作和输出风潮,高畑勋导演了《阿尔卑斯少女海姬》(1975)、《三千里寻母记》(1976)、《红发姑娘安》(1979)等电视动画系列剧。70 年代末,高畑勋与宫崎骏这一对搭档因种种原因分道扬镳。高畑勋重新开始动画电影的创作,他改编自悦巳原作的《小麻烦知惠》(1981)引起轰动,改编自宫泽贤治同名原作的《高许·大提琴演奏者》更为他赢得 1982 年的大藤奖。1984 年,应宫崎骏邀请担任《风之谷》监制和音乐导演,二人的工作关系得到恢复。随后二人立即投入青春动画片《青色山脉》的准备工作。在考察外景地时,看到古老的柳川运河今日惨遭工业文明的破坏,高畑勋放弃了原拍摄计划,花费三年时间,完成了纪录电影《柳川运河故事》,并获得第 42 届(1987 年度)每日电影大赛之文化纪录电影奖。

高畑勋并不认为自己的动画电影适合儿童观看,他通过动画手段呈现出自我思辨的过程,并追求讽喻现实、讽喻社会的作品。他认为自己的动画片部部都是严肃的纪录片。这无疑是新浪潮时期新现实主义和无技巧等手段在作品中的应答。

其主要作品有:《萤火虫之墓》(1988 年)、《思绪翩翩》(1991 年)、《平成狸猫大战》(1994 年)、《隔壁的山田君》(1999 年)。

3. 押井守(*OSHII MAMORU*)

1951 年 8 月 8 日,押井守出生于东京都大田区大森。恰逢摆脱了美军全面军事占领、军需经济起飞时期的日本,全民积极生产、索求国际地位和民主权利的风向裹挟着他的成长。少年时期,他饕餮式无选择地观摩大量电影,基本每天观影三五部,因此年观影数量几乎达到千部之多。1976 年大学毕业后,他曾经在广播界短暂工作了半年。后因为受到著名电视动画片导演鸟海永行的电视动画片《科学忍者队》吸引,押井投入鸟海门下,在其主导的"龙之子工作室"中参与了《一发贯太君》、《科学忍者队Ⅱ》等电视动画片的创作。1979 年,他和鸟海共同创作《尼尔斯骑鹅旅行记》系列,1981 年又参与电视动画片《福星小子》的创作,以其强烈的艺术性赢得了不少拥护者。1983 年,电影处女作《福星小子·只有你》公映,押井守的创作观亦发生重大转变,认定应该以游戏和自我中心主义而非正襟危坐的态度拍摄电影。这种"为所欲为地拍电影"的理念在 1984 年推出的《福星小子 2 · 美丽梦想》中得到实践。1985 年《天使之蛋》、1987 年的实拍电影《红眼镜》等几部实验风格极强的先锋之作,使他被认为是为数不多的几位具有作家特色的动画电影导演。1989 年押井守创作了惊悚风格的机器人动作片《机动警察》,1991 年,押井守拍摄了第二部实拍作品《地狱的值日犬》。1995 年的《攻壳机动队》(*GHOST IN THE SHELL*),被认为是押井守迄今最优秀的作品。总体而言,押井守的作品富于后现代的风格:语境、叙事章法的随意拼贴,将对于生命、人类未来命运的强烈焦灼感诉诸于机械和暴力。

4. 大友克洋(*OTOMO KATUHIRO*)

1954 年 4 月 14 日,大友克洋出生于日本宫城县登米郡,自小学时代就热衷于画漫画。由于厌恶高考体制,他高中毕业后放弃升入美术大学的梦想,只身闯荡东京。1979 年,一直对电影抱有浓厚兴趣的大友克洋为日活公司担任《高中红校服》编剧。1982 年,他自主编剧、导演了 16 毫米实拍电影《赋枪于我》。1987 年,大友克洋导演了 OVA 短片集《迷宫故事》中的《工事中止命令》,以动画人身份出道,影片于 1989 年才得以公映,因此 1988 年面世的作品《AKIRA》,才是引起世界范围内强烈关注的大友代表作。1991 年,大友克洋为动画片《老人Z》担任了人物形象设计和脚本。1995年，由大友克洋担任总监制、总制片和总导演的动画短片合集《MEMORIES》面世。但自此之后，他几乎只在漫画界出现。2004年7月17日面世的大友克洋作品《蒸汽男孩》(*STEAM BOY*)，是他历时9年筹备的大作。

总体而言，大友克洋既继承了有限动画对于描写异化人的优势，又试图通过以画面的写实主义来克服超现实或非真实题材的虚幻感，并以描写破坏建筑物等物理现象，映射复杂心理的崩塌。[①]

八、韩国文化产业：文化立国

仅有9.93万平方公里国土、4500万人口的韩国，不但在经济上成为亚洲四小龙，迅速崛起，而且在文化上走出国门，走向世界。从流行音乐、电影到网游、电视剧，“韩流”曾经席卷亚洲，成为流行文化的风向标。

1. 影视剧

从1993年中国首次引进韩剧《嫉妒》开始，韩剧在中国的热度就一浪高过一浪。从1997年央视播出家庭伦理剧《爱情是什么》，到1999年的《星梦奇缘》和《天桥风云》，加上近几年反复重播的《澡堂老板家的男人们》、《看了又看》、《人鱼小姐》、《黄手帕》、《大长今》、《加油，金顺》，再到2008年的《新进职员》、《爱情需要奇迹》、《百万新娘》等，韩剧的影响越来越大。电影方面，《我的野蛮女友》、《爱有天意》、《超感觉情侣》、《潜伏任务》等也在国内引起巨大反响。韩国影视明星金喜善、李英爱、张娜拉、崔真实等成为中国青年崇拜的偶像和谈论的热门话题。韩国影视剧不只在中国引起人们的关注，其在日本、菲律宾、俄罗斯及中东国家也受到广泛欢迎，从而形成了一股不可小觑的“韩流”。

2. 流行音乐

自1998年H.O.T用其华丽的外表和动感的音乐敲开中国市场的大门后，韩国音乐也成为早期“韩流”中的代表。之后，随着宝儿在日本的走红，韩国音乐又成为亚洲新势力的代表。韩国最受欢迎的男歌手是曹成模和刘承俊，他们

① 《日本四位大师级动画导演介绍》，来源人民网2006年12月4日，见慧聪网，http://info.toys.hc360.com/2006/12/0408294183-2.shtml。

几乎席卷了最近两年韩国主要媒体颁发的各种年终大奖。能与这两人媲美的，大概只有歌手安在旭、H. O. T 和 GOD 等青春组合了。由于歌迷的狂热，H. O. T 和 GOD 曾分别创下巡回公演的 35000 张门票在 10 分钟和 11 分钟之内售罄的惊人纪录。韩国电视剧崛起之后，流行音乐退居次要地位。

3. 网络游戏

从 2001 年开始，韩国网游开始大举进入中国，最主要的是《传奇》。2002 年底，另一款游戏也大获成功，与《传奇》一样，这款游戏也有一个与其作用相一致的名字——《奇迹》。其他作品如《天堂》、《跑跑卡丁车》、《劲乐团》、《卓越之剑》、《地下城与勇士》等也都受到欢迎。根据 2009 年韩国游戏白皮书指出：2008 年韩国国内游戏市场达 5 兆 6057 亿韩币，较 2007 年的 5 兆 1436 亿韩币增长 9%；韩国游戏海外出口规模则达到 10. 9 亿美元，较 2007 年的 7. 8 亿美元增长 40. 1%，韩国线上游戏出口仍持续大幅增长。韩国游戏创造了连续 6 年游戏贸易顺差的纪录。出口国家中，中国大陆、日本各以 27%、21% 为两大主要市场，而美国、欧洲、台湾、东南亚出口比重增加，显示出韩国游戏出口国家多元化的趋势。①

4. 韩国文化产业发展的特点

（1）政府高度重视文化产业。1994 年韩国政府在文化观光部首次设立“文化产业局”，主管文化产业。1996 年 5 月 6 日，韩国开发研究院向政府提交了一份题为《世纪韩国经济的构想与发展战略》的报告。1998 年金大中任总统，提出了“文化立国”的战略口号，并将文化产业作为 21 世纪发展国家经济的战略性支柱产业，积极进行培育，在短短几年时间内，韩国文化产业实现了跨越式发展。1998 年，韩国成立游戏产业振兴中心，为了促进文化产品的出口，政府还特别成立影音公司，对把韩文翻译为外语和制作的费用几乎给予全额补助。1999 年，文化观光部产业资源部、信息通讯部通力合作，建立了各自下属的“游戏综合支援中心”、“游戏技术开发中心”，并形成合力，重点扶持游戏产业。2000 年成立了“韩国文化产业振兴委员会”，职责是制定国家文化产业政策方向、发展计划及文化产业振兴基金运营方案，检查政策执行情况，开展有关调查研究。

---

① 《韩国游戏白皮书09 版公布韩国游戏出口激增》，太平洋游戏网 2009 年 9 月 23 日，http://www.pcgames.com.cn/lib/news/n/0909/1626066.html。

韩国为规划和发展文化产业,2001 年又成立文化产业振兴院,该院每年可得到政府 5000 万美元的资助。几年来,在法制建设方面韩国政府先后出台了《文化产业振兴法》、《设立文化地区特别法》等项法规。近些年又陆续对《影像振兴基本法》、《著作权法》、《电影振兴法》、《演出法》、《广播法》、《唱片录像带暨游戏制品法》等做了部分或全面修订,为文化产业的发展提供了较为全面的法律法规保障。①

(2)巨额资金推动文化产业。韩国举国上下都十分重视文化产业的开发和经营,政府和民间都投入了大量资金进行文化市场的开发。为发展文化产业,韩国政府舍得投入,国家加大文化产业预算。韩国还设立文艺振兴基金、文化产业振兴基金、信息化促进基金、广播发展基金、电影振兴基金、出版基金等多种专项基金,运作"文化产业专门投资组合"。这是以动员社会资金为主,官民共同融投资的运作方式。韩国文化观光部发布了"音乐产业振兴五年计划",内容包括对海外固定节目给予支持、扩大海外市场的"韩流的持续化"等,韩国政府将把音乐产业发展成核心文化产业。

(3)文化上的融合创新。韩国文化受中国儒家文化的影响,但又具有自己的特色。韩国在发展文化产业上努力实现文化内涵与形式上的创新。韩国的文化产品贴近现实生活,富有文化情趣,注重文化底蕴的开掘,形式新颖,制作精良。以韩国电视剧为例,"情"是很多韩剧演绎情节、展开故事所围绕的中心,人情、爱情、友情和亲情都是其表现的主题。韩国影视剧表现出来的"情"是唯美的、含蓄的、真实的、令人回味的。如《大长今》、《爱情是什么》、《孪生兄妹》、《看了又看》、《蓝色生死恋》、《人鱼小姐》等,无论是反映历史还是现实,人物和情感永远是第一位的。韩国电视剧追求的不是超现实的美,而是一种"世俗的美",这种美是充满人类质朴的爱、质朴的同情与关怀。例如《蓝色生死恋》、《明朗少女成功记》和《巴黎恋人》等爱情题材剧中,频繁使用"白马王子和灰姑娘"这种世俗化的爱情叙事模式,满足了观众最朴素的期待视野和最原始的审美欲望,因此也更容易引起共鸣。韩剧所宣传的文化价值认同是本民族的和本国家的,这表现了对于民族文化的尊敬与热爱。另外,韩剧在后期制作上追求尽善尽美,完全按照电影镜头的标准精雕细琢,使每个镜头都充满美感,每段背

① 谭红梅、柯妍:《韩国文化产业发展经验及对我国的启示》,《经济纵横》2009 年第 6 期。

景音乐都恰到好处,每个人物造型都符合身份。正是整个行业人员在每个环节上的精益求精,才使得韩剧在亚洲久盛不衰。

(4)开拓文化市场促进文化产业。韩国政府积极推动文化产品出口,对影视、网络游戏等文化产品的输出提供了大量的支持。在韩国经济恢复过程中,文化产业最活跃、成长最快。现在,韩国是公认的文化出口大国。韩国把中国、日本为重点的东亚地区作为目标市场,注重市场调研,针对地区特点开发适销对路的名牌文化产品。构筑海外营销网,积极利用网络、外国代理商,开发直销、合作经销等多种手段,为韩国文化产品走向世界开辟途径。目前“韩剧”已成为亚洲收视率记录的代名词,由此带来的经济效益令人瞠目结舌,据韩国统计,仅一部《冬季恋歌》就为韩国经济贡献了10亿美元。

(5)培养专业人才支撑文化产业。韩国在经济发展中始终牢牢抓住开发人力资源的环节,把教育放在优先地位。为提高全社会人口的文化科学素质,韩国实行教育“高投资”政策。韩国政府的教育投资是世界上最高的国家之一,其教育投资一般占政府整个预算的1/5以上。韩国很重视文化人才培养。1996年5月6日,韩国开发研究院向政府提交了一份题为《世纪韩国经济的构想与发展战略》的报告,其中有关文化人才培养的课题有:培养创造性人才,建立新型的劳资关系;培养新的国民意识。前者提出为培养创造性人力资源,韩国将继续推进教育改革,提高学校运营的自律性,扩大开放,加强教育的竞争条件,提高人才市场的效率。

第七章 星火燎原：中国区域文化产业

中国每个省份都有其不同的地域文化和文化特色，现在建设文化大省和文化强省的热潮已经兴起，各地文化产业如千帆竞发，争先恐后。在辽阔的中国大地，那一个个文化产业发展的亮点，犹如星火燎原，愈燃愈旺，它所形成的巨大带动力和影响力将推动整个中国文化产业的全面繁荣与创新。

一、湖南

湖南文化产业在全国引人注目，不是由于它独特的资源，而是由于它独特的创意。近代以来，湖南人在政治上的敢作敢为也体现在文化产业的发展上。岳麓书院大门上“惟楚有才，于斯为盛”，是今天湖南文化产业最好的写照。湖南人的“敢为天下先”的精神，不但大大弘扬了原有的湖湘文化，而且，新的思路、新的理念、新的举措、新的实绩，又使湖南文化以新的面目为世人瞩目。

1. 湖南动漫：三只湘猫领跑中国动漫

湖南动漫产业发展在全国占有重要地位，原创卡通动画占了全国70%的市场。湖南动漫起步较早，目前产业体系已初步形成。1996年，湖南第一家专业制作动漫的湖南东方卡通公司正式成立，“蓝猫”开发出系列衍生产品6600多个，开设相关产品专卖店3000多家。经过2003年和2004年爆发式发展，湖南动漫现在已基本形成研发、制作、发行、教育培训、播出、衍生产品开发等比较完整的产业体系。现有较大规模的动漫企业8家（含研发、制作、发行等），教育培训机构9家。据不完全统计，湖南动漫现有原创人员近2000人，相关从业人员2万多人；年产原创动漫2万分钟以上，年出版发行动漫书报刊1800多种共2200多万册；金鹰卡通等电视媒体年播出动漫节目10万分钟；9家教育培训机构年培训动漫专业人才2800多人。在衍生产品开发方面，湖南动漫也探索形成了多种模式，带动开发了横跨图书、音像、文具、玩具、童鞋、服装、钟表、食品、饮料、电子用品、医药等十几个行业数千个动漫衍生品种,通过建立全国销售网络和产品授权、专卖经营等形式,2004 年实现销售收入 4.7 亿元。

湖南动漫产业竞争优势明显。目前,中国动漫形成了上海、杭州、深圳、成都、长沙等五大动漫生产基地。湖南在全国动漫发展格局中自成一体、充满活力,在全国动漫产业中有举足轻重的地位和影响。它原创实力雄厚,拥有得天独厚的电视播出平台资源,金鹰卡通作为第一家开播的专业卡通卫视,现已覆盖全国 17 个省会城市、33 个重点城市以及湖南全境,覆盖人群 1.5 亿人。另外,湖南拥有先进的制作技术和充满活力的生产机制,在全国独创了无纸化全电脑动画制作技术,大大提高了原创动画的生产能力。在三维动画技术方面,湖南动漫达到了国际标准,处于国内领先水平。长沙的数字动画中心为湖南的动画开发制作提供了强大的技术支撑。在生产机制方面,湖南现有动漫工作室 60 多家,通过计算机处理技术和互联网功能,在网上构筑了一个"网络动漫军团"。目前,这种网上平台已具备了 1 万人同时在局域网进行生产创作的能力,理论上的动画节目年产量可达 20 万分钟。①

2008 年,湖南动漫产业更是迎来丰收,年生产动画时长达 2.6 万分钟,占国产电视动画市场总量的 1/5,稳居全国第一;而湖南的宏梦、三辰两家公司更是名列全国十大动漫企业第一、第二位。②

一个有趣的现象是湖南创造的卡通动画形象都与"猫"有关,三辰卡通创造了"蓝猫"形象、宏梦创造了"虹猫"形象、山猫卡通创造了"山猫"形象。为什么是猫? 而不是别的? 这的确是一个需要研究的问题。

在蓝猫"横空出世"前,湖南没什么出名的动画作品,也没有一流的漫画大师。但湖南有一批人,一批眼光独到、意志坚定、敢想敢闯的热血汉子。正是他们,勇于挑战,勇于突破,从无到有,引领湖南动漫从幼苗成长为大树。这个引领者名单,至少包括 3 个名字:王宏、贺梦凡、孙文华。他们不但是湖南动漫的领军者,也是国内动漫产业的创新先行者。

湖南动漫对整个动漫产业的独特贡献,是践行产业化之路的自觉性,三辰、宏梦,包括手机动漫企业拓维信息等,从一开始就直接锲入产业运作,使动漫品

---

① 《湖南动漫产业的发展》,CGK 中国动漫联盟,http://hi.baidu.com/qyqlove/blog/item/4a4e07f56973e62cbc31099a.html。

② 《湖南动漫产业迎来发展黄金时期》,《中国动画》2009 年 5 月 22 日。

牌焕发出强大的生命力，也使动漫行业进入良性循环，实现自我造血功能。①

1992 年，王宏开始酝酿“蓝猫”的角色，他将《新编 10 万个为什么》改编成动画系列片《蓝猫淘气 3000 问》。2000 年 6 月起，三辰卡通制作的该系列片在全国 1020 家电视台播出，还出口到美、韩等 18 个国家和地区。这只智勇双全、知识渊博的小猫，令湖南有了中国卡通业第一个驰名商标。湖南动漫，因贴上科普的标签而走红。

5 年后，一个阳光健康、活泼可爱的“虹猫”又闯进了人们的视线，以动画形式演绎中华武侠文化。仍然是王宏，在挖到动漫的第一桶金后，他毅然“出走”，塑造“虹猫蓝兔”形象，另外成立了宏梦卡通公司。

2008 年，宏梦公司编辑出版图书 42 种，销售额达 1.5 亿元；音像制品销售 1500 多万元；发展品牌授权商近 30 个，授权收入 3000 万元。投资 2 亿多元的国家动漫产业基地——宏梦卡通城已正式奠基。

除了传统荧幕的亮相，依托手机，动漫向新的产业领域发起进军。湖南连续承办 4 届中国原创手机动漫大赛，湖南拓维和山猫卡通公司借力茁壮成长。2008 年 7 月，拓维公司成功在深圳证券交易所正式挂牌上市，成为中国“手机动漫第一股”。

而拥有着北美洲的大山猫形象的猫类“巨人”，它活泼开朗，用欢快的旋律、幽默的歌词，俘获了孩子们的心。“山猫”找了一个动画行业的空白点——动漫音乐进行突破，其动漫衍生产品远销 50 多个国家，全年实现境外销售收入 6000 万元，被国家科技部评为“中国创意产业 100 强”。

不约而同，湖南动漫企业纷纷选择了“猫”这个灵性动物作为形象代言。而这三只风头最劲的猫，在各自的市场空间里凭借不同的模式创新，各得其所。②湖南动漫之所以取得如此成就原因在于有完整的产业链、有原创人才、有知名品牌、有播出渠道、有衍生产品、有广大市场。湖南具备了发展动漫产业的各种条件和要素，此可谓天时、地利、人和，样样具备。

2. 湖南电视：省级卫视谁与争锋

1997 年 1 月 1 日，湖南电视台一套节目正式通过亚洲 2 号卫星传送，呼号

① 《三只湘猫领跑中国动漫　湖南猫王再造湘版迪士尼》，华声在线——三湘都市报 2009 年 1 月 9 日，http://hunan.doc.com.cn。

② 段涵敏：《产业关注：湖南动漫风光无限“三只猫”》，湖南日报 2009 年 11 月 11 日。

"湖南卫视"。湖南卫视上星播出之后，推出了《快乐大本营》、《玫瑰之约》、《晚间新闻》、《新青年》、《音乐不断》、《今日谈》等一系列名牌栏目，一时间风靡大江南北，被誉为"湖南电视现象"。湖南电视现象可以通过以下事实见证：

1999 年 3 月 25 日，电广传媒（原湖南广电发展中心、电广实业）在深圳证券交易所挂牌上市，标志着湖南广电产业率先进入我国资本市场，至 2000 年 11 月增发 5300 万新股，从资本市场累计筹资 20 亿元，被投资者公认为"中国传媒第一股"。

2000 年 9 月，电广传媒斥资 1000 万元一次性独家买断中国电视金鹰艺术节长沙举办权，打造城市文化品牌。

2000 年 12 月 28 日，经国家广电总局和湖南省政府批准，湖南广播影视集团正式成立，集团总资产由 1994 年系统总资产的 4 亿元增长到 50 亿元。

2004 年 10 月 30 日，金鹰卡通卫视正式开播，这是中国第一家获准开通开办的动画卫星频道。

2005 年推出的《超级女声》创下了全国收视第一的神话。8 月 26 日的总决赛广告报价为 5 秒插播价 4.8 万元，15 秒 11.2 万元。

2005 年湖南卫视独家买断的鸿篇巨制韩国电视剧《大长今》播出后，在全国形成巨大的"韩流"。

截至 2005 年 4 月，湖南卫视在美国、澳大利亚、日本、新西兰四个国家落地，通过五个卫星电视平台覆盖全球 1/10 的海外华人，是第一批登陆长城（亚洲）平台的频道。2006 年央视市场研究股份有限公司对全国 50 个卫星频道在观众心目中的形象及品牌竞争力进行调查结果显示，中国观众心目中的品牌栏目排行前十强中，湖南卫视以《超级女声》排名第三、《快乐大本营》排名第五夺得两个席位。在中国最具传播力的创新电视台名单上，湖南卫视排名第二；湖南卫视在互联网上的品牌普及率是全国品牌卫视的 27 倍，其广告收视率已经连续两年进入全国第三位；2006 年湖南卫视广告创收总额近 10 亿元。央视市场研究公司卫星频道竞争力调查报告中显示，湖南卫视观众规模第一、平均满意度第一、观众期待度第一、栏目竞争力第一、人气指数第一、综合影响力第一，其品牌价值已达 25.54 亿元，位居 2005 年"中国 500 最具价值品牌"排行榜第

257位。[1]

湖南电视之所以形成如此巨大的影响力，笔者认为主要有这样几个因素：第一，与湖南人的思想解放有关。近代以来，湖湘文化以“经世致用”为主旨，注重实效，敢想敢干，出现了许多影响中国的政治家、军事家、思想家、文学家。这种地域文化传统延续到今天，湖南人率先按照市场规律办电视，大胆解放思想，率先开辟新路，从而在沉闷的中国电视界独领风骚。第二，与湖南人对电视的文化定位有关。长期以来，中国电视是以“喉舌”面目出现的，进入市场经济以来，很多电视人还不适应形势的变化。湖南卫视率先从大众文化的角度看待电视，在电视定位高度同质化的情况下，以差异化的方略对电视进行大胆改革，提出“快乐中国”的娱乐化路线，从而使湖南电视在全国众多的电视中脱颖而出。第三，品牌化策略。市场经济的首要原则就是要打造知名品牌，电视文化也是品牌经济。湖南电视非常重视电视品牌的打造，不但出现了像《快乐大本营》、《玫瑰之约》、《超级女声》、《越策越开心》、《天天向上》等这样的知名栏目，还出现了像李湘、汪涵、何炅、谢娜等一大批在观众中颇有人缘的本土节目主持人。第四，实施“营销为王”的战略。湖南电视是最早与市场结合的电视媒体，它所策划的每一个知名栏目都以市场效果为目标。在市场营销的过程中，以产品为核心，对各种资源进行整合。通过举办大型活动与商家联手、采用冠名赞助、广告、手机短信等形式使经济效益最大化。

湖南电视成功的意义在于：一是突破了传媒发展与经济水平的正相关原理。二是突破了广告市场“蛋糕论”。三是突破了由资源级差决定的受众市场区隔。四是突破了传媒功能属性的传统框框。五是突破了组织系统的无序状态。[2]

3. 长沙歌厅：大众的娱乐天堂

1989年6月23日，长沙市第一家歌厅——航空歌厅在蝴蝶大厦航空宾馆诞生。面积不大，200平方米左右。当时，作为餐饮部负责人的曾林祥，通过对广州餐饮和休闲业的考察，提出将咖啡厅转变成歌厅的想法，以改变单纯的品咖啡、聊天和欣赏音乐唱片、磁带的形式，增加现场演唱，并融入曲艺、魔术等

---

① 欧阳友权、柏定国主编：《2007中国文化品牌报告》，中国市场出版社2007年5月第1版，第114页。

② 周红：《湖南电视现象的启示与前瞻》，《益阳师专学报》2002年第5期。

内容。

初创时的航空歌厅,利用原咖啡厅的设备与设施,并没有多少投入。谁知营业的第一个晚上,15 元一张的门票,表演尚未开始就座无虚席,并从此红极一时。事实证明,曾林祥的判断正确。短短的时间里,航空歌厅就成为该宾馆单位面积创收最高的营业场所。1990 年,长沙市文化局向该歌厅颁发了第一张有“歌厅”字样的经营许可证。1992 年 6 月 27 日,航空歌厅扩建工程完毕,增添了许多当时最先进的设施、设备,新歌厅能容纳的人数比以前翻了一倍。1993 年,航空歌厅被国家文化部授予“全国文明娱乐厅”的称号。宾馆的主管单位也将歌厅从餐饮部独立出来,成为宾馆的二级机构。

航空歌厅的主要创始人是曾林祥,将歌厅这种形式发扬光大的则主要是周莉莉、吕晓红两位女将。她们改变了节目比较单一,主要靠主持人的幽默调侃来营造氛围的套路,演出节目包含相声、小品、杂技、魔术、戏曲、时装表演等一应俱全,更加注重演员与观众的互动,并不断邀请国内演艺界的大腕登台,赢得了消费者的青睐。其消费也由每人 15 元,发展到几十元,甚至上百元的水平,年经营收入在 300 万元以上。

航空歌厅所带动的娱乐消费成为历史性的贡献,它的成功带动起一批歌厅,并共同缔造出“长沙歌厅现象”。

继航空歌厅之后,1992 年至 1995 年,长沙歌厅发展到 100 多家,琴岛、华天、大中华、罗曼、蝴蝶、红太阳等众多歌厅上演了一出群雄逐鹿的好戏。在这些歌厅中,杨五六、周卫星、奇志、大兵、德哥、何晶晶等一大批本土笑星爆笑登场,甘萍、刘一祯、朱少宇等跑场歌星从歌厅走向全国。

2002 年 4 月 28 日,“红太阳”因一场意外的大火搬至田汉大剧院,长沙歌厅走向了“剧场时代”。它代表着歌厅的提质升级。同年,“金色年华”在当时并不热闹的解放西路创立。酒吧和歌厅融合的产物——演艺吧,从此开始形成。

2003 年,长沙歌厅发展到了鼎盛时期。据当时随机抽样的 6 家歌厅统计,平均每晚接待观众达 4500 人次,总营业额约 35 万元;年接待观众 170 万人次,营业收入逾亿元。经过十几年的市场淘洗,如今,颇有竞争力的还有 10 余家。这些歌厅大多具有一定规模,最大的一家超过 2000 个座位,全年平均上座率达 90% 以上,成为功能较为齐全的综合演艺城。

目前,红太阳演艺集团下辖 20 余个歌厅,遍布湖南省;田汉大剧院集通俗演艺、高雅音乐演奏与酒吧等于一体，曾接待世界各类顶级乐团和艺术家演出，成为全国文化改革的典范；“苏荷”于2007年创建全国第一家集歌厅、酒吧为一体，以音乐原创为主打，以国内外著名歌星乐队为主流歌手的新表演形式——演艺工场……“长沙歌厅现象”又汇聚起众多的“领头羊”。①

对于长沙歌厅现象，不同的人有不同的解读。有人将之概括为“后剧场表演形态”，有人将之概括为“后现代大众文化”。这些解读都有一定的合理性，也都有一定的局限性。长沙歌厅之所以成为全国的热点，主要还在于它的文化创意和文化创新：一是在形式上有所突破。它创造了一种既不同于传统剧场舞台表演节目曲高和寡、演员与观众相互隔离缺乏交流的状况，也不同于夜总会挑逗观众的表演风格，而是通过主持人夹杂方言的插科打诨或调侃的主持风格，甚至邀请观众上台参与节目表演的形式，营造出台上演员和台下观众互动交流的欢快热烈的氛围。在舞台节目的表现形式上，大量借鉴了百老汇的表演风格，加上舞美、灯光的合理设计，使整个舞台呈现出炫目华丽、时尚风情的效果，充满现代感。二是在内容上有所突破。有歌舞、小品、相声、杂技等内容，凡是老百姓喜欢看的，应有尽有。在表演上亦庄亦谐、笑声不断，做到了雅与俗的结合。整个演出以市场和观众为导向，克服了以往演出过程中自导自演、自话自说，脱离大众、高高在上的缺陷。从主持人到演员，想大众之所想，以满意大众为目的，摆脱了僵硬的政治作秀和高高在上的教化色彩，更能体现情感化、大众化、娱乐化的特点。三是按照市场化的机制运作。现在很多歌厅自动降低票价，降低门槛，尽量让可能多的观众参与消费。同时，连锁化的经营方式，不但树立了自身品牌，同时也扩大了规模、占领了市场、赢得了观众、增加了利润。现在长沙歌厅已经赢得了市场的认可，观众中既有家庭群体，也有恋人和老年人，甚至还有团体观众，观众的年龄差距比较大。当一种艺术形式赢得了最广大的观众的认可时，才称得上真正的文化产业。从这个意义上，长沙歌厅现象已经成为演艺文化产业的典范。

同时也要看到，长沙歌厅现象尽管和湖南动漫、湖南电视一样有名，但与两者的全国化程度相比，长沙歌厅的火爆也仅只是在长沙或者在湖南。还存在着节目内容和形式同质化的问题，而要克服这些缺陷，使这种文化业态更加成熟，

---

① 张建华：《“长沙歌厅现象”开启一代娱乐消费潮》，湖南经济报2009年2月16日。

走出长沙与湖南成为全国性的文化产业，就需要在文化创新上下工夫，在市场运作模式上下工夫，找到可以推广的密码，做新、做大、做强。

二、云南

1. 云南映象：民族歌舞的经典

《云南映象》(*Dynamic Yunnan*)是全国首部大型原生态歌舞集，由我国著名舞蹈艺术家杨丽萍出任艺术总监和总编导并领衔主演、倾情打造的艺术精品，成为继《五朵金花》、《阿诗玛》之后，诞生在云南的又一经典力作。《云南映象》是一台融传统和现代于一体的舞台新作，将原生的原创乡土歌舞精髓和民族舞经典全新整合重构，展现了云南浓郁的民族风情。该歌舞集70%的演员来自云南各地州甚至田间地头的本土少数民族演员，演出服装还原了云南各民族民间着装的生活原型。《云南映象》的主要内容为：序：混沌初开；第一场：太阳；第二场：土地；第三场：家园；第四场：火祭；第五场：朝圣；尾声：雀之灵。《云南映象》反映了彝、藏、佤、哈尼等10多个民族原始、粗犷、充满绚丽色彩的生活。奔放的肢体动作、抽象的画面构成、空灵悦耳的音乐、清亮具有穿透力的山歌，将人类对于心灵回归、生命激情、灵魂升腾的情感渴望表达得淋漓尽致。《云南映象》在2004年中国专业舞蹈最高奖项——第四届中国舞蹈“荷花奖”的比赛中赢得十项大奖之中五项奖项。作为中国舞蹈史上第一个自己营销、包装、推广的原生态民族歌舞集，《云南映象》从高原村寨走向世界，为中国的舞台艺术走向市场探索出了一个崭新的运作模式，《云南映象》本身也已经成为一个中国舞蹈界的共有品牌、一张获得广泛赞誉的“中国名片”。①

《云南的响声》是原生态歌舞集《云南映象》的姊妹篇。其主要内容为：序：胎音；第一场：催生；第二场：太阳雨；第三场：公老虎、母老虎；第四场：雀神怪鸟；第五场：茶马古道；第六场：喝醉了的鼓；尾声。

《云南的响声》是大自然发出的响声。是小河淌水的响声，也是大河涨水的响声；是风吹草动，打雷闪电，虫鸣鸟唱，鸡叫狗咬；是生活在大自然里的人发出的响声。《云南的响声》中的乐器都来自云南民间，乐器与人有着息息相关的血

---

① 《云南映象》，百度百科，http://baike.baidu.com/view/184511.htm。

肉联系。云南人把鼓做得和大象的腿一个模样，这和遥远的非洲大陆不谋而合。云南人把多籽的葫芦视为女性的乳房和裸体，并且将它制作成吹奏乐器——葫芦丝。就连喇嘛们用来化缘的藏钵，在《云南的响声》里，都发出了婴儿在母亲肚子里那种神秘的胎心音。一棵被称为“铓树”的大树上，挂满的不是累累硕果，而是许多可以敲响的铓锣！

《云南的响声》的演员基本上是《云南映象》的原班人马。这些演员吹、拉、弹、唱、打、跳，十八般武艺，样样俱全！他们随手摘一片叶子就是唢呐，扳弯一根竹子就是笛子，采一朵山花就能像喇叭一样吹开！他们手中的乐器，漫山遍野，就地取材，随处可得。他们自制的独弦琴，从头到脚，全部都是用竹子做的，音色十分的哀怨忧伤。他们的鼓里能倒出酒来，边打鼓边喝酒，潇洒得不得了。他们能用一些非常简单的工具，把水声、风声、雨声、雷声逼真地搬到舞台上。在《云南的响声》这台演出中，你会看到，不论是锄头钉耙，还是水车石磨，只要是手中能拿的，口中能含的，几乎都被当成乐器来演奏；据统计，被搬到舞台上来的云南民族民间乐器，大约有几百件之多！①

《云南映象》系列之所以引起国内外的关注，源于它对民族魂、民族文化遗产的继承。《云南映象》反映的是原汁原味的民族地域文化。同时，这种民族地域文化经过艺术家杨丽萍的想象和加工又成为非常时尚和具有现代感的艺术形式。《云南映象》所表现出来的艺术张力，源于彩云之南的这片神奇的红土地，源于对于云南民族民间文化的真挚的爱和深情礼赞。对于忙碌的现代人来说，《云南映象》无疑提供的是一种文明的记忆，文化的梦幻。它所呈现的生命活力和对生命的热爱，将勾起人们温暖的回忆和对神奇土地的向往。这，也许是它的价值所在。

2. 丽江古城：令人神往的高原江南

1997 年 12 月 3 日，联合国教科文组织世界遗产委员会一致通过，将丽江古城列入《世界遗产名录》。

丽江地处金沙江上游，历史悠久，风光秀美，自然环境雄伟，是古代羌人的后裔、纳西族的故乡。丽江古城海拔 2400 米，是丽江纳西族自治县的中心城市，是中国历史文化名城之一，是国家重点风景名胜区。

---

① 《云南的响声》，百度百科，http://baike.baidu.com/view/2422955.htm。

山川流水环抱中的丽江县城，相传因形似一方大砚而得名“大研镇”。探寻它的过去，人们发现这片曾被遗忘的“古纳西王国”，远古以来已有人类生息繁衍。今日的主人纳西民族，则是古代南迁羌人的后裔。在千百年的悠长岁月里，他们辛勤劳作，筑起自己美好的家园。

从丽江北眺，是高耸云天的玉龙雪山，景致雄奇变幻。民谣说它“一山有四季，十里不同天”。这里素有“动植物宝库”的美誉，又是巨大的天然水库。

走进丽江彩石铺成的古老街道，漫游镇北商业中心四方街，便见河渠流水淙淙，河畔垂柳拂水，市肆民居或门前架桥，或屋后有溪，街头巷尾无数涓涓细流，穿墙绕户蜿蜒而去。这股股清流都来自城北象山脚下的玉泉。

依山就水的丽江大研镇，既无高大围城，也无轩敞大道，但它古朴如画，处处透出自然和谐。镇内屋宇因地势和流水错落起伏，人们以木石与泥土构筑起美观适用的住宅，融入了汉、白、藏民居的传统，形成独特风格。当地常见的是“三坊一照壁”式民宅，即主房、厢房与壁围成的三合院。每房三间两层，朝南的正房供长辈居住，东西厢房一般由下辈住用。房屋多在两面山墙伸出的檐下，装饰一块鱼形或叶状木片，名曰“悬鱼”，以祈“吉庆有余”。许多庭院门楼雕饰精巧，院内以卵石、瓦片、花砖铺地面，正面堂屋一般有六扇格子门窗，窗心的雕刻大多是四季花卉或吉祥鸟兽。堂前廊檐大多比较宽，是一处温馨惬意的活动空间。

丽江纳西人历来重教尚文，许多人擅长诗琴书画。在古城多彩的节庆活动中，除了通宵达旦的民族歌舞和乡土戏曲，业余演奏的“纳西古乐”最为著名。其中，《白沙细乐》为集歌、舞、乐为一体的大型古典音乐套曲，被誉为“活的音乐化石”；另一部丽江《洞经音乐》则源自古老的道教音乐，它保留着许多早已失传的中原词曲音韵。丽江纳西古乐曾应邀赴欧洲多国演出，受到观众的热烈欢迎和赞誉。由于乐队成员多是来自民间年逾古稀的老人，因此又有“纳西寿星乐团”的美誉。

闻名于世的丽江壁画，分布在古城及周围15座寺庙内，这些明清壁画，具有多种宗教及各教派内容融合并存的突出特点。遗存于丽江白沙村大宝积宫的大型壁画《无量寿如来会》，把汉传佛教、藏传佛教和道教的百尊神佛像绘在一起，反映了纳西族宗教文化的特点。

丽江一带迄今流传着一种图画象形文字“东巴文”。这种纳西族先民用来记录东巴教经文的独特文字,是世界上唯一活着的图画象形文。如今分别收藏在中国以及欧美一些国家图书馆、博物馆中的20000多卷东巴经古籍,记录着纳西族千百年辉煌的历史文化。其中称作《磋模》的东巴舞谱,包括数十种古乐舞的舞蹈艺术中,是极为罕见的珍贵文献。被誉为古代纳西族"百科全书"的东巴经,对研究纳西族的历史、文化具有重要价值。①

丽江之所以在众多的旅游文化景点中进入人们的视野,成为人们向往的胜地,这是因为:一是保存完好的丽江古城是世界文化遗产。虽遭地震,但保存完好。二是高原古镇的江南风情,大研镇的小桥流水、风景美丽的玉龙雪山。三是原生态的纳西文化和纳西古乐。四是古老与现代的完美融合。一方面是古老的生活习俗和街道,另一方面又是现代的酒吧生活。中国人与外国人、当地人与外地人和谐共处。五是文化人的助推。宣科对纳西古乐的倾心与宣传,张艺谋等人策划的大型实景演出《印象·丽江》,都是丽江走向全国乃至世界的重要因素。丽江的成功对于当今急于旅游开发的地方来说,既是一个绝好的范本,也是一个很好的警示。文化与旅游产业开发,必须以保护文化为前提。文化产业不是为原有文化涂抹上现代油彩,而是挖掘和展示文化自身的底蕴与魅力。

3. 新华村的银器加工:小锤敲过千年

地处云南省西北部的新华村,坐落在大理白族自治州鹤庆县城以北4公里的凤凰山下,距丽江机场12公里。新华村的白族是大理州白族的一个较为古老的分支,白族人口占总人口的98.5%。新华村是一个集田园风光、民居、民俗和民族手工艺品生产加工为一体的典型白族聚居村寨。

如今,新华村这个白族村寨美名远扬,人们归纳其特色为:"家家有手艺,户户是工厂,一村一业,一户一品"。其生产方式基本上是一家一个小作坊,一家一个品种,互不重复,制作工匠以家庭成员和亲戚朋友为主,不论男女老少都会加工制作。他们以精湛的技艺,用手工敲打出一件件具有很高观赏价值和使用价值的民族用品。产品主要有九龙壶、九龙杯、手镯、戒指、项链、银碗、银勺、唢呐、胸链、门环等,种类繁多。他们制作的"布达拉宫"浮雕模型还作为国礼赠送

---

① 《云南丽江古城,中国的世界遗产》,央视国际,http://www.cctv.com/geography/shijieyichan/sanji/lijiang.html。

给外国政府。

新华村的民族工艺闻名海内外，其历史可追溯到600年前。全村80%的人家从事手工艺品制作，家家出能人，户户有巧匠，是著名的"中国民间艺术之乡"、"中国民俗文化村"。收藏唐宋至今2000多件银器手工艺品的全国首个银器博物馆，就坐落在新华村。这里亦有"云南小江南"的美名——村头的黑龙潭清澈见底，村东南2000多亩的草海，呈现一派难见的高原水乡景色。

近年来，新华村被国家文化部命名为"中国民间艺术之乡"和"中国民俗文化村"，新华村好几位有名的工匠也被授予"民间工艺大师"的称号。在这些民间艺术家的带动下，新华村手工艺的品牌越来越响。新华村不仅保持自己的传统，而且还把它作为一个产业发展了起来。2004年底，中国第一个银器博物馆和融汇地方园林文化及汉、藏、白民族文化的"石寨子"广场在新华村建成，成为东南亚最大的民族手工艺品生产交易基地。

如今，新华村平均每天要接待近200个旅游团队，2005年接待游客超过了100万人。可以说，凡是到大理、丽江旅游的游客，很多都会在新华村停留，购买这里独具民族特色的工艺品作为旅游纪念。①

新华村的成功主要因为：一是独特的手工技艺和产品。二是手工业与旅游相结合。三是独特的市场运作模式。新华村的银器加工之所以能做成产业，不仅仅因为它有人工、有技术、有产品，还在于它是按照市场规律来运作的。它将整合营销的理念运用到产业的发展中，从而产生了不一样的效果。"新华村模式包括四个方面：(1)游击型小炉匠：顾客个性化需求的满足。(2)根据地式店铺：市场拓展后的守土。(3)大本营式生产：统一品牌铸就。(4)小锤敲过一千年，信息一致的广告标语。新华村奉行顾客至上的精神，运用人际与非人际的传播媒介传播一致的产品信息，最终实现了新华银器的快速扩张和消费市场的良性发育，成为乡村民族民间手工艺品营销传播的成功典范。"②

---

① 《新华村：小锤敲出的"银都"》，云南日报网2006年8月27日，http://www.yndaily.com。

② 胡惠林编：《中国文化产业评论》第7卷，上海人民出版社2008年1月第1版，第236页。

三、浙江

1. 横店集团:中国好莱坞

横店集团位于浙江东阳国家综合试验区横店境内,旗下拥有子公司60家、孙公司130多家、上市公司2家。横店集团的产业广泛涉及一、二、三产业。第三产业主要是影视文化旅游业;其中以横店影视城最为著名,是首批“国家AAAA级旅游区”,也是亚洲规模最大的影视拍摄基地。

被誉为“中国好莱坞”的横店,走出了一条“基地化、社会化、专业化、产业化”发展的新路子,大大推进了影视业生产方式的变革。自1995年发展影视文化产业以来,横店集团先后投资70多亿元,如今已建成13个大型影视实景拍摄基地。截至2009年5月,已有610部影视剧在此拍摄,华谊兄弟等305家企业入驻,基本涵盖从投资、剧本创作到拍摄、后期制作、服装、道具等各个环节。其一台节目《梦幻太极》一年就撬动消费一亿元。①

横店集团影视产业从1996年建成第一个景区广州街起步,迄今已建有全球最大规模的影视实景基地。现在,横店已是全国第一个影视产业试验区和全国拍片最多的地方,国内外的影视剧组纷纷前来租借这里的场地和设施,轮番拍摄各种影视剧,一年到头从不间断。

在影视基地的基础上,横店集团决定进行第一次战略转身,成立横店影视制作有限公司,向影视产业链的上游延伸。公司成立后的第一个大制作就是与澳大利亚阿德莱德AMPCO电影公司合资拍摄了电影《寻龙夺宝》,影片投资近3亿元。除此以外,还投拍了电影《叶问前传》和《秋霜》、《喋血钱塘江》等电视剧。

其实,早在2007年国产影片票房冠军《疯狂的石头》,及2008年国产影片票房冠军《投名状》,横店集团就是最大的投资方,虽然隐身幕后,但尝足了影视制作甜头。

“横店影视”转身的第二招是向销售终端拓展。经国家广电总局电影局批

---

① 《浙江推动文化大发展大繁荣　民营文化产业春色满园》,网易新闻2009年7月6日,http://news.163.com/09/0706/03/5DGPNPJO000120GR.html。

准，跨省院线——浙江横店电影院线已从2009年1月开始运作，对所属影城统一供片。这是继万达院线之后的全国第二条民营跨省院线，标志着横店集团在电影发行放映领域有了更多的话语权。

目前，在电影发行方面，"横店影视"已在全国控股或参股了多条电影院线，长沙、南京、郑州、武汉、太原、重庆、贵阳、呼和浩特、深圳、北京等国内大中型城市，都有"横店影视"投资建设的一批五星级影城。其中长沙横店潇湘王府井影城、南京新街口影城票房收入分别居湖南省、江苏省影城首位，排名全国前十位。

在全国大举投资建设五星级影城，是"横店影视"转型的重要部分。"横店影视"计划在全国大举投资建设大型现代化多厅影院，以全新的经营理念、管理模式，创造一流的票房业绩，力争近期建成300～500家中高档规模影院，跻身全国院线前三强，使"横店影视"成为全国强势品牌。①

横店文化产业给人的启示是：一是民营文化产业也是发展文化产业的主力军。浙江横店的影视文化机制灵活、富有生机、大有可为。二是以工养文，共同发展。横店集团作为大型企业集团以超前的眼光发展文化产业，使文化与经济达到双赢，不仅促进了文化产业的大发展，还提高了企业的知名度。三是文化产业要形成完整的产业链。横店的成功，不仅在于搭建了影视拍摄基地，还努力拓展产业链，向影视制作和发行进军，从而占据价值链的高端。

2. 宋城集团：演绎千年大宋文化

宋城集团是中国最大的民营旅游投资集团，其投资方向以旅游休闲业和景观房产为主，同时涉及教育、科技、文化传播等领域，涵盖了旅游休闲"吃、住、行、游、购、娱"全部要素。

宋城集团是中国旅游休闲行业的第一品牌，是中国先进休闲理念的倡导者和大型休闲社区开发的实践者。目前，宋城集团拥有休博园、宋城、杭州乐园、龙泉山、云和湖、中国渔村、武汉第一世界等七大旅游度假区；星级酒店客房2500间；自有经营性物业60余万平方米，未开发房产及商业地产项目300余万平方米；形成了旅游休闲、文化创意和休闲房产三大主业，总资产逾100亿元。

---

① 徐晓恩、徐贤飞、胡灵敏：《"横店"开进大都市已经开了16家横店影院》，浙江日报2009年12月15日。

宋城艺术总团和浙江省文化创意产业园是中国文化产业的典范。2008 年仅大型歌舞《宋城千古情》就演出 1100 多场,观众达 210 万人次,总收入 2.8 亿元,上缴税收 3000 多万元。

杭州宋城旅游景区位于西湖风景区西南,北依五云山、南濒钱塘江,是中国最大的宋文化主题公园,也是杭州第一个反映两宋文化内涵的主题公园。它主要分为:清明上河图再现区、九龙广场区、宋城广场区、仙山琼阁区、南宋风情苑区等部分。

宋城是两宋文化在西子湖畔的自然融合,使杭州宋文化旅游得到了定位。宋城的建造源于历史、高于历史,依据宋代著名画家张择端的《清明上河图》画卷,严格按照宋代营造法式再现了宋代都市的繁华景象,在景观上创造了一个有层次、有韵味、有节奏、有历史深沉感的游历空间。

文化是宋城的灵魂。它在表现自然山水美、园林建筑美、民俗风情美、社会人文美、文化艺术美上进行了自己的探索。它模糊了时空概念,缩短了时空距离。宋城是我们对中国古代文化的一种追忆与表述,应该成为一座寓教于乐的历史之城。

《宋城千古情》是由宋城集团投资的大型歌舞,分为《良渚之光》、《宋宫宴舞》、《金戈铁马》、《美丽的西子,美丽的传说》四场;叙述时空追溯到文明曙光初现的新石器时代,同时又展示了杭州作为历史文化名城的重要历史事件和传说。《宋城千古情》采用一张一弛的演艺方式,整场演出跌宕起伏,使观众常常在各种不同的感情旋涡里回味不已。在表现形式上,《宋城千古情》借鉴了国外最优秀的歌舞形式来进行包装,集舞蹈、杂技、时装表演等多种表演艺术元素为一体,并采用了当今世界最先进的灯光、音响、舞美、服装等表现手段。例如在服装设计上,《宋城千古情》旨在突出中华民族源远流长的服饰文化;同时,又融入国际上最新的设计理念,大胆想象,夸张表现,使古典的美丽与现代的风韵在每一件演出服上完美融合,别具一格。如在粉红的荷花演出服上配以三朵同色调争奇斗艳的荷花装饰灯,既和谐自然,又凸显江南水乡的清新脱俗,令人耳目一新。

宋城集团成功的原因:一是将文化、休闲、生态的理念引入文化旅游产业。这种全新的理念超越了过去将文化与旅游人为分开的做法,成功地实现了文化与旅游的结合。二是将历史文化现代化。历史文化只有进入现代人的生活中才可能重新获得它的生机与活力。宋城依照《清明上河图》的景观,将景观与表演有机结合,给人一种身临其境的感觉。三是动与静的结合。如果静态的历史没有人的参与,历史也就不会活起来。《宋城千古情》的开发,不仅使宋城活了起来,也使静态的历史鲜活起来。从而形成文化的联动效应,给人一种文化的整体感和影响力。

3. 嵊州民营剧团:草根的力量

近年来,嵊州市民营剧团以农村这个广阔的舞台,活跃于大江南北,为广大群众提供丰富健康精神食粮的同时,也创造了可观的经济效益,成为地方经济发展的一大特色产业。

截至2005年底,嵊州市民营剧团已发展到112个,年均从业人员3800余人,全年演出36000场左右,年收入8000万元。该市民营剧团产业化建设成果被国家文化部和浙江省文化厅作为典型推广。嵊州民营剧团的基本特点是:

(1)组团形式多样。嵊州民营剧团的组建采用个人投资方式,基本上是通过演出经纪人(一般就是剧团团长)采用"自愿组团、自主经营、自备服装、自带伙食、自定分配"的办法进行组织,完全依靠自己在演出市场中创造效益。按演出时间分,民营剧团大致可分为常年性、季节性、临时性三类;其中年演出时间在8个月以上的常年性剧团有54个,演出时间在3个月以上的季节性剧团有35个,演出时间为1个月左右、仅在春节和庙会期间演出的临时性剧团为23个。

(2)艺人来源广泛。民营剧团的艺人来源大致可以归纳为四类:一是老艺人。多为早期区社剧团中的演员和乐手,包括从国家专业越剧团退休回乡的演员和乐手。二是从各类培训班走上舞台的演员和乐手。嵊州长期以来举办的各类培训班,培养出的大批演员是民营剧团的中坚力量。三是越剧爱好者。在越剧之乡环境的熏陶下,部分人出于对越剧的钟爱和自身的艺术天赋,在家庭和亲友的带领下直接进入剧团成为演员。四是专业演员。近几年,部分专业演员离开国家专业剧团,加盟民营剧团,或成为客串演员。

(3)运作机制灵活。民营剧团具有较强的市场意识,继承和发扬了嵊州农民吃苦耐劳的精神,哪里要演戏,他们就到哪里演。在演出手法上,他们坚持路头戏与剧本戏并举,几乎每团都具有一个台基能演上百场不同剧目的能力;在演员结合上,严格控制人数,"一个演员顶数角,一条马鞭当万马",有效控制了成本;在经济分配上按劳分酬、形式多样,有底分制、包月制、包日制、拆账制等;在演出条件上,台基因地制宜、因陋就简,定价因地因时灵活多样,戏总体价较低,符合广大农民的经济承受能力。2005 年,演出最多的群艺剧团演出 632 场,年收入 150 多万元;艺术中心一团在乐清市连续演出 12 年,年均演出 600 场,最多一天要演 3 场。

(4)表现内容丰富。民营剧团面向群众,演出剧目灵活变换,诸如生日戏、周岁戏、寿年戏、体面戏、吉利戏、彩头戏、庆贺戏、造屋戏、乔迁戏、庙会戏、菩萨戏等不下 20 种。同时,一个地方的群众想演几场,他们就能用不同剧目演几场,尤其是路头戏一个故事一出戏,根据观众所需可以编演上百出戏。

(5)聚集现象明显。民营剧团聚集现象比较明显,如崇仁镇石门村的 700 多人口中,就有近 200 人靠越剧演出为生,年演出收入在 150 万元以上。在男子越剧的发源地崇仁镇下安田村,全村收入呈"三足鼎立"之势——越剧演出收入 100 万元,农业收入 100 万元,其他副业收入 100 万元。①

嵊州民营剧团之所以兴旺发达,主要是因为形成了良好的整体氛围。一是政府支持。嵊州民营剧团的演出收入是免税的,而且"还享有与专业剧团同样的权利,像免收各项规费、参加社会养老保险、评定专业职称、参加艺术调演等",极大地鼓舞了民营剧团和演员的士气。二是成立行业协会。1996 年,嵊州成立了嵊州民间职业剧团行业协会,把经纪人、主要骨干演员吸引到协会中。一方面通过他们与各剧团的联系,开展业务交流,为民间职业剧团演出牵线搭桥,另一方面也便于管理。三是开展活动。嵊州市经常组织一些越剧活动,像在中小学校开设越剧兴趣班,组建"小小越剧团";举办越剧擂台赛和票友大奖赛,激励剧团之间的竞争。四是发展相关产业。民营剧团的蓬勃发展,还带动了演员培训、演出中介、戏剧服装道具制作等相关产业的兴旺。在黄泽镇,不到 300 米的大街两旁,就有七家戏具店,服装、鞋帽、刀枪等一应俱全,从业人员达 300 多人,产品销往全国各地,道具年收入达 250 多万元。②

---

① 《嵊州市民营剧团》,《中国越剧》2008 年 1 月 14 日,http://zgyj.zjol.com.cn/zgyj/system/2008/01/14/010305415.shtml。

② 邵肖梅:《解读文化产业的"嵊州现象"——来自嵊州民营剧团的报告》,绍兴日报 2006 年 8 月 26 日。

四、广东

1. 腾讯：从小企鹅到大产业

1998年11月12日，1971年出生的马化腾和他大学时的同班同学张志东正式注册成立深圳市腾讯计算机系统有限公司。今天，腾讯公司已是中国最大的互联网综合服务提供商之一，也是中国服务用户最多的互联网企业之一；公司主要产品有IM软件、网络游戏、门户网站以及相关增值产品。2004年6月16日，腾讯公司在香港联交所主板公开上市。

如今，腾讯构建了QQ、腾讯网(QQ.com)、QQ游戏以及拍拍网这四大网络平台，形成中国规模最大的网络社区。在满足用户信息传递与知识获取需求方面，腾讯拥有门户网站腾讯网(QQ.com)、QQ即时通讯工具、QQ邮箱以及SOSO搜索；满足用户群体交流和资源共享方面，腾讯推出的QQ空间(Qzone)已成为中国最大的个人空间，并与访问量极大的论坛、聊天室、QQ群相互协同；在满足用户个性展示和娱乐需求方面，腾讯拥有非常成功的虚拟形象产品QQ Show、QQ宠物、QQ游戏和QQ Music/Radio/Live(音乐/电台/电视直播)等产品，同时，还为手机用户提供了多种无线增值业务；在满足用户的交易需求方面，c2c电子商务平台——拍拍网已经上线，并完成了和整个社区平台的无缝整合。截至2008年4月30日，腾讯即时通讯工具QQ的注册账户数超过7.834亿个，活跃账户数超过3.179亿个，QQ游戏的同时在线人数达到8.663万人，腾讯网(QQ.com)已经成为中国浏览量第一的综合门户网站，电子商务平台拍拍网也已经成为中国第二大的电子商务交易平台。

面向未来、坚持自主创新、树立民族品牌是腾讯公司的长远发展规划。目前，腾讯60%以上员工为研发人员。腾讯在即时通讯、电子商务、在线支付、搜索引擎、信息安全以及游戏方面等都拥有了相当数量的专利申请。2007年，腾讯投资超亿元在北京、上海和深圳三地设立了中国互联网首家研究院——腾讯研究院，进行互联网核心基础技术的自主研发。腾讯的自主创新工作已经进入到企业开发、运营、销售等各个环节当中。腾讯正逐步走上自主创新的民族产业发展之路。

2009年9月8日，腾讯市值折合约300亿美元。这一数字高于同日纳斯达克收盘时，雅虎市值的203.35亿美元、eBay市值的281.7亿美元，紧随亚马逊的市值349.33亿美元、Google的市值1451.86亿美元之后，跃居全球网络股的季军。①

腾讯在短短的10余年中之所以能从一只小企鹅成长为一个实力强大的互联网企业，其原因为：一是顺势而为，抓住电脑和互联网高科技的特性，生产适销对路的媒介产品。二是开辟了人们自由交往的公共空间和私人空间，满足了人们交往与传播的需要。三是它集通讯、娱乐、媒体于一体，其兼容性满足了人们多样化的文化需要。四是费用低廉，只需网络在线，不必考虑电话费用。五是使用简单，稍有文化水平的人，都可登录聊天，如果具备话筒和摄像头，还可进行音频与视频聊天。

腾讯集通讯、社区、休闲、网游、手机、商务服务于一体，大大方便了人们的日常生活，它的成功为文化产业发展、特别是利用高新技术的新兴文化产业开辟了新的道路。

2. 奥飞：动漫玩具行业的"巨头"

广东奥飞动漫文化股份有限公司是国内最大的动漫玩具企业，也是国内第一家以动漫玩具为主业的上市公司，总部设在广东省汕头市澄海区奥迪工业园。奥飞动漫借鉴了美国Hasbro（孩之宝）以及日本BANDI（万代）、TAMIYA（田宫或田宫模型）的经验，采取玩具和动漫相结合的运营模式，以自主原创动漫形象开路，并树立自有品牌奥迪双钻来带动动漫玩具的销售，动漫玩具已成为公司销售收入和利润的主要来源。2008年奥飞的营业收入达4.5亿元，净利润6520万元；2009年上半年奥飞的营业收入则为3.45亿元，净利润5400万元。

早在1986年，初中毕业的蔡东青便用母亲借来的800元钱初涉商海，购置了一台老式铸塑机，用人工手压生产塑料小喇叭，取得了令自己满意的成绩。

1992年的一次旅行，改变了蔡东青的命运。在香港，蔡东青看到了日本田宫生产的四驱车，他敏锐地察觉四驱车一定有市场。1993年，蔡东青创办了广东澄海奥迪玩具实业有限公司（2007年改名奥飞），这一年他24岁。

1994年，法国一级方程式汽车大赛的电视节目给蔡东青带来了灵感：奥飞

---

① 腾讯，百度百科，http://baike.baidu.com/view/1591.htm。

与广东电视台合作了四驱车大赛，与此同时，四驱车投放市场，一炮走红。这次推广虽然花掉了60多万元，但是让蔡东青看到了推广的魅力所在。1996年，奥飞再次策划与国家体育总局合作，开展了全国"奥迪杯"四驱车比赛。为此，蔡东青花掉了近700万元，近乎全年销售额的1/4。后来这种操办大型活动的推广方式一直为蔡东青热衷，且屡试不爽。

关于四驱车营销的故事还未结束。蔡东青发现日本田宫拍摄了动画片《四驱兄弟》和《四驱小子》，在日本很火，动画片对四驱车系列产品的销售推动很大，于是便想尽办法要把这部片子引入中国。2002年，奥飞终于签下该动画片，版权费达到110万美元。在电视台播出的同时推出玩具，令"AULDEY双钻"四驱车成为中国四驱车模的代名词。

这是蔡东青第一次通过动画片的播放来推动产品的营销。2002～2003年，通过播片拉动销售，整个市场火爆起来，2002年，奥飞销售额达到2.6亿元。作为传统玩具，2005年度"悠悠球"系列产品销售额为1600多万元，随着系列影视片播出，2006年该系列产品的销售额提高到8000多万元，2007年则超过了1.8亿元。

2003年奥飞迁居广州。在广州，蔡东青认识了香港人詹奇安和陈日明，决定成立自己的动漫公司，发展原创动漫，走玩具与动漫结合的道路。

2004～2006年，奥飞开始与日本最大的动漫企业万代合作，授权开发、生产和销售《迪迦奥特曼》中人物、器械等动漫形象产品。2007年9月，奥飞又与迪士尼合作，共同开发、生产和销售小熊维尼、米奇等动漫玩具。2007年10月，再次与日本万代合作开发"钢铁拯救队"系列的动漫玩具产品。

在这种支持下，奥飞的动漫内容创作能力大大增强。动漫影视片的产能也由2006年的1060分钟增至2007年的3752分钟，2008年更接近5000分钟，作品覆盖了国内29个省的145个电视频道，累计播出时间为54.15万分钟，并进入到亚洲、欧美及中东地区。继制作《火力少年王》系列等动漫影视片后，奥飞还陆续投资制作《电击小子》等作品。

奥飞制作的动漫影视片不仅推动了其动漫玩具的销售，也为公司培育了新的利润增长点。2007年10月，奥飞成立了形象管理事业部，发展对外授权业务，以最大化公司动漫形象的价值。2007年度实现授权收入200多万元。通过层层布局，蔡东青构建了从动漫内容制作、图书发行、玩具等衍生品开发制造，以及形象授权等完整的动漫产业链,为奥飞赢得了较传统玩具生产商更高的利润率。2008 年一季度,奥飞自主创作的动漫玩具销售已经占公司销售的51%。

公司成立 16 年来,蔡东青一次次转型,从非动漫类玩具(如四驱车、遥控车),到授权开发的动漫类玩具(如奥特曼),再到自主开发的动漫类玩具(如悠悠球、电击小子),利润率得以一次次提高。①

奥飞的崛起说明,文化企业需要一次次地超越自己实现跨越式发展,每一次转型都意味着挑战和创新,但只要大方向正确,前景一定是光明的。从奥飞的发展我们可以看到占据产业链的上游非常重要,因为占据了上游就等于占据了高地。奥飞从小小的玩具做起,不断积聚实力,调整发展策略,最后占据动漫产业的上游,形成完整的产业链,从而成为整个行业的老大,它的成功不能不令人深思。

3. 雅昌:艺术印刷行业的先锋

雅昌集团创建于 1993 年,总部位于深圳市南山区,以此为核心向全国辐射,拥有北京、深圳、上海三大运营基地,产品和服务遍及中国大陆、港澳台地区及美国、日本、欧洲、东南亚等海外市场。集团成立以来,雅昌始终以传承、弘扬中华优秀文化为己任,不断追求先进的科学技术、创新的经营管理模式,为中国及世界文化艺术界提供综合服务。

公司将全心全意"为人民艺术服务"确定为企业宗旨,将成为全球最优秀的艺术服务机构作为企业愿景,通过建设《中国艺术品数据库》核心平台和雅昌艺术网,向客户提供高端艺术印刷服务、互联网资讯、艺术品市场信息、电子商务和广告服务、艺术家综合服务,同时提供高仿真艺术品复制产品,满足艺术家、艺术机构、艺术品投资者、艺术爱好者、高档商业品牌客户的多样化需求。

雅昌独创的"印刷 + IT 技术 + 文化艺术"崭新的商业模式,将为艺术家、艺术机构的服务与为大众提供艺术教育、艺术普及紧密结合起来,将企业经营战略和实现社会责任紧密结合起来,2006 年入选专业机构评出的"中国最佳商业模式"。

在高端艺术印刷领域,雅昌多次承担国家重大印制项目,成功印制《北京 2008 年奥运会申办报告》、《上海 2010 年世界博览会申办报告》、北京奥运会及

① 何宝荣:《中国动漫第一股奥飞动漫的蜕变》,《创业邦》杂志 2009 年 10 月 18 日。

残奥会开、闭幕式印品和国家领导人新年贺卡，连续荣获美国、德国、香港等国际大奖160余项。并以精美绝伦的《梅兰芳藏戏曲史料图书集》、《西夏文物》和《中国文化遗产——贵州省》三度摘取印刷界“奥斯卡”Benny Award（班尼）金奖；其中《梅兰芳藏戏曲史料图书集》更被评选为2004年“世界最美丽的书”，此奖项是56个参评国家唯一一项金奖，为国家与民族赢得了荣誉。

自创立以来，雅昌印制的图书已超过40000种，达1.5亿多册。为近5万名艺术家、230多家出版社和近100家国内外博物馆、美术馆、纪念馆以及近30个国家的艺术和商业客户提供了高质量的印刷服务。

2000年，雅昌创建了“雅昌艺术网”，作为全球最大的中国艺术品门户网站，雅昌艺术网每天页面浏览量达600多万人次，在国际知名互联网调研机构ChinaRank的全球互联网排名中位于综合排名400名之内。雅昌艺术网已成为传播中国文化艺术的一个重要窗口。

“艺+”是雅昌“艺术家综合服务”的品牌，以艺术家个人数据库为基础，提供包括数字资产管理、出版、展览等一站式服务，提升艺术家的核心价值。雅昌以优秀的艺术专业知识与服务，为艺术家与市场和大众之间架起沟通的桥梁，以此实现传播优秀文化的社会责任。

雅昌凭借多年积累的艺术品高仿真复制技术，通过与博物馆、艺术馆、艺术家的合作，对中国古代书画、中国近现代书画、西方经典油画等艺术品进行高仿真复制，使“深居殿堂”的文化瑰宝走近寻常百姓，对当代艺术家的经典作品进行授权限量复制，满足艺术工作者、爱好者从事研究、教育、普及、收藏和欣赏的多样需求，实现了艺术就是生活的理念。

2006年，国家文化部授予雅昌“全国文化产业示范基地”称号。2006～2008年，雅昌连续三次荣获由中国社会工作协会企业公民委员会和中央电视台授予的“中国优秀企业公民”称号，董事长万捷荣获“中国最具社会责任企业家”称号。2007年，被文化部和中国美术家协会联合授予“文化（美术）产业示范基地”。2008年又获得由国家文化部、商务部、广电总局、新闻出版总署联合设立的首届中国文化产业创新奖。①

雅昌的成功可以归结为三个原因：“一、创国际领先的艺术品印制水平，定

---

① 雅昌概况，雅昌艺术网，http://www.artron.com.cn。

位于高端彩色艺术印刷。二、打造中国艺术品名牌网站——雅昌艺术网。三、积极拓宽企业服务范围，建立数字资产管理系统，建设专业级数字摄影工作室，策划艺术品图书出版，经营艺术影像产品。有计划收藏各类艺术品。”①

4. 漫友：最具原创精神的动漫图书品牌

《漫友》杂志创刊于1997年7月，经改版后正式创刊于2002年6月，是漫友杂志社旗下的主力刊物。漫友文化拥有一流的动漫专业人才和管理技术，多年来致力于动画、漫画及青春文学杂志、图书的市场运作及国内外版权的输出与引进，取得了令人瞩目的成绩。“漫友文化”已成为华语动漫传播领域最具知名度与美誉度的强势品牌之一。

2007年8月31日，《中国图书商报》为总结过去五年中国期刊业的发展趋势，推举了“中国十大最具原创精神的期刊品牌”，其中《漫友》是唯一入选的动漫期刊。

漫友文化运营的华语动漫杂志《漫友》（旬刊）以及《漫画世界》（周刊），秉持“内容为王、读者第一”的办刊理念，立足本土，扶持原创，已成为涵盖动漫及青少年流行文化的权威载体。

漫友文化近年来成功引进日本漫画之父手冢治虫作品《我的孙悟空》、《铁臂阿童木》版权，并获国家新闻出版总署批准出版。同时，漫友文化利用品牌优势，积极引进港台地区的优质漫画资源，最新开发的蔡志忠典藏国学全彩漫画系列强势登场；长期运作的敖幼祥系列作品，目前已推出近百册。在成功的市场操作中，其代表作《乌龙院》一举成名，连续五年稳居内地漫画市场销售量之首，总发行量达2000万册之巨，显示了对原创作品运作的胆识、智慧和雄心。近年来，漫友文化又倾力打造了敖幼祥全新长篇漫画巨著——《乌龙院大长篇漫画》系列，使《乌龙院》的品牌影响力进一步扩大，更加深入人心，最新推出的《乌龙院大全集》更是受到广大读者的追捧。

漫友文化依托中国青春文学第一刊——《新蕾》文学杂志的品牌效应和市场号召力，推出了新生代青春文学作家落落的《那些生命中温暖而美好的事情》，一举成功，该书一上市，立即跻身全国五大地区畅销书排行榜前十位，销量

① 谢媛：《立足传统印刷　打造全新文化产业雅昌企业（集团）有限公司》，上海现代服务业官方网2009年5月18日，http://www.ssfcn.com/Culture/detail.asp?id=25&wordPage=1。

不断向上攀升。

漫友文化高瞻远瞩,广纳贤才,着力开发有潜质的新人,先后推出 BENJAMIN、阮筠庭、姚非拉、猪乐桃、寂地、客心、丁冰、SHEL、王小洋、于彦舒、韩露、朱斌、十九番、CHRY 等数十位超级漫画明星,以及落落等青春文学作家和动漫编辑,创立了独具中国特色的漫画运营模式,给原创事业增添了信心。

漫友文化联合海内外多家权威动漫机构及主流媒体,打造了面向全球华语原创动漫的“金龙奖”。该活动已进入第五届,意义重大,影响深远,被媒体誉为“中国动漫第一奖”,为中国动漫事业注入了无限生机与活力。

漫友主要图书品牌有幽默漫画系列、剧情漫画系列、绘本/画集系列、工具读物系列、青春文学系列。其他品牌有漫友网、OACC 华语动漫盛典(金龙奖)、中国原创漫画排行榜。

《漫友》及其姐妹刊物月总发行量超过 150 万册,除这些期刊自身延展的虚拟卡通形象之外,还拥有众多国内外知名漫画家授权开发的卡通形象 300 余个。针对这些宝贵的动漫资源,漫友文化正稳健地进行相关衍生产品的市场企划。目前,通过品牌授权、委托代理、独立加工等多种商业操作模式,漫友文化已实验性地开发并推出涵盖家居、精品、服装、玩具、文具等五大类周边产品,共计上百个品种。

面对读者阅读网络化愈加明显的趋势,《漫友》结合动漫特点,将陆续推出如平面扫描版、动态电子版等网络电子书和杂志。而根据青少年追求时尚、求新求变的消费特点,《漫友》杂志还将开发手机版电子书等无线增值业务,并拟利用所属网络拓展特色主题网上商城。

现在,漫友文化传播机构正以动漫为资源,以文化为载体,以创意为精髓,以战略为先导,以人才、技术、管理为保障,全力推动中国动漫的产业化进程,向国际化目标迈进。①

---

① 漫友,百度百科,http://baike.baidu.com/view/19955.htm。

五、山西

1. 平遥古城:千年古城的原始魅力

平遥古城位于山西北部,是一座具有2700多年历史的文化名城,与同为第二批国家历史文化名城的四川阆中、云南丽江、安徽歙县并称为“保存最为完好的四大古城”,也是目前我国唯一以整座古城申报世界文化遗产获得成功的古县城。平遥旧称“古陶”。明朝初年,为防御外族南扰,始建城墙,洪武三年(1370年)在旧墙垣基础上重筑扩修,并全面包砖。以后景德、正德、嘉靖、隆庆和万历各代进行过十次大的补修和修葺,更新城楼,增设敌台。康熙四十三年(1703年)因皇帝西巡路经平遥,而筑了四面大城楼,使城池更加壮观。平遥城墙总周长6163米,墙高约12米,把面积约2.25平方公里的平遥县城一隔为两个风格迥异的世界。城墙以内街道、铺面、市楼保留明清形制,城墙以外称新城。这是一座古代与现代建筑各成一体、交相辉映、令人遐思不已的佳地。

鸟瞰平遥古城,更令人称奇道绝。这个平面呈方形的城墙,形如龟状,城门六座,南北各一,东西各二。城池南门为龟头,门外两眼水井象征龟的双目,现如今已改成两座亭子。北城门为龟尾,是全城的最低处,城内所有积水都要经此流出。城池东西四座瓮城,双双相对,上西门、下西门、上东门的瓮城城门均向南开,形似龟爪前伸,唯下东门瓮城的外城门径直向东开,据说是造城时恐怕乌龟爬走,将其左腿拉直,拴在距城二十里的麓台上。这个看似虚妄的传说,映射出古人对乌龟的极其崇拜之情。乌龟乃长生之物,在古人心目中自然如同神灵一样圣洁。它凝示着希冀借龟神之力,使平遥古城坚如磐石,金汤永固,安然无恙,永世长存的深刻含义。

平遥是中国境内保存完整的明清时期古代县城的原型。1997年12月3日,联合国教科文组织在意大利那不勒斯召开的世界遗产委员会第21届大会决定将平遥古城以古代城墙、官衙、街市、民居、寺庙作为整体列入《世界遗产名录》,它是研究中国政治、经济、文化、艺术和宗教发展的实物标本。平遥古城是依据中国汉民族文化思想和建筑风格建立起来的。现在城墙及城内建筑均保持着 14～18 世纪的历史风貌。①

平遥是晋商的发源地之一。清代道光四年(1824 年)，中国第一家现代银行的雏形“日升昌”票号在平遥诞生。三年之后，“日升昌”在中国很多省份先后设立分支机构。19 世纪 40 年代，它的业务更进一步扩展到日本、新加坡、俄罗斯等国家。当时，在“日升昌”票号的带动下，平遥的票号业发展迅猛，鼎盛时期这里的票号竟多达 22 家，一度成为中国金融业的中心。平遥之所以成为国内文化旅游的胜地是因为：

(1)它是世界文化遗产，是迄今为止保存最好的明清古县城，它的城墙、街道、房屋都依然保存完好。同时也是晋商的重镇。达到了历史、建筑与人文的完美结合。

(2)风味小吃有特色。到平遥除了浏览历史古城，还可品尝地方特色餐饮。比如平遥的碗托是平遥县的一种传统风味小吃，也是佐酒佳品，为清光绪初年，平遥县城南堡的名厨董宣师傅所创，距今已有 100 余年的历史。平遥的牛肉制作工艺独特，色泽红润，绵香可口，有“肥而不腻，瘦而不柴”的特点。

(3)旅游住宿有特色。平遥古城的客栈很多，旭恒润客栈、长泰永客栈、聚众盛宾馆、一得客栈、昌兴隆客栈等都保留了古建筑的风貌，带有浓郁的山西地方特色。

(4)旅游购物有特色。平遥县土特名产品种繁多，诸如平遥牛肉、平遥推光漆器、平遥长山药、果子沟槟干、南依涧乡苹果、孟山醋柳(沙棘)汁、汾河区高粱……都各具风味，名不虚传。另外，手工鞋、剪纸、脸谱、六合泰枕头、黄酒等也是旅游购物的最佳选择。

(5)文化活动有特色。从 2001 年开始，平遥连续举办国际摄影大展，是国内最具影响力的十大节庆活动之一，也是中西文化交流的优质平台。平遥国际摄影大展的举办大大提高了平遥的知名度，吸引了来自海内外的广大游客。

2. 晋商大院：风光重现

五座晋商大院分别是：祁县乔家堡村的乔家大院、祁县县城的渠家大院、长治西白兔乡中村的申家大院、灵石静升镇的王家大院、榆次东阳镇车辋村的常家庄园。其中乔家大院、渠家大院和王家大院最为典型。

---

① 平遥，百度百科，http://baike.baidu.com/view/34308.htm。

(1)乔家大院——民俗博物馆。乔家大院是最早修复开放的一座晋商大院,更因为张艺谋的《大红灯笼高高挂》而蜚声海内外,几乎成为晋商大院的代名词,甚至连许多从未到过山西的人也知道“皇家看故宫,民宅看乔家”。专家们称乔家大院充分体现了我国清代民居建筑的独特风格,是一座无与伦比的艺术宝库和北方民居建筑的一颗明珠。

乔氏家族的第一代创业人乔贵发由小本生意起家,从闯荡口外的小伙计成长为垄断包头商业的大财东,包头城至今仍流传着“先有复盛公,后有包头城”的俗语。乔氏家族的产业在第三代创业人乔致庸手中继续发扬光大,达到鼎盛,商行、银号开到了京津、东北、长江流域。徐珂《清稗类钞》中估计乔家共有资产四五百万两,事实上乔家的各类动产、不动产加起来应该有数千万两之巨,相当于现代的近百亿元资产,这在当时的生产力发展水平和经济条件下,是一个难以置信的天文数字。

乔家大院历经三次大规模兴建、扩建始成今日格局,时间跨度长达160余年。1986年,乔家大院作为民俗博物馆正式对外开放。

(2)渠家大院——晋商文化博物馆。渠家大院坐落在明清之际经济繁荣、富商云集的国家历史文化名城祁县东大街33号,人称“渠半城”。渠家祖先以行走于长治、祁县之间的“货郎挑”起家,到清朝乾隆、嘉庆年间发展成为晋中八大富户之一。渠家开设的长源川、长裕川两大茶庄,从两湖采办红茶,贩销于西北各地及蒙古、俄国,另外还开设有“三晋源”、“百川通”票号。徐珂《清稗类钞》中估计渠家共有资产三四百万两,事实上远远超过此数,传说仅“旺财主”渠源浈的一个银窖内就藏有白银三百万两。

获得“五个一工程奖”的电视连续剧《昌晋源票号》即是根据渠家的故事改编,片中反映了三晋源票号的经营以及渠源浈、渠本翘父子在思想、观念上的激烈冲突。渠源浈是一个杰出的商业天才,但性格古怪,而与父亲终生未能化解矛盾的渠本翘坚持了自己的选择,走科举之路步入仕途,成为著名的爱国商人、教育家。

渠家从渠氏第十七代源字辈进入鼎盛,渠家十七世有著名的三大财主:“田喜财主”、“旺财主”、“金财主”。他们在祁县古城东半城建有十几个大院,千余间房屋,占地三万多平方米,人称“渠半城”。目前开放的渠家大院只是渠氏家族院落的一部分,为“田喜财主”渠源潮的住宅,占地面积5000余平方米,建筑面积3000余平方米。

渠家大院为全国罕见的五进式穿堂院,内分8个大院、19个小院、240间房屋,大院内建有山西民宅中最大的戏台与戏园。渠家大院目前被开辟为晋商文化博物馆,以七大系列28个展室向游客系统全面地介绍了晋商的发展与衰落历史。

(3)王家大院——三晋第一宅。静升王氏祖籍琅琊(今山东胶南),后西迁至山西太原。南宋初年,族人王实由太原南迁至灵石县沟峪滩村。元皇庆二年(1313年),王诚斋又率家族迁至静升村。清初,族人王兴旺开始经商,做小买卖,至第十四世王谦受、王谦和、王正居等,资本见厚,店铺增多,逐步成为豪商巨贾。到清中叶,王家便由原来的平民百姓发展成为居官、经商、事农综合型的名门望族。王家大院包括东大院、西大院和孝义祠,总面积34650平方米。

王家大院选址于北傍高坡,南望开阔,高出平地约八九米的台地上。目前开放的两处,西称红门堡,建于乾隆年间;东称高家崖堡,建于嘉庆初年。东堡院有院落26个,东中西并列为六路。中间的三路院落为主院,西边的两路为书院和花园,东边的一路为厨院;西堡院共有院落28个,中间有一主干道,贯穿着三条横巷,与东堡院用一石桥相连,东西对峙,气势震人心目。如若再加上修复完好的王氏宗祠,那么,王家大院现对游人开放的总面积已达31956平方米。

王家大院与其说是一组民居建筑群,不如说是一座建筑艺术博物馆。它的建筑技术、装饰技艺、雕刻技巧鬼斧神工,超凡脱俗,别具一格。院内外,屋上下,房表里,随处可见精雕细刻的建筑艺术品。这些艺术品从屋檐、斗拱、照壁、吻兽到础石、神龛、石鼓、门窗,造型逼真,构思奇特,精雕细刻,匠心独具,既具有北方建筑的雄伟气势,又具有南国建筑的秀雅风格。这里的建筑群将木雕、砖雕、石雕陈于一院,绘画、书法、诗文熔为一炉,人物、禽兽、花木汇成一体,姿态纷呈,各具特色,称得上是北方民居建筑艺苑中的一颗璀璨明珠。王家大院是山西最大的一座保存完好的建筑群,被称"三晋第一宅",入选《中国民族建筑集·汉·北方民居》一书,山西仅此一例。[1]

3. 文艺精品:晋文化的现代创造

(1)电视连续剧《乔家大院》。2006年2月,由朱秀海编剧、胡玫导演的45

---

① 山西大院,百度百科,http://baike.baidu.com/view/415984.htm。

集电视连续剧《乔家大院》在央视上映，创下了收视率的新高。

《乔家大院》讲述的是作为‘晋商’中的杰出的代表人物、山西祁县乔家堡著名商家乔家的第三代传人——乔致庸一生的传奇故事。故事开始，乔家大院里的主人乔致庸是个书生，他并不愿意当商人，由于家道中落被迫走上了从商的道路，因此他的许多情怀是一种农民知识分子式的。乔致庸的故事之所以精彩，在于他丰富的内心世界，他之所以不凡，在于他为了实现他的货通天下、汇通天下的商界宏愿，展现了一种不屈的奋斗性格。这部电视剧并非一部简单的商战戏，它要通过一个商人的一生叙述一个家族的历史，解析晋商的辉煌所在。

《乔家大院》之所以能吸引人们的注意力，因为：其一，它反映了真实的历史，从一个人物、一个家族书写了整个晋商的奋斗史。这种由个别到一般、由表及里的表现方式，让我们看到了晋商的奋斗精神。其二，它引起了人们对于市场经济条件下道德规则的思考。晋商的崛起固然有不怕吃苦的精神，但更重要的是"仁、义、礼、智、信"的内涵贯穿其中，这种内涵并不局限于乔家，而是体现晋商这一大群体的精神。其三，它详细地反映了人的内心世界的情感逻辑，使得人物更加形象化、立体化和人性化。乔致庸迫于无奈与大商家陆大可之女完婚，青梅竹马的江雪瑛一气之下嫁给另一商家病人膏肓的何继嗣为妻。陆玉菡深爱着自己的丈夫，甚至逼父亲帮助乔家渡过难关。而江雪瑛由爱生恨，她的一生就是为了报复乔致庸而活。结果乔致庸一生都痛苦地挣扎在两个女人之间。故事情节感人，电视剧拍摄手法独特，时刻牵动着观众的心，观众与剧情同悲同喜，是收视率创造新高的主要原因。

《乔家大院》的特色并不局限于晋商大院内的家族恩怨，而是把重点放在主人公乔致庸闯荡天下，开辟商路，为追寻"汇通天下"的理想而积极奋斗永不放弃的历程。这部电视剧的现实意义在于在浮躁的商业社会里，晋商的诚信、节俭和开拓精神，正是我们民族精神的写照。《乔家大院》讲述的不只是一家一族的故事，而是整个晋商和民族魂魄的精华。以乔致庸为代表折射出的中国晋商的"仁、义、礼、智、信"，正是我们当今社会所迫切呼唤的。观众观看电视之余，更有助于对人生的反省与深思。

（2）电视专题片《晋商》。晋商是中国最早的商人，其历史可远溯到春秋战国时期。明清两代是晋商的鼎盛时期。其间，晋商曾称雄国内商界 500 年之久。大型电视人文纪录片《晋商》,是由中共山西省委宣传部推出的一部反映晋商辉煌历史和深厚商业文化的精品力作。

《晋商》共20集400分钟。第一集《海内最富》集中展示了晋商的辉煌成就和对中国商业史的重要影响;第二集《表里山河》从山西历史、文化以及地理位置这一特定的角度切入,对晋商兴起的背景及成因进行了深刻分析;第三集《雄风乍起》重点对渐成气候的明代晋商进行展示和剖析;第四集《走西口》从讴歌晋商历经艰辛、拼搏进取的角度,对"走西口"这一历史事件进行了全新的阐释;第五集《纵横天下》展示了鼎盛时期晋商繁荣兴旺、富甲天下的雄风和气势;第六集《小伙计大掌柜》对今天仍有重要借鉴价值的晋商的商业管理模式,进行了深入的挖掘和介绍;第七、八集《日升昌》对中国第一家金融企业"日升昌"票号发展、壮大的历程及其独特的经营方式进行了重点评介;第九、十、十一集《祸福之间》反映的是从太平天国运动开始,晋商面对战乱和变革等不利形势,趋利避害、艰难发展的一段悲壮历史;第十二、十三集《同舟忠告》从文化的角度,对晋商最终走向衰败的深层原因进行了剖析;第十四、十五、十六集即《百年乔家》、《书香门第》、《渠家父子》,是聚集于晋商的乔家、常家和渠家三大代表性家族,对晋商独到的经营谋略和商业文化进行了细致评析;第十七集《余音绕梁》主要叙述了晋商和晋剧之间的文化渊源;第十八集《深宅大院》从晋商遗留下来的几处大型宅院着眼,对晋商的历史进行了追思和品味;第十九集《遥远的生活》通过对晋商生活方式的扫描和思考,力图向人们揭示晋商这一特殊群体丰富多彩的内心世界;最后一集《老字号》,则透过对晋商建立的一批百年不倒的老字号,对支撑晋商长期辉煌的商业精神、商业道德和商业文化,进行了挖掘和提炼。

《晋商》立意高远、制作精良,融思想性、知识性和观赏性于一体,具有很强的艺术感染力和心灵震撼力,是梳理、展示民族优秀文化瑰宝——晋商文化的一部精品力作,也是人们学习、借鉴晋商商业经验,弘扬晋商优秀商业道德和商业精神,自觉培养诚信笃实的商德商风,加强社会主义精神文明建设的一部活教材。

《晋商》曾在央视经济频道热播,轰动一时,多家省级电视台多次重播,可见其魅力不凡。该片摄制工作历时三年。摄制组行程数千里,遍访晋商行迹、遗址、故里和院宅,采访晋商研究的权威专家,搜集了大量珍贵的资料,以全新的视角、独特的构思和先进的表现手法,首次全景式地对晋商的兴与衰、成与败、经验与教训等，进行了生动、深入的挖掘和介绍，是梳理、展示民族优秀文化瑰宝——晋商文化的一部精品力作。该剧集历史、地理、经济、文化、人文、艺术、政治为一炉，是一部看得既过瘾，又长知识的精品。①

（3）话剧《立秋》。由山西省话剧院新创作的大型历史话剧《立秋》，主题鲜明，立意深刻，是一部集思想性、艺术性与观赏性于一体的优秀舞台剧。

《立秋》演绎的是晋商题材，讲述的是"丰德"票号马洪翰家族在民国初年时局动荡之时，面临着生死存亡的故事。该剧宣扬的是中国儒商"勤奋、敬业、谨慎、诚信"的价值理念，倡导的是"天地生人，有一人应有一人之业；人生在世，生一日当尽一日之勤"的中华民族自强不息的精神。"丰德"票号总经理马洪翰面对客户挤兑、天津票号被烧、大批国内外借款不能收回的困境，严守祖训，誓死为"丰德"票号护碑守门，而副总经理许凌翔则主张革新，顺应潮流，抓住机遇，将"丰德"票号融入现代银行业的轨道。仁者见仁，智者见智，一场纷争在两个情同手足的挚友间展开。昌仁与瑶琴是许、马两家因商业利益而联姻的一对不幸儿女，瑶琴在绣楼上苦等昌仁六年，不料，昌仁留学之时，另有所爱。传统与革新、理智与情感，相矛盾、相交织、相冲突，高潮迭起，动人心魄，意味深长。

《立秋》这部话剧以"立秋"命名，有其丰富的内涵和寓意。"立秋"首先是一个时间概念，是自然气候由热转凉的一个转折点，还关联着历史兴衰，寓意着晋商由繁盛转向没落的深层含义。同时，"立秋"在山西人的风俗中，是个祭祖的日子，这又涉及了祖宗与后代、传统与现代的历史对话。《立秋》在展现"丰德"票号内外交困、危机四伏以及彻底没落的历史瞬间时，反映了他们顽固保守的一面，同时也展示了晋商自强不息、诚信为本的精神操守；展现了传统文化的合理性与保守性；揭示了历史转变关头和社会转型时期改革创新与因循守旧之间的矛盾冲突及其必然结局。

《立秋》打破了以往影视戏剧作品仅歌颂晋商创业和成功的创作主旨，具有了明显的反思性、批判性，不仅较为客观公正地对晋商兴衰的历史原因进行清醒的反思，同时又对其传统精神加以肯定。另外，《立秋》没有局限于历史的视角，而是运用当代人的审美眼光去翻新历史，在传统重现的同时，又加入现代话语阐释，具有了更深层次的意义。

---

① 《晋商》：中央电视台 2007 年 12 月 29 日，http://space. tv. cctv. com/prodcast/jinshang。

《立秋》不仅以引人入胜的故事和生动的语言成功地塑造了晋商三代人的艺术形象，同时也给观众留下了无限宽广的思考空间。秋天来了，冬天接踵而至，春天还会远吗？虽然晋商衰败了，但山西的经济必然还会腾飞与崛起。

山西文化产业发展给我们的启示是：首先，发展文化产业必须完整地保存文化遗产和文化资源。平遥古城和晋商大院的完整性在全国很少见，这反映了一个地方对于历史和传统的尊重，因为，书本文化只是一种典籍文化，而可以看到的文化资源和文化遗产则是一个地方文化积淀最好的证明。其次，在不破坏文化原生态的情况下，对于文化遗产和文化资源必须创造性地利用。比如，平遥国际摄影大展、电视剧《乔家大院》、电影《大红灯笼高高挂》、电视专题片《晋商》、话剧《立秋》等都是对山西历史文化的创造性利用。最后，文化产业必须突出现代意识，具有现代文化指向。对于历史文化不能简单地复制，也不能一味地歌功颂德，而应具有敏锐的现代眼光，对其进行理性地审视，批判地继承。山西近年来所创作的影视剧就很好地体现了一点。它在弘扬地域文化的同时，又保持着清醒的反思。文化继承的最终目的不是抱残守缺，而是文化创新，再造一种新质文化。

六、河南

河南位于中国中东部、黄河中下游，因大部分地区位于黄河以南，故名“河南”。河南是中华文明的发祥地之一。地下文物、馆藏文物、历史文化名城、重点文物保护单位数量均居全国第一，中国 20 世纪 100 项考古大发现中河南有 17 项，全国八大古都河南有其四。中国古今姓氏有 8155 个，其中起源于河南的有 1400 个；100 个大姓中，源于河南的有 78 个。以裴李岗文化、仰韶文化、河南龙山文化为代表的考古文化，以夏商周文化、汉魏文化、唐宋文化为代表的政治文化，以老子、庄子、张衡、许慎、张仲景、吴道子、杜甫、韩愈、岳飞、朱载堉为代表的名人文化，以新县鄂豫皖苏区首府、确山竹沟中共中央中原局所在地为代表的红色文化，以白马寺、少林寺、相国寺、龙门石窟为代表的宗教文化，以嵩山、南太行、伏牛山、大别山、桐柏山为代表的山水文化，以汴绣、钧瓷、汝瓷、官瓷、唐三彩、南阳玉雕、朱仙镇木版年画、汤阴剪纸、浚县泥塑、淮阳泥泥狗为代表的民间工艺文化，以宝丰民间演艺、濮阳和周口杂技、豫西社火、信阳民间歌舞等为代表的民俗演艺文化，以豫剧、曲剧、越调、目连戏、怀梆、宛梆、河洛大鼓、河南坠子等为代表的戏曲文化，丰富的文化资源为河南建设文化强省提供了得天独厚的条件。2005年专门出台了《河南省建设文化强省规划纲要》和《大力发展文化产业的意见》文件，2006年召开的河南省八次党代会明确提出河南要实现经济和文化的“两个跨越”，建设文化强省成为河南的奋斗目标。河南文化产业近几年一直处于增长状态，文化产业发展势头良好。2004年全省文化产业增加值264.45亿元，占全省GDP的比重为3.0%；2008年全省文化产业增加值已经达到570.70亿元，占全省GDP的比重为3.1%。

1. 电视名牌栏目：《梨园春》

《梨园春》栏目是河南电视台自主创新的品牌。1994年在戏曲处于低迷的背景下，河南电视台决定创办《梨园春》这样一个戏曲栏目。1999年《梨园春》改版后，由于增设了观众参与的环节——戏迷擂台赛，提高了节目的竞争力和群众的参与性，使栏目很快在全社会产生轰动效应。2004年《梨园春》坚持创新原则，在固有节目框架的基础上，又对栏目进行了调整，注重了形式上的包装，使节目样式在保持河南本土特色的同时，向“更新、更美”方向迈进，并推出“全年擂主总决赛”和“五年擂主争霸赛”，承办了首届中国电视戏曲兰花奖颁奖晚会等几项大型活动，赢得了很高的收视率，在观众中反响强烈。如今，每周日观看《梨园春》已成为很多观众雷打不动的生活习惯。《梨园春》曾连续5年收视率在全国省级电视台中位居第一位，自2000年以来，栏目创下平均收视率25.8%、最高收视率35.7%的骄人佳绩，每期综合收视人数超过2亿人次。《梨园春》栏目开播以来，走遍了大江南北、黄河内外、海峡两岸……受到人们的广泛赞誉，并且创下全国星级卫视收视率第三的业绩。近年来，《梨园春》的品牌影响借助跨省、跨国的特别节目和系列大型活动迅速辐射全国，走向世界。其中，“擂响中国——《梨园春》全国戏迷擂台赛”已成为全国戏迷一年一度的狂欢节。几年来报名参加打擂的戏迷有5万多人，其中有500多人已成为《梨园春》栏目的大、小擂主。许多戏迷把能到《梨园春》直播现场参加打擂，作为一生的荣耀和梦想。《梨园春》已经成为河南电视台知名度最高和经济效益最好的栏目，是一个打着“河南造”的标签走向全国和世界的品牌。

2. 开封清明上河园

清明上河园位于开封市，是仿著名画家张择端的《清明上河图》中所绘场景而建的一座大型文化主题公园。清明上河园占地510亩,包括酒楼、茶肆、当铺以及制作汴绣、官瓷、年画的作坊等。清明上河园园区内除了游人外,其他人员皆身穿宋朝服饰,语言举止间也颇有宋代风采。由于整体还原了宋代都市繁华的风貌和场景,仿佛时光倒流,给人一种"一朝步入画卷,一日梦回千年"的感觉。园区有1000多名演员,北宋的音乐、歌舞、杂技、木偶、斗鸡、婚礼等旧时风俗,和耳熟能详的"文包武杨"、"梁山好汉"、"七侠五义"等脍炙人口的历史故事都在这里上演。除此以外,园区夜间还有实景演出上演。《大宋·东京梦华》是清明上河园投资1.35亿元打造的大型水上实景演出,是一部立体史诗,借用9首著名宋词和《清明上河图》串联、融合在一起,运用声、光、电等现代科技,再现了北宋王朝从建立、发展到鼎盛时期的一幕幕场景。让历史"复活",让时间"逆转",70分钟梦幻般的演出,让奢华悲戚的宋史生活卷赫然呈现。清明上河园虽是人文景点,但通过采取市场化的运作方式,丰富多彩的内容、耳目一新的形式,使静止的历史文化活态化、动态化、诗意化,让人们体会到一种全新的文化感受,因而取得了巨大的社会效益和经济效益。现在,清明上河园已经成为河南省重要的旅游胜地和开封市旅游的首选景点。

3. 禹州钧瓷

禹州是中国瓷器的重要发祥地,是著名的"中国陶瓷文化之乡"。其陶艺制作已有1700多年历史。钧瓷以其"贵、神、奇、妙、绝"五大特点堪称瓷中极品,凭借古朴的造型、精湛的工艺、复杂的配釉、"入窑一色出窑万彩"的神奇窑变,与湖光山色、云霞雾霭、人、兽、花、鸟、虫、鱼等变化无穷的图形色彩和奇妙韵味,被誉为中国"五大名瓷"之首。素有"黄金有价钧无价"、"家有万贯,不如钧瓷一片"之说。据史书记载钧瓷始创于唐朝,兴盛于北宋。河南省禹州市神垕古镇是钧瓷的重镇。明、清时期,制瓷中心南移,北方诸名窑衰退,钧窑也基本停烧。20世纪50年代初期,在周恩来总理的关怀下,钧瓷在禹县(今禹州市)开始恢复。近年来,钧瓷已走上规范化的发展道路,形成了一个庞大的产业,先后涌现出晋佩章、阎夫立、任星航、孔相卿、杨志、刘建军等一批钧瓷名家。2008年,禹州市被列入河南省文化改革发展试验区。目前,禹州市拥有钧瓷生产厂家109家,从业人员1.8万人,年产销钧瓷220多万件(套),产值达6.7亿元;拥有国家级大师2人,省级工艺美术大师49人,各类专业技术人员3000余人;研制开发出各类品种造型1500多种;培育壮大了一批如孔家钧窑、荣昌钧窑、神州钧窑、星航钧窑、金堂钧窑等10余家钧瓷骨干生产企业。钧瓷的快速发展也极大地带动了陶瓷产业的发展。现在,禹州市陶瓷企业达到970家,年产销陶瓷9.76亿件,年出口陶瓷3.4亿件,创汇5000多万美元,陶瓷产业年产值突破60亿元,占全市工业产值的10%以上。禹州市已成为全世界唯一的钧瓷生产基地和全国重要的炻瓷出口基地。

4. 镇平玉雕

镇平县玉雕业已有2000余年的历史。宋元时期,该县玉器行业已初具规模;明清以后,逐渐发展成为一大行业,产品誉满大江南北。民国初年,石佛寺大仵营村民间艺人仵永甲制作的玉石工艺品,由南阳镇守使吴庆桐呈送袁世凯后,曾参加巴拿马万国博览会,蜚声海外。新中国成立后,全县曾先后建起几十个社办、队办玉器厂,培养了仵景林、唐海潮、鲁明君、陈国甫等一批艺术人才,成为北京、天津、河南等地外贸公司的玉器生产基地。镇平物华天宝,玉石资源丰富。具有全国四大名玉之一的独山玉,成为镇平玉雕业持续发展的物质基础。目前,全县各个乡镇都有乡镇企业及非公有制经济创办的玉雕厂,形成各种规模、各具特色的专业村近百个。其中石佛寺镇、晁陂镇、城关镇、杨营乡、张林乡、王岗乡等地,村村都有机器响,家家一片琢玉声。石佛寺镇榆树庄村的手镯,贾寨村的水晶球,田庄村的兽类,大仵营村的花鸟,常营村的印章,罗营村的小件,石佛寺村的龙船,晁陂镇街北村的木鱼石茶具,梁堂村的玉枕,王岗乡姑坡村的玉珠,慕营村的茶具酒具,朱庄的玉面杖,高丘镇村寨村的独山玉杂件,安子营乡闫庄村的玉石纽扣都远近闻名。石佛寺镇小仵营村家家雕琢阿富汗玉白菜,村中街边店店出售阿富汗玉白菜,被戏称为“阿富汗村”。全县从事琢玉贩玉的各类工商企业达1万多家,从业人员12万人,年产值13亿元。随着全国最大的玉器批发专业市场——镇平县城珠宝玉雕大世界以及大小批发市场的形成,分布全国各地名胜景区、大中城市2000多个玉器销售门店、专业市场的出现,以及企业自营出口权的获得,使镇平成为全国最大的宝玉石工艺品生产和出口基地。

5. 濮阳杂技

濮阳杂技历史悠久,自清朝中后期以来,东北庄的杂技团体林立,流派纷呈,形成了“乔、刘、李”三足鼎力的局面。目前濮阳拥有以豪艺集团、华晨集团等为主的各类杂技团体30多个,从业人员1万多人,年经营收入1亿多元;每年在海外演出的团队有50多个，演员600多人，创汇800多万美元。杂技产业已成为濮阳文化产业的龙头。近年来，濮阳杂技一直在探索市场化的运作模式，在国内的桂林、上海、北京、广州、苏州等大中城市，都有濮阳杂技的演出队伍。尤其是2002年，在桂林演出的《梦幻漓江》、在苏州演出的《梦苏州》两台大型主题杂技芭蕾晚会，创下了国内杂技晚会演出场次最多、上座率最高和收入最好的纪录。该市杂技团先后80余次出访美国、意大利、马来西亚等60多个国家和地区。迄今为止，濮阳创作了《狮林春光》、《女子大排椅》、《攀登》、《神龙部落》等一批杂技精品剧目，在法国巴黎国际杂技大赛、意大利拉迪娜国际杂技节、意大利维多纳"国际明星杂技节"、日本东京"世界青少年杂技大赛"、武汉国际杂技节、吴桥国际杂技节和其他众多国际国内大赛中，分别获得"总统奖"、"政府奖"、"金狮奖"、"黄鹤奖"、"芳草奖"等300多项。先后占据了美国迪士尼、日本大阪环球影城等6个固定演出场所。在杂技人才培养方面，成立于1994年的濮阳市杂技艺术学校，是河南唯一的一所杂技中专学校。它已成为全国规模最大的杂技人才培训基地。仅东北庄就为全国各地杂技团和部队文工团输送杂技人才400多人，有56人当了团长。如今，在世界各地都能见到濮阳的杂技演员。

6. 洛阳牡丹花会

洛阳牡丹花会是国家级非物质文化遗产。洛阳牡丹在唐宋时期就享有盛名，"国色天香"、"花开富贵"赋予了牡丹美好的寓意，牡丹也由此被国人奉为太平盛世与生活富贵的象征。1982年洛阳市将牡丹定为"市花"。1983年开始举办牡丹花会以来，牡丹的品种和种植面积得到了大规模的发展。目前洛阳牡丹已达1200余种，种植面积已经达到1.1万余亩。一年一度的洛阳牡丹花会使得牡丹文化在洛阳又焕发了蓬勃生机。每年花会前来赏花旅游的人络绎不绝，同时也为牡丹文化产业的发展带来了无穷的潜力。伴随着"花会搭台，经贸唱戏"的经营模式的日益成熟，如今，河南省洛阳牡丹花会更是让牡丹享誉世界，牡丹文化产业也得到了蓬勃发展。牡丹文化产业除了培育和销售各种各样的牡丹，还包括关于牡丹的书籍、光盘、牡丹画、牡丹网站、牡丹公园建设、牡丹花卉观赏、展览，以及各种各样的经济贸易洽谈会、招商会。各种各样文艺团体的演出、洛阳牡丹灯会、洛阳民俗文化庙会、经济发展论坛、洛阳民间表演艺术大赛、书画博览会等活动给花会注入了更大的活力。花会期间，洛阳人山人海，公园、饭店、宾馆爆满。2010 年第 28 届牡丹花会，历时 35 天，花会期间，洛阳市共接待中外游客 1622.31 万人次，旅游总收入 80.06 亿元。

自 2011 年起，河南洛阳牡丹花会正式升格为中国洛阳牡丹文化节，由文化部和河南省人民政府共同主办。

第八章　创意无限：中国城市文化产业亮点

当今，中国各个大中城市都将文化创意产业作为当地重要的经济增长点。北京、上海、杭州、深圳、西安和郑州作为其中的典型，成为中国文化创意产业最引人注目的城市。

一、北京——首都文化的创意之为

北京凭借密集的国家级文化机构、深厚的历史文化资源、丰富的文化创意人力资源，以及软件业高度集中的优势，在内容原创、服务最终消费需求上居全国之首。并且奥运会的成功举办，使得越来越多的人对中国文化——特别是北京文化有了更深的了解，这对北京未来的文化产业发展起着不可估量的作用。

早在20世纪90年代，北京就提出将文化产业纳入城市文化发展战略。近二十年来，北京基于城市功能定位与经济结构调整，启动并确立了扩大文化生产、拉动文化消费的基本战略，规划建设文化生产基地，引导拓展文化消费空间，鼓励集聚组团发展，培育新兴增长点，提升文化影响力。

新世纪以来，在扩大内需的政策背景下，北京提出发展文化创意产业，加大对文化的投入，继续实行扩大文化生产、拉动文化消费的政策。在新型文化经济政策的探索方面，北京实施直接与间接融资相结合的投融资配套政策，有效地争取金融机构对文化创意产业的贷款支持，引导各类社会资本投资文化创意产业。现在北京积极支持文化经济的政策与措施初见成效，也为全国提供了试点经验和工作典范。

回顾北京文化生产基地与消费空间的规划建设历程，可将其分为两个阶段：一是前集聚区时期，即20世纪90年代至2005年的探索阶段，以鼓励倡导建设文化产业园区为主，这是一个认识逐步深化的阶段；二是集聚区时期，2006年起大规模启动集聚区规划建设，这是一个实践不断深入的阶段。其中杰出的代表有：中关村园区及相关集聚区、北京出版发行物流中心、顺义国展产业园、北京CBD国际传媒产业集聚区、国家新媒体产业基地等，它们的影响力正处于从北京辐射全国的上升期，其放大、聚集、示范作用逐步显现。经过近十年的培育特别是近几年的快速发展，北京宋庄原创艺术集聚区、北京798艺术区已经具有品牌影响和较高国际知名度，构成北京新的文化地标。中国（怀柔）影视基地在较短的时间内由于中国电影集团的投资运营逐步形成中国重要的影视生产基地，若运作得当，有望成为影视领域具有全球影响力的新兴力量。[①]

在产业发展当中，北京市始终坚持政府指导、市场主导、企业主体的发展模式，正确处理好政府、市场与企业的管理，正确处理好文化事业和文化创意产业的关系，并且构建起公共文化服务体系，满足人们群众的基本文化需求，发展文化事业。

（一）北京文化创意产业的四个特点

1. 文化创意产业在北京经济社会发展中的基础地位在进一步确立

根据北京市统计局的数据监测，从2004年到2008年，北京文化创意产业创造增加值占地区生产总值的比重由10.1%上升到11%。

2. 文化创意产业急剧发展，规模化程度日趋提高

截至2009年，北京市级文化创意产业集聚区有21个。在空间布局上分布在北京的13个不同的区县，涵盖的领域包括了文化创意产业的九大领域，汇集了上万家文化创意企业。

3. 文化创意产业市场化程度进一步提高，多元投资主体局面已经产生

截至2007年，北京文化创意产业的总收入和总利润里面，2/3的贡献来自于非公和混合所有制经济。

4. 文化创意产业成为文化和经济紧密结合的新的产业

在北京市范围内，发展文化创意产业已经充分形成了共识，不是就文化创意产业谈文化创意产业，而是把这个产业真正作为首都经济发展的一个重要选择，是产业结构调整、经济发展方式转变的一个重要选择。第四届文博会是最

---

① 孔建华：《文化经济的融合兴起与北京想象，北京文化创意产业集聚区发展再研究》，《中国特色社会主义研究》2009年第2期。

好的例证,很多的区县,在选择项目、推动本地经济发展的时候,文化创意产业都是其中一个重要的部分。①

（二）北京文化创意产业的主要代表

1. 中关村创意产业先导基地

2005 年 5 月 28 日挂牌的中关村创意产业先导基地,是北京市首个创意产业基地,在政府扶持重点创意产业园区的过程中自然占尽先机。

根据规划,中关村创意产业先导基地北邻西北四环,南至海淀大街,东为彩和坊路与中关村西区相接,西至海淀大街西段,总占地面积 4.97 公顷。它以海淀图书城地区为中心,向北京大学科技园、清华大学科技园、中国人民大学文化产业园、北太平庄动漫画设计中心和甘家口地区建筑创意设计带辐射。

目前,该基地已有软件、游戏、动漫画、音乐、出版等领域 200 余家创意企业签约进驻,世界 500 强之一的 YAHOO 已签约入驻基地的旗舰项目——“第三极”。“第三极”是创意产业的核心建筑。大厦 75 米的挑空天幕大堂具备了丰富的适合创意产业发展的空间,可以作为企业的产品展示厅、活动举办地和新闻发布会现场;大厦采用了高科技的媒体式幕墙,通过近 4500 个双层玻璃幕墙单元做成的基本像素,利用每个单元像素内安装的无极变速灰度发光设备,加以艺术设计,夜晚“第三极”的外墙将成为一个可变化的巨幅画面,这在北京尚属首例。可以预见,未来“第三极”本身的建筑外观就将成为创意产业璀璨的文化地标。②

2. 798 创意园区

斑驳的红砖瓦墙,错落有致的工业厂房,纵横交错的管道,墙壁还保留着各个时代的标语。马路上穿着制服的工人与打扮时尚前卫的参观者相映成趣,历史与现实、工业与艺术在这里完美地契合在了一起,这就是著名的北京 798 艺术区。

北京 798 艺术区位于北京市朝阳区酒仙桥街道大山子地区,坐落于北京七星华电科技集团有限责任公司(简称七星集团)所属的大院,总建筑面积 23 万平方米。北京 798 艺术区所在的地方,是前民主德国援助建设的“北京华北无

---

① 《北京文化创意产业的特点和发展趋势》,《中国城市文化》2009 年 12 月 2 日。

② 《扶持创意产业　中关村创意产业先导基地占得先机》,千龙网 2006 年 4 月 4 日,http://www.qianlong.com。

线电联合器材厂”，后来由于时代的发展变化，厂房逐渐空置下来。所以将这部分闲置的厂房进行出租。因为园区有序的规划、便利的交通、风格独特的包豪斯建筑等多方面的优势，吸引了众多艺术机构及艺术家前来租用闲置厂房并进行改造，逐渐形成了集画廊、艺术工作室、文化公司、时尚店铺于一体的多元文化空间。由于艺术机构及艺术家最早进驻的区域位于原798厂所在地，因此这里被命名为北京798艺术区。

现在这里汇集了画廊、设计室、艺术展示空间、艺术家工作室、时尚店铺、餐饮酒吧等众多的文化艺术元素。截至2008年1月，入驻北京798艺术区的画廊、艺术家个人工作室以及动漫、影视传媒、出版、设计咨询等各类文化机构400余家，分别来自法国、意大利、英国、荷兰、比利时、德国、日本、澳大利亚、韩国、中国、中国台湾、中国香港等国家和地区。这里已成为中国文化艺术的展览、展示中心，成为国内外具有影响力的文化创意产业集聚区。①

3. 北京宋庄原创艺术集聚区

宋庄，方圆116平方公里，毗邻北京市东六环和京哈高速边缘的小镇，1994年，几位艺术家开始到此寻找栖居之所，如今，这里已吸引了3000多名艺术家。

经过近些年的发展，宋庄现有美术馆13家，画廊近百家，艺术家工作室3000多家，文化相关制造企业30家，文化相关服务企业25家，集中展览、经营面积达10多万平方米，艺术区从原来的零散发展到现在近20个。这些都为宋庄的会展经济和文化艺术旅游经济发展奠定了坚实的基础。

另外，通过“中国·宋庄”文化艺术节的举办，以及文化艺术品展示交易平台的开拓，宋庄近4年艺术品交易额累计达到8亿多元，直接为艺术家服务的艺术品材料加工业、字画装裱业、布展等行业空前繁荣，形成了原创艺术产业链。如今的宋庄，已从最初的架上画家扩展成一个由雕塑家、观念艺术家、新媒体艺术家、摄影家、独立制片人、音乐人、诗人、剧作家等组成的巨大的艺术家群落，并逐渐形成艺术原创与会展交易、动漫网游、创意设计、休闲娱乐四大主导产业。

---

① 《关于798》，北京798艺术区，http://www.798art.org/。

二、上海——国际化大都市的创意之作

一部600万元制作成本的《喜羊羊与灰太狼》,在两个月内创造了8000多万元的全国票房;一台《时空之旅》,演出已超过1500场,演出收入超过1.5亿元,仍"叫好又叫座";2009年上海书展,更是创下了亮眼佳绩,主会场引来24万读者,分会场读者达30多万人……大力发展文化产业,成为上海调整经济结构、促进发展方式转变、落实科学发展观的重要举措。2009年上海成系列地推出扶持措施:首批设立15个文化产业园区、1个文化产业投资公司以及3个产权交易中心。中国内地首家综合性文化产权交易所也在上海挂牌成立。

上海的文化创意产业虽然刚起步,却已显示出广阔的市场前景。目前,上海的卢湾、黄浦、长宁、静安等区率先崛起了四大文化创意产业群。而2010年举办的世博会给了上海文化全景呈现的机会。中共上海市第九次党代会明确提出要把上海建设成为"文化要素集聚、文化事业繁荣、文化产业发达、文化创新活跃"的文化大都市,并着重发展以创新为引领,聚焦成长性好、附加值高、相关性强、竞争力强的产业领域,进一步完善产业布局、优化产业结构、转变发展方式、提升产业能级,培育新的文化业态、扶植骨干优秀企业,并加强品牌内涵建设,努力构建具有中国特色、上海特点的文化产业发展体系。

在短短的几年中,上海市文化产业、创意产业的发展取得了可喜的成绩。2008年,上海文化产业实现总产出3304.8亿元,比上年增长14.1%,占地区生产总值的比重达到5.7%,对本市经济增长的贡献率为6.5%。这些成绩的取得,源于创新在文化产业发展中所起的作用。

(一)创新在上海文化产业发展中的具体表现

1. 更加重视文化内容的创新

加大对前期原创、创意和策划方面的投入,动漫设计、艺术设计、广告会展策划等领域发展态势良好,培育出一大批独立、专业、具有很强原创能力的文化艺术设计、策划机构。

2. 更加重视商业模式的创新

广播电视播出机构逐步摆脱单一广告营收模式,形成以市场为导向的全产业链创新运作模式;出版、演艺、动漫等领域的商业模式创新,不仅体现在创意

策划、生产制作和传播营销环节，也体现在跨行业、跨地域的项目合作方面。创新有力地解放和发展了文化生产力。

3. 网络文化业快速增长

以互联网内容服务为主的网络文化服务业成为上海文化产业中增长最快的行业。2008 年，上海网络文化服务业实现总产出 250. 46 亿元。近几年，文化产业在关键技术支撑下加快了跨行业、跨媒体发展，网络书店、数字出版、手机电视、移动电视、楼宇电视、IPTV、网络游戏、网络社区、文化电子商务、电子艺术等新兴文化产业取得跨越式发展。

4. 大众型商务成行业支撑

根据上海市统计局的调查显示：2008 年，上海文化休闲娱乐服务业实现增加值 127. 13 亿元，占全市文化服务业的 26. 6%，是文化服务业中总量规模最大的行业；其次为以广告会展为主的其他文化服务业、网络文化服务业，分别实现增加值 126. 61 亿元和 107. 8 亿元，占全市文化服务业的 26. 5% 和 22. 6%。三个行业相加，共占全市文化服务业的 75. 7%。

5. 民营文化企业发展迅速

2008 年，民营企业盛大网络的净营业收入达到了 10. 152 亿元，同比增长了 42. 1%。民营文化企业的迅速成长为上海文化产业发展注入了新的动力。近年来，上海从体制机制、政策引导等方面支持民营资本参与，鼓励民营企业发展。一方面，国有文化资本通过转企改制，吸引了包括民营资本在内的多元社会资本参股合作，如在出版社和院团转企改制、广播电视制播分离改革过程中，大力支持民营资本进入；另一方面，在国家鼓励、允许的文化产业领域，大力支持民营资本进入，如在娱乐、演艺、游戏、动漫、影视多媒体制作、互联网站、互联网上网服务场所等行业中，民营企业占大多数。①

（二）上海文化产业的主要代表

1. 上海新天地休闲文化景区

上海新天地坐落在市中心、淮海中路南侧、黄陂南路和马当路之间，著名的中共一大会址就座落于此。

① 《上海文化产业是如何逆势上扬的?》，七台河新闻网 2009 年 8 月 27 日，http://www. qthdaily. com/news/contcnt/2009 -08/27/content -131345. htm。

上海新天地是一个具有上海历史文化风貌的都市旅游景点。它是以上海独特的石库门建筑旧区为基础改造成的集餐饮、商业、娱乐、文化的休闲步行街;以中西融合、新旧结合为基调,将上海传统的石库门里弄与充满现代感的新建筑融为一体;占地3万平方米,建筑面积为6万平方米。这片石库门建筑群的外表保留了当年的砖墙、屋瓦、石库门,仿佛时光倒流,置身于20世纪20年代。然而,每座建筑内部,则按照21世纪现代都市人的生活方式、生活节奏、情感世界量身定做,成为国际画廊、时装店、主题餐馆、咖啡酒吧……

2. 上海张江文化科技创意产业基地

自2004年8月中共上海市委宣传部正式命名张江文化科技创意产业基地为"上海市文化科技创意产业基地"以来,基地先后被国家文化部、科技部和新闻出版总署分别授予"国家文化产业示范基地"、"国家数字媒体技术产业化基地"和"国家网络游戏和动漫产业发展基地"等称号。

园区初创之时,制定了"筑巢引凤、凤引百鸟"的招商策略。经充分发挥新闻宣传以及扶持政策的优势,重点跟踪引进行业龙头企业,全面实施"凤引百鸟"的招商战略,取得了企业快速集聚、产业能级稳步提升的良好效果。2006年,基地先后引进了美国EA、法国威望迪集团、雅昌集团、今日动画、韩国NC SOFT、兰雪数码等国内外行业排名前10位的知名企业,并与温哥华电影学院、韩国恩平文化交流集团达成了战略合作意向。现已建立:动漫研发公共服务平台、影视后期制作公共服务平台、投融资公共服务平台、构建中小文化企业孵化培育机制与平台。①

3. 上海田子坊创意产业集聚区

田子坊位于泰康路210弄,原是20世纪50年代典型的弄堂工厂,由上海食品工业机械厂、上海钟表塑料配件厂等五家工厂组成。90年代由于产业结构的调整,这些工厂效益逐年下滑,有些厂房闲置多年。2000年5月,在上海市经委和卢湾区政府的支持下,对田子坊进行了改造。开发旧厂房2万余平方米,吸引来自18个国家和地区的70余家企业,并形成了以室内设计、视觉艺术、工艺美术为主的产业特色。如今,田子坊被外界称为"上海的苏荷"。

田子坊有着极其丰富多彩、带有原生态风情的完整的上海老弄堂建筑社

---

① 上海张江文化科技创意产业基地,中国文化产业网2007年9月17日,http://www.cnci.gov.cn。

区。这块7万余平方米的社区为目前上海所剩不多的典型里弄建筑格局,是上海历史街区中保存历史文化遗产类型最为丰富的社区之一,这里既有旧里,又有新里,还有花园住宅。其建筑风格既包容了折中主义、英国新文艺复兴风格、现代主义风格、中国传统砖木结构风格,还有西班牙建筑风格、英国城堡建筑风格和巴洛克风格等。其中尤以石库门建筑最具特色。这里的石库门建筑共有20多种形态,其种类之多、保存之完整,在今天的上海可以说是凤毛麟角。由于陈逸飞、尔冬强等艺术家进入田子坊建立工作室,这里逐渐成为人气很旺的艺术创作集聚区。如今,这片社区中的相当一部分已经成为田子坊创意产业集聚区的重要组成部分,被开辟成各种咖啡馆、画廊、艺术设计工作室、个性产品专卖店,吸引了无数的游人。①

三、杭州——人间天堂的创意之举

杭州有着深厚的文化及历史底蕴,旅游资源丰富。随着浙江经济的不断发展,杭州作为浙江省的政治、经济、文化中心地位也与日攀升。

2008年杭州市文化创意产业实现增加值约580亿元,高出GDP增速6.6个百分点,一举超越商贸物流业、金融服务业,占据服务业的"头把交椅"。② 在《瞭望东方周刊》"中国最具幸福感城市"评比中杭州名列第一。这是自2004年起,杭州连续五年蝉联"中国最具幸福感城市"。其被称为:这是一座让南来北往的游子们,可以诗意地栖居的地方。它从善如流,不拒绝一切进步的文明。

近年来,杭州致力于打造"天堂硅谷",以信息和新型医药、环保、新材料为主导的高新技术产业发展势头良好,已成为杭州的一大特色和优势。通讯、软件、集成电路、数字电视、动漫、网络游戏等六条"产业链"正在做大做强。杭州成功举办了首届中国国际动漫节,并陆续出台了一系列重大举措打造"动漫之都"。杭州还有先进的IP宽带网,2006年已在全省范围内全面开通数字电视,率先实现"模转数"。

---

① 《上海"田子坊"创意产业集聚区凸现品牌效应》,中国时尚品牌网2008年10月7日。

② 《文化创意产业正成为"中国制造"最好的伙伴》,新华网2009年9月18日,http://news.xinhuanet.com/fortune/2009-09/18/content-1212074495.htm。

杭州文化产业亮点

1. 杭州文化博览会

杭州文博会是杭州最大的文化创意类会展活动。其围绕专业化、产业化、国际化、品牌化的办展思路，进一步提升办展水平，逐步形成“精、专、特”的办展特色。2009 年文博会在专业化、国际化、品质化和品牌化方面有新的突破，成为促进杭州文化创意产业发展、打造全国文化创意产业中心的重要平台，成为促进杭州与世界各国文化交流的重要窗口，成为推动杭州文化创意产业跨越式发展的重要举措。该届文博会展会规模达到 2 万平方米，1000 个标准展位，参观人数约 20 万人次。①

2. 动漫产业的“杭州模式”

2004 年成功举办首届中国国际动漫节后，国家广电总局决定把中国国际动漫节举办权永远赋予杭州市。截至 2010 年，杭州已成功举办 6 届中国国际动漫节。于此同时，也形成了中国动漫产业发展的“杭州模式”：以打造文化创作中心和建设“动漫之都”为目标，以中国国际动漫节为平台，以全国领先的产业政策为保障，以名家名企名校为支撑，以国际国内两个市场为导向，坚持量质并举塑造品牌，提升城市知名度和影响力，让动漫成为市民文化生活的一种选择方式。

2005 年，杭州市率先在全国出台扶持动漫产业的政策，市级财政每年拿出 5000 ~ 7000 万元专项资金扶持动漫重点项目和奖励优秀产品。同时，杭州市尽力为动漫人才提供良好的创业和生活环境，如将外来的人才纳入杭州市的人才库，为他们提供居住、子女读书、医疗等优惠条件，每年组织出国考察等。同时，中国美院、浙江大学等 11 所高校均设动漫专业，源源不断为动漫发展提供人才。

良好的政策环境、深厚的人文环境以及真诚的服务环境很快吸引了大量的动漫企业和人才，宏梦集团、漫齐妙公司、宏梦卡通等著名动漫巨头先后落户杭州；台湾著名漫画家朱德庸、蔡志忠在杭州成立工作室；姚非拉、夏达、沈乐平、贺梦凡等全国动漫业领军人物纷纷定居杭州。

---

① 《接轨杭州文博会　再现精典印文化》，华夏收藏网 2009 年 10 月 13 日，http://news.mycollect.net/info/87171.html。

杭州国际动漫节已成为国内规模最大、人气最旺、影响最广泛的动漫专业盛会。截至2010年，已举办的6届动漫节累计参观人数达到391万人，展商1455家，交易额336亿元，参与的国家和地区从第一届的11个发展到第六届的46个。2010年，杭州已经拥有2个国家级动漫产业基地，3个国家级动画教学研究基地，动漫企业178家。2009年杭州原创动画产量27409分钟，占全国总产量的1/7；2009年国家广电总局推荐优先播出的52部动画片中，杭州拥有8部，入选作品数量居全国各大城市之首。①

3. 河坊街②

河坊街位于吴山脚下，是清河坊的一部分，属于杭州老城区，东起江城路，向西越南北向的建国南路、中河中路、中山中路、华光路、劳动路至南山路，路长1800多米，吴山广场至中山中路段为步行街，青石板路面，路宽13米，其余路宽32米。旧时，与中山中路相交的"清河坊四拐角"，自民国以来，分别为孔凤春香粉店、宓大昌旱烟、万隆火腿店、张允升帽庄四家各踞一角，成为当时远近闻名的区片。杭城闻名的"五杭"（杭粉、杭剪、杭扇、杭烟、杭线）就出与此。这里特色小吃、古玩字画、商铺云集，老字号、杭州特色各类店铺约有一百余家。

河坊街于2002年10月开街，改建后的河坊街体现了清末民初风貌，重在突出文化价值，营造以商业、药业、建筑等为主体的市井文化，保持其历史的真实性、文化的延续性和风貌的整体性，同时确定河坊街为步行街。

河坊街上的老字号有孔凤春香粉店、张小泉剪刀；百年药铺有胡庆余堂、保和堂、方回春堂、叶种德堂；工艺品商家有香溢馆、圣檀阁、龙泉窑、吴越人家、王星记扇庄；著名商铺有状元馆、西乐园、王润兴酒楼、华宝斋、潘永泰号、万隆火腿庄、喜德宝丝绸庄；著名茶楼有太和茶楼、太极茶楼、翁隆盛茶号；特色展馆有朱炳仁铜雕艺术博物馆、荣宝斋、观复博物馆、雅风堂、河坊街邮局、三泰艺术馆、守真特艺馆、世界钱币博物馆、古陶瓷博物馆；名人故居有胡雪岩故居、于谦故居、郁达夫故居。

河坊街是目前最能够体现杭州历史文化风貌的街道之一，也是西湖申报世界历史文化遗产的有机组成部分，它的修复和改造，再现了杭城历史文脉，为杭

① 《杭州已成"动漫之都" 动漫产业模式已形成》，中国网2010年12月22日，http://www.china.com.cn/city/2010-12/22/content-21595455.htm。

② 河坊街，百度百科，http://baike.baidu.com/view/276362.htm。

城留下一份宝贵的历史文化遗产。

四、深圳——开放先锋的设计之都

深圳市毗邻香港、澳门,位处珠江三角洲核心位置。该市的文化产业已成为继高新技术、金融和物流之后的第四大支柱产业,其增加值近5年的增速也超过GDP的增速。

2008年12月7日,深圳被联合国教科文组织全球创意城市网络认定为“设计之都”,成为中国首个获此殊荣的城市。《深圳市文化发展规划纲要(2005～2010)》指出,深圳市将重点发展八大优势产业,2010年文化产业增加值占GDP比重超10%。

深圳文化产业已经形成了以外围层为主体、核心层和相关层为新兴增长点的产业结构体系。其依托高新技术和设计人才聚集的优势,创意设计、动漫及网络游戏等与数字网络技术相融合的新兴行业发展迅猛,成为深圳文化产业中极具增长潜力的新亮点。深圳设计业在全国乃至亚洲显示出领先优势,“2008北京申奥”、“世界建筑师大会”申办标志等一批在海内外有广泛影响力的作品,均出自深圳设计师之手。

自确立“文化立市”战略以来,深圳市民享受着越来越多的文化权利和文化福利。深圳通过完善公共文化设施,开展公共文化活动,全面提升市民的文明素质。其中“深圳读书月”活动,成为满足人们精神文化需求和实现文化权利的有效载体,这座城市因为读书而备受世人尊重。深圳还每年举办“关爱行动”,发动全社会来扶助弱势、困难人群。深圳的城市文明指数和市民关爱行动指数逐年上升。深圳市的主要文化活动有:中国(深圳)国际文化产业博览交易会、深圳读书月、市民文化大讲堂、深圳外来青工文化节、深圳社科文化普及周等。此外,“中国(深圳)国际钢琴协奏曲大赛”、“深圳沙滩音乐节”、“鹏城金秋艺术节”、“深圳国际旅游文化节”、“青春之星电视大赛”等数十个文化节庆活动在深圳也有广泛影响,深受市民喜爱。

深圳文化创意产业的亮点

1. 深圳国家动漫画产业基地

深圳国家动漫画产业基地创建于2006年,是由国家广播电影电视总局授牌的国家级动漫画产业基地之一,是深圳广播电影电视集团按照深圳市委、市政府统一部署,在国家和省、市有关动漫产业发展政策扶持下建立起来的动漫产业基地,也是中国唯一一家完全依托广播电视媒体,通过市场化运作建设的国家级动漫产业基地。

深圳国家动漫画产业基地已初步形成了立足深圳、面向全国、连接海外的战略格局。基地将以动漫画内容的原创、生产为重心,全力打造一批具有国际竞争力的动漫画、游戏产业行业龙头企业,用3~5年的时间实现国际化技术平台、国际化创意平台、国际化数字信息平台、国际化版权保护交易平台、国际化人才培训平台,把深圳国家动漫画产业基地打造成为国内一流的动漫画产业基地,努力实现动漫深圳、创意中国、走向世界的发展目标。

2. 深圳大芬油画村

大芬村是深圳市龙岗区布吉街道下辖的一个村民小组,占地面积4平方公里,本村原住居民300多人。1989年,香港画家黄江来到大芬,租用民房招募学生和画工进行油画的创作、临摹、收集和批量转销,由此将油画这种特殊的产业带进了大芬村。随着越来越多的画家、画工进驻大芬村,"大芬油画"成了国内外知名的文化品牌。从1998年开始,区、镇两级政府开始对大芬油画村进行环境改造,并对油画市场进行规范和引导,同时加大了宣传力度,将大芬油画村作为独特的文化产业品牌进行打造。

据不完全统计,截至2008年5月,大芬油画村共有以油画为主的各类经营门店近800家,居住在大芬村内的画家、画工达5000多人。大芬油画村以原创油画及复制艺术品加工为主,附带有国画、书法、工艺、雕刻及画框、颜料等配套产业的经营,形成了以大芬村为中心,辐射闽、粤、湘、赣及港、澳地区的油画产业圈。

3. 深圳华侨城创意文化园

深圳华侨城集团成立于1985年11月11日,是隶属于国务院国资委管理的大型中央企业之一。其成立二十多年来,由深圳湾畔的一片滩涂起步,发展成为一个跨区域、跨行业经营的大型国有企业集团,培育了房地产及酒店开发经营、旅游及相关文化产业经营、电子及配套包装产品制造等三项国内领先的主营业务。

华侨城集团公司长期致力于发展有中国特色的文化产业集群,努力成为中国最具创意文化和影响力的企业,并通过独特的创意文化提升中国人的生活品质。其旗下拥有华侨城控股、华侨城(亚洲)控股、康佳集团三家境内外上市公司以及锦绣中华、民俗文化村、世界之窗、欢乐谷、波托菲诺、新浦江城、何香凝美术馆、OCT－LOFT创意文化园、华夏艺术中心、长江三峡旅游、华侨城大酒店、威尼斯酒店、茵特拉根大酒店、城市客栈等一系列国内著名的企业和产品品牌,是连续六年入选“中国企业500强”的企业之一。

与此同时,随着深圳东部华侨城、北京华侨城、成都华侨城以及上海华侨城等多个大型综合性旅游项目和高档居住社区的先后投资建设,华侨城集团全国发展的战略布局已经形成。华侨城集团将以更加创新和开放的姿态,并以强大的生机活力和崭新的形象走向未来,谱写更加辉煌的乐章。

五、西安——历史名城的古风时尚

1981年,联合国教科文组织把西安确定为“世界历史名城”,是国务院公布的第一批国家历史文化名城之一。“西安文物甲天下”,深厚的历史文化积淀和浩瀚的文物古迹遗存使西安享有“天然历史博物馆”的美称。除此之外,西安还是中国中西部地区最大最重要的科研、高等教育、国防科技工业和高新技术产业基地,中国重要的机械制造中心和纺织工业中心,电子信息产业基地和武器制造地,航空工业和航天工业的核心基地。

西安文化产业的迅速发展得益于集约高效的专业化板块运作模式:自2003年被确定为全国文化体制综合改革试点城市后,西安市打破原有运行体制,依托产业资本,推进跨行业、跨部门、跨区域的文化资源整合,围绕文化旅游、影视制作、文化创意、印刷包装等六大产业门类,实施集约化、市场化、专业化运作。目前已形成国家级曲江文化产业示范区、高新技术文化创意产业园、印刷包装产业基地、临潼秦唐文化景区等七大文化产业板块。2008年西安市文化产业增加值达到119.37亿元,占GDP的5.5%,文化产业增长率连续三年达到15%以上。

(一)西安文化创意产业的特点

1. 历史与现代和谐共融

西安历史悠久,文化积淀厚重,如何实现历史文化遗产与城市现代化和谐共生,一直是西安城市建设者们思考的问题。按照历史文化与现代文化结合的规划设计理念,为进一步提升城市功能,打造西安人文样板,浐灞、曲江、大明宫等一批能传承历史文化、体现城市新风格的景点应运而生。曲江，自古以来便是皇室贵族、文人骚客踏春之地。为再现曲江动人景色，西安市对曲江进行了大规模的恢复建设。在这场“唐皇城复兴”风暴进行得如火如荼的同时，作为西安的后花园浐灞生态区，正在诠释着一个新西安的理念：新兴的水城，现代、时尚、绿色。一个传统与现代、生态与产业相融合，集文化、旅游、休闲、商务于一体的国际性文化产业园区正在形成。

2. 新兴文化业态初具规模

西安市高度重视文化产业的开放性、多层次性，注重文化产业与高新技术、旅游等相关行业的关联嫁接，力促文化产业与其他行业相互融合、互利共赢。

西安不仅是世界历史文化名城，更是现代时尚之城，拥有大批有梦想、有追求、充满活力的年轻人，最具时尚动感的就是表现出色的动漫人。近几年来，经过动漫人的不懈努力，西安已逐渐积累了成为西北地区动漫之都的实力，组建了动漫技能人才实训基地。仅位于闹市中心的碑林区目前就已有动漫产业或相关产业的企业 11 家，初步形成了产业集群优势。

3. 传统文化产业亮点纷呈

在新兴文化产业蓬勃发展的同时，西安的传统文化产业也是亮点纷呈。经济技术开发区倾力打造国内印刷包装产业新基地，目前入区项目已达 36 家，合同投资额 23.26 亿元。临潼景区启动了区域文化产业资源和产业功能创新整合工程，着力打造“秦风唐韵御温泉”三大品牌。城墙景区不断挖掘潜在优势，精心办好南门仿古入城仪式、中秋赏月晚会、唐都上元不夜城灯会等文化活动，使传统景区焕发出新的活力。目前，以广播影视、文化娱乐、新闻出版、文化旅游、广告、会展为主的重点文化行业发展迅速，亮点纷呈，示范效应初步显现。截至 2008 年底，西安市已注册的影视企业 185 家，年产影视剧 600 多部（集），交易额近 2 亿元；正式报纸 69 种、期刊 212 种、印刷企业 1407 家，以民营为主的图书发行、零售企业 1000 多家；纳入西安许可管理的文化娱乐场所 3000 多家；各类广告经营单位 1118 户，广告经营额近 12 亿元；2008 年举办各类展会百余个，成交额达到 924.45 亿元。这些重点文化行业的健康发展，为做大做强全市文化产业奠定了坚实的基础。

4. 民营文化企业已成为西安文化产业发展的一支生力军

近年来，西安在大力发展国有文化企业的同时，对民营文化企业一视同仁，出台了一系列扶持民营文化企业的政策，鼓励民营资本进入文化产业领域。目前，西安市民营文化企业已有一万多家，主要集中在城六区和开发区内，涉及影视、广告、动漫游戏、网络、演艺等行业的发展，创作出许多具有北方风格、皇城气派和西安特点的文化精品。①

西安目前更致力于打造"西三角"，即成都、重庆、西安经济区。国家赋予西安的定位是：现代化国际大都市。

（二）西安文化产业的亮点

1. 曲江文化产业示范基地

被确定为全国文化产业示范区的曲江新区是西安发展文化产业的重要平台。该区依托区域内唐大雁塔等众多人文遗存，以曲江文化产业投资集团为投融资平台，整体规划创新，集约开发运作。在以文化旅游为定位的一期产业发展初期，他们分门类分项目实施文化创新工程，先后推出大唐芙蓉园、曲江戏曲、民俗和文学大观园、"梦回大唐"、"盛典西安"等重大文化旅游项目，2006 年接待游客达 1600 万人次，旅游综合收入达 6 亿元。新整合的曲江会展中心规模达 14 万平方米，每周都有一个以上全国性展会开幕；影视投资集团设立 4 亿元风险投资基金，吸纳 20 多家中小影视企业成立曲江影视联盟，以产业孵化器机制培育产业链。曲江新区还启动了唐大明宫遗址公园等几个重大文化产业项目，国家级文化产业示范区的辐射带动功能日益显现。

2. 实景演出《长恨歌》

实景演出《长恨歌》是以唐华清宫遗址为背景、以盛唐文化为主题、根据白居易诗作中脍炙人口的名篇《长恨歌》改编创作的大型山水情景舞剧，也是我国目前唯一一部真山真水真史的情景舞剧。与《印象 · 刘三姐》等山水情景舞剧相比，曾在华清池发生的真正的历史故事是独一无二的，而高水平的演出、富丽堂皇的盛唐气象，还有演员们敬业精神，都成为《长恨歌》吸引观众的原因所在。

这一大型实景演出，在陕西尚属首次。为此，华清池斥资 5000 万元实施了景区点亮工程，建起了西北最大的水上舞台，请来了国内一流的音乐、舞美、灯光、音响、服装、道具大师和阵容庞大的专业演出团体，倾力打造一台集山水风

---

① 焦永兴、秦峰、秦骥：《新兴文化业态初具规模　西安市高度重视文化产业的开放》，陕西日报 2009 年 7 月 2 日。

光、大唐气象、古典乐舞、爱情传奇于一体的完美演出。演出全长70分钟，包括帝妃巡游、贵妃出浴、贵妃醉酒、宫廷宴乐、七夕盟誓、安史之乱、马嵬兵变等场景，以唐明皇与杨贵妃在华清宫中许下的“在天愿做比翼鸟，在地愿为连理枝”的爱情誓言为主线，艺术再现了1000多年前在这里发生的传奇爱情故事。《长恨歌》由150名专业歌舞演员共同演绎，首次引入战马参与演出，增强了演出效果。这台以盛唐爱情文化为主题的实景演出，以唐代的音乐、唐代的舞蹈、唐代的服装、唐代的道具、唐代的园林，引领观众梦回大唐华清宫，走近宫廷生活，品味帝妃的欢乐与苦恼。

大型山水情景舞剧《长恨歌》的突破在于，跳出了室内舞台剧的窠臼，将舞台搬入山水间，为观众带来一场前所未有的视觉盛宴。这场舞剧以“长恨歌”为主题，大写意地将李、杨爱情留给人们印象中的悲剧情节、民族风情、梨园百戏、贵妃醉酒等元素创新组合，不着痕迹地融入于山水，成功诠释了舞剧与山水的和谐关系，创造出天人合一的完美境界。此外，立足于华清池，与陕西的音乐资源、自然风光、民俗风情完美地结合，观众在观看演出的同时，也是在欣赏这方水土曾经滋养的盛唐气象、生活和文化。①

3. 西安回民街

西安回民街是西安著名的历史文化街区，也是西安文化旅游的重要目的地。从西安市中心钟楼向西100多米、穿过鼓楼门洞，就进入了西安回民历史街区。区内有大小形态各异、年代不一的10座清真寺，约2万名回民“依寺而居”，维持着原有的宗教传统和生活习惯。西安著名的北院门“小吃一条街”、中国现存年代最早的化觉巷清真大寺，以及中国三大城隍庙之一的西安城隍庙都在区内，以汉族和回族为主的多个民族于此居住生活，呈现出多元化的文化氛围，具有独特的历史与文化价值。

西安回民街是回民区的一条街道，大约500米左右，南北走向。特点是青石铺路，绿树成荫，路两旁一色仿明清建筑，或餐饮，或器物，均由回民经营，具有浓郁清真特色，深受外来游客尤其是国外游客的喜爱。回民街上汇聚了西安最有特色的风味小吃肉夹馍、羊肉泡馍、凉皮、岐山面、饺子宴、锅盔、镜糕等，尤其以贾三灌汤包子最为著名。贾三灌汤包子主料选用牛羊肉和肋条肉，用羊骨

① 《真山真水演绎大型实景舞剧〈长恨歌〉》，陕西日报2006年10月5日。

头熬成的汤和调料汤打肉，蒸熟后具有“皮薄如纸、馅嫩含汤、调料香浓”的特点。有人说，陕西的小吃不小，可以和“八大菜系”的大餐媲美。从公元十世纪，也就是北宋时期，回民开始在这里不断聚居、繁衍、扩展，他们环清真寺而居，逐渐形成了以回民生活为主，具有独特建筑、环境、文化、社会和经济特点的历史街区。

现在这条街上有不少具有陕西地方特色文化的商店，皮影、布老虎、兵马俑、耀州瓷器、陕北剪纸、凤翔年画、马勺脸谱、蓝田玉等，吸引着大批的国内外游客。这条街不仅是特色饮食文化一条街，也是特色民间文化一条街。人们在这条街上吃、游、购、娱，文化与百姓生活融为一体，历史与现实的交汇相遇，中国与世界和谐交流，短短的一条街成了一个都市的繁华缩影。

六、郑州：中原文化的精彩展现

郑州是一座古老而又年轻的城市，文化资源十分丰富，有黄帝文化、商都文化、黄河文化、嵩山文化、少林文化，其中，登封的“天地之中”建筑群被列入世界文化遗产。郑州文化产业在河南省文化产业格局中占有重要地位。2009 年全市文化产业增加值达 138.8 亿元。郑州文化产业连续 6 年都处在增长状态，占河南省文化产业增加值的 1/5。可以说，郑州是河南文化产业的“领头羊”。

郑州文化产业亮点

1. 大型原创舞剧《风中少林》

2003 年郑州市成立歌舞剧院，2004 年推出大型原创舞剧《风中少林》。2005 年，《风中少林》获第五届中国舞蹈“荷花奖”金奖，并进入“国家舞台艺术精品工程”项目，2007 年获得第十届精神文明建设“五个一工程”优秀剧目奖和舞剧“文华奖”。《风中少林》是一部原创性的歌舞剧，通过新颖的人物和曲折的故事，将禅、武、艺结合在一起，展示了动人的爱情和精湛的武术，体现了少林武术文化的精神。《风中少林》先后到国内外许多地方演出，获得了良好的社会效益和经济效益。2008 年 9 月，《风中少林》赴澳大利亚阿德雷德参加“澳亚艺术节”演出并引起轰动，现场观众反映热烈，就连剧院带去的佛珠、礼品套盒、文化衫、工艺箱、镇纸等衍生产品，第一场演出结束后就被观众一抢而空。《风中少林》的意义在于开辟了一条艺术与地方特色文化资源融合的道路，为河南文化资源的挖掘与开发提供了有益的启示。

2. 大型科幻儿童电视剧《快乐星球》

《快乐星球》是由河南超凡影视制作公司和郑州电视台从2003年开始联合制作的我国首部大型科幻儿童电视剧。目前已拍摄制作三部，共156集，其中第一、二部在中央电视台播出后，受到全国少年儿童的喜爱，刷新了中央电视台少儿频道开播以来的最高收视纪录。《快乐星球》(第一、二部)获得第十届精神文明建设“五个一工程”优秀作品奖。《快乐星球》(第三部)于2007年7月在中央电视台播出后，在全国引起了新一轮的“快乐风暴”，引发了持久的收视热潮和少年儿童的热切关注。另外，《快乐星球》剧组2004年会同外语与教学研究出版社出版了《快乐星球》同名系列小说和漫画，销售量位居全国5万多个少儿图书品种的第二名。2005年9月，由郑州小樱桃卡通公司出版发行的《快乐星球》第一部剧照版图书一套26本上市，截至2006年底，已发行200万册，创下了中国图书市场上的奇迹。

3. “小小说”品牌

《小小说选刊》是郑州市百花园杂志社1985年创办的一个纯文学刊物。近10年来月发行量平均达55万册，最高达64万册。《小小说选刊》已入选“中国期刊方阵双百期刊”，荣获第三届国家期刊奖“百种重点期刊奖”。《小小说选刊》成为目前全国文学类期刊发行量之首，使郑州成为“中国小小说的中心”。现在，百花园杂志社除《小小说选刊》外，还推出了《百花园》上半月“小小说原创版”及下半月“中外读点”、《小小说出版》，成立了郑州小小说学会、郑州小小说创作函授辅导中心，创办了小小说作家网。围绕小小说，已经做成大文章，不仅打造了郑州独有的“中国小小说现象”，而且在产业上形成了出版、发行、广告策划、社会函授等为一体的文化经济实体。

4. “小樱桃”品牌

“小樱桃”创立于1998年，目前主要涉足动漫内容、动漫饮料两个行业。10多年来，“小樱桃”已出版漫画21000多集，在全国近千家报刊、杂志、电视、互联网媒体上开辟了“小樱桃动漫专栏”。2008年5月，国家新闻出版总署、河南省新闻出版局批准郑州小樱桃动漫卡通公司建设国家动漫产业基地(河南基地)，这是河南省第一个国家动漫产业基地。目前，“小樱桃”动漫品牌的影响力不断提高，“小樱桃”动漫图书出口国外，形成了以漫画、图书、杂志、动画片为核心，以“小樱桃”饮料、书包、糖果等衍生产品为支撑的产业链条。2009年，以“小樱桃”为核心的郑州国家动漫基地内动漫创意企业实现销售收入2亿元，完成动画片4000分钟，约占郑州市的60%。

5. 少林文化品牌

少林寺是我国久负盛名的佛教寺院，声誉显赫的禅宗祖庭，少林功夫的发祥地。1982年一部《少林寺》电影，使少林寺、少林功夫风靡世界。经过20多年的发展，少林寺已经成为河南乃至世界的一个顶级旅游产品。曾先后被评为“郑州市十大旅游景区”、全国首批“4A级景区”，年接待游客150余万人次，是名副其实的中原旅游明珠、华夏旅游胜地。少林文化博大精深，少林文化产业也发展迅速。少林寺通过一系列的文化活动使少林寺名扬海内外。从早期的少林武僧团，到今天的普京访问少林寺，以及由此引发的规模宏大的少林武术培训产业。全市现有武术馆校近80所、学员6万余人，组建了塔沟、鹅坡、小龙三大武术集团。少林武术在全球100多个国家和地区设立武术馆校、协会等分支机构，登封已成为国际上最大的武术人才培训、输出基地。同时，这些武术馆校的武术表演团常年在海内外巡回演出，兴起了蓬勃的武术演艺热，奥运会、亚运会、央视春节晚会都将少林武术表演作为重头戏，少林武术表演已经成为一个越来越兴旺的产业。

6. 黄帝拜祖大典

黄帝故里在郑州的新郑市，郑州的黄河游览区有炎黄二帝塑像。每年的黄帝拜祖大典已经成为郑州和新郑的文化品牌。高规格的大典仪式吸引了大批海内外华人来到河南。这一品牌对于打造中华民族共有的精神家园、增强民族凝聚力具有重要作用。同时，在运作过程中采取政府和市场相结合的模式，对于探索文化产业的良性发展也很有意义。目前，黄帝故里拜祖大典已列入中国非物质文化遗产名录，它所带来的整体效应已经凸显。仅2007年上半年新郑就接待游客150万人次，景区直接收入475万元。2008年拜祖大典签约上亿元的项目就高达24个。2010年的黄帝故里拜祖大典活动，以“同根同祖同源，和平和睦和谐”为主题，来自海内外的各界嘉宾2万多人喜聚盛典，拜谒中华民族的始祖轩辕黄帝，共同祈福华夏繁荣昌盛，共同祝愿世界和平和谐。黄帝文化的开发不仅带动了新郑周围的文化资源，也使新郑与郑州的文化资源与景点不断融合，它所发挥的整体效应使文化与经济实现了双赢。

第九章　中国报业发展与创新

报业是新闻信息传播的重要载体，也是文化传播的重要平台。近年来，随着文化体制改革的不断深入和市场经济的蓬勃发展，良好的政治环境、文化环境和市场环境，为中国报业发展提供了前所未有的发展机遇。同时，成本飞涨、广告下降、转企改制、新媒体迅猛崛起，又使中国报业发展面临一系列新的难题。真可谓机遇与挑战并存，欣喜与压力同在。

一、中国报业的发展现状

（一）中国报业发展总体情况

改革开放以来，我国报纸的品种、数量快速增长。根据国家新闻出版总署发布的数据信息，截至2008年1月1日，全国共出版报纸1938种，平均期印数20545.37万份，总印数437.99亿张，总印张1700.76亿印张，定价总金额306.53亿元，折合用纸量391.17万吨，与上年相比，种数持平，平均期印数增长4.27%，总印数增长3.17%，总印张增长2.52%，定价总金额增长11.03%。报纸日发行量突破1亿份大关，成为全世界发行总量最大的报业市场。①

在报业发展的过程中，一些党报逐渐创办了新的报纸。1980年，《人民日报》率先创办了《市场报》，开了国内母报衍生子报的先河。随后全国各地的综合性大报，纷纷创办子报，《解放日报》创办《报刊文摘》、《大众日报》派生《齐鲁晚报》、《南方日报》创办《南方周末》……，国内的报纸门类由原来单一的党委机关报和少量晚报，发展到现在的晚报、都市报以及各种服务类报纸、专业类报纸。随着报纸种类的增多，大报社内部形成了几种类别报纸齐头并进、共同发展的局面，这就为后来组建报业集团打下了坚实基础。目前，多数国内报业集

① 宋建武主编：《2009年中国报业年鉴》，中华工商联合出版社2009年4月第1版，第342页。

团也正是以这种报社内部多份报纸联合的方式组建的。

（二）报业集团发展运营情况

传媒集团化是世界传媒发展的一个规律，也是我国现代传媒发展的必然结果。1996 年，广州日报报业集团成立，在中国新闻发展史上，这是一个重要的转折点，意味着我国一向属于宣传系统的事业单位——报社，开始向集团公司迈进。自此，媒介整合、媒介兼并、媒介并购等逐步展开。从 2003 年开始，一些跨地域、跨媒体的大型传媒集团纷纷诞生，如上海文广新闻传媒集团、牡丹江新闻传媒集团、成都传媒集团等等。

2008 年 11 月，国家新闻出版总署综合业务司司长余昌祥表示，总署正对中央单位所办的 220 多种报纸、2600 多种期刊逐一进行分类，通过转企改制吸纳更多的资源。在报刊行业形成 10 ~ 15 家具有一定规模和实力的综合性传媒集团。2008 年，已有上千种经营性报刊完成转企改制，40 多家报业集团实现事企分开，面向市场经营，在整体转企、上市融资等方面取得突破性进展。目前，《中国证券报》、《中国保险报》、《电脑报》、《中国计算机报》、《机电商报》、《国家电网报》、《中国商报》、《中国图书商报》、《中华建筑报》等改革试点单位均已转企改制。①

现在，一些报业集团以报纸为核心，广告、发行、印刷支持互动的报纸产业链已逐步成熟，推进报纸相关产业拓展。广州日报报业集团的连锁经营方式是国内报业的一大创举。广州日报报业集团除主办报纸外，还拥有一些专业性的经营实体，产业已扩展到金融、房地产、商业等领域。如大洋广告有限公司、大洋网房地产公司、广州市交互信息网络有限公司、广州记者乡村俱乐部、大洋梅地亚宾馆等。2008 年 6 月 2 日，世界品牌实验室和世界经理人对外发布的 2008 年《中国 500 最具价值品牌》中，《广州日报》的品牌估值为 64.75 亿元，与 2007 年同期相比提升 9.45 亿元，升幅 17.03%。正是这种多产业经营，分担了市场风险，增加了集团收入，从而共同推动了集团业务整体向前发展。

（三）报业三分天下格局

2008 年全国城市报业发行网络联盟发行网络资质调查报告显示，此次被调查的单位年度业务总流转额为 40.5 亿元，平均值为 1.5 亿元，比 2006 年增长

---

① 宋建武主编：《2009 年中国报业年鉴》，中华工商联合出版社 2009 年 4 月第 1 版，第 3 页。

5.2%，比2004年增长47.8%；报刊业务总流转额平均值为1.3亿元，比2006年增长4.8%，比2004年增长42.7%。①

目前，我国报业格局呈现出以党报为主体、晚报都市报、行业专业报三分天下的出版格局。在报纸的分布上，几乎全国每一个地级市都有自己的机关报，绝大多数地级市同时还有晚报与广播电视报。北京、上海、天津、重庆四大直辖市以及广州、武汉、成都、西安、沈阳、南京、杭州、深圳等中心城市，是中国报业最集中、最繁荣、竞争最激烈的地方。

中国的党报作为党的喉舌，具有很强的权威性和导向性，体现在版面上更强调指导性、宣传性、政策性。但在市场经济条件下，党报为适应形势的发展，也逐步在强化它的服务性。

都市报是市场经济的产物，它以报道都市生活为特色，贴近实际、贴近生活、贴近百姓，目前具有广大的市场份额。仅以北京地区为例，2008年，北京报业市场就有7份都市报，分别是：《北京晚报》、《京华时报》、《法制晚报》、《新京报》、《北京青年报》、《北京晨报》、《竞报》。

目前，行业报也有不小的市场空间，由于专业细分、定位具体、有深度，也拥有不小的读者群。如财经类报纸、电子电脑报、体育报纸、文艺类、文摘类、教育类报纸等都有相对固定而庞大的读者群。

(四)中国报业发展的亮点

广州日报报业集团构建数字化报业取得实绩，1997年创办的大洋网已经成为华南地区最具影响力的网站之一。“都市化、生活化、年轻化、本土化”是其显著特色。《广州日报》推出的多媒体数字报刊日均访问PV接近400万，大大提升了《广州日报》和大洋网的知名度。广州日报报业集团借助新媒体的发展优势推出了彩信版、WAP版和IVR语言版的手机报，为读者提供最及时和全方位的信息咨询。

2007年11月，北京推出了新版的《北京娱乐信报》(以下简称《信报》)，免费赠送每一位乘坐地铁的乘客，这标志着《信报》由传统的都市报转变为免费赠送的地铁报。《信报》瞄准京城地铁这个庞大的受众群，通过免费赠送的方式赢得受众，从而吸引更优质的广告资源，创造新的赢利模式，这是中国报业一个大

---

① 宋建武主编：《2009年中国报业年鉴》，中华工商联合出版社2009年4月第1版，第26页。

胆的尝试。

在党报改革方面,《广州日报》和《解放日报》是成功的先行者。2007年,《重庆日报》大胆改革,作出有益尝试,在坚持党的新闻原则的同时,尽量减少连篇累牍的政治性报道,努力避免报道的空泛化、概念化和一般化,更加关注民生,突出新闻价值,走进日常生活,努力使党报市场化、生活化和社会化。

2008年由四川日报报业集团和四川工商联联手打造的《川商》杂志面市。四川日报报业集团是西部第一家现代传媒集团,旗下拥有《四川日报》、《华西都市报》、《天府早报》、四川在线等10多家主流媒体,而省工商联(省商会)则是四川省工商界组织的人民团体和民间商会,拥有会员10万余个。背靠两大巨头以及《华西都市报》的有力支持,川商传媒必将具有无比强大的影响力。两个巨头联合打造《川商》杂志,目标是打造西部第一财经媒体,成为天下川商以及天下四川人的首选财富读物。①

二、中国报业发展中存在的问题

(一)党报、都市报、行业报自身存在的问题

目前,党报虽然在宣传党的政策和方针方面具有其他报纸所不具备的优势,但作为一种文化产品,党报在不同程度上存在着和市场脱节的问题。陈旧的报道思路和报道模式,严重制约着党报的可读性和影响力;许多党报所报道的内容依然还是领导人的频频亮相,大量的会议、一般性的工作动态以及带有软性宣传广告的地方性专版。既没有时效性,也没有可读性,使新闻报道陷入模式化和僵硬化的怪圈。

都市报在介入生活的方式上与党报完全不同。在平民化的道路上,它以独特的新闻视角和全新的报道模式,进入市场。值得注意的是,都市报在大力提倡平民化风格的过程中,也出现了某些在平民化的口号下兜售庸俗的倾向。对一些丑闻、离奇古怪的社会新闻报道数量增加,暴露社会阴暗面过多;片面追求爆炸性,新闻标题制作缺乏应有的道德感和责任感;以耸人听闻、哗众取宠来博得一时的轰动效应。平民化、通俗化当然是赢得读者的一个方面,但如果将平

① 叶朗主编:《中国文化产业年度发展报告》,湖南文艺出版社2008年6月第1版,第59页。

民化曲解成庸俗化，通俗扭曲成媚俗，把读者当成只是追求猎奇煽情的对象，渲染庸俗无聊的新闻，丧失了新闻报道的思想深度、社会意义，最终会带来负面效应，读者也将日益减少。

行业专业报目前的问题是它生存在党报和都市报夹缝之中，一些报纸市场观念淡薄，信息不及时，报道无重点，内容不专业，定位不明确，文章无新意，服务不周到，发行量萎缩，人才流失严重。纸价的大幅上涨，更是直接加剧了行业报的生存危机。2008 年 8 月 28 日，《中国新闻出版报》发布了《中华新闻报》停刊清算公告，这是迄今第一家中央级新闻报纸倒闭。《中华新闻报》是中华全国新闻工作者协会主办的中央级媒体，创刊于 1993 年 5 月 5 日。作为全国新闻行业的沟通平台，《中华新闻报》曾被誉为“媒体中的媒体，新闻中的新闻”，它的倒闭给整个行业报的经营敲响了警钟。

（二）新媒体对中国报业市场的冲击与挑战

新媒体是知识经济时代依靠数字通信技术和网络平台发挥功能的新型媒体，它以电脑和互联网为基础，极大地增强了信息传播的速度、广度、自由度和参与度。自从门户网站、博客、电邮以及播客等新的传播形式出现后，给传统媒体带来了极大的挑战。

新媒体对报业的直接影响突出表现在信息量、新闻时效、编排手段上。网络信息的海量，报纸达不到；网络一天 24 小时不间断地发布信息，报纸做不到；网络新闻编排灵活自如，与读者所形成的互动，报纸更难做到。另外，门户网站、手机短信、楼宇电视等也在分流传统报业的市场。这一切使得传统报业正面临着前所未有的经营困境。

新媒体对报业的影响也表现在读者群的分化。现在 20～40 岁的青年人都能够熟练地使用电脑。网上的海量信息完全可以满足人们的求知欲。目前，90%的年轻人信息来源主要是网络和手机。年轻人已经不再把报纸作为信息的主要来源。报纸读者的年龄老化已经成为不争的事实。一项调查发现，阅读人群中很大一部分人在 45 岁以上，其中最忠实的读者则超过了 65 岁。相对来说，年老受众群的购买力比不上年轻受众群，广告商更青睐于年轻受众。[①]

新媒体对报业的冲击还表现在广告份额的减少。过去，报纸一直是广告发

① 邹镇宁：《中国报业寻求突围之路》，《传媒观察》2007 年第 3 期。

布的主要载体。虽然报纸广告收入无法与电视广告收入相比,但在整个广告市场中也占有相当的份额。现在,随着网络、手机等新媒体的兴起,网络广告、手机广告、网上商店、网上购物的趋势有增无减。汽车、化妆品、服装、医疗、电子产品等广告纷纷在网上抢占地盘,生意越做越大,而报纸广告则出现逐年下滑的局面。许多优质的广告资源已经开始逐渐远离报纸而进军网络。

新媒体冲击带来的直接后果就是报业停刊。2005 年 2 月,《新周报》停刊;4 月,号称"中国第一份社区报"的《巷报》结束了一年的生命;8 月,中国两大体育报纸之一《球报》走完了 17 年的历程;11 月,浙江《新民生报》、四川《重庆经济报》相继关门;12 月,《时代人物周报》停刊……。另外,报刊经济效益下降、利润下滑也是不争的事实。

(三)产业化进程中的阻碍

"三跨"(跨媒体、跨区域、跨行业)被视为针对中国媒体发展现状提出的中国报业集团做大做强的路径选择。但就目前来看,由于体制改革严重滞后,"三跨"进程相当缓慢。

1. 产权不明晰

在计划经济时代,报纸归国家所有,它所承担的任务就是为党和政府服务,经费由财政划拨。进入市场经济以后,随着报纸经营的多样化,原有的体制和经营方式已经不能适应形势的发展。在过渡阶段,我国曾提出过"事业单位,企业化管理"口号。但随着报业市场化的不断深入,这一口号显然存在不小的问题。由于办报主体的多元化和报纸功能的多元化,产权问题一直没有解决。"产权不清,就难以形成一个统一的报业市场体系,报业产权也就无法正常流动,更无法通过资本运营实现报业资产的优化配置、产权重组和集团发展。"①

2. 市场主体未确立

"事业单位,企业化管理"体制难以使报社成为真正的市场主体。报社作为"事业单位",就意味着它以国家预算拨款为活动资金来源,不进行成本核算,不上缴利润,不交纳税金;而"企业化管理"则要求报社成为真正的市场主体,按照市场经济规律办事。目前,市场化的报业和现有的管理制度产生了种种矛盾,报业企事不分、条块分割、封闭运行,使其很难成为自主经营、自负盈亏、自我发

---

① 刘海贵:《中国报业发展战略》,上海人民出版社 2006 年版,第 24 页。

展、自我约束的法人实体和市场主体。目前,最主要的问题是:应该是公益性的报纸没有按事业单位的机制去运行,应该是市场经营性的报纸没有从原有的管理体制下剥离出来。两种性质的单位混合在一起,不但加剧了“大锅饭”,也使新闻业务大受影响,该树立权威的没有树起来,该创市场的没创出来。

3. 人事制度不完善

在现有体制下,报业集团对经营人才的选拔任用,主要从集团内部产生。由于体制原因,虽然对外也进行了招聘,但内部员工身份的三六九等,必然造成利益分配的三六九等。这样很难调动人员的积极性和创造性。现有的行政管理体制无法灵活兼容外来人才,导致集团想进的人进不了,不想要的人走不了。同时,即使引进少量的外部优秀人才,也因内部环境因素等原因,对引进人才具有极强的“同化”功能。在市场经济条件下,报业集团要做大做强,需要大量的复合型的报业经营管理人才,但当前的现实是这类人才非常缺乏;而且我国报业集团沿袭多年的报社作为事业单位的管理体制,在管理层的选拔、考核和任命等方面都打上了计划经济时代事业单位的烙印。可以说,了解我国国情、懂经营善管理的报业职业经理人还没有在人力资源市场中形成,更没有形成报业职业经理人优胜劣汰的竞争机制。

4. 传统报业利润空间缩小

目前,由于新闻纸价格飙升,版面制作价格超出版面广告收入,即意味着发行越多,亏损越大。2008 年 7 月 1 日,成都市 3 家主要市场类报纸同时提价;7 月 21 日,上海“同城集体提价”,4 家都市类报纸同时提高零售价。价格提升导致受众流失,受众流失又会影响广告商对报纸的信心,三者之间环环相扣。近些年,报业在媒体广告市场上的份额正在逐步减少,新闻纸涨价有可能加剧这一状况,广告商有可能转投其他媒体类型。更为严重的是新媒体的竞争,国内新媒体与报业的互动模式是报业与门户网站签订协议,报业向门户网站提供新闻内容,门户网站付给报业一定的报酬。在这个生产供应链中,门户网站是最大受益者,报业则是内容的生产者和搬运工,门户网站的强势地位使报业在广告竞争中失去优势。

三、中国报业的创新之路

从国际形势看,席卷全球的金融危机令美国报业遭到重创,继 2008 年底美国第二大报业集团——论坛报业集团申请破产保护后,2009 年以来共有 105 家报纸倒闭,裁员人数达到 1 万余人。

与美国报业受金融危机直接影响不同,我国报业所受的影响不是很大,而且仍然充满发展潜力和拓展空间。目前,我国报刊业的危机不是来自于金融危机,而是来自于阻碍报刊业科学发展的体制、机制弊端。这种管理体制弊端突出表现为:在行政系统框架内实行"归口管理"的传媒结构,使得中国报业的发展受到了区域性分割和封锁的严重制约,无法对资源实现充分的市场化配置。所以报业的深度改革迫在眉睫。

(一)加大文化体制改革力度

文化体制改革就是要解决影响报业良性发展的体制性障碍。其中包括政企不分、事企不分、管办不分、产权不明等问题;促进报业转变观念、转变机制、转变经营方略,以市场为本位,以广大人民群众的文化需求为旨归,使报纸能够适应时代的需要、人民的需要、市场的需要,从而做大做强。

2009 年 4 月,国家新闻出版总署出台《关于进一步推进新闻出版体制改革的指导意见》(以下简称《指导意见》),进一步明确了新闻出版体制改革的时间表和路线图。《指导意见》就"推动经营性新闻出版单位转制,重塑市场主体"这一当前改革的主要任务指出:"制定经营性报刊转制方案,推动经营性报刊出版单位逐步实行转制,按照中央有关要求,党政机关所属新闻出版单位转制为企业后原则上逐步与原主办主管的党政机关脱钩。已经完成转制的新闻出版单位要按照《公司法》的要求,加快产权制度改革,完善法人治理结构,建立现代企业制度,尽快成为真正的市场主体。"

目前,广东等沿海地区文化体制改革进程较快,仅广东一省就有南方报业传媒集团、广州日报报业集团、羊城晚报报业集团和深圳报业集团等四大报业巨鳄。

以南方报业传媒集团的改革为例。首先,南方报业传媒集团将所属报、刊、社的广告、发行、印刷以及实业等经营性单位和部门的经营性资产剥离出来,作为国有资本金,根据《公司法》的有关规定,设立国有独资的南方报业传媒集团公司。集团所属各报、刊、社的采编部门和业务保留在南方日报社,南方日报社仍为事业单位。其次,南方报业传媒集团公司成立后,按照规范的母子公司管理体制,投资设立一系列子公司,分别负责《南方日报》等媒体的经营。南方报业传媒集团公司作为企业法人,负责南方报业传媒集团所有的经营业务、经营人员的管理和经营性资产的运营。最后,南方报业传媒集团在区域市场开发上有很多尝试且获得成功。例如在北京,与光明日报报业集团合办《新京报》;在云南,与云南出版集团合办《云南信息报》。同时,为了加强省级党报对地市党委工作的宣传,拓展地市广告市场,《南方日报》在珠三角地区推行"梯形"发展战略,开设《佛山观察》等地方版。正是基于上述成绩,2008 年 4 月,南方报业传媒集团荣获中宣部、文化部、国家广电总局、国家新闻出版总署联合颁发的全国文化体制改革优秀企业称号。这是全国平面媒体集团获此殊荣的唯一一家。

(二)改进新闻报道方式

报纸作为内容产业,新颖的报道方式至关重要。目前报纸的竞争不仅体现在财力和人力上,最重要最直接的还体现在报纸的市场定位、个性定位、风格定位上。任何时候,报纸要想在人们心中占有一席之地,必须有充实的内容、新颖的报道方式和高尚的文化品位。其中,报道方式最重要、最直观。

中国的党报向来有正襟危坐、居高临下之感,其新闻报道以严肃正统著称,但人们并不怎么买账。最近这些年,党报也在适应形势的变化,不断改变报道方式,增强自己的亲和力。中国青年报的《冰点周刊》以其独特的视角和新颖的报道,受到了广大读者的称赞。中国青年报编委、冰点周刊主编杜涌涛曾撰文谈到此问题,他说有关新闻的诠释有许多种,其中十分流行的观点之一是:报纸只有一天的生命。然而《冰点周刊》不这么看。一直以来,《冰点周刊》试图让读者相信:报纸远远可以超越一天的生命。这也就是为什么若干年前"冰点"的许多报道,至今仍为人们津津乐道的原因。我理解读者之所以在信息爆炸的今天,仍然愿意读"冰点",是因为他们并非想从这里寻找简单的信息。对他们来说,"冰点"也许提供了一种观察世界不太一样的视角;也许触动了社会神经的某种痛觉;也许拨动了大众内心深处的某根琴弦;也许点燃了寒冷小屋中一盏人性的灯。总之,"冰点"不是"热点",不是"焦点"。"冰点"也不跟风,不摇摆。它性格温和,但持之以恒,一以贯之。此外,"冰点"不以那种拉开架势的"大叙述"见长。"冰点"的叙述是"故事的"、"细节的",也是克制的。见微知著;微观中蕴着宏观,一滴水中折射着大海。综上所述,我给出的"冰点"概括是八个字:

矜持态度，精致阅读。①

《冰点周刊》的报道视野开阔，具有纵深的历史感；反映现实，又具有温和的理性光芒。其选择题材不拘一格，从历史到现实，从政治、经济到文化、教育，整个报道由小见大，由个别到一般。其发现生活中那些平凡但又重大的历史和现实事件，以个人化写作方式做到理性照耀与情感发现的水乳交融。比如贾樟柯对于中国电影的思考和探索，季羡林对胡适之先生的浓厚感情，刘东对于大学的忧思等等，都从骨子里渗透着浓郁的文化关怀。《一部农民视角的编年史》从一个农民的日记中透视历史变迁；《在城市的屋檐下》通过北京打工博物馆反映城市打工者的坎坷命运；《最后的人民公社》通过农民的视角描写了最后一个人民公社的消亡；《一所小学两个娃》描写福建一所小学校一个老师两个学生的日常生活……这些具有人文关怀的报道切入点都非常具体，反映的问题都很重要，报道里的人物虽不过是芸芸众生，但却是现代中国的心灵缩影。一部现代中国的历史正是由无数的涓涓细流汇聚成波澜壮阔的大河，奔腾向前。

（三）加快媒体融合步伐

在传统报纸与新媒体对接方面，西方报纸网站积极推出“视听报纸”，以新的面貌追逐自己的网络新生。2007 年 1 月，一直以文字主导版面的《华尔街日报》在改版时，打破了多年不变的“灰色”外观，开始运用更多的色彩和图片元素。英国《太阳报》（*The Sun*）是英国第一家推出视听报纸的传统报纸，美国《华盛顿邮报》》（*Washington Post*）自 2006 年 10 月开始尝试视听报纸。在美国，目前已有 1000 多家报纸网站推出视听报纸，部分报纸制作的技术不在电视之下。在过去的两年时间里，美国最大的报业公司——甘尼特报业已经培养了 500 名报纸摄影师学习电视摄像技术，享有盛誉的美国硅谷《圣何塞水星报》已为所有摄影记者配备高清电视摄像设备，多家报社选送记者到国家新闻摄影协会学习电视摄像技术，《休斯顿纪事报》的记者还获得了摄像最高奖。

中国报纸在网络与新媒体面前，也在积极地采取措施，以适应时代的发展。报刊媒体正在和手机媒体逐步融合，最典型的形式就是手机报。2004 年，《中国妇女报》首先推出报纸手机版。2005 年，浙江日报报业集团启动国内首张省级手机报——《浙江手机报》，随后，手机报在全国报业领域全面铺开。2005 年 9

① 杜涌涛：《报之道》，中国青年报，http://zqb.cyol.com/node/node_6443.htm。

月 27 日,《华西手机报》声讯版正式开通上线,成为中国第一张能听的报纸。声讯版开通了声讯互动功能,读者可以对感兴趣的新闻发表评论,也可以参与热点话题的讨论和舆论调查的投票,甚至可以在手机报公共聊天室与其他读者进行及时在线交流。2006 年 3 月 13 日,安徽的《合肥晚报》在全国第一次推出“有声报纸”,让读者以语音形式来接收报纸的新闻。“有声报纸”客户端被放在合肥报业网首页显著位置,读者只要下载这个客户端,鼠标点中的新闻将会自动播放,网民还可选择男声、女声和背景音乐。[①] 2007 年 7 月,上海推出全球首个专为手机电视打造的个性频道——“第五媒体”频道。“第五媒体”由上海文广新闻传媒集团旗下的上海东方龙新媒体有限公司设计打造。这一频道将向手机用户提供 24 小时的滚动播报,将适应手机传播的特点,以短小精悍的节目为主,包括时事、财经、体育、娱乐等各类资讯。

从目前来看,媒介融合的新时期已经到来。报纸与新媒体的融合主要是借助它先进的技术拓展自己影响力,争夺读者群,同时,由于各大报业都以不菲的资金投入网站运营,因此,报纸与网络的联手创造新的赢利模式在当前也非常重要。一方面,要将业务做大做强,比如开通手机报、视频、互动社区等;另一方面,广告同时在报纸和网络发布也能为融合带来新的收益,特别是瞄准网民的兴奋点,寻找商机,也是一条可行之路。

(四)打造报业知名品牌

品牌化经营是产品从初始销售阶段发展到成熟阶段的标志,特别是在整个行业面临紧缩的态势下,广告商与广告主更会倾向于选择品牌影响力较强的媒体投放广告。报业进行品牌化经营,已经成为走在市场前沿的必然选择。

《南方周末》是中国报业的著名品牌,创刊于 1984 年 2 月 11 日,由南方报业传媒集团主办。《南方周末》以“反映社会,服务改革,贴近生活,激浊扬清”为特色;以“关注民生,彰显爱心,维护正义,坚守良知”为己责;将思想性、知识性和趣味性熔于一炉,寓思想教育于谈天说地之中。

《南方周末》之所以被评为“读者最喜爱阅读”的报纸,主要因为它独特的传播理念、独立的文化信念、独到的文化见解和不懈的文化追求。《南方周末》办报宗旨为省委机关报主办的系列报,从创办的第一天开始,就自觉意识到“作

---

① 郜书锴:《“视听报纸”市场机遇》,《中国记者》2008 年第 5 期。

为党报的补充”的使命。她的创办者把这种“补充”准确定位在“启蒙”上——做沟通知识分子和大众的桥梁，对读者进行科学与民主的启蒙。这一定位契合了改革开放的需要，满足了读者的阅读需求，使其在报业竞争中领先一步，很快形成了“反映社会，服务改革，贴近生活，激浊扬清”的独特风格，并以“彰显爱心，维护正义，坚守良知”赢得众多读者，从而一纸风行，独步报林，成为立足广东覆盖全国的大型综合性周报。

目前，《南方周末》是中国深具公信力的严肃大报和发行量最大的新闻周报。其以“在这里，读懂中国”为办报宗旨，以“正义、良知、爱心、理性”为基本理念，每期发行量稳定在140万份以上。2006年，世界品牌实验室（WBL）公布的《中国500最具价值品牌》中，《南方周末》以20亿元的品牌价值位居周报第一名。2008年，《南方周末》在由中国商务广告协会和中国传媒大学主办的“2008中国消费者理想品牌大调查”中，位列报纸类“理想品牌”第一位。①

现在，中国报纸近2000种，在读者心目中影响较大的还有《参考消息》、《光明日报》、《中国青年报》、《新京报》、《南方都市报》、《新民晚报》等。这些报纸都有自己的读者群、自己的办报方针、自己一流的记者编辑队伍、自己的经营方略。相比之下，90%以上的报纸还没有形成自己的特色，更不用说品牌了。因此，中国的报纸要想在日益激烈的报业大战中获胜，必须培育更多的知名品牌。

（五）利用资本市场做大做强

报业发展到现阶段，要想进一步拓展，做大做强，必须进入资本市场寻求发展。从市场化改革的角度来看，报业一旦进入资本市场，就必须遵守资本市场的“游戏规则”来运作。这对中国的报业集团发展具有特殊的意义。

2007年11月，广州日报报业集团控股的九州阳光传媒股份有限公司（股票简称“粤传媒”）经过七年的艰苦努力终于在深圳证券交易所上市。这是首家正式拿到国家新闻出版总署批文、并在境内主板上市的传媒公司，也是首家从三板成功转到主板上市的公司。广州日报报业集团是中国内地第一家报业集团，也是经济规模最大、经济效益最好的报业集团。其日均发行量达到180万份，是华南地区发行量最大的报纸。“粤传媒”的上市为广州日报报业集团未来跨越式的发展提供了强大的动力，有利于推进集团的各项体制改革，进一步提高集团的

① 南方周末，百度百科，http://baike.baidu.com/view/28478.htm。

竞争力;有利于实现集团发展的战略布局,争取跨地区和多媒体整合运营。

2008年11月7日,由浙江日报报业集团和浙江省财务开发公司共同投资的东方星空文化传播投资有限公司在杭州召开了第一次董事会。这标志着浙江省第一只国有文化产业投资基金正式投入运作。该基金计划总规模为2.5亿元,其中首期注册资本1.2亿元。作为文化产业的战略投资者,东方星空文化传播投资基金将立足主板市场,投资培育文化传媒类骨干企业,并推动跨地区的行业并购,力争培育发展若干家细分领域的龙头企业;立足创业板市场,投资培育新兴文化传媒企业,积极探索新媒体、多媒体的融合发展;参与国内文化传媒领域的行业并购;参与国内有影响力的文化影视项目投资等。它将通过资本运作方式,超常规地培育发展文化传播产业骨干企业和新兴文化产业。

传媒企业上市目前已经探索出多种路径,可以看到一个明显的趋势是:数字时代正在消除新闻出版业、广播电视业、娱乐业、信息产业乃至家电制造业的传统行业壁垒,使众多关联产业整合在内容产业的旗帜下。因此,报业集团应当与其他媒体联合成为综合媒体进驻资本市场。

(六)将办报当志业,形成自己的文化传统与特色

1919年,德国著名社会学家韦伯发表了题为《以学术为志业》(*Science as a Vocation*)的文章。志业与职业(profession)不同,职业的主要内涵是专业化的技能,而志业这个词带有一点宗教色彩:是上帝或其他至高无上的力量在召唤我去做一件事,所以我要毕其一生、全心全意投入这件事。他说,年轻学者具有依赖性;年轻人能否成为专业从业者在很大程度上取决于运气;选择机制导致大学环境走向平庸(mediocrity)……由于这些原因,真正以学术为志业,就要依靠内在的召唤力(inward calling)、激情(enthusiasm)和不懈的工作来获得启示(或曰灵感),从而在平庸的环境中坚持下去。[①]

在中国的报纸中,能够办到100年以上的,只有《大公报》一家。《大公报》创刊于1902年6月17日,到现在已经一个多世纪。《大公报》横跨两个世纪,虽几经沉浮,数易其主,却绵延不息,成为全国闻名的大报。《大公报》之所以能历经风雨而长盛不衰就是因为有好的传统和自己的特色。《大公报》有一批又一批将报纸作为"志业"的人。他们办报,绝不仅仅是为赚钱,更重要的将它作

---

① 马克斯·韦伯著,冯克利译:《学术与政治》,三联书店1998年版。

为一种神圣的追求。正如马克斯·韦伯讲的，他们靠的是内在的召唤、激情和不懈的工作。从英敛之时代起，《大公报》就是一份由知识分子中的精英主办的报纸。吴鼎昌、张季鸾、胡政之等人接办之后，更以文人论政为标榜。《大公报》的文人论政，其出发点就是文章报国，是知识分子对国家兴亡的关注和他们以天下为己任的襟怀与抱负。《大公报》是一份高品格的报纸，它摒弃低级趣味，重视社会效益；它传播信息，针砭时弊，臧否人物，主导舆论，在读者中赢得了良好的信誉。《大公报》是中国新闻史上群英荟萃的一家报纸，除吴鼎昌、张季鸾、胡政之，还有王芸生、张琴南、许君远、费彝民、徐铸成、唐振常、查良镛（金庸）、范长江、杨刚、萧乾、彭子冈等著名人物。《大公报》之所以受重视，还因为它是一个志向远大、重视报格、严于律己的报纸。《大公报》的"大"和"公"两字，就是报纸追求的体现。英敛之对这两个字的解释是"忘己之为大，无私之为公"，并把它作为办报的宗旨。这一宗旨始终为《大公报》人的坚定信念，薪火传承，坚持不懈。新记公司接办《大公报》后，又由张季鸾出面，提出了著名的"不党、不私、不卖、不盲"（简称"四不"）的社训。据张季鸾自己的解释，所谓"不党"，指的是"纯以公民之地位，发表意见，此外无成见，无背景。其行为利于国者，拥护之；其害国者纠弹之"。所谓"不卖"，指的是"不以言论作交易，不受一切带有政治性质之金钱补助，且不接受政治方面入股投资"。所谓"不私"，指的是办报人"除愿忠于报纸固有之职务外，并无他图"；"愿向全国开放，使为公众喉舌"。所谓"不盲"，指的是"不随声附和"，不"评诋激烈，昧于事实"。此后不久，为约束报社工作者的行动，他还提出了以下四点作为补充，即："不锦上添花，不落井下石，不与人共利害，不参与别人的秘密"。不论旧"四不"还是新"四不"都说明《大公报》是负责任的报纸。这也是《大公报》的显著特色。①

今天，中国有近 2000 家报纸，但要论起文化传统与特色来，则寥寥无几。中国的报纸要想在市场上占有一席之地，在读者中有号召力，必须从自身做起，有远大的目标，有高远的理想，有独立的报格，有自己的传统，有自己的特色，这是占领市场的根本，也是竞争制胜的法宝。

---

① 方汉奇主编：《〈大公报〉百年史》，中国人民大学出版社 2004 年 7 月第 1 版，第 3 页。

第十章　中国出版产业创新

中国出版产业近几年借产业化的东风如千帆竞发，万木争春，呈现出一派繁荣景象。但是随着传媒和出版技术的快速更新，人们阅读方式的变革，如何传播中国文化的精华，如何利用现代传播和出版技术实现出版形式的多样化，实现中国出版产业的进一步创新，是我们需要思考的重要问题。

一、中国出版产业的现状

出版业的产品包括有形出版物和无形出版物的批发、零售服务，出版物有六种类型：报纸、期刊、图书、音像制品、电子出版物以及互联网出版物。[①] 广义的出版包括编辑、印刷、发行等一系列活动，狭义的出版则是编辑加工，不包括印刷、发行。[②] 本章论述的对象主要是广义出版，但重点是对图书出版状况的分析。

（一）中国出版业取得的成绩

截至2007年，在图书出版方面，全国共有579家出版社，2007年全国共出版图书248283种。在期刊出版方面，2007年全国共出版期刊9468种，平均印数16697册。在音像制品出版方面，2007年全国共出版录音制品15314种，出版录像制品16641种。在图书国际贸易方面，总体指标持续增长，版权逆差继续缩小，2007年全国图书出口1104293种，进口图书771582种。[③]

（二）新动向：从“老三跨”到“新三跨”

从“老三跨”（跨地区、跨媒体、跨行业）到“新三跨”（跨所有制、跨介质、跨

---

① 叶朗主编：《中国文化产业年度发展报告》，湖南文艺出版社2008年6月第1版，第220页。
② 刘蔚绥：《出版产业概念及特征辨析》，《出版发行研究》2006年第6期。
③ 张晓明、胡惠林、章建刚主编：《2009年中国文化产业发展报告》，社会科学文献出版社2009年4月第1版，第145页。

国界),标志着出版产业向纵深发展。

最近几年,跨所有制改革已经出现喜人成绩:2006 年 10 月上海新华传媒股份有限公司成功“借壳上市”,2007 年四川新华文轩连锁股份有限公司在香港上市,2007 年 12 月国内首家将编辑业务和经营业务整体上市的辽宁出版传媒股份有限公司在上海证券交易所上市,2008 年安徽出版集团已将整体出版业务通过借壳形式上市等。

跨介质经营目前已不再是一个学术话题,而是每一个出版人都不得不面对的现实话题。2007 年欧美的大型出版集团,如汤姆森集团、励德·爱思维尔集团、培生集团其年度收入中均有半数以上直接或间接来自数字化产品及相关网络业务。2007 年我国数字出版产业整体收入超过 360 亿元,2008 年产业整体收入比 2007 年增长了 46.42%。2009 年全国数字出版的产值已经超过传统出版业的产值,增幅达 50%。

跨国界经营是中国出版业实施“走出去”战略的必然结果。作为中华文化一部分的出版业,以书籍与数字产品为媒介向外输出,实现中华文化在世界的崛起,是一项长期的根本性的任务。自 2004 年起,版权贸易逆差开始回落,2005 年全国版权输出数量为 1517 种,2006 年上升到 2057 种,成效大显。①

(三)兼并重组拉开大幕

随着体制改革进程加快,各地兼并重组向纵深推进。2007 年 12 月 28 日成立的中原出版传媒投资控股集团有限公司是在河南出版集团(成立于 2004 年 3 月 28 日)的基础上,组建的大型出版传媒集团。集团现有包括 10 家出版社、134 家出版发行单位在内的 156 家成员单位和 3 个控股企业,职工总数 2 万余人,是目前河南省最大的文化产业集团。2008 年 9 月,中华工商联合出版社与吉林出版集团重组成立中华工商联合出版社有限责任公司,这是中央和国家机关所属出版社与地方出版集团跨区域战略重组的第一家出版单位。在发行领域,重组也在进行,江苏新华发行集团与陕西新华发行集团,太原新华书店与浙江新华书店集团,都在紧锣密鼓地进行跨地区的联合或重组。

(四)出版产业园区建设方兴未艾

北京在 2009 年建设出版创意产业园区,通过整合出版资源、创新管理体

---

① 耿相新:《从“旧三跨”到“新三跨”》,《出版发行研究》2009 年第 3 期。

制、引进高新技术，打造名牌产品。湖南在2008年开始建设麓山国际文化城，这是湖南新华书店集团在湖南大学密集的地区以主业经营为基础，实现跨行业经营和异业结盟的经营模式创新和探索。2008年上海张江国家数字出版基地正式挂牌，成为第一个国家级数字出版基地。此外，杭州、成都、重庆、合肥均已开始启动建设数字出版基地的工作。

（五）"走出去"战略成效显著

一些颇具实力的出版集团采取和国际著名出版机构建立战略合作伙伴关系的策略，共同开拓海外市场，取得显著突破。中国出版对外贸易总公司与法国出版公司及澳洲出版社，安徽出版集团与波兰玛萨雷克出版社，湖南出版投资控股集团与圣智学习出版集团，江西出版集团与美国长青书局都建立了国际出版合作关系。①

二、中国出版产业面临的机遇与挑战

（一）国际和国内文化传播语境的改变，有益于出版的发展

从世界范围来看，人们对于文化的认识越来越深入，对于文化的作用越来越重视，各个国家和地区的文化交流越来越频繁，反对文化霸权，保护文化遗产和文化多样性的呼声越来越高。

从20世纪70年代以来，联合国教科文组织陆续颁布了一系列的文化公约。如《保护世界文化和自然遗产公约》、《多种声音，一个世界》、《保护非物质文化遗产公约》和《文化多样性公约》等。

中国从改革开放以来，经过30余年的发展，文化建设取得了辉煌的成就。随着改革开放的不断深入和国际形势的变化，从政府到民间对于文化问题的认识也在不断强化和深化。党的十六大将"文化产业"正式写入党的正式文件；十六届六中全会提出了"和谐文化"的概念；党的十七大又提出了"文化大发展大繁荣"的口号。

国际社会与中国政府对于文化问题如此重视，特别是对于地域文化和民族文化如此重视前所未有，这就为中国出版产业提供了前所未有的历史机遇，作

---

① 叶朗主编：《中国文化产业年度发展报告》，湖南文艺出版社2008年6月第1版，第220页。

为出版人来讲，应该提高认识，充分抓住这个机遇。

（二）新技术带来的传播革命

1. 互联网的兴起与普及对传统出版的冲击

2009 年 1 月 13 日，中国互联网络信息中心（CNNIC）在京发布的《第 23 次中国互联网络发展状况统计报告》显示，截至 2008 年底，我国互联网普及率以 22.6% 的比例首次超过 21.9% 的全球平均水平。同时，我国网民数达到 2.98 亿，宽带网民数达到 2.7 亿，国家 CN 域名数达 1357.2 万，三项指标继续稳居世界排名第一。2008 年使用手机上网的网民较 2007 年翻了一番还多，达到 1.17 亿，博客用户数量为 1.62 亿。

网络阅读最大的优势是便利和低成本。现在的互联网是一个共享的时代，通过网络可以很方便地拥有你所需要的资源。通过网络甚至不花一份钱就可以看到想看的电影、听到想听的音乐、读到想读的书本。对出版者来说，网络同样是最节约成本的。印制碟片、印刷书本通过传统渠道到影碟店、书店发售，需要耗费大量的资源和成本，但通过互联网可以在极低成本的情况下就把作品广泛地传播出去。通过互联网可以建立一个全球共享的超级影碟店、超级图书馆，让全世界的人民享受到文化知识带来的快乐。随着互联网进一步深入地发展，影音制品等文化出版产业必将为网络所控制。

2. 手机的出现对于传统出版的冲击

手机出现之后，改变了人们的生活方式和文化消费方式。早期手机只是局限于接打电话，现在可以上网、看电影、发邮件、看电视、看报纸、听音乐、看小说、写博客。手机不仅成为最平常的通讯工具，还是人们的娱乐工具。据工业和信息化部运行监测协调局发布的统计显示，截至 2008 年 7 月底，中国手机用户数超过 6 亿户。随着第三代移动通信即 3G 的应用，手机的传播速度和信息流量的大幅度提升，将有更多的人使用手机。

手机是“带着体温的媒体”，具有私密、随身的特点，并且人们对手机媒体的信赖程度较高，手机媒体能够产生更为直接而强大的效果，影响人们的思考和行动。手机媒体有五大传播形式：（1）手机报；（2）手机音频广播；（3）手机视频、电影;(4)手机电视;(5)手机小说。①

2009年中国互联网信息中心(CNNIC)发布的《中国手机媒体研究报告》显示,我国移动互联网应用产品不断完善,用户上网速度快速提高,具有广阔发展前景。其一是80后群体成手机上网主力。80后群体由于对新事物有新鲜感,成为移动互联网的主体用户,占手机网民总数的70.8%。其二是交友社区类产品发展迅速。应用率最高的依然为即时通讯类,占整体的31.2%。其三是娱乐应用成用户主流选择。手机音乐保持着较高的应用率,活跃用户约600万。手机电视、手机博客等也正在获得更多手机网民的青睐,活跃用户数量约200万。

手机的普及对于传播阅读的纸介质阅读的冲击是巨大的。手机阅读成为一种便利的阅读方式,它大大提高了传播的速度和效率,同时,也开辟了一个无限广阔的传播市场和商机。目前,手机内容产业刚刚起步,对于传播传统文化提供了一个广阔的舞台。国学经典、古典诗词、琴棋书画、节日礼仪、民风民俗、传统技艺、民间故事、神话传说等都可借助手机广泛传播,文化传播的空间潜力巨大。

(三)当前出版产业的数字化转向

中国的数字出版在近10年突飞猛进,无论在数字出版技术还是数字出版产业规模上都已经位于全球的领先行列。据《2007—2008数字出版产业报告》初步统计,截至2008年12月,我国数字出版产业的整体营业规模达530亿元,比2007年增长46.42%。其中,数字报纸(含网络报和手机报)的收入达10亿元;电子图书的收入达2亿元;博客的收入达9.75亿元;在线音乐的收入达1.52亿元;手机出版(含手机彩铃、手机铃声、手机游戏、手机动漫)的收入达150亿元,增幅为65.3%。② 我国数字出版行业的产业规模不断扩大,产业链日益完善,数字出版观念正在形成,数字出版的形式、形态也更加丰富。

时至今日,已经涌现出一批具有一定规模、拥有各自竞争优势的专业数字出版企业。作为数字出版领域的技术先驱和龙头企业,方正阿帕比这一方正集团旗下的专业数字出版技术公司,目前其电子书产品已被包括牛津大学图书

① 《中国手机媒体研究报告》,智库文档2008年12月,http://doc.mbalib.com/view/5b10171fb7841f62823860ffce88358dl.html。

② 《报告显示我国数字出版产业营业规模达530亿元》,中关村多媒体创意产业园2009年2月5日,http://www.bjmmedia.cn。

馆、纽约皇后区图书馆、德国国家图书馆、新加坡国家图书馆、加拿大麦吉尔大学图书馆在内的海外多家图书馆采用,为中国文化走出去做出了杰出的贡献。2009 年 2 月,温家宝总理莅临剑桥大学作演讲时,将一套由其亲笔题字的方正阿帕比(Apabi)电子书及数字图书馆系统——“中华数字书苑”作为国礼,赠送给了剑桥大学。截至目前,方正数字出版系统提供包括电子书、数字报、移动阅读以及数字内容阅读平台等在内的丰富多样的数字资源产品。全国 90% 以上的出版社正在应用方正阿帕数字出版系统;39 家报业集团中的 30 家采用方正数字报刊技术;500 多种报刊正在采用方正数字报刊系统同步出版数字报纸。据悉,全球 4000 多家学校、公共图书馆、教育城域网、政府等机构用户应用方正阿帕比数字资源及数字图书馆软件为读者提供网络阅读及信息检索服务。①

在 2009 年法兰克福书展上,超过 30% 的展品都是数字化产品,传统的纸质书籍仅占 40% 。为出版界专业人士举办的 400 多场活动中,超过半数离不开“迎接数字化挑战”这一主题。在国内,“2008 中国数字出版年会”、“2008 全国出版业网站建设与创新年会”相继在京召开。同时,数字出版产业呈现加速前行的景象:2008 年 4 月,中国出版集团数字传媒有限公司挂牌成立,据称“公司甫一降生,即直奔上市而去”;2009 年 7 月,国内首家国家数字出版基地落户上海张江,基地宣称“力争用 10 年时间,成为年产值超 300 亿元,具有世界影响的数字出版孵化基地”;而最让人振奋的,当属 2009 年 7 月国务院批准新闻出版总署设立科技与数字出版司,这是国家赋予总署推动传统出版实现转型和加快发展数字出版产业的重要举措。

三、中国出版产业存在的问题

目前,中国出版产业还面临着如下问题:

(一)出版体制存在严重问题

几年来,我国虽致力于出版体制改革,提出“跨地区、跨行业、跨媒体”经营的战略,但时至今日,这一决策推进很慢。河南大象出版社社长耿相新认为,究

---

① 《方正数字出版系统助力我国数字出版产业发展》,参见新华网 2009 年 2 月 4 日,http://news.xinhunet.com/newmedia/2009-02/04/content-10761904.htm。

其原因主要有三:首先是由长期的注重出版单位意识形态属性而忽视其产业属性的思想观念所导致。这种观念导致出版单位过多地承担了其社会属性与公益属性的责任,但并没有按照经济规律进入市场竞争。其次是由长期的“闭关自守”、“小富即安”的思维模式所导致。出版行业既被视为特殊行业,换句话说就是被保护的垄断行业,其他行业也便不可能进入,又加上20世纪90年代在一些特殊政策保护下经济上一度欣欣向荣,出版单位小富即喜,也不愿意在朝阳产业的迷惑下进入其他行业。最后是由长期的出资主体单一反而造成市场主体不明确所导致。所有出版单位的出资人均为国家,其管理体制长期以来是政事不分、政企不分,“授权经营”长期以来并没有得到授权,进入市场的主体不明确,内部机制不活,产业缺乏动力,实际上是跨行业、跨地区经营无从谈起。①

“十一五”以来,出版体制改革的重点转向股份制改造,出版形态转向纸介质与电子介质并重,“走出去”战略的实施让中国出版业终于走出国门。跨所有制、跨介质、跨国界成为出版改革的“新三跨”。这一系列新的变化给中国出版行业带来了深刻变革:其一是到国内、境外资本市场上市;其二是以国有资本为主引入民营资本、境外资本;其三是允许从业职工持股。目前,我国出版行业跨所有制改革已经出现喜人成绩。但整体而言,中国出版行业的体制改革只是迈出了艰难的第一步,出版体制长期以来所存在的主要问题远没有解决,因此,要走的路还很长,任务更艰巨。

(二)图书质量不断下降,缺少精品

目前,我国的出版业总体是好的,但也要看到在表面繁荣之下,也潜藏着一片乱象。其一是重复出版。像中国的四部古典小说名著,都有五六十个版本,最多的《三国演义》有上百个版本,最少的《红楼梦》也有50多个版本。其二是跟风电视。电视栏目《百家讲坛》红火之后,出版纷纷跟进。在出版《于丹〈论语心得〉》火了之后,曾上《百家讲坛》的易中天、王立群、刘心武等人的书也纷纷出笼。如《品三国》、《正说清朝十二帝》、《蒙曼说唐》、《老子与百姓生活》和《历史上的和珅》等。从2008年的销售情况看,这些书红火了一段时间后,普遍下滑,由此引发了一个问题:出版到底和电视应该是一种什么样的关系?是盲目跟进,还是优势互补,抑或是另辟蹊径?其三是解构历史。在《水煮三国》、

① 耿相新:《从“旧三跨”到“新三跨”》,《出版发行研究》2009年第3期。

《大话西游》等火爆之后，各类"戏说"、"歪批"之类作品盛行，以历史和文化为背景的娱乐性出版物较多。有些竟然出现歪曲历史事实的现象。这不仅使读者，特别是青少年读者对中华民族历史的认知出现混乱，还造成了历史文化知识的错乱，负面影响很大。没有传统文明的民族，是不完美的民族，而有了传统文明却不知珍惜的民族，则是可悲的民族。其四是重炒糟粕。中国传统文化精华与糟粕同在。现在，真正有价值的文化典籍很少认真出版，而市场上却充斥着大量的品位低下的迷信书，还冠之以科学的美名，蛊惑百姓。什么风水、测字、看相、八卦、星座、占梦、血型、养生、性命等，内容五花八门，不一而足，充斥市场，大大败坏了中国文化。最可怕的是它们披着"国学"的外衣纷纷出笼，使对中国传统文化一知半解的人误入歧途，从而产生对传统文化的误读。特别是这些出版物流入海外或被外国人看到，更使中国文化形象大打折扣。其五是"图"书泛滥。进入读图时代之后，人们的阅读习惯与以往不同，作为出版社出版好的图文并茂的书应该大力提倡，比如蔡志忠、丰子恺、方成、华君武的漫画就很好。但是现在有一种不好的风气，不管什么题材、什么内容，一本书文字没几个，图倒一大堆，给人一种"注水肉"之感，内容不够图来凑，无论什么内容都来个"图说"。其六是过度包装。一本本来很普通的书经过包装，价格几十倍上百倍地往上翻。一套《大中华藏书》4.6 万元，一套《资治通鉴》1.55 万元，一本《中国山水画集》上千元，仿古线装、全套彩印、限量印刷、赠送光盘等名堂全部出动。当无人问津时，又一折售卖。其七是伪书横行。伪书主要包括：伪造外国作者；伪造外国知名媒体、人物的图书评价；伪造国外图书畅销信息；盗用国外已有影响或畅销的图书名以及相关信息，而图书内容则完全由自己编写，这些图书主要集中在经济管理、励志以及心理自助类方面。其八是盗版猖獗。现在只要稍微有点销量的图书都有盗版，盗版在中国猖獗多年，但仍然屡禁不止，最重要原因是正版书价格高，让盗版书钻了空子。但盗版书的危害是无穷的，不但给作者和出版社带来巨大损失，更重要的是有许多盗版书以次充好，错误百出，以讹传讹，不堪卒读，读者花了钱，但并没有得到好处。

(三)内容冷热不均，存在盲区

目前，中国在图书出版上存在着冷热不均的反差现象。一方面存在着大量的重复，名人说史、四大小说、周易八卦、成语故事、上下五千年、教材教辅等，出了又出；另一方面有关地域文化、民族文化、历史文化、非物质文化的书则少得可怜。究其原因:其一是出版社喜欢跟风,什么热出什么。其二是选题不精,只是一般性的选题,停留在表面上,缺少对选题的细化和深化。其三是缺少创新意识。很多出版社是小富即安,不思进取,不愿涉足新领域、新选题。其四怕担风险。认为出新书有风险,只好按部就班,做一些已经做过的选题。其五是缺少人才。有些出版社也想在选题上有所开拓,但由于缺少这方面策划人才、编辑人才,很多好的想法只能搁浅。如此以来造成的后果是低层次的重复。越出越赔,越赔越出,大量的图书无新意、无市场、无人气,由此造成的恶性循环将出版社拖入一个死胡同。现在很多出版社如果不是吃学生、吃教材、吃教辅,恐怕早已倒闭。

实际上中国出版业现在存在着很多盲区,不是没市场,而是没有好的选题,或者说有好的选题,出版者缺少敏感。因为就目前而言,中国的一流人才,不在出版界,而在社会的其它领域。现在的出版社只是一个出版机构,它的策划能力是比较低的,而出版最重要的是出版创意和策划。当年梁启超、陈独秀、鲁迅、胡适、张元济、邹韬奋等老一辈文化人都是兼策划、著作、出版于一体的编辑家和出版家,是出版的全才,他们有文化敏感,知道社会需要什么;他们有文化眼光,知道时代要向什么方面发展;他们有出版能力,只要看好选题,都可以登高一呼,亲力亲为,很快就会见到效益。现在的出版社实际上是一个封闭系统,真懂文化的,没法参与出版,而参与出版的,好多人没有文化,出版盲区由此形成。比如,很多国家级的非物质文化遗产,有很高的文化价值和市场价值,而我们的出版社却缺少这样的敏感。现在,我们很多人一提起文化遗产保护总说很重要,但真正做起来,却不能够身体力行。比如,开封朱仙镇的木版年画,作为中国四大年画之一,具有很高的文化价值,目前也出了一些画册,但都限于资料整理水平,真正从学术角度深入研究的还没有。朱仙镇木版年画,每一幅画都有一个故事,现在能真正对每一幅画的来源说清楚的人已经不多。为什么不能由此挖掘,好好地做一本书?当然,朱仙镇木版年画只是一例,类似的问题还有很多,比如中华武术、中国皮影、中国戏曲、中国节日、中国习俗、中国庙会、中国书院、中国古镇、中国名城、中国名山等任何一个系列都可以挖掘出版很多有价值的书。这说明中国传统文化出版的潜力和空间十分巨大,只可惜我们还没有意识到,或者意识到了但重视不够。

（四）传播手段单一，局限于传统

目前，大多数出版物还只是以图书形式出版。纸质媒介虽然是出版的主力军，但随着人们阅读方式的改变，它的地位已日益在动摇。互联网的出现和普及，使人们越来越倾向于选择音像电子制品，和纸质媒介相比较，它集文字、声音、图像于一体，生动形象，更容易激发读者的兴趣。目前，很多的新兴电子出版物，如《中华上下五千年》、《世界文化遗产·故宫》、《二十四式太极拳》、《中国传统文化经典诵读系列》、《经典童话故事会：孙敬修讲故事》等就对人们的学习起到了很好的促进作用。《美国国家地理杂志》推出的电子版和光盘深受中国读者喜欢。相对而言，我们的大部分出版社的图书还没有电子版和光盘。

从图书销售的渠道看，现在的出版社还基本上走新华书店和批发市场这样的物流渠道，而网上购书平台和服务还没有形成体系。现在，许多人购书已经不去新华书店，而是到当当网或者卓越网订购，不仅折扣低省钱，还送货上门。

四、中国出版产业发展的核心：内容创新

结合我国实际国情和文化特点，在实现出版产业与民族文化繁荣“双赢”的前提下，中国出版产业创新需要从以下几个方面入手：

（一）呼唤大家与名社

出版文化是一种品牌文化，它需要一流的出版家和出版社。对于出版家与出版社来说，传承文化、打造精品永远是第一位的。目前，中国的出版产业缺少像商务、三联之类的名社，缺少像张元济、邹韬奋这样的出版家。中国出版产业之所以成就不高就在于长期以来计划经济的色彩太浓，官本位的色彩太浓，行政化的色彩太浓，出版自身没有形成自己的文化传统、文化精神、文化氛围、文化特色。今天，中国出版产业要做大做强，首先必须要有强烈的社会责任感，形成健康的出版文化，培养一流的出版家。

商务印书馆之所以被人们所青睐，就是因为它有悠久的历史文化传统，有名家和品牌。商务印书馆于1897年2月11日创立于上海，至今已走过了100多年的历程。100多年来，商务印书馆从最初一个小小的印刷作坊，逐步发展成为当代中国首屈一指的出版和文化机构，历经沧桑、默默耕耘，人才荟萃、名家辈出，至今已出版各类书刊近5万种。商务印书馆在新中国成立前以出版大中

小学教材闻名;另外还出版:《辞源》、《中国古今地名大辞典》、《中国人名大辞典》、《中国医学大辞典》等大型工具书;《东方杂志》、《小说月报》等重要刊物;整理影印了《四部丛刊》、《丛书集成初编》、《续古逸丛书》、《百衲本二十四史》等大型古籍,以及出版了严复、林纾等人翻译的著名外国小说和学术著作。其全盛时期在北京、香港设有印刷分厂,先后在全国各地和新加坡、吉隆坡等83个地方设立分馆,在国内外颇负盛名。新中国成立后,其主要编译出版外国哲学、社会科学方面的学术著作,编纂出版中外语文工具书以及研究著作、教材、普及读物等,并出版《中国语文》、《方言》、《英语世界》等期刊,在读者中有良好的影响和声誉。其代表性出版物有:《辞源》、《现代汉语词典》、《新华字典》、《新时代汉英大词典》、《牛津高阶英汉双解词典》、《故训汇纂》、《四库全书》(影印文津阁本)、"汉译世界学术名著丛书"(400种)、"世界名人传记"(40种)、"中国文化史知识丛书"(100种)、"商务印书馆文库"(50种)及《英语世界》、《中国学术》杂志等。有不少品牌书刊相继荣获国家图书奖、国家辞书奖和国家期刊奖。商务对于现代中国的文化建设不仅做出了突出的贡献,更重要的是从这座文化重镇里,还走出了一大批杰出人物,如陈云、张元济、茅盾、陈叔通、周建人、胡愈之、王云五、郑振铎、叶圣陶、蒋梦麟、竺可祯、黄宾虹、袁翰青、陈翰伯、陈原……这些光辉的名字都写在了商务的史册上。[①] 笔者认为,商务印书馆是中国出版文化的旗帜,它代表了一种知识分子的文化传统,代表了中国现代文化的前进方向,代表了中国现代文化的品位与高度。

三联书店也是中国现代出版的重镇,有着辉煌的历史和宏大的文化气象。生活书店成立于1932年,创办人是邹韬奋、徐伯昕等。读书出版社成立于1936年,创办人是李公朴、柳湜、艾思奇、黄洛峰等。新知书店成立于1935年,创办人是钱俊瑞、姜君辰、薛暮桥、华应申等。新中国成立前,三家书店先后在上海、汉口、广州、西安、香港等地开办过百余家分店,出版图书1600余种,先后共编辑出版期刊约50种,这些书刊产生过巨大的影响。新中国成立后,三联书店长期隶属于人民出版社,1986年方独立经营,称为生活·读书·新知三联书店。1986年8月成立上海三联书店。三联书店自成立后,发展越来越多元化,但最初三店共同办杂志的传统仍然延续着,1979年创办的《读书》杂志便是代表之

① 商务印书馆,百度百科,http://baike. baidu. com/view/15011. html。

一。20世纪80年代以后，成立了三联读书俱乐部，恢复了《读书》杂志和《生活周刊》，创办了《爱乐》杂志。三联书店近几年年均出版新书300余种。自1986年至2001年，累计出版各类图书5000余种。出版的《随想录》（巴金著）获第一届国家图书奖；《傅雷家书》十多年来畅销不衰，已出版100多万册；《悲剧的诞生》、《第三次浪潮》、《资本主义的文化矛盾》、《宽容》、《陈寅恪最后二十年》、《赫逊河畔谈中国历史》（黄仁宇）等都是读者公认的精品。季羡林老先生曾用“八字真言”评价三联的书：清新、庄重、认真、求实。三联办的杂志影响力也很大，《读书》杂志亦学亦思，文章说古道今，总是透露出一种深厚的人文关怀，二十多年来《读书》一直是中国知识分子十分钟爱的一本杂志。《三联生活周刊》定位在做新时代发展进程中的忠实记录者，以敏锐姿态反馈新时代、新观念、新潮流，以鲜明个性评论新热点、新人类、新生活，与时代同行，与中国同步，有中国的《时代周刊》之称。[①] 三联之所以在知识界和文化界享有盛誉，是与它的文化品格和文化传播分不开的。从邹韬奋先生开创，经过陈翰伯、陈原、范用、沈昌文和董秀玉等几代出版家的继承发扬，其知识传统在国内外图书市场上拥有了令人骄傲的标志性品牌。

（二）全面挖掘整理传统文化资源

中国的文化资源可谓世界第一，不仅有悠久的历史文化资源，还有丰富的地域文化资源；不仅有庞大的物质文化资源，也有巨大的非物质文化资源。目前，中国正处于文化大发展和大繁荣时期，整理中国文化资源，传播中华文化，让中国文化深入人心，走出国门，这是出版产业发展的绝好机遇。

最近几年从中央到地方的出版社都在这方面取得了可喜的成就。比如河南出版的《中原文化大典》是国家新闻出版“十五”规划重点项目，由中原出版传媒集团公司统筹、中州古籍出版社出版，总投资近3000万元。《中原文化大典》全书总规模46卷，55册，近3000万字，4万多幅图片；共10个部分，分为一论、八典、一记，即：《总论》、《学术思想典》、《文学艺术典》、《科学技术典》、《民俗典》、《教育典》、《文物典》、《人物典》、《著述典》、《大事记》。它是一部全面描述源远流长的中原文化的历史过程，立体展示博大精深的中原物质文化和精神文化成就，系统总结中原文化各个领域研究成果的集成性的文化套书。它是

① 三联书店，百度百科，http://baike.baidu.com/view/62481.htm。

一部由300多位学者历时多年编纂的涵盖历史、文化、人物、著述、文物、教育、科技、艺术、民俗、大事等几十个学科的百科全书式大书。它是一部集文献编纂、图片展示、研究成果于一体,图文并茂,雅俗共赏,经典性和实用性兼具的开创性图书。它是一个河南省出版史上里程碑式的、标志性的出版工程。可以说,一部中原文化史就是中华文明史的缩影。

《中原文化大典》只是地域文化出版的一例,全国各地都有独特的文化资源,这是各地建设文化强省(市)和发展文化产业的强大基础和资本。出版产业在文化建设中具有广阔的驰骋空间,完全可以大有作为。

(三)创意为王,多出文化精品

图书要占领市场,首先必须有文化含量,而要有文化含量,必须要有创意。创意一方面要求出版社能发现新书,另一方面新书自身要有独特的文化内涵。只有两者齐备才可能具有良好的社会效益和经济效益。近年来,取得"两个效益"双丰收的例子比比皆是。如陈忠实的《白鹿原》、阿来的《尘埃落定》、余秋雨的《文化苦旅》等都为广大读者所喜欢。现在,中华书局、商务、三联、广西师大、长江文艺等出版社都形成了自己的特色,以高品位、高质量的图书在市场中赢得了较高的信誉。

近几年,有一本叫《狼图腾》的书在市场上创造了出版奇迹。它是由"布老虎丛书"策划人安波舜介绍给长江文艺出版社金丽江和黎波,经反复论证策划,于2004年4月上市后大获成功,在4年多的时间里,中文版发行量达240万册,连续4年高居中文图书畅销书榜。该书的版权几乎覆盖了所有主要语种,已经出版英文版、法文版等26种语言的版本。目前在百度上所搜"狼图腾"词条达172万篇。

《狼图腾》之所以广受关注,首先因为它是一本呕心沥血之作。作者姜戎(笔名),1946年生,北京人。1967年其自愿到内蒙古额仑草原牧区插队落户,1978年返回北京并考入中国社会科学院研究生院,攻读政治经济学专业。正像小说中的主人公陈阵一样,姜戎在草原上与狼共舞达11年之久。他掏过狼窝、养过小狼,亲眼目睹过狼与黄羊、狼与人、狼与马群的大小无数次战役。正是狼的品质和草原人对狼的图腾崇拜,以及13世纪蒙古骑兵的征战之谜,使姜戎沉迷其中达30年之久,最后用了差不多6年的时间创作了小说《狼图腾》。其独特的经历和痴迷的思考,使作品故事,特别是狼的种种细节,呈现出多彩纷呈、准确有力的迷人魅力。其次,它具有深厚的文化内涵。《狼图腾》着眼于大草原狼的生存状态、狼的特性、狼的生态环境、狼与人的关系描写,细致入微,扣人心弦。更重要的这本书写的不仅是狼,它实际上是通过写狼来写人,写人的精神和心态,写人与自然的关系。尽管目前人们对于《狼图腾》主题的理解存有歧义,但不能不承认这是一本具有人性关怀、自然关怀的书,它所反映的主题恰恰是在现代化的今天,人们所必须面对的话题。从狼性到人性,从自然到人文,人们从中都会得到各种各样的启示、感动和震撼。它所彰显的文化意义远远超过了小说本身而进入人的生活层面和形而上的哲学层面。最后,它有充分的策划和宣传。出书之前有反复的市场论证,书出来之后,多次组织文学界和文化界的作家、专家、学者开研讨会,并在媒体作宣传。同时,拍摄成电影,翻译成多种外语版本开拓国际图书市场,都取得了良好的传播效果。

(四)特色化生存,集团化发展

由于读者群是庞大的,不仅有年龄、收入、职业的差别,还有文化背景、受教育程度、个人兴趣的不同。因此,出版社就要有很强的针对性,要在激烈的竞争中形成自己的特色。目前全国有 500 多家出版社,其中:商务印书馆以汉译学术名著为自己的特色,中华书局以出版古典文学和文献为自己的特色,三联以"生活·读书·新知"为自己的特色,人民文学出版社以出版中国现当代文学作品为特色,社会科学文献出版社以出版各种皮书为特色,高等教育出版社以出版大学教材为特色等。期刊的出版也是这样。目前,全国有 9000 多种期刊,其中:文学类期刊目前做得好的是《收获》、《十月》、《当代》、《小说选刊》、《小小说选刊》;青年文摘类做得好的是《读者》、《青年文摘》;家庭生活类的有《家庭》;时尚类的有《瑞丽》;学术文摘类的有《新华文摘》、《中国人民大学报刊复印资料》等。出版特色的形成,有的要靠历史的积淀形成良好的文化传统,有的要在读者中细分市场,有的以创意取胜,有的以品位取胜,总之在经营中,各有各招。这是目前出版社和杂志社赖以生存的法宝。

但是要真正做大做强,特别是要与国外出版集团竞争,单靠一家出版社或单靠图书和期刊本身还不行,还需要在原有的特色上,上下延伸,打造产业链,多家联合,多元发展,整体出击。因此,集团化发展成为近年来中国出版产业的整体趋势。

中国出版集团成立于2002 年4 月9 日,由人民文学出版社、商务印书馆、中华书局、中国大百科全书出版社等12家子公司，以及新华发行集团总公司、现代教育出版社等控股公司、参股公司、关联公司组成。该集团拥有一、二级出版社26家，国内连锁书店和卖场220家，海外连锁书店和办事机构23家，现有员工7600人。其以出版物生产和销售为主业，是集各种介质出版物的出版和销售、连锁经营、进出口贸易、版权贸易、印刷复制、信息技术服务、科技开发、金融融资等于一体的经营多元化的大型企业集团。每年出版图书6500多种，音像制品和电子出版物1500种，期刊44种，报纸3种；每年从事书刊版权贸易2000多种；每年进出口各类出版物20多万种。该集团的战略目标是：成为我国出版物生产、发行和进出口的主要基地，成为对外文化交流的重要窗口，成为出版品种全、精品多、队伍强、效益好的，充满内在活力和国际竞争力的大型文化企业。①

家庭期刊集团的前身是家庭杂志社，创办于1981年，是广东省妇联属下的文化事业单位。2002年1月25日，经中宣部和国家新闻出版总署批准，成为全国首家期刊集团——家庭期刊集团。家庭期刊集团先后创办了我国第一本素质教育亲子共读刊物《孩子》、中国第一本面向中产阶层的财商杂志《私人理财》和旅游类杂志《旅游界》。现已发展成为拥有四本品牌期刊、五家子公司的现代文化企业，广泛涉足期刊、图书、网络、影视音像制作、光盘生产、房地产等经营领域。2004年，家庭期刊集团确定了“一体两翼”的办刊办社方针，即以刊物为主体，以创办经济实体、举办社会文化公益事业活动为两翼。一方面创办经济实体，增强经济实力，如在珠海市中心兴建集餐饮、住宿、娱乐为一体的家庭大厦，在广州先后成立了广东省大家庭实业股份有限公司、广告公司和发行公司，在东莞兴建厂房等；另一方面，刊社独资或与企业、文化单位合作举办各种形式的社会文化公益活动。如主办三年一届的全国性家庭问题学术研讨会；设立文化基金，资助出版有关学术著作；评选全国性的“美好家庭”、“优秀教育世家”、“体育明星优秀家长”；资助优秀贫困女大学生等。同时集团还设立全国首家救助苦难家庭基金，长年定期向陷入困境的家庭提供救助等等。这些大型的社会文化公益活动，不仅在全国范围扩大了品牌认知度，创造了社会效益，而且增加了一定的经济收入。目前，集团的销售利润率、人均利润，在全国31家

① 中国出版集团，百度百科，http://baike.baidu.com/view/1110066.htm。

出版、报业、发行、期刊集团中居首位。①

（五）依靠新的传播技术，大力发展数字出版

近年来，由数字技术引发的出版革命已经开始，网络出版、数字图书馆、个人网站、博客、引擎搜索、电子书、电子辞典等如雨后春笋般地不断涌现。新的传播技术不仅降低了出版的门槛，而且大大提高了出版的效率。由此带来的版权与知识共享问题已经引起全社会的高度重视。从传统出版向数字出版的转型成为不可逆转的大趋势，如何做好二者的对接，做到优势互补、共同发展，是当前出版人必须研究的紧迫课题。

中国知网是国家知识基础设施工程建设项目，由清华大学、清华同方发起，始建于1999年6月。中国知网是一家致力于为海内外各行各业提供知识与情报服务的专业网站。目前中国知网服务的读者超过4000万，中心网站及镜像站点年文献下载突破30亿次，是全球备受推崇的知识服务品牌。凭借优质的内容资源、领先的技术和专业的服务，中国知网在业界享有极高的声誉，在2007年，中国知网旗下的《中国学术期刊网络出版总库》获首届“中国出版政府奖”，《中国博士学位论文全文数据库》、《中国年鉴网络出版总库》获提名奖。这是中国出版领域的最高奖项。国家“十一五”重大网络出版工程——《中国学术文献网络出版总库》也于2006年通过新闻出版总署组织的鉴定验收。通过与期刊界、出版界及各内容提供商达成合作，中国知网已经发展成为集期刊杂志、博士论文、硕士论文、会议论文、报纸、工具书、年鉴、专利、标准、国学、海外文献资源为一体的、具有国际领先水平的网络出版平台。中心网站的日更新文献量达5万篇以上。基于海量的内容资源增值服务平台，任何人、任何机构都可以在中国知网建立自己个人数字图书馆，定制自己需要的内容。越来越多的读者将中国知网作为日常工作和学习平台。②

辽宁出版集团是中国出版业第一家完全政企分开、政事分开，并获得国有资产授权经营的大型出版产业集团，2000年3月正式运营。辽宁出版集团积极致力于传统出版向现代出版的快速转变，率先以网络化、数字化和信息化，建立现代出版发展平台，为产业可持续发展奠定坚实基础。先后建成中国出版业第

---

① 徐春莲：《尊重市场和市场接轨》，《中国新闻传播学评论》2007年10月25日，http://www.cjr.com.cn。

② 中国知网，百度百科，http://baike.baidu.com/view/775616.htm。

一个应用现代网络技术，实现编辑手段数字化的“出版智能大厦”；运行中国出版业第一个实现出版物计算机网络配送，与世界先进配送技术全面接轨的“出版物配送中心”；引进国内第一套数字化印刷制版系统（CTP）；应用世界先进的POD数码印刷设备；生产第一例标准中文电子图书“掌上书房”；开发中国出版业第一个电子图书资源数据库……实现编辑、印刷、发行主要环节与世界发达国家出版产业最前沿的高新技术一步到位接轨。辽宁出版集团每年出版各类图书1500余种，再版书1600种，本版图书销售总额超过8亿元。辽宁出版集团近年来有近1000种图书的版权输出到美国、日本、德国、瑞士、香港、台湾等出版业发达的国家和地区。①

今天的出版界有这样一种偏见，认为数字出版的崛起之日，就是传统出版的衰落之日。笔者认为，数字出版并不是传统出版的对手，反而为传统出版插上了腾飞翅膀，提供了前所未有的发展机遇。传统出版应该抓住这一机遇，借助数字出版的传播优势进一步做大做强。

① 辽宁出版集团，百度百科，http://baike.baidu.com/view/1267532.htm。

第十一章 中国电视产业创新

电视产业是文化产业的核心层，在文化产业中具有重要的地位。中国电视尽管从20世纪50年代开始，但真正大规模的发展还是始于20世纪90年代。目前电视已经普及到千家万户，成为大众传媒中受众最广、最有影响力的媒体。从产业的角度看，电视虽起步较晚，但却处于整个文化产业的核心部位。面对日益白热化的竞争格局，中国电视产业的创新已经成为全社会关注的焦点。

一、中国电视产业的现状

(一)总体情况

作为中国主流的电子媒体，电视具有强大的辐射力和影响力，对于公众的影响巨大。截至2007年底，全国共批准设立的广播电视播出机构2587座。其中电视台287座，教育电视台44座，广播电视台1993座。有线电视用户1.5亿户，用户量已居世界首位。数字电视用户2686万户。全国有线电视传输干线网达300万公里，电视的社会拥有量达4亿台，千人平均拥有量居世界前列。电视综合人口覆盖率为96.58%。目前，我国使用10颗卫星53个转发器传输242套电视节目。2007年全国广播电视节目制作机构2874家，全年开办电视节目1283套。生产电视剧529部14670集。从广告收入看，全国电视广告收入519.21亿元。①

(二)电视行业的竞争格局

整个中国电视的竞争格局是"一超多强"。"一超"指中央电视台，作为国家级电视台，利用独特资源垄断、政策保障、经营创新，在中国电视市场上处于

---

① 张晓明、胡惠林、章建刚主编:《2009年中国文化产业发展报告》，社会科学文献出版社2009年4月第1版，第173页。

“一览众山小”的超强地位，电视节目收视市场份额平均占全国电视市场的35%左右，2006年广告收入达到92亿元，2007年达到103亿元，占全国电视广告收入的1/5左右。“多强”则是指电视节目收视率市场份额和电视广告收入份额处于前列的省级电视台，传统的“三强”是上海文广集团、北京电视台和南方传媒集团（收入最早突破10亿元大关）；新兴的强台在收视率上移居前两名的是湖南广电集团、安徽电视台；广告收入突破10亿元大关的则有江苏电视台、深圳电视台、浙江电视台、山东电视台。从近五年的收视率战果来看，湖南卫视一直是居于首位，是地方电视台最有人气、最有影响的电视台，安徽卫视基本上居于亚军地位，季军以下则是你方登罢我登场，没有固定的“座位”。[①] 目前的竞争格局是央视与地方卫视的竞争，各省（市）卫视之间的竞争，地方卫视与各地面频道的竞争，省级电视频道与城市电视频道的竞争。

（三）电视产品

1. 电视剧

过去很长时间，电视剧一直是以古装剧，特别是清宫戏唱主角。目前，已经有所改观，电视剧日趋呈多样化局面，涌现出一些较有影响的作品。如：乡土题材的电视剧有《刘老根》、《乡村爱情》、《马大帅》、《圣水河畔》、《喜耕田的故事》、《当家的女人》、《篱笆·女人和狗》、《暖春》；军旅题材的电视剧有《激情燃烧的岁月》、《亮剑》、《士兵突击》、《血色浪漫》；功夫题材的电视剧有《李小龙传奇》；都市题材的电视剧有《牵手》、《蜗居》、《错爱》；喜剧题材的电视剧有《我爱我家》、《东北一家人》、《闲人马大姐》、《炊事班的故事》、《丑女无敌》、《武林外传》；历史题材的电视剧有《汉武大帝》、《康熙王朝》、《雍正王朝》、《三国演义》、《水浒传》等等。在传统电视剧中往往靠大牌明星的号召力。由于明星大腕身价较高，无形中增加了电视剧的制作成本，近年来一些导演纷纷将目光投向新人，《士兵突击》中许三多的扮演者王宝强就是最典型的代表。现在，全国电视剧市场激烈竞争，一些有实力的电视台每年投入经费1～2亿元购买独播剧，希望以此拉动收视率，而一些实力差的电视台只能购买别人播过的电视剧。但是由于独播剧的质量并不稳定，因此，购买独播剧也成为一种风险投资。

① 叶朗主编：《中国文化产业年度发展报告》，湖南文艺出版社2008年6月第1版，第143页。

2. 新闻节目

目前，各个电视台的新闻节目拉动收视率的并不是所谓的新闻联播节目，而是贴近百姓生活的民生新闻节目。民生新闻节目的萌芽是 1995 年北京电视台推出的《点点工作室》（现为《第七日》），1997 年北京电视台推出的《北京特快》，1999 年成都电视台推出的《今晚 8：00》和福建电视台新闻频道推出的《现场》。真正的民生新闻是从 2002 年江苏电视台城市频道推出的《南京零距离》开始的，它被认为是中国民生电视新闻节目的先河。之后，全国各地民生新闻全面开花。2009 年中国广播电视学会评出了“中国电视民生新闻十佳栏目”，它们是：福建电视台新闻频道《现场》、黑龙江电视台都市频道《新闻夜航》、北京电视台生活频道《第七日》、湖南经济电视台《都市 1 时间》、江苏广电总台城市频道《南京零距离》、浙江电视台教育科技频道《小强热线》、杭州电视台西湖明珠频道《阿六头说新闻》、陕西电视台都市青春频道《都市热线》、山东电视生活频道《生活帮》、河南电视台公共频道《DV 观察》。民生新闻的特点是关注民生、贴近实际、贴近生活、贴近百姓，在叙述手法上强调“主题故事化，故事人物化”。民生新闻的意义在于突破了长期以来的新闻联播模式，新闻不再是高高在上，居高临下，而是真正反映老百姓的生活，老百姓的心声，是真正以百姓为主体的新闻。民生新闻是中国新闻报道的一次革命，它标志着一个真正的平民化新闻时代已经到来。现在民生新闻的表现手法已经创造性地运用于其他栏目，如江苏卫视的《人间》、央视的《心理访谈》、湖南电视台的《真情》、南京电视台的《有请当事人》、北京电视台的《生活广角》、上海时尚生活频道的《心灵家园》和湖南经视频道的《寻情记》等栏目。这些以情感心理为主题的栏目在讲故事的基础上加入谈话元素，夹叙夹议，除了题材来自于真实的生活，对于观众的吸引还来自于其中的“真人秀”成分。

3. 娱乐节目

电视娱乐节目是拉动电视收视率的重要砝码，是百姓特别是青年人喜欢的节目。中国电视娱乐节目大体经历了这样几个阶段：第一阶段是 20 世纪 90 年代出现的《综艺大观》和《正大综艺》晚会式的表演。《综艺大观》是融合了歌舞、小品、相声、曲艺等多种节目形式的晚会式周播节目。《正大综艺》着眼于外部世界的万种风情和演播室内的欢声笑语互为补充，将好奇作为维持观众持续观赏的动力，是《综艺大观》的补充。第二阶段是以《快乐大本营》、《欢乐总动员》为代表的游戏类娱乐节目出现。观众已经从早期审美转向一种“审丑”，人们看这类节目的一个重要驱动力是为了看明星出洋相，观众从心理上变成了一个评价者。舞台与观众之间的鸿沟已经开始缩小，主持人也不再是绝对的中心。第三阶段是以《幸运52》、《开心辞典》等益智博彩类节目为主。观众看节目时既不是审美也不是审丑，坐在主持人王小丫或李咏对面的竞答者是观众熟悉的、如他们一样普通的人，这个时候观众已经和他们有了一种平视的态度，节目已经走向了平民化。第四阶段是以2000年6月广东电视台《生存大挑战》为开端的真人秀节目。之后，东方卫视的《莱卡我型我秀》，央视的《梦想中国》、《非常6+1》，湖南台的《超级女声》等是其代表节目。平民走到了观众的面前，而且成为明星。以央视《非常6+1》为例，节目用六天时间把平民英雄的成长过程，非常细化地呈现出来。它把屏幕内外的界限完全颠覆了，强调的是大众的参与，电视屏幕之外的人多是真人秀参与者的亲戚、朋友，甚至拥护者、认同者和反对者，他们通过投票参与整个的进程。① 电视娱乐节目更新的速度非常快，不断有老的节目被淘汰，有新的节目涌现，但真正能办得长久的节目还不多。目前，央视娱乐节目收视率比较好的是毕福剑主持的《星光大道》。比较而言娱乐节目做得最好的当数湖南卫视。继《快乐大本营》、《玫瑰之约》之后，2005年其推出的《超级女声》大获成功，在全国同时段创下了收视第一的佳绩；2007年推出《超级男声》，2009年又推出《快乐女声》，虽无法与2005年的《超级女声》相比，但也火了一段时间。除此之外，湖南卫视的《越策越开心》、《天天向上》、《挑战麦克风》、《全家一齐上》、《智勇大冲关》、《金牌魔术团》等节目也为广大观众所喜爱。2009年娱乐节目的新秀是浙江卫视推出的《我爱记歌词》，它以新颖的形式赢得了很高的收视率。

4. 文化类节目

文化类节目近年来温中有火，它以传播文化为己任，迎合人民大众日益增长的文化需求，逐渐拓宽了自己的生存空间。目前最火的节目当属中央电视台推出的《百家讲坛》。它坚持“让专家、学者为百姓服务”的栏目宗旨，在专家、学者和百姓之间架起一座桥梁，从而达到普及中国优秀传统文化的目的。近年来，易中天的《品三国》、王立群的《汉代风云人物》、于丹的《论语心得》、阎崇年

---

① 《电视娱乐节目发展经历四阶段，“真人秀”成新宠》，北京青年报2004年3月21日。

的《清十二帝疑案》、马瑞芳的《说聊斋》、纪连海的《正说和珅》、钱文忠的《玄奘西游记》、马未都的《说收藏》、傅佩荣的《孟子的智慧》、曾仕强的《易经的奥秘》等受到广大百姓的普遍欢迎，由此而兴起的国学热和收藏热长盛不衰。2001 年央视推出的《探索·发现》是中国电视史上第一个大型人文历史与自然地理类的纪录片栏目。它以纪录片的手法，讲述以中国为主的历史、地理、文化的故事，探寻自然界的神奇奥秘，挖掘历史事件背后鲜为人知的细节和人物命运，展示中华文明的博大恢弘，是“中国的地理探索，中国的历史发现，中国的文化大观”。“在未知领域努力探索，在已知领域重新发现”，是《探索·发现》的栏目宗旨和始终如一的追求。《探索·发现》开播以来，制作和播出了超过 2000 多集的节目，其中有一大批节目深受观众的喜爱。如大型系列节目《考古中国》(45 集)、《世界遗产之中国档案》(30 集)、《秘境追踪》系列一共 5 部(152 集)、《极地跨越》(148 集)等都受到人们的喜欢。除上述两个栏目，央视的《大家》、《人物》、《鉴宝》、《寻宝》等栏目也有一定影响。与央视的情况不同，香港的凤凰卫视和阳光卫视也都各自开设了自己的文化栏目，在观众中产生了强烈的反响。比如凤凰卫视的《凤凰大视野》、《风范大国民》、《开卷八分钟》、《世纪大讲堂》等有一定影响。《世纪大讲堂》是凤凰卫视中文台一档坚守“思想性、学术性”，强调“独立之精神，自由之思想”，“究天人之际，通古今之变，成一家之言”，有着强烈文化抱负的周播节目。该节目自 2001 年 1 月播出以来，曾邀请多位海内外著名的专家、学者等出席作嘉宾，是一档以“学术也一样让你听得懂”为宗旨，有着强烈文化抱负，具有一定文化品位，而且是形式活泼、双向互动的节目。其节目内容广泛，从社会、文化、金融、教育、政治、科技到国际关系、经济理论等深入而多元，让学识渊博的学者们为观众解惑，发掘知识的乐趣。该节目被《新周刊》誉为“15 年来中国最有价值的电视节目”。阳光卫视的《人物志》、《观天下》、《亲历》、《文化中国》、《纪录中国》、《子夜》、《说文解字》、《国宝背后的故事》等栏目富有浓厚的人文气息，以独立的思想、独特的品位，在观众中产生了较大影响。

二、中国电视产业存在的问题

(一)电视剧存在的问题

目前,电视剧的播出在各个电视台的份量越来越重,从最早的一天一集,到现在的一天两集,甚至三集。虽然电视剧的播出量很大,并且我国每年生产500多部电视剧,但真正好的电视剧没有多少。其主要原因是大家把电视剧当成了摇钱树,而不是艺术。当前,电视剧泡沫化现象非常严重,本来十集可以拍完的电视剧一下拉成二十集到三十集,现在十集以下的电视剧基本看不到,原因是这样拍不赚钱。于是,电视剧的内容贫乏、冗长琐碎成了不可救药的通病。在内容方面,目前电视剧主要有这几个误区:首先是主旋律电视剧机械僵硬。国家为此不惜重金投资,但效果较差。创作人员把主旋律电视剧看成简单的宣传,忽略了对生活内涵的审美表现,忽略了对人性深处丰富性的揭示。因此,这一类电视剧人物有模式化、简单化、神圣化的特点,缺少真实,缺少生动,特别缺少人物内心的反映,无法打动人。其次是重历史题材轻现实题材。很多电视剧仍然是翻历史的旧账,在古纸堆里找乐趣,而对火热的现实生活,特别是现实生活中真正的问题则不敢面对。犬儒主义、戏说历史、江湖恩怨、宫廷内幕、权谋斗争、插科打诨、没有正经成为当下电视剧的流行病,而反映今天老百姓喜怒哀乐的现实题材电视剧则少之又少。最后是反映现实题材的情感剧、反腐剧、涉案剧误入歧途。情感剧多是不正常的畸情畸恋、第三者和性,真正通过个人反映时代情绪的电视剧则少之又少。反腐剧和涉案剧中的故事和人物模式化现象严重,好人无往而不胜,坏人无往而不败,缺少真实的生活逻辑和情感逻辑,让人感觉有重复之嫌、虚假之感。整体来说,目前中国电视剧精品不多,能够贴近生活反映老百姓真情实感的不多,能够从历史的高度反映历史真实的不多。电视剧本身的粗糙、滥情、虚假、轻浮反映出当前电视剧创作人员的浮躁心态。

(二)新闻节目存在的问题

目前,很多电视台提出了"新闻立台"的策略,但由于新闻观念的偏差,新闻节目的同质化现象非常严重。首先,在新闻的观念上还不解放。我们理解的新闻模式要不就是新闻联播,要不就是民生新闻。可是,新闻联播模式已经遭到不少人的批评,而民生新闻模式则很少有人反思。实际上,我们现在理解的民生新闻和真正的民生新闻是有偏差的。现在的民生新闻节目不少已经走入庸俗化的误区。为了争夺观众,提高收视率,将目光盯在能吸引观众眼球的题材上,不管这样的题材对社会是否有益。比如打架斗殴、坑蒙拐骗、交通事故、喝酒违章、邻里纠纷、移情别恋等,不正常的生活事件和情感成了民生新闻的主要内容,完全不顾新闻播出后所产生的社会影响。其次,我们现在处在一个新闻爆炸、信息泛滥的时代,而我们的新闻节目缺少对信息的加工和深层挖掘。很多新闻节目还在追求所谓的速度和信息量,而恰恰忽略了对于新闻背后新闻的挖掘、对于新闻背景的揭示、对于新闻事件的分析。目前,我们缺的不是一般性的新闻报道节目,而是具有深度、具有新闻眼光、具有洞察力的新闻评论节目,这样的节目不仅中央台少,地方台也很少。究其原因,与我们从业人员的素质有很大关系。因为长期以来新闻从业人员专业知识背景的趋同化和单一化无法应对日益变化和复杂的现实,因此,他们没有能力对于新闻信息进行深加工和精加工。再次,新闻播报的单一化。电视新闻是面向观众的新闻,这就要求电视节目主持人要有一定的亲和力,要有驾驭新闻的能力。长期以来,我们的主持人都是照稿子"播"新闻,主持人完全不用动脑筋。而现在,这种僵硬的模式已经为大众所厌倦,这就需要由"播"新闻向"说"新闻转变。所谓"说",就是要求主持人与观众面对面,通过个性化的方式很自然地让观众接受。一方面主持人要把新闻传给观众,另一方面主持人又要加入自己的评说。从《阿六头说新闻》到《文涛拍案》,都强调主持人新闻叙述与评说的个性化。只有个性化的评说,平面的新闻才能变成立体的新闻,静止的新闻才能成为鲜活的新闻。但从目前中国新闻节目情况看,真正属于"说"新闻的节目还不多,这就大大降低了新闻传播的效果。最后,是新闻娱乐化倾向。为了改变僵硬的传播方式,采取更贴近百姓喜欢的方式是可以理解的,但任何事情必须有一个合适的度。目前,新闻传播中娱乐化的痕迹过重,已经大大伤害了新闻的严肃性,猎奇化似乎成为一种时尚。2004 年 9 月 6 日,中央电视台国际频道《今日关注》关于俄罗斯别斯兰市中学人质惨案的报道,以手机短信方式有奖竞猜死亡人数的设置就是新闻娱乐化的典型案例,说明编导和主持人对于生命的冷漠。再如民生新闻中《野蛮司机撞人后拖行六百米一男子被"碎尸万段"》、《司机被翻车压成"三明治"》的新闻更是将新闻娱乐化推向顶峰。新闻娱乐化的泛滥体现了当下新闻人的急功近利和道德良知的泯灭。

（三）娱乐节目存在的问题

娱乐节目的兴起与电视社会化的情势有关。随着人们物质生活水平的不断提高，人们对于精神生活的需要日益多样化，娱乐就成为大众传媒传播的重要内容。好的娱乐节目使人们的心情开朗、积极向上，能够激起人们的参与性与创新性，能够更好地展示自我和塑造自我。但是，不好的娱乐节目则容易对社会特别是青少年产生误导，产生不良的社会后果。目前电视娱乐节目的主要问题有：第一是程式化。许多节目像一个模子里造出来一样，没有自我，没有个性，没有特点。只要有一个节目走红，其他电视台纷纷模仿。中国的电视娱乐节目基本上是对欧美和港台电视节目的模仿，比如美国的《美国偶像》、法国的《城市之间》、香港的《欢乐今宵》、台湾的《康熙来了》《我猜我猜我猜猜猜》等，从节目程式到主持人风格，大同小异。现在娱乐节目模仿现象非常严重，湖南电视台《超级女声》火了之后，各地以选秀为主的娱乐节目纷纷出笼。浙江电视台的《我爱记歌词》火了以后，许多电视台又忙着学浙江台。但大多数节目只是学个皮毛，真正的精髓则学不了。于是就像东施效颦，不但学不像，反而丑态百出。同样是一个类型的节目，人家一做就火，他一做就死。但好像大家并没有认识到这一点，仍然乐此不疲地跟风。这种一哄而上的做法，说明了当下娱乐节目创造力的贫弱和电视人投机取巧的心态。第二是庸俗化。格调低下是娱乐节目庸俗化的主要表现。为了追求收视率，主持人口无遮拦，什么不能说就说什么，为的是达到一种轰动效应。隐私与性成为娱乐节目炒作的热点。如有的主持人问台上的幼儿园的小朋友："什么叫老公？""什么叫老婆？""你想找谁做你的男朋友？"当得到孩子们的回答后，主持人脸上才露出了满意的笑容。著名作家冯骥才先生说："我们的文化正走向粗鄙化，即粗糙、粗俗，这绝不是危言耸听，需要引起我们的注意。有的电视节目真的是不伦不类，缺少文化气息。"全国政协委员姜昆为此发表感慨："明星在台上打打闹闹，或者问答一些无聊的问题，希望靠出丑来博人一笑。面对这样的电视娱乐节目，你还乐得起来吗？"今天的娱乐节目很多已经变成了"愚乐"节目，这样的节目不但不能提高我们民族的文化水平和心智水平，反而将健康的文化恶俗化。消解神圣、消解崇高、消解美好已经成为娱乐节目的普通现象，"娱乐至死"的狂潮正像瘟疫一样传染给我们的年轻一代，让他们在狂欢之中消磨掉向上奋斗的意志，其后果是相当可怕的。第三是商业化。娱乐节目之所以泛滥无度，就在于一定程度上它迎合了人们形而下的物质需求。在今天这样一个信仰和理想越来越淡漠的时代,在今天这样一个越来越物欲化的时代,娱乐节目顺势而上,不惜以降低人们的精神品位为代价,片面追求收视率的攀高。现在很多娱乐节目都是以金钱和美女为诱惑,从而刺激人们参与和冒险。很多节目与商家联合本身就带有浓厚的商业气息,节目只是为商家做广告。许多导演做节目的目的就是如何从观众那里掏钱,而不管制作的节目内容健康不健康。娱乐节目与商家的联手到底是一场双赢,还是一场对观众的掠夺?现在已经是一个非常有争议的话题。笔者个人认为,娱乐节目的产业化是市场经济的必然趋势,但这种趋势是不以伤害艺术和观众本身为前提的。如果一个娱乐节目不考虑它的社会效果,不考虑艺术本身的纯粹,不考虑它的道德底线,而仅仅将目光盯在如何从观众那里掏钱,这样的娱乐节目可能轰动一时,但绝不可能长久。

（四）产业化进程缓慢

目前,电视行业与出版、报纸行业相比,产业化进程异常缓慢,主要表现在:第一是市场化程度低。由于广电网络建设主要依靠国家投资,电视行业的开放程度相对较低。目前,还属于国家统管,极少与市场接轨。不仅从融资方面市场化程度底,就业务本身来讲,市场化程度也很低。尽管许多年之前就提出制播分离,但到现在还没有真正实现。公益性电视和经营性电视还没有彻底区分清楚。第二是体制滞后,活力不强。目前,电视行业条块分割严重,层级差别严重,行业壁垒森严,人事制度和分配制度落后,极大地束缚了人的创造力的发挥;官本位、等级制、行政色彩过浓,极大地影响了电视产业效能的提高。第三是资源浪费,竞争无序。现在"四级办电视"的体制基本没变,加上前些年盲目的频道扩张,使得频道增多,人员增加,但效益低下,缺少有影响的好节目,缺少核心竞争力。各频道的节目同质化现象严重,缺少新意,缺少内涵,从而陷入一种无序竞争之中。第四是产业链太短。各电视台除了节目还是节目,而节目之后的衍生产品开发基本没有,节目之外的活动经济也少得可怜。电视媒体合作与跨行业经营止步不前,缺少整体的产业发展战略,缺少清晰的产业发展思路,缺少全方位的产业发展实践,产业形态单一,严重制约电视的进一步发展。第五是电视老大的观念还根深蒂固。在网络等新媒体迅速崛起的今天,很多电视人没有丝毫的危机感,依然认为电视的优势无可匹敌,电视的地位无可动摇,电视的权威毋庸置疑。正是一业独大的守旧思想,使电视行业缺少与时俱进的思想,缺少创新意识,特别缺少与市场经济接轨的产业理念。电视的危机主要不是来自外部,而是电视行业本身的观念不解放。

三、中国电视产业如何创新

(一)转变观念

改革开放以来,中国之所以发生天翻地覆的变化,最重要的就是思想解放。中国电视要想在根本上有新气象、新跨越、新发展,必须从解放思想、转变观念开始。

1. 从官本位向民本位转变

电视不仅要做政府的喉舌,也要做民众的喉舌。电视从业人员的目光要从向上看,转变到向下看。从媒体本位向受众本位转变,最重要就是要站在民众的立场上说话,以理性的姿态处理政府与民众的关系,为建设和谐社会和科学发展发挥媒体应有的作用。

2. 从政府行为向市场行为转变

电视长期以来是作为事业存在的,现在当电视作为产业而出现时,电视自身要学会及时调整自己的定位和经营方略,尽快实现从新闻事业向传媒产业的转变。一方面要发挥媒体的信息传播功能,另一方面要学会在市场的海洋里游泳。学会尊重受众,根据受众消费心理生产适销对路的电视节目,从而达到社会效益和经济效益的双丰收。

3. 从"吸引眼球"向"感化心灵"转变

电视的市场化必然带来对于观众的争夺,强调收视率、吸引眼球、争夺广告资源,成了电视行业竞争的焦点。但是只强调收视率,唯收视率的现象,只能让电视堕落成追求低级趣味的媒体,从而忘掉电视自身的文化责任和社会责任。因此,电视作为社会有影响力的大众媒体要为大众负责,为社会负责,以健康的精神食粮感化观众的心灵,树立社会的价值体系。

4. 从传统媒体向新媒体转变

随着网络等新媒体的普及,电视借助网络、手机等新媒体的传播优势做大做强非常关键。因此,与新媒体的融合、互动、开辟新的业态、扩大经营范围是电视发展的必然选择。手机电视、网络电视、移动电视、多媒体数字电视这些新业态越来越受到观众的欢迎。央视国际网站、凤凰网已经成为电视媒体经营的知名网站,中央电视台和凤凰卫视以此为平台大大提高了自己在观众和网民中的知名度。

(二)打造品牌

电视产业是内容产业,最终要靠节目说话,而一般的节目并不能产生良好的效益,只有成为知名品牌,才会产生超常的社会影响和经济效益。

1. 坚持少而精的策略

目前全国有几千家电视台,但真正有影响的栏目却很少。现在一些省会城市有一二十个电视频道,老百姓真正喜欢看的却不多。这些电视台和电视频道都投入了大量的人力和财力,但由于没有名牌栏目,效益都很一般,由此造成的人力与财力浪费是惊人的。针对这种情况,前些年曾经提过"频道专业化"的理念,但事实证明这一理念并未落到实处。每一个频道虽冠以"都市""商务""法制""教育""民生""农村"等名号,但从具体的每一个栏目和每一期节目看,内容与名号并不相符,"专业化"远未达到。栏目虽然不少,但都不精、不专、不细,有的甚至文不对题。因此,必须坚持"少而精"的策略,每个频道做好一到两个品牌栏目,拿出自己的拳头产品,体现自己的个性与特色,才能让观众认可,扩大自己的影响力和竞争力。

2. 重视节目的创意

现在许多节目观众之所以不喜欢就是因为我们的节目没有创意。电视的竞争说到底是内容的竞争、创意的竞争,好的创意往往能够成就一个品牌。比如凤凰卫视的《冷暖人生》将目光投向历史的过往与今昔,关注那些历经沧桑的个体生命,节目具有丰富的传奇色彩和深厚的人文情怀,在人们心目中留下了深刻的印象。如"七旬老兵曾经沙场,40 载相聚见证中印战争"一期节目,记录了在陕西富平县偏僻的村庄里经常组织聚会的老人,年龄大都在 70 岁左右,这些老人当中有在青藏高原上站岗戍边七八年的普通士兵,也有立下过赫赫战功的战斗英雄、功臣模范,他们现在都已经年近古稀了,他们大半辈子的身份就是个地道的农民。但是他们中很多的人都依然以当年短暂的当兵历史为荣,相互之间至今还是以同志相称的,他们也依然会在每年的八一建军节这一天庆祝自己的节日。见了面,他们总是会说着,聊着,仿佛一起回到 40 年前。这样的节目相信每一个看过的人都会有所心动,因为它的创意来自实实在在的人生,没有虚构，却感人至深。另外，凤凰卫视《智慧东方》中对国宝唐三彩之美的揭示、《我的中国心》中对弘一法师的讲述，中央电视台《探索·发现》栏目的“中国皮影戏”、“中华武功”、“国家宝藏：新中国文物保护六十年”等专题，内容独特，富有新意。这些节目观众看过之后，都会留下深刻印象。中国的电视节目现在很强调创意，但大部分电视节目的创意只是局限在“技术”层面，而没有上升到“道”的层面，节目只是在细枝末节上下工夫，而忘掉了人本身。其实，只要我们用心发现，将目光投射到和我们一样的芸芸众生身上，探索每一个人的命运和人生、情感与心灵跳动，做出的节目就一定有温度，有深度，有新意，一定会打动每一个观众。

3. 重视节目的品质

电视节目的竞争不在量，而在质。所谓品质，实际上就是节目的内核，电视节目本身所代表的文化品位和精神指向。虽然目前电视所面临的是一个竞争异常残酷的局面，稍有不慎都可能被淘汰。但是，只要认真研究电视所面临的客观现实，保持自己的个性与品位，就会立于不败之地。“电视节目的竞争，归根结底是一种文化的竞争、精神的竞争、智慧的竞争。因此，凡是不具有文化价值和精神价值的节目，不管如何暂时的炫目，都难以逃脱迅速褪色的悲剧，最后被‘雨打风吹去’。只有那些能够打动人心的电视作品，才能经久不衰。”①电视是文化的载体，它在传播信息的同时，还肩负着传承民族文化、弘扬民族文化、提升国民素质、陶冶大众情操的重任，因此，不管是新闻节目、娱乐节目，还是电视剧，都有精神的品位在里面。电视应该以创新为己任，以优秀的节目感化人、引导人、娱乐人。中国电视确实到了告别浮华，以品质树立形象的时候了。

（三）走向市场

1. 强力推进电视体制改革

电视传媒改革不是仅仅局限于节目创新、制播分离、竞争上岗、绩效工资等具体的环节，它应该是一种整体转型和改革。目前，制约电视发展速度的主要是来自计划经济条件下的体制，不打破这种陈旧的体制，电视的发展就没有活力。而所谓传媒的“整体转制”，“就是对传媒单位个人法人属性重新定位，对纳入经营性的文化产业的传媒单位，明确其法人地位，获得包括制作权、出版权、

① 陆地：《电视媒体到底追求什么？》，人民日报2009年11月19日。

播出权和经营权在内的完整权利，形成按照产业实体的集生产(制作)、产品(节目)市场流通为一体的发展模式。以电视节目为例，就是以频道资源的技术资源为基础，以节目资源开发利用为手段，以受众市场为导向，强调投入与产出，优化资源配置，重视成本核算，讲究工作效率，并允许涉足相关产业，允许行业内外相互甚至是跨地区跨国别的竞争，实行优胜劣汰”①。目前，最紧要的问题是区分公益性和经营性节目。公益性的新闻节目要体现社会良知和社会责任，为广大百姓提供优质的信息服务，国家应该特殊对待，大力支持。这类节目不以赢利为目的，不能做广告，如果要做，也只能是公益性广告。经营性的节目要脱离现有体制束缚，进行市场化运作，独立经营，自负盈亏，成为真正的市场主体。这类节目完全可以实行制播分离，与原有电视台脱钩，采取市场化的运作方式，建立节目交流和版权交易中心，使节目成为一种市场资源而不仅仅像现在一样为一家电视台所有。

2. 重视观众的多样需求

随着电视产业化时代的到来，电视传播主体开始位移，即由传者本位向受众本位转移，观众成了电视传播的主体。观众的需求不仅决定着电视的收视率，也在很大程度上参与着电视节目的生产。为观众服务，以观众为中心，走入观众的内心，应该成为电视行业的追求。就中国电视目前的情况看，我们对于观众的多样需求不是了解太多，而是了解太少。很多人做节目还是闭门造车、自我欣赏，很少考虑观众的需求。有的虽然口头上重视观众，但真正做起来，对节目的观众群并不了解，对节目的市场前景也不了解。因此，中国电视节目要从模糊传播走向精准传播，从模糊定位走向精准定位，从一般产品上升为知名品牌，必须进行认真细致的市场调查，研究不同群体的电视收视需求。比如儿童的教育需求，青年人的时尚追求，中年人的休闲需求，老年人的养生需求等，要针对这些需求，研究传播策略、传播内容、传播手段，真正做到有效传播。

3. 重视电视衍生产品的开发

电视衍生产品的开发是电视产业化的重要标志。《百家讲坛》火了之后，与节目有关的活动、图书、光盘也都相继热了起来。《喜洋洋与灰太狼》热播之后，与电视剧有关的图书、玩具、文具、书包、服装等也都热了起来。《美国偶像》自

① 朱剑飞、李金旺：《坚持改革与创新，激发活力与合力》，《首播》2009年第10期。

2002年火了之后，迅速铸就了一套“赚钱如流水”的商业模式，4年时间在电视广告、唱片发行、授权纪念品和演唱会门票等方面，创下了全球总收入超过9亿美元的惊人业绩。按照富勒的话说：“我们要赚尽娱乐产业链上的每一分钱。”但是，我国还有很多的娱乐节目、专题节目、电视剧的衍生产品还没有开发出来，因此，形成与节目相关的产业链，是电视产业发展又一个重要内容。

4. 重视品牌的可持续性

现在很多节目红火一阵子，又迅速冷落下来，究其原因是节目没有持续创新、节目老化，造成观众审美疲劳。湖南卫视的节目观众之所以喜欢看就是因为它有持续的创造力。比如《越策越开心》是湖南经视2002年开播的一档娱乐脱口秀节目，由国内很有影响的节目主持人汪涵和人气急升的“帅哥主持”马可共同担纲主持，曾雄踞湖南本土电视收视率王牌位置四年，连年获得全国电视百佳及全国电视节目评比综艺类一等奖的殊荣。2008年湖南卫视又根据形势需要打造了大型礼仪公德脱口秀节目《天天向上》，节目开设了一个由8名主持人为主体的主持阵容，采用全国第一支偶像男子团体的概念，用各种形式来传播中国千年礼仪之邦的礼仪文化。节目的创新之处在于除了继承和保持原有节目《越策越开心》的精华部分——“策”之外，《天天向上》也在内容上做了更多的创新，节目的主题固定为世界礼仪知识。该节目本身突出了公益性、教育性、知识性，再加上脱口秀固有的娱乐性，现在这个节目已经成为湖南卫视又一个新的品牌栏目。

(四)培育人才

中国电视之所以缺少生气、暮气沉沉，缺少创新，就是因为缺少具有独特气质的领军人物。这样的人物，不是官员，而是将电视当作自己人生的事业。他有非凡的文化追求和远大的志向；他有独特的文化气质和海纳百川的宽阔胸怀；他能够凭借自己出色的综合素质和无与伦比的个人魅力，吸引来自四面八方的优秀人才；他能塑造强有力的媒体团队，形成巨大的凝聚力和向心力。他所领导的媒体是有追求的媒体、有责任的媒体、有志向的媒体、有文化的媒体。同时，他也是一流的战略家和企业家，按照观众和市场的需求经营媒体，让媒体按照文化和市场规律运行，冲破陈旧体制的束缚而在市场经济的海洋里扬帆远航。目前，由于体制的限制，这样的人才还很少，但是，随着改革开放的不断深入，随着整个体制和社会的转型，更多的领军人物将会不断涌现出来。事实证明，一流的媒体需要一流的领军人物，一流的领军人物才能打造一流的媒体。凤凰卫视之所以近年来能在华语电视圈里享有很高的知名度，是与有刘长乐这样一流的领军人物分不开的。刘长乐是一个有远大理想和抱负的媒体人，他创办凤凰卫视的初衷就是利用媒体广泛传播中华文化，在世界范围内发出中国人的声音。他的梦想是把公司打造成"全球最大的华语电视网络"。如今，凤凰卫视同时拥有5个频道，在竞争异常激烈的中国，成为全国媒体竞相学习的榜样。刘长乐是一个有亲和力的人，他的外号叫"太平绅士"，在他麾下吸引了一批来自两岸三地各行各业的王牌记者、主持人。吴小莉、陈鲁豫、窦文涛、许戈辉、闾丘露薇……这样一个特殊的团队组合，是凤凰卫视包容性、国际性特点的最好体现。刘长乐是一个敢于创新追求卓越的人，凤凰卫视的许多栏目富有创意，如《锵锵三人行》、《文涛拍案》、《一虎一席谈》、《世纪大讲堂》等都在观众中产生了强烈的社会反响。刘长乐还是一个具有世界视野的人，他曾经计划请外国人做凤凰卫视的主持人，让凤凰卫视成为世界的频道。刘长乐也是一个有深厚文化修养的人，他曾与台湾佛光山星云大师对话，出版《包容的智慧》一书，得到了各方面的高度评价。凤凰网策划的《中国佛教60年》内容丰富，反响强烈。星云法师曾对《华人世界》描述着他眼中的刘长乐："他很有慈悲心、智慧而且有情有义。"综上所述，刘长乐确实是中国电视界的一位奇才。曾有人这样评价刘长乐：他创造了一个神话，把一个香港人看起来不像香港电视台、台湾人看起来不像台湾电视台、大陆人看起来更不像大陆电视台的凤凰卫视，打造成了华人媒体的知名品牌。凤凰卫视之所以有今天的辉煌成就是与刘长乐这样的人才分不开的。

总的来说，中国电视的整体改观和创新需要一流的人才。除了前边讲到的领军人物，还需要一流的制片人、一流的记者、一流的编辑、一流的主持人、一流的经营人才、一流的创意人才、一流的营销人才、一流的管理人才。中国电视产业的整体发展取决于中国是否有一流人才，人才是中国电视决胜的关键，也是可持续发展的不竭动力。只有当电视行业出现具有创新精神、具有深厚文化修养、具有明确文化追求的群体时，这个行业才会有光明的未来。中国电视产业呼唤更多的人才涌现和创造出一流的电视精品，推动中国文化的繁荣发展。

但愿这不仅仅是一种个人愿望，而是在不久的将来成为一种美好的现实。

第十二章　中国电影产业创新

中国电影自1905年任庆泰创意拍摄京剧《定军山》到现在已经有一百多年的历史。这一百多年,中国电影走过了一条由小到大、由弱到强的发展之路。今天,中国电影面对的是一个异常复杂的现实语境:一方面,随着电影的国际化,外国电影纷纷来中国抢占市场,争夺观众,传播其文化价值,像其它物质产品一样赚取丰厚的利润;另一方面,中国电影要不断发展壮大自己,要与国外电影争夺国内市场,同时,也要走出国门,在国际市场上占有一席之地,传播中国的文化价值观,做大做强自己的电影产业。真可谓压力与希望同在,机遇与挑战并存。

一、中国电影产业的发展现状

长期以来,中国电影是作为艺术品出现的,20世纪90年代之后,随着由计划经济向市场经济的转型,中国电影开始走向市场。电影作为文化产业的核心组成部分,不仅具有强烈的意识形态功能,而且具有巨大的商品属性。特别是进入新世纪以来,随着中国加入WTO以及国有文化体制改革步伐的加快,中国电影在经历了寒冬之后,又迎来了发展的春天。

(一)中国电影产业成绩斐然

第一,中国电影的生产能力不断加强,在数量上逐年递增。仅2008年,国产故事片已经达到406部。第二,在票房上不断创历史新高。2008年,在全球受到金融危机的影响下,中国电影票房仍然达到43.41亿元,而电影综合收入达到84.33亿元。第三,从电影的竞争力来讲,中国电影内地国产票房增长近50%,全年国产电影票房达到26.89亿元,中国电影在与进口电影的竞争中,票房份额明显提高。第四,电影院线建设稳步发展,每天平均新增1.6块城市院线影院银幕。目前,中国内地城市电影院线共有影院1545家,银幕数4097块。

全国农村已建成数字院线 147 条，数字电影银幕总数达 19287 个。[①] 最新数据显示，2009 年中国电影票房再创新高，全国城市电影票房收入 62.06 亿元，年故事片产量 456 部，较 2008 年增加了 50 部。同期我国还生产动画片 27 部，纪录片 19 部，科教片 52 部，电影频道节目中心供电视播映的数字电影 110 部。2009 年，主流市场新增影院 142 家，新增银幕 626 块，全国主流院线银幕总计达到 4723 块。[②]

（二）中国电影大片形成热潮

中国电影大片是对美国好莱坞大片长驱直入中国市场的一种回应。所谓“大片”也就是以美国好莱坞为典型代表的一种大投入、大制作、大营销、大市场的“四大”商业电影模式。2000 年李安《卧虎藏龙》的出现，成为中国商业大片制作的一个契机。该片不仅获得了 4 项奥斯卡大奖，还在全球获得了 2 亿美元的高票房。李安的成功极大地鼓舞了中国电影导演，中国电影也完全可以以自己的文化打开国际市场。两年后，张艺谋的《英雄》在国内的轰动和在海外的成功发行，验证了大片运作的可行性。大投入、大制作、大营销带来的是市场的高回报。从 2002 年《英雄》第一次票房过亿元到 2007 年，国产片票房过亿元的影片共 10 部，它们是《英雄》、《十面埋伏》、《天下无贼》、《功夫》、《无极》、《霍元甲》、《夜宴》、《满城尽带黄金甲》、《投名状》、《集结号》。而 2008 年票房收入过亿元的国产片则接近往年过亿票房国产电影的总和，如《赤壁》（上）、《画皮》、《长江 7 号》、《功夫之王》、《非诚勿扰》、《梅兰芳》、《大灌篮》、《叶问》等，其中《非诚勿扰》达到 3.4 亿元。2009 年票房过亿元的国产电影共 12 部，它们是《建国大业》、《十月围城》、《赤壁》（下）、《三枪拍案惊奇》、《风声》、《南京！南京！》、《游龙戏凤》、《疯狂的赛车》、《大内探秘灵灵狗》、《非常完美》、《叶问 2》、《喜羊羊与灰太狼之牛气冲天》。其中《建国大业》等 3 部电影票房超过 4 亿元。国产电影占据全年票房总额的 56.6%，连续 7 年总票房超进口大片。不可否认，大片是中国电影产业的主力军，大片的成功使中国电影有了与好莱坞在国内市场一争高下的底气。

---

① 尹鸿、石惠敏：《2009 年中国文化产业发展报告》，社会科学文献出版社 2009 年版，第 155 页。
② 余颖：《票房逾 62 亿：中国电影产业去年成绩斐然》，经济日报 2010 年 1 月 25 日。

（三）中小成本制作的电影富有生机与活力

如果说大片是大牌电影导演的游戏，中小成本的电影主要是一些还不太有名气但却有艺术发展潜力的青年导演的作品。2005年顾长卫的导演处女作《孔雀》，获得柏林电影节银熊奖；2007年，他的第二部导演作品《立春》，他的妻子、女主角蒋雯丽赢得了罗马电影节影后的桂冠。2004年徐静蕾的第二部导演作品《一个陌生女人的来信》获第52届西班牙圣塞巴斯蒂安电影节最佳导演银贝壳奖。2000年王小帅拍摄的《十七岁的单车》获得51届柏林电影节银熊奖；2005年他的作品《青红》获戛纳电影节评委会大奖；2007年他拍摄的作品《左右》，受邀参加2008年柏林电影节最终获得银熊奖。贾樟柯的电影近年来在一些电影节颇受关注，获得了不少奖项。如：《世界》（2004）获第6届西班牙巴马斯国际电影节最佳影片金伯爵奖、最佳摄影奖；《东》（2006）获意大利纪录片协会最佳记录片奖；《三峡好人》获第63届威尼斯国际电影节最佳影片金狮奖，2007年获澳大利亚阿德莱德影展最佳影片奖；《二十四城记》2009年获西班牙金伯爵奖。2010年1月贾樟柯获多伦多国际电影节新世纪十年全球最佳导演奖。由台湾新锐导演周美玲导演的《刺青》获罗马亚洲电影节影展的最佳影片；2009年香港导演许鞍华的《天水围的日与夜》获第28届香港电影金像奖多项；2009年台湾导演戴立忍的《不能没有你》获第46届台湾电影金马奖。从电影市场角度看，小成本制作如果质量有保障，也会有不俗的市场收益。2006年一部小成本制作的电影风靡全国，这就是1977年出生于中国山西，毕业于北京电影学院摄影系的导演宁浩执导的电影《疯狂的石头》。该片具有强烈的幽默感，每隔5～10分钟，便可让观众大笑一次。其约300万元投资却创造了国产影片的票房神话：上映三天，票房收入200多万元；半个月，票房收入1000万元；一个月，1700余万元，目前总票房已达3000万元。2008年宁浩拍摄的《疯狂的赛车》在2009年已超过亿元大关。2008年由华谊兄弟出品，周迅、邓超、王宝强以及张涵予主演的悬疑爱情电影《李米的猜想》也取得了1500万元的票房成绩，创下了国内同类中级影片票房新高。上映以来，在各媒体以及观众中取得不俗口碑。

（四）民营电影产业快速崛起

中国电影产业除了原来几大电影厂所成立的集团支撑外，近年来，随着电影产业政策的宽松和市场准入的开放，民营电影产业已经成为一支不可忽视的力量，而且发展越来越强，其中华谊兄弟和保利博纳是影响最大的两个集团。

华谊兄弟传媒集团是中国最知名的综合性娱乐集团之一，由王忠军、王忠磊兄弟在 1994 年创立。1998 年投资冯小刚的《没完没了》、姜文的《鬼子来了》。2004 年，浙江华谊兄弟影视文化有限公司成立，公司成立伊始即与影业投资联合投资电影《天下无贼》，年末公映后，实现了 1.2 亿元的票房，位列年度票房三甲。之后，公司相继出品了《宝贝计划》、《心中有鬼》、《天堂口》、《集结号》、《功夫之王》、《非诚勿扰》、《李米的猜想》、《游龙戏凤》、《风声》等影片，均取得了不错的票房业绩，继《集结号》取得 2.5 亿元的票房佳绩后，《非诚勿扰》再创逾 3 亿元的票房辉煌。2005 年，公司取得"广播电视节目制作经营许可证"后加大了对电视剧的制作投资，先后摄制了《少年杨家将》、《钻石王老五的艰难爱情》、《恋爱兵法》、《士兵突击》、《鹿鼎记》、《人间情缘》等优秀电视剧。其中，《士兵突击》卫星频道累计播出 21 次，排名 2007 年第一位。2008 年 1 月 21 日，华谊有限依法整体变更为华谊传媒，2009 年 10 月 30 日，华谊兄弟传媒股份有限公司在深交所创业板上市。华谊兄弟的上市，是中国文化产业发展进程中的一个"大事件"，意味着文化产业的发展从政府主导阶段进入到了一个由企业主导的阶段。

保利博纳（POLYBONA）是目前中国最大规模的以电影发行为核心竞争力的专业化电影公司。公司成立于 1999 年，是国内首家获国家广电总局电影局颁发"电影发行许可证"的民营企业。2003 年，与大型国有企业中国保利集团合作，正式成立保利博纳电影发行有限公司。之后四年，保利博纳以惊人的速度发展成为中国电影行业的翘楚，成功发行了 120 部中国电影及外语片，不断创下国内电影发行的新纪录，其中成功发行《神话》、《头文字 D》、《龙虎门》、《新警察故事》、《孔雀》、《我的兄弟姐妹》等影片，连续 5 年占全国市场份额的 20%。2008 年成功发行了《赤壁（上）》、《长江 7 号》、《见龙卸甲》、《江山美人》、《十全九美》、《保持通话》等 15 部影片，创造总票房超过 4 亿元。目前，保利博纳是中国最成功的专业电影发行公司。保利博纳从 2003 年涉足电影投资制作领域，投资拍摄影片《美人草》；2004 ~ 2005 年投资拍摄《求求你表扬我》、《再说一次我爱你》、《诅咒》、《龙虎门》和《姨妈的后现代生活》等影片；2006 年投资制作《伤城》、《门徒》、《投名状》、《长江七号》、《导火线》、《父子》、《白银帝国》等 20 部影片；2007 年又投资拍摄《寻人》、《兄弟》、《新少林寺》等大型影片，成功跻身电影投资制作领跑行列。在中国电影产业高速市场化发展及国际化的形势下，保利博纳以其专业化运作、规模化经营、前瞻性部署，积极寻求整合性拓展，成为中国电影产业最具潜力和影响力的电影公司。

二、中国电影面临的文化困境

虽然中国电影产业在金融危机到来之时表现出逆势上扬的态势，虽然中国电影目前的好形势前所未有，虽然中国电影还有更为广阔的发展空间，但我们必须清醒地认识中国电影目前所面临的问题，也只有正视这些问题，我国电影产业才有可能有一个比较光明的未来。

（一）国外电影的压力依然存在

中国有一个庞大的电影消费市场，目前中国电影与国外电影的竞争越来越激烈。虽然近年来中国电影表现出不俗的业绩，但整体而言与美国电影还有很大的差距，实力也不在一个档次上。比如好莱坞娱乐产业是美国文化创意产业的龙头，它每年的利润达到300亿美元。在洛杉矶地区，娱乐产业就业人数达25万多人，位居贸易、旅游业之后列第三。2006年，电影业共支付了约25亿美元的薪酬，占洛杉矶文化创意产业薪酬的60%。在某种意义上，好莱坞是美国文化的象征，它的一举一动，牵动美国整个文化创意产业。好莱坞在全球的成功是有目共睹的。以20世纪90年代为例，1993年，全世界100部畅销影片中，美国大片共占88部；1994年，美国电影海外市场的收入第一次超过本土市场；1995年，美国电影占全球票房的60%。毫无疑问，洛杉矶（好莱坞的地理位置）的影视文化和以纽约为中心的国际金融业联手，垄断了全球的娱乐产业，包括电影、电视、音乐、广告、卫星、网络、出版、甚至体育。1995年，世界上第一部三维动画《玩具总动员》问世，之后几乎每部三维动画片都是票房的"灵药"。从《玩具总动员》的1.92亿美元，到《怪物史莱克》的2.67亿美元，再到《海底总动员》的3.39亿美元，票房节节攀升。国人熟知的《功夫熊猫》全美累计票房2.1亿美元，海外累计票房3.4亿美元；《泰坦尼克号》全球票房18.4亿美元；《阿凡达》全球票房20亿美元。相比而言，中国电影的实力无法和美国同日而语。因此，对于中国电影，我们没有必要过分地乐观和盲目自大，而应持一种积极、冷静、理性的态度。

（二）中国电影发展的体制性障碍依然存在

中国电影尽管说在目前的文化产业中是一个市场化比较高的行业，但是由于电影是一种特殊的商品，它具有强烈的意识形态和文化功能，它能够影响人们的思想、情趣和价值观，因此，国家对于电影的管理还没有像其他物质产品那样完全做到市场化。特别是在中国由计划经济向市场经济过渡的今天，中国电影正处于一个艰难的转型期。一方面，我们要通过市场化的手段，将电影真正做成大产业，占领国内和国际市场；另一方面，比较僵硬的管理方式又在强烈地制约着电影的市场化。由此引发的深层矛盾使中国电影处在一个矛盾重重的境地。

在电影体制方面，国外电影有分级制，我们没有。一些并不适合孩子看的电影却在电影院和电视里公开放映。电影的内容审查还是政府个别部门说了算，缺少合理而客观的专家与观众评价机制，行政色彩依然过浓。发行方面，虽然逐步市场化，但目前的院线制还没有彻底形成，院线之间的市场竞争，缺少必要的市场和法制规范。特别是在票价方面，百姓感觉普遍较高，缺少灵活的价格优惠与浮动机制。从政府支持层面，近年来尽管也出台了不少措施，但在电影人才的培养和优秀电影的扶植方面还缺少强有力的措施。尽管近年电影形势不断走好，国内票房连创新高，但大部分电影并不成功，不仅没有可观的票房，而且根本没有进入主流院线。据统计，2008 年的国产电影有 406 部，能够在全国 35 条院线上映的不过 100 部左右，大多数的电影都无法和观众见面。而且，国产电影在某种程度上也是靠“大片”在支撑。据有的专家分析，个别国产大片之所以有好票房，很大原因在于我国的电影市场商业化不彻底——国产片在档期、放映时段等方面得到很多优待政策。

在电影制作方面，计划经济时代留下来的电影制片厂依然是电影创作与制作的主体。目前我国共有电影制片厂 40 家左右，势力单薄，布局分散，虽然对原有的电影制片厂进行改组成立了 6 大电影集团（以北京、上海、长春、广东、西安、成都为基础形成中影集团、上影集团、长影集团、珠影集团、西影集团、峨影集团），但它们实力依然很单薄。由于电影是一个高风险的制作行业，投入和预期收入往往不成正比。还由于电影观念落后，对市场行情把握不准，特别是对观众的消费心理没有专业性的调查研究，因此，大部分电影制片厂拍出的电影没有市场、没有观众、没有收益，由此造成的恶性循环，使国有电影制作单位举步维艰。据不完全统计，目前各电影制片厂拍成的影片中，投入市场后有70%难以收回成本，投资总回报率还不到50%，这直接挫伤了制片方与投资方的积极性，使本已虚弱的电影创作主体更是势单力薄。与此相对照的是一些年轻有活力的导演，虽然很有才华和创意，但由于游离于体制之外，却拿不到电影制作许可证。即使拿到，可由于缺少雄厚的资金支持，也无力制作大片，无力做放映前的宣传推介。加上电影院线只青睐国产大片和外国片，因此在安排放映档期上国内青年导演的作品也不占有多少优势。无奈之下，青年导演只能是靠自筹资金拍摄，然后在国际上获奖，有了名气之后，国内才会打开绿灯。但是，由于得奖的毕竟是少数，大部分电影最后只能落到自娱自乐、默默无闻、自生自灭的境地。总的来讲，目前的电影管理和发行体制对于培育电影新人和新作是不利的，甚至是排斥的。这在很大程度上影响了中国电影全面发展和可持续发展。

在电影营销方面，市场意识不强。长期以来，中国电影只注重制作而轻视电影的营销，绝大多数国产电影几乎都缺少营销预算，即便有预算也是杯水车薪。结果，不少具有一定艺术水平的国产电影由于缺乏营销而根本无法进入市场。即便进入市场也很快偃旗息鼓、草草收场，产生不了应有的市场效果。而在电影产业发展成熟的海外，电影营销已经系统化、流程化，从影片拍摄开始就在媒体上做广告，每部影片的营销都投入不菲。美国8大电影公司的发行成本每部达到2000万美元，其中88%是广告宣传费，共1760万美元。相比之下中国电影产业缺乏营销，每年国内放映国产影片100多部，广告宣传费用是80～100万元，每部影片平均只有1万元的广告费，并且没有系统化的投入，大部分属于阵地广告，如在影院附近贴一些海报，在车站做些户外宣传，没有进行电影制作、发行、放映全环节营销，以及电视、广播、报纸、互联网等媒体营销。

（三）创意落后是中国电影最大的问题

电影作为特殊的文化产品承担着民族文化价值观的历史重任。电影的创作理应挖掘和利用丰厚的民族文化资源，进行深度创意，生产出当代人喜闻乐见的作品。然而，中国电影在很大程度上却走向歧途，在追随好莱坞大片和商业化的道路上，不但没有学到其精华，而且丧失了20世纪80年代形成的好的文化传统，在一味追求大投入、大制作、大场面中迷失了自我。具体表现为：

1. 没有展示中华民族最优秀的东西

电影的国际化并不是要抛弃本民族文化中最优秀的东西，相反，这些东西应真正是中国参与国际竞争制胜的法宝。中国是一个具有5000年文明历史的国家,中华民族文化中有许多值得继承、发扬光大的东西。中国是一个地域辽阔的国家,东西南北中任何一个地方都有丰厚的文化积淀。中国还是一个具有56个民族的国家,每一个民族的风土人情、文化习俗都显示出不同的文化个性。这一切都是电影创作取之不尽用之不竭的源泉。但是,由于当今一些电影导演认识上的误区,致使中国电影只是追求场面的宏大、技术的高超、画面的眩目、表象的浮华,在电影中唯独不见中国人的坚韧不拨的奋斗精神、威武不屈的民族气节、富贵不淫的坚定立场、贫贱不移的高风亮节、至死不渝的忠贞爱情、风花雪月的静空心灵、笑傲王侯的精神风骨……在目前一些耗资巨大的大片中宣扬的只是宫廷的争斗、兄弟的残杀、江湖的险恶、武林的恩怨、激情的泛滥和无聊的搞笑。《英雄》、《无极》、《夜宴》、《满城尽带黄金甲》、《赤壁》、《三枪拍案惊奇》等,虽然获得了较高的票房,但观众看过之后,大都感觉内容贫乏,形式大于内容。所谓的历史题材、战争题材、武打题材,始终以性爱与武打作为主题,导演认为只有这些才能吸引观众,只有这些外国人才喜欢看,只有这些才是中华文化独有的东西。实际上,这是对中华民族文化的错误理解,也反映了当下电影文化人的心气浮躁和浅薄。

2. 缺少对现实生活的关注

中国当代电影理应反映当代中国人的现实生活和精神状况,应该与时代同步,与人民同呼吸共命运,应体现今天的艺术家对于现代中国的严肃思考,应揭示当代中国所存在的深层问题。可惜在近年来的中国电影中,我们很难看到反映现实生活的力作。许多电影依然局限在所谓历史的细枝末节、宫廷的争权夺利、战争的血醒场面、武打的刀光剑影。中国电影对于复古的热衷,对于历史的眷恋,对于过往的不舍,造成了他们对于现实的冷漠,对于时代的隔膜,对于当下的遗忘。有人说,中国电影导演患了现实"夜盲症",他们不理、不问、不拍现实题材的电影,只把注意力集中在对于帝王的崇拜,对于"英雄"的崇拜,对于专制与封建的崇拜。他们眼中的人除了本能欲望和阴谋争斗,丝毫没有人性与温情。泛性主义和弱肉强食的迷雾使他们既看不到现实生活的精彩,也不能立足于现实的大地,对人生、人性和真情的遗忘,使得他们只专注于商业主义金钱世界的胜利。虽然当下一些青年电影导演中贾樟柯等人以艺术的视角观察思考现实生活中的小人物的命运,反映他们在现实生活中的艰辛与无奈,表现人性的复杂与曲折，具有较高的艺术价值，但毕竟这样的电影还只是少数，在整个中国电影中并不占主流，影响也不大。在一些现实题材的电影中，由于一些导演怀有过分的国外电影获奖情结，因此，他们关注的是西方人眼中的中国，中国人现实生活中的沉闷、无趣、落后的生存状态和单调的精神生活在电影中被放大，而现代中国火热的现实生活和人们在转型时期的心灵变化则没有成为电影的主流题材，日常现实生活中常见的矛盾和问题也没能在电影中得到反映。而且在叙事方面，一直没有找到合适的表达方式，人物个性不突出，故事性差、缺少激烈的矛盾冲突、主题的朦胧艰涩，大大妨碍了普通观众的观赏激情。青年导演在拍摄反映现实生活题材电影方面主要面临两个问题，一是内容的选择，二是叙事的技巧。由于过分强调西方电影的先锋性和实验性，使得电影在进入市场过程中困难重重。如何使电影实验与现实观众的口味很好地结合，在市场中走出一条可行的路子，这也是当代青年导演所面临的现实问题。

3. 缺少独特的文化创造

在西方，电影是以工业化的生产方式而出现的，它有一套工业化的生产线和流水线，电影的创意、制作、出品、营销形成了一个庞大的产业链，电影的生产是以满足消费者的文化需求为目的，是以市场的变化为导向的。但是，即便这样，西方电影依然重视电影的文化内涵与文化创造。电影不仅是作为一种普通的商品而出现，同时，在传播的过程中也呈现着独特的文化眼光、文化趣味和文化追求。比如《阿甘正传》中的人生五味、《泰坦尼克号》中的旷世爱情、《蜘蛛侠》中的正义感、《黑客帝国》中的使命感、《辛德勒名单》中的直面历史的勇气、《阿凡达》中的对于人与自然的思考等，都是以积极的文化价值感染人、影响人、引导人。对于熟悉美国电影的观众来说，我们可以指责美国电影类型片大量的重复和电影模式的单一，但其每一部电影中对人的正面价值的弘扬、对自然生态的忧思和对人类命运的关怀则永远撞击着人们的心扉。以《功夫熊猫》为例，功夫和熊猫虽然是中国的文化元素，但影片通过对素材的加工所彰显的文化精神和文化个性则是中国所不具有的。熊猫的肥胖笨拙一般人不会想到它会成为功夫高手，然而它乐观、向上、憨态可掬，由于熊猫的正义、自信、勤奋和不懈的坚持，最终修成正果，练就一身本领，打败最凶残的对手，成为武林中的高手。这样的电影给那些天资并不高的人以成功的信心，它的启示和激励作用是非常大的。导演约翰·史蒂芬森拍摄这部电影希望传递这样的信息："每个人都可以成为自己的英雄。”相比而言，中国电影在文化的创造上则出现了偏差。目前，中国电影最大的问题是跟风、单一、模仿，缺少独特的文化创造。许多导演只热衷于大投资、大明星、大场面，而无心于艺术的钻研。中国导演不是没有才华，而是把过多的才华用于人际公关和如何赚钱上，真正全心全意虚心静气地对于艺术进行不懈探索的人则少之又少。中国电影人的浮华、浮躁、浮飘，只能永远使自己停留于艺术的表面而无法接近艺术的真谛。情感内容简单化、视觉形式机械化、叙事方式毛糙化和文化立场伪精英化，只能使电影的质量越来越差，即使赚再多的钱和再高的票房也只能是过眼烟云。在未来的生产过程中，如果中国电影人不沉下心来，不深入思考，不立足于现实，眼里没有百姓，那么，国产大片在短暂的红火之后必将归于寂灭。

三、中国电影需要文化创新

电影产业化的关键是文化创新，只有一流艺术水准的作品，才能产生良好的社会效益和经济效益。

（一）必须把握时代的脉搏，回应时代提出的问题

20 世纪 80 年代，是一个在文化上除旧布新的时代。中国第五代导演之所以能够迅速崛起成为引人注目的文化现象，就在于他们准确地把握到时代脉搏的跳动。从《黄土地》、《老井》、《红高粱》、《孩子王》、《黑炮事件》这一系列具有代表性的作品我们可以看出，以张艺谋、陈凯歌、黄建新为代表的第五代导演在十年“文革”之后那样一个百废待兴的文化废墟上开始思考新文化的深层问题。第五代导演的作品无论从内容还是形式都给人耳目一新的感觉。它突破了长期以来电影所形成的“高大全”模式，力图在电影表面化、机械化、单一化之外寻找新的文化视角和电影语言。他们的可贵之处在于已经不满足于政治层面对于过去的反思，而开始着眼于从文化的层面认识中国和认识我们这个多灾多难的民族。在文化寻根热的大背景下电影与文学一起联手找到了自己努力的方向，同时，也很快在观众心目中确立了自己独特的位置。最值得一提的是陈凯歌和张艺谋联合拍摄的《黄土地》，作为第五代电影的开山之作，它以土地、民俗文化与人物的三者统一，表现了陕西高原古朴、苍凉、深厚的民风，表达了创作者对民族特性、文化传统与农民命运的思考。作品在反映新生活的过程

中,也反映了传统习俗对于人的强大制约。电影对黄土高原景色的强调意在说明文化积淀的厚重,这千年不变的黄土高原,既给我们以生存的立足之地,也同样让人感到窒息和压抑。这种文化同样面临着更新的必要,只有如此,人才能得到自由与解放。之后,张艺谋和陈凯歌各自独立都拍出了不少艺术佳作,成为中国第五代导演最有影响和代表的两位领军人物。20 世纪 90 年代,张艺谋相继拍摄了《菊豆》、《大红灯笼高高挂》、《秋菊打官司》、《一个都不能少》、《我的父亲母亲》、《活着》等一系列现实主义题材力作。陈凯歌虽然拍摄得不多,但也产生了《霸王别姬》这样特别有份量的作品。尽管在 1993 年中国开始由计划经济向市场经济转型,但整体而言,这些作品还依然是作为艺术电影而存在的,至今看来仍然有极强的艺术生命力。像《菊豆》对女性生命意识的挖掘,《秋菊打官司》对农民权利意识的张扬,《一个都不能少》对农村教育问题的重视,《活着》对普通人物命运的关注,这些电影都张扬着一种价值,一种导向,一种对人的命运的关怀,一种对生命状态的揭示。陈凯歌拍摄的《霸王别姬》以两位京剧演员人生命运的曲折起伏,展现时代对人的思想行为的影响与塑造。“力拔山兮气盖世,时不利兮骓不逝;骓不逝兮可奈何,虞兮虞兮奈若何。”这首《垓下歌》是西楚霸王项羽被刘邦逼到垓下时,与宠妃虞姬所唱的歌。项羽与虞姬最后的诀别,也就成了传唱千古的凄美绝唱。电影《霸王别姬》以扮演项羽与虞姬的段小楼和程蝶衣为主线,写了两个男人之间长达 50 年的情感纠葛。故事里有爱、有情、有恨也有怨。在时代的变迁中,他们之间的关系也在发生着微妙的变化,并且影响着他们的人生,直到生命的最后一刻。电影《霸王别姬》想要表达的主题,就是“爱”。但不是一般的爱情,而是一个男人对另一个男人在人生漫长旅途凝结的爱。电影特别将一对好朋友放置在“文革”的历史背景中,描写了两位人物人性深处的矛盾和挣扎。电影还因张国荣的天才表演将人物内在细腻的情感表现得淋漓尽致,在表现人物情感方面达到了一个非常高的水平。可惜 90 年代后期以来,由于市场化、娱乐化、商业化成为一种日趋热烈的时尚风潮,第五代导演的艺术观念产生了集体转向,追求商业与市场的成功成为这一代导演的追求。在他们的作品中,历史意识加强了,现实意识淡化了;商业意识加强了,文化意识淡薄了;科技水平提高了,艺术水平下降了。反思当下,中国电影面对的是一个新的历史环境,依然有许多新的现实问题,需要有思想的导演去关注、挖掘、阐释、回答。我们的导演只有关注我们所处的时代,与人民同呼吸、共命运，才能创造属于21世纪的时代精品。

（二）必须直面生活，挖掘人性的光辉

20世纪90年代以后，随着全民娱乐时代的到来，以娱乐为基调的电影越来越多，而反映现实与人生的作品则越来越少。冯小刚的《甲方乙方》、《不见不散》、《没完没了》、《一声叹息》、《大腕》、《手机》、《非诚勿扰》掀起了中国电影强劲的娱乐风。娱乐电影的诞生，除了对陈旧政治话语的解构，更多的是消费文化的影响。电影在这个时代已经不仅仅作为思想、启迪和教化的工具，它还具有休闲、娱乐、缓解压力之功能。虽然娱乐电影是大众喜欢的一种艺术形式，且有它特殊的功能和自身发展的空间，但对于整个中国电影来说，不能全都是娱乐片和商业片，它应该给艺术片留下一个相对宽松的空间。对于一个有深厚文化传统的民族来说，除了一些娱乐片之外，它依然需要对于时代和人生严肃思考启人心智的作品，特别需要那些能够反映时代精神风貌史诗性的作品，触及灵魂和人性的作品。在近年来艺术电影的探索中，顾长卫的电影被称为“平民的史诗”。他的电影关注的都是平常小人物，纪实性地反映了特定年代普通中国大众的生存状态，引起了人们的注意。顾长卫开始并不是以导演出道，而是以摄影成名影坛，被称为“中国第一摄影师”，但由他执导的电影《孔雀》和《立春》却出手不凡。两部电影虽然反映的都是过往的时代，但切入了人的命运和人性的层面。《孔雀》和《立春》以冷静的笔调展现了平民小人物的生活百态，通过他们理想、爱情以及命运上的遭遇，表达了作者悲天悯人的情怀。《孔雀》反映的是一个特殊年代的五口之家兄妹三人的生命历程，呈现出来的是或明朗或冲动或懵懂的理想追求，再由理想幻灭、精神萎靡到日子平淡、尘埃落定的过程。影片中的姐姐给人留下了深刻印象，她20出头，是个消瘦清秀的女孩。她内心刚烈执拗，可以为了梦想狠下任何心，但梦做了一个又一个，失落了一个又一个，参军、嫁个好丈夫、找个好工作……没有学历的她总是不认命，对生活和人生总是怀有执着的理想，但其命运终究是悲剧性的。她愿意用贞操换回自制的降落伞，她愿以婚姻换来好工作，她愿以“破鞋”之名来与全世界抗争，谁让她只是个弱小无力的女人……。《立春》中那位一心要当歌唱家的小县城的青年女教师也是一位与命运较劲的人。她很有歌唱天赋却相貌平平，一心想脱离小县城，追求事业与爱情的成功，但命运坎坷，几经周折，理想终为泡影，最后不得不屈从现实，做一个普普通通的凡人，回归平静的日常生活。她们的命运何尝不是我们身边许多人命运的生动写照。顾长卫在拍摄这样题材的影片时,除了对于这普通的芸芸众生给予关注和同情,还表现了人对于命运的抗争精神。尽管这种抗争后来失败了,但毕竟给平淡无奇的现实和人生增添了温暖的亮色。在当下创作环境里,顾长卫能自觉地坚持自己的艺术道路,坚定地从内心感受出发,严肃直面社会与个人碰撞后的荒谬感和悲剧性,这是需要非凡的勇气和超人的定力,正由于这样,《孔雀》和《立春》才在目前国内推崇娱乐商业片的市场里显得卓尔不群。中国的电影目前需要的正是这类艺术家。

(三)必须体现艺术家独特的个性,反映自己独到的眼光

一代人应该有一代人的个性,一代人应该有一代人的风格。如果说第五代导演因为他们的人生经历和时代背景一出手就是沉重的历史与文化的反思,那么生于20世纪60年代的第六代青年导演,虽然没有经历上一代人曲折,但他们更少顾忌,是属于个性极强的一代人。第六代的贾樟柯、王小帅、陆川、路学长、霍建起、管虎等的作品都显示出了与第五代迥然不同的风格。特别突出有个性的是贾樟柯、王小帅、陆川。贾樟柯作为第六代的代表人物,近年来之所以受到人们的关注,就是因为他的作品敢于直面现实,他能够将艺术的触角伸向现实生活中那些不起眼的人物。比如《小武》、《站台》、《任逍遥》、《世界》、《三峡好人》、《二十四城记》等,影片反映的都是社会的边缘人物,有的甚至被人们看成是不正经、不地道、不务正业的人,但他们也一样有自己的喜怒哀乐,有自己的理想,有自己的追求。在他们的人性深处依然有天生的善。在现实生活中,他们不是所谓的成功人士,但他们同样有做人的尊严。贾樟柯的作品让我们理解了现实生活中那些真实的人,无奈的人,普通而复杂的人。贾樟柯的电影有着强烈的人文关怀,他的影像世界正在逐步成为理解中国的一种特殊方式。在中国电影集体向好莱坞投降,沉沦于虚无缥缈的非现实主义题材的时候,贾樟柯对中国现实的强烈人文关注显得尤为可贵。贾樟柯曾经说过:“当一个社会急匆匆往前赶路的时候,不能因为要往前走,就忽视那个被你撞倒的人。”[①]在过去的10年当中,他特立独行,用自己的镜头语言去描绘一个巨大的社会转型时代普通人所要承受的代价和命运发生的转变。王小帅也是一位有

① 贾樟柯:《虚幻镜头捕捉现实生活》,中国文化网2010年4月19日,http://www.chinaculture.org/gb/content_376785.htm。

个性的电影导演，虽然他的电影取材都很普通，但他电影中明确地表达了对于个体存在精神与生命的揭示，表达了他对于普通人物人性深层的理解。从《冬春的日子》、《扁担姑娘》、《十七岁的单车》到《青红》、《左右》、《梦幻田园》，整整十年的艺术探索，无论是直接提出精神命题还是通过刻画物质生活对人的异化，王小帅的镜头始终对准的是人的内心世界。《十七岁的单车》通过一个到北京打工的十七岁的小青年自行车失而复得的故事，反映了物质的贫困对于一对青年人的精神的挤压。《青红》通过一个女青年的成长和恋爱的经历，描写了她与父辈两代人的思想分歧和个人追求爱情的心路历程。《左右》以离婚夫妻能否为了孩子再爱一夜为核心，讲述两对关系交叉的夫妻为拯救患上白血病的孩子，面临背叛婚姻或放弃生命的两难选择。最让人感动的是，在一个越来越商业化的社会里，王小帅仍然在他的影片中坚持他的理想主义，坚守他的精神家园。对人性仍然有所期待，这也是王小帅拍摄电影的原动力。他的影片中的每个人似乎无时无刻不处在清醒而痛苦的自觉中，他们极度地感觉到生命的存在。陆川也是很有个性的导演，他以冷峻直面历史与现实出名。他的《南京！南京！》记录了南京大屠杀这一震惊中外的历史性事件，让人们了解到历史的残酷和人性的残忍。其《可可西里》讲述了藏羚羊被盗杀之后的事，同样有现实的残酷和人性的残忍。陆川喜欢以纪录片的形式，以极度真实的画面，展现人性的恶从而唤起人性的善。

（四）必须挖掘文化底蕴，展示中华文化的独特性

中国电影本质上应该是中国文化的结晶，应该通过具体生动的故事，挖掘中国文化的独特底蕴，展示中国人的人性之美。随着电影国际化进程的加快，中国电影在跨文化传播中应当展示中国文化的自然之美与人性之美，达到天人合一的至高境界。这是中国电影国际化进程中的必由之路。1948 年出品的由费穆导演、李天济编剧的《小城之春》，60 多年后为什么依然被认为是中国电影的经典之作？就是因为这部电影将中国儒家文化的精髓完美地体现出来了。该影片以抗战胜利后的一座南方小城为背景，讲述了一个家庭中夫妻、恋人、兄妹之间的感情纠葛：丈夫戴礼言的老同学章志忱的到来打破了一个小家庭平淡的生活，他是礼言分别 8 年的朋友，也是玉纹过去的情人，当年他们的感情很好，却被玉纹的母亲拆散了。章志忱住在戴家，为戴礼言看病。章志忱与玉纹这一对昔日的恋人旧情复萌，戴礼言的妹妹戴秀也同时爱上章，但章志忱却不

爱她。戴礼言想以自杀的方式成全这一对恋人，经过抢救，戴礼言重新活了过来。通过这次波折，玉纹也重新认识了自己与丈夫的感情，她选择了与丈夫重新生活，而志忱也决定离开小城。一个春日的早晨，玉纹、礼言，还有妹妹戴秀在城头上为志忱送行，他们目送志忱向外面的世界走去。《小城之春》从人的内心世界角度，通过情感世界与现实关系的矛盾，揭示了人的道德意识。影片充分肯定了人的精神、情感、人性需求的正当性。但影片中的人物毕竟是在中国传统文化熏陶下成长的知识人士，无论他们在感情上经受多大痛苦，最终总是服从礼义的约束和道德的规范，这是符合中国文化人的做人准则的，因而也是令人信服的。影片在艺术表现上是细腻的、优美的，体现出了中国知识分子丰富完美的人性美。表面上看，《小城之春》好像仍然是传统中国"发乎情，止乎礼"的故事，实际上却是现代中国才会出现的矛盾和痛苦。"《小城之春》的电影语言传达了中国传统美学含蓄蕴藉的一面。平稳悠长的镜头，静态的背景环境，和谐的光彩造型，舒缓的剪辑节奏，安静的音乐效果，行云流水一般的调度，近乎完美地营造出全片的氛围，一唱三叹，委婉深致。"①

如果说《小城之春》主要表现了儒家文化的美学底蕴，那么，电影《卧虎藏龙》则反映了道家文化的美学底蕴。影片虽以爱情和武侠作为故事的主线，但作者显然在其中寄予了自己的文化理解。比如武林高手李慕白从容大气，而武林新手玉娇龙则逞强斗狠。李慕白在向玉娇龙传授武术和剑法时说："李慕白是虚名，宗派是虚名，剑法是虚名，这把青冥剑也是虚名，一切都是人心的作用。"李慕白讨厌江湖中的恩恩怨怨和你死我活。他认为，武术要达到很高的水平，必须做到："勿助、勿长，不应、不辩，无知无欲，舍己从人，才能我顺人背"。他反复强调"本心"的作用，只有好的武德、人心正，才能修成正果。与李慕白相对照的碧眼狐狸之所以达不到很高的水平，最后走火入魔，就在于她心不正，没文化，理解不了武术的至高境界。道家文化讲究以无为本、阴阳互生、刚柔相济、动静相宜，中国武术非常注重练武与修心，从本质上是相通的。电影的拍摄中还特别强调诗意的酿造，李慕白与玉娇龙竹林打斗的场面可谓经典。所有的招式都是借助竹子本身的柔韧与弹性衍生，使得运动成为一种优雅的弧线，李慕白几乎不用出招，只需凭借竹子的特性就可让玉娇龙立足不稳。这传达出导

① 周星、王宜文等著：《影视艺术史》，广西师范大学出版社 2005 年 1 月第 1 版，第 64 页。

演李安对于武术精髓的认识：以柔克刚，道法自然。李安大量运用了大远景和远景来表现打斗场面，意在强调人与环境之间的和谐关系，青绿柔韧的竹子和绵绵不绝的绿色背景淡化了主体拼杀的暴力性，营造出一种天人合一的中国哲学意境。

（五）必须以情动人，展示中国艺术的意境美

与西方艺术长于叙事不同，中国艺术更长于抒情。如果说，西方艺术以理性取胜，中国艺术则以感性取胜。中国艺术虽然也描摹外物，但更侧重人对于外物的情感投射，达到物我交融、物我一体的艺术境界。中国艺术追求的是境界，最高目标是天人合一。这是与西方艺术强调物我对立、主客分明的哲学观最大的区别。具体到电影的艺术表达，中国电影更应该以情胜，达到情理交融的境界。因为艺术不是说教，它的高明与否就是看能不能打动人。正由于此，爱情就成为电影永恒的主题。目前中国电影在对情的处理上不是侧重于人的感情自然流露，而是过多地对人的自然属性——性爱的大肆渲染，重视感官刺激而忽视人的情感的自然酝酿，情成了性，性也成了情，这是当前电影导演对于情的庸俗理解。相对而言，一些经典的电影作品在这方面则显示出不同的文化品位，比如西方的《魂断蓝桥》、《泰坦尼克号》、《英国病人》，中国的《小城之春》、《我的父亲母亲》、《卧虎藏龙》等，都很好地将爱情这一最美好的东西呈现在观众面前，从而使观众在纯真的爱情面前心灵得到净化与升华。台湾电影《海角七号》之所以成为2008年大陆和台湾最火的电影，就是因为这是一个关于音乐、梦想与爱情的故事。60年前，台湾光复，日本人撤离。一名日籍男老师只身搭上了离开台湾的船只，也离开了他在台湾的恋人。他无法当面说出对恋人的感情，因此，他把怀念与爱恋化成字句，写在一张张的信纸上。60年后，台湾的面貌早已完全改变，但却演绎着另一个新的爱情故事。为了筹办演唱会，年轻的阿嘉遇到了日本的青年女子友子。阿嘉是一位邮差，在阿嘉的房里，友子看到了日本来的邮包，发现那居然是来自60年前七封未及寄出的情书，她要阿嘉务必要把邮包送到海角七号的主人手上。而海角七号在哪里？最后费了很大周折，终于将信送到女主人公手里，这跨越大半个世纪的爱情终于有了着落。另外，阿嘉热恋的友子，在演唱会结束后，也要随着歌手返回日本，开始新的生活。影片以日本人写给恋人的七封信为线索，以演唱会为交集点，过去和现在两个年代的时空场景相互交替，将两代人的爱情故事完美地展示出来，让

观众深受感动。影片似乎在告诉人们:生命,只有一回!梦想,不会只有一次!错过的爱情,只要肯回头,还是有找回心心相印的那一天。两对恋人虽为异国之恋,但爱情完全可以冲破时空和地域的限制,成为人们永恒的记忆。影片将纯美的爱情放置于蔚蓝的海天之间,让人产生无尽的遐思。这种意境的美是中国电影所独有的,它是中国电影美学观念的结晶。情景交融,物我合一,在平淡庸常的生活中,激起心灵的浪花,中国电影的艺术美得以完整的表达。今天的一些电影之所以缺少市场竞争力,观众不买账,就是因为观众在电影中没有得到他想要的东西。中国电影要想在竞争中取胜,有自己的一席之地,仅靠盲目地效仿好莱坞是不够的。它必须有自己的文化立场、文化价值和文化审美。中国电影在题材内容上要表现中华民族的生活特色、民俗习惯、审美方式、语言思维、心理结构、艺术意境。只有美到极致的东西才可能感化人心,影响世界。文化软力量的作用正在于此。

(六)必须坚毅执着,追求心中的理想

电影是什么?电影实际上是人生之梦,是人生理想。不仅对一般人如此,就是对于拍电影的导演也是如此。当今电影人,很容易被时代浮浅的潮流所裹挟而随波逐流,很难为自己心中的理想付出艰苦的努力。但是作为艺术家要拍出好作品,打动观众,必须要有坚毅执着的精神。近年来,中国大陆导演追求自己理想的电影艺术越来越少了,大部分人只是为了票房而迎合观众,从而降低了自己的文化品位与艺术趣味,其结果却被观众所抛弃。相比而言,台湾和香港的一些导演则显示出另一种精神气质,他们将电影作为纯粹的艺术,执着追求自己的理想,其作品赢得了观众的认可。比如侯孝贤的《悲情城市》、杨德昌的《牯岭街少年杀人事件》、李安的《卧虎藏龙》、魏德胜的《海角七号》、戴立忍的《不能没有你》、杨凡的《泪王子》等,都是电影人的呕心沥血之作,在艺术上达到了很高水平。以戴立忍的2009年获得台湾电影金马奖的电影《不能没有你》为例,这部电影以2003年发生在台湾的一宗单亲父亲与女儿从天桥跳下的社会事件为主要线索,讲述了一个没有接受过教育的失业中年男人争取女儿抚养权的故事。影片中一个叫李武雄的男子,七年前他与同居女友生下女儿后,女友随即不告而别。他与女儿住在废弃的房子里,相依为命,生活非常艰难。女儿到了入学的年龄,由于他不是法定监护人而被搁置,尽管他为此事到处奔波,但仍然不能奏效。最终,不得不抱着女儿站在桥上往下跳,期望媒体关注。

虽然政府后来寻找另外的监护人解决了女儿的入学问题,但却人为地造成了父女的骨肉分离。影片不仅描写了令人动容的父女亲情,也反映了政府有关部门机械执法而表现出来的官僚气息,控诉了“法律无法解读感情”的冷酷事实。影片虽以新闻事件为由头,但却有着深刻的思想内涵。用导演戴立忍的话说:“我希望这部电影一方面能够唤起社会大众的同情心,他们的生活简朴平凡,却仍有小人物的坚持与自尊,为了自己的生活努力奋斗。另一方面,也希望在这个经济崩解的时代中,能够带给人坚持下去的力量与勇气。”值得一提的是,整个影片以黑白影像呈现,反映了亲人之间患难与共的亲密感,充满了温暖与人道关怀,实在令人动容。为了拍这部影片,戴立忍用了两年多的时间写作和修改剧本。为了节省开支他选择非专业演员,并自己掏腰包13万美元来做艺术设计,尽管它不是一部商业大片,但它的影响却深入人心。[①] 再如角逐第82届奥斯卡最佳外语片的台湾影片《泪王子》,以20世纪50年代“白色恐慌”时期的台湾为背景,讲述了一个空军家眷村里的爱恨情仇与悲欢离合。影片耗资超过2000万港币,从资料搜集到完成,历时五年。虽然周润发、张曼玉等大牌明星在没有成名之前都为导演杨凡拍过戏,但是出于成本考虑他还是选用不知名演员出演。为了使电影达到最完美的效果,杨凡不惜花去200万港币制作费,在高雄觅地重建了故事发生地20世纪50年代台湾的空军家眷村。而且,杨凡还亲自设计服装,甚至重现当时的吉普车。杨凡说:“对拍电影的人来说,经历一段困难时期是有好处的,因为在困境中他们会思考。如果被充足的预算宠着,拍出的也会是一部被宠坏的影片;而如果你是克服重重困难去拍摄的,我相信观众是能感受到的。”正是这种认真的精神,《泪王子》以特别唯美的画面、曲折的故事、特别的人物、动人的音乐、优雅的格调、悠长的韵味给人们留下了深刻的印象。从1998年的《美少年之恋》,到后来的《游园惊梦》,再到今天的《泪王子》,杨凡始终保持着对电影的痴迷与执着。据熟悉杨凡的林青霞说,杨凡在生活上非常节俭,而在拍电影上却舍得花钱。他平常省吃俭用,夏天一双凉鞋,冬天一双破球鞋,背的是台湾最便宜的书包,出门总是搭经济舱,可是拍起戏来他决不手软,2000多万港币一部戏,自己掏腰包。相比而言,现在大陆许多电影导演缺的不是钱而是对电影本身的热爱,由于过分地将心思用在赚钱上而忘掉了

① 《不能没有你》,百度百科,http://baike.baidu.com/view/247581.html。

作为电影本体的艺术，因此，拍出来的电影缺乏新意。而真正要创造出一流的电影作品，成为大师，最重要的是将电影当做自己的生命，始终保持对电影的热爱、执着、探索。心中要有自己的理想，并为自己的理念不计回报地努力，要在生活中发现真实、在生命中发现感动、在平凡中发现至善与至美。

著名电影评论家崔卫平说："现代文化就有一个冲动，它就要和当下的生活建立一种平行关系，把一些没有成型的东西发展成为成型的东西，甚至于还会做出某种所谓创造性，古代没有创造这个概念的。现在创造者，不一样的艺术家，他们都认为自己可以是一个新的起点，可以创造出某些艺术形式或者是某些想象力。所以在这样的一个情况下，在这样一个当下的冲动下，任何瞬间的东西，稍纵即逝的东西都可能是他们灵感诗意的来源。"①

笔者认为中国电影就是要在当下的生活中寻找诗意的来源与冲动，创造属于我们这个时代的文化特质，担当我们这个时代的文化责任，只有这样，在历史的坐标中才可能找到我们合适的位置。

① 崔卫平：《从电影发展看中国文化》，腾讯嘉宾访谈 2009 年 9 月 28 日，http://news.QQ.com/a/20090928/001674 - 1.htm。

第十三章　中国动漫产业创新

动漫作为一种新的艺术形式，虽然起步不晚，但真正发展并被人们重视却是近年来的事。一方面是由于技术的快速发展，使动漫有了不同于以往的面貌；另一方面，日本和美国动漫作品大举进入中国，使国人有了一种前所未有的危机感。特别是文化产业提上我国国家发展战略后，动漫产业作为文化产业的新兴业态，占有特别重要的地位。因此，动漫产业的发展事关我国文化产业的振兴，动漫产业的创新事关我国文化软实力的提升。

一、中国动漫产业发展的历程

（一）起步期

说到中国动画，不能不提万氏兄弟万籁鸣、万古蟾二人，从中国第一部动画片到中国第一部有声动画片，再到中国第一部动画长片，这些有着里程碑意义的影片都是由万氏兄弟创造的。作为中国动画的开拓者与实践者，他们功不可没。1922 年万氏兄弟制成动画广告《舒振东华文打字机》，这便是中国动画片的雏形；1926 年，他们受迪士尼动画《从墨水瓶跳出来》启发，制作了中国第一部动画片《大闹画室》；1935 年，他们又制作出了中国第一部有声动画片《骆驼献舞》；1941 年，他们联合创作完成了中国第一部动画长片《铁扇公主》。《铁扇公主》成为继美国的《白雪公主》、《小人国》和《木偶奇遇记》之后的第四部大型动画影片，标志着当时中国的动画已经接近世界先进水平。而日本动画大师手冢治虫也正是受到这部片子的影响而走上了动画创作的道路，从而诞生了《铁壁阿童木》。

（二）辉煌期

新中国成立后，中国的动画事业得到了非常快速的发展，不但作品多，而且精品也多。1958 年，我国拍摄第一部剪纸动画《猪八戒吃西瓜》；1960 年，完成了第一部水墨画动画《小蝌蚪找妈妈》;1962年,第一部折纸动画《一棵白菜》完成。新的动画形式的加入,使中国的动画事业也达到了一个顶峰。特别是五六十年代上海美术制片厂制作的《骄傲的将军》、《小蝌蚪找妈妈》、《大闹天宫》、《哪吒闹海》、《三个和尚》等影片捧回了几十个国际艺术大奖,铸就了中国动画新的辉煌。国际动画艺术界因此称誉我国民族动画片为"中国动画学派"。

(三)沉寂期

长期的计划经济运作模式严重束缚了我国动画的发展,同时,以艺术性和教育性为主、年产量仅为300分钟的国产动画片很难真正打入国际电影市场或者满足国内电视播出需要。虽然也有《天书奇谭》、《黑猫警长》、《阿凡提的故事》等给人留下了深刻印象的作品,但总体上没有创新,没有吸取国外的先进经验,制作粗糙。而反观同一时期的日本,从做欧美动画简单来料加工的阶段稳步发展,并逐渐学习和吸取欧美经验并创造出自己独有的风格。20世纪80年代,我国动画逐渐陷入低谷,国内原创作品极度匮乏,动画市场逐渐被美国、日本等垄断。

(四)复苏期

20世纪90年代成为中国动画片生产的转折时期。中国开始借鉴欧美的经验,逐步有了市场意识。1999年,上海美术电影制片厂推出了史上投资最大的一部商业动画长片《宝莲灯》。这部动画片制作不可谓不精良,投入不可谓不大,在各个环节上都采取了与国际接轨的动画片制作方式,尤其在音乐制作一项上,更是破天荒打出了"全明星战术"。但是模仿的痕迹也很明显,在人物造型方面,设计得过于简单,沉香的造型还有葫芦兄弟的影子,石猴固然可爱,可是也逃不脱模仿迪士尼的嫌疑,人物的表情不突出,而且始终没有光线的明暗变化,不能不说是一个失败。

进入21世纪,中国动画产业开始持续发展。2001年国产动画片总产量约18000分钟,比2000年增长5000分钟;2002年共生产动画系列片及短片,总产量约17300分钟。2001年推出的《小虎斑斑》是中国第一部全三维制作的动画片。电脑动画和网络媒体动画飞速发展。电视系列片《蓝猫淘气3000问》全部通过电脑完成制作,各种动漫网站十分活跃,尤其是Flash动画,已在青年学生和动画爱好者中流行开来,动漫创作和展播活动十分踊跃。动画教育发展迅猛,到2002年底,开办动画专业的高等院校已超过70所,在校学生达5000余人。动画理论研究方兴未艾,文章著作层见叠出。这一时期,动画片生产仍以系列片为大宗。主要有:《小虎还乡》、《可可、可心一家人》、《千千问》、《我们的家园》、《西西瓜瓜历险记》、《白鸽岛》、《小将狄青》、《我为歌狂》、《城市野战排》、《中华上下五千年》等。更为可喜的是,在我国的武汉、芜湖、杭州等地已经逐渐形成了一个以动漫为拉动的创意产业。可以说,近几年来,我国的动漫产业随着经济社会的全面发展已驶入一个发展的快车道。

二、中国动漫产业的现状

(一)规模迅速扩大

在发展创意产业和提升"软实力"大背景下,我国动漫产业近年来以40%以上的增速发展。据国家广电总局提供的数据显示,2004年我国动画片产量为21800分钟,2005年为42700分钟,2006年为82300分钟。2006年全国动漫产业总体规模已达140.7亿元,2007年动漫产业总规模达200亿元。《2009年中国动漫产业研究咨询报告》显示,国内已有30多个动漫产业园区、5400多家动漫机构、450多所高校开设动漫专业、46万多名动漫专业在校学生。而在中国84万个各类网站中,动漫网站约有1.5万个,占1.8%。目前,全国共有二十个国家级动漫基地,仅江苏省就有苏州、无锡、常州、南京四个国家动画产业基地,是动漫产业基地最多最集中的省份。面对广阔的动漫市场,各地动漫产业发展计划的制定更是如火如荼,纷纷打造自己的"动漫之都"。北京开始着力打造国际一流的动漫产业中心;上海、广州、福州已初步形成以网络游戏、动画、手机游戏、单机游戏以及与游戏相关的产业链。

(二)动漫产品数量增多,质量提高

在国家支持原创动漫产业的政策引导下,我国许多有一定动漫基础的地方政府发展动漫产业的热情高涨,制定了许多动画片播出奖励政策,国内原创的动画产品因而呈现出跨越式发展的态势。① 不但数量大幅度增长,质量也有所提高。2005年,由浙江中南集团卡通影视有限公司原创的大型系列动画片《天

① 张晓明、胡惠林、章建刚主编:《2008年中国文化产业发展报告》,社会科学文献出版社2008年3月第1版,第198页。

眼》,从来自中、日、韩、美、法、德等18个国家共923部作品中脱颖而出,在“金熊猫”奖国际动画数字艺术作品评选中荣获专家评审委员会特别奖、亚洲优秀动画片提名奖、中国优秀动画系列大片提名奖,这是我国原创动画片首次在国际性影视大赛中获奖。评委认为,《天眼》题材大气、正气,表现手法新颖,富有时代气息,将在中国动画史上留下深远影响。

由北京奥组委授权,北京电视台和北京卡酷动画卫视全力制作的《福娃奥运漫游记》借奥运契机,收视率最高达2.61%。2009年由上海文广新闻传媒集团、广东原创动力、北京优扬联合出品的国产动画电影《喜羊羊与灰太狼之牛气冲天》,以600万元的制作成本获得了超过8000万元的票房,成为当年电影界最大的黑马。这部完全由中国人自己制作的动画电影,采用的是最简单的Flash制作技术。但就是这样一部没有任何炫丽特效的动画电影,却让中国动漫人在迷茫中看到了一丝希望。从这部动画电影获得的成功可以看出,我们需要的是自己的原创动画。

其它优秀的原创动画还有很多,如2003年的《梁山伯与祝英台》,2005年的《小兵张嘎》,2006年的《魔比斯环》,2007年的《闪闪的红星》,2008年的《葫芦兄弟》、《潜艇总动员》、《风云决》、《真功夫》等。

(三)国家高度重视文化产业发展,政策支持力度大

我国的动漫产业之所以取得较快的发展,这与国家给与的政策支持分不开。如今国家高度重视文化产业的发展,而动漫作为文化创意产业当中重要的组成部分,自然在政策上能享受到更多的倾斜。

2003年3月,国家广电总局下发了《关于加强动画片引进和播放管理的通知》,要求各电视台播出进口动画片与国产动画片的比例不得超过4:6。

2004年2月,《中共中央、国务院关于进一步加强和改进未成年人思想道德建设的若干意见》,提出要积极扶持国产动画片的创作、拍摄、制作和播出,逐步形成具有民族特色、适合未成年人特点、展示中华民族优良传统的动画片系列。

2004年4月,国家广电总局下发了《关于进一步加强少儿广播影视节目建设的意见》,规定各地电视台少儿频道应逐步增大国产动画片的播出比例和播出时间,创造条件开设固定的动画栏目,丰富少儿频道的节目资源,形成国产动画片播出规模。同月,正式颁发了《关于发展我国影视动画产业的若干意见》,给予动画片产业政策上的大力支持,规定卡通频道的国产动画节目比例不得低

于60%。

2006年4月,国务院转发九部委《关于推动国产动漫产业发展的若干意见》,正式将动漫产业认定为高科技产业,并给予所得税减免和增值税部分减免的优惠政策。

2008年8月,国家文化部出台了《有关扶持我国动漫产业发展若干意见》,提出关于扶持我国动漫产业发展的指导性意见和具体措施,全面阐述了文化部扶持我国动漫产业发展的政策主张。

尽管我国动漫产业发展迅速,但是我们应该清醒地认识到这样一个现实:我国动漫市场尚处于发展初期,还不够成熟,产品结构单调,产业布局不尽合理,潜在的动漫下游市场有待进一步开发。同时,由于我国企业在这一产业领域里的自主创新能力较弱,市场竞争优势基本上被美国、日本和韩国企业所控制。

因此我们在肯定我国动漫所取得的成绩时,也应该看到我国动漫存在的问题:

(一)创意面临的问题

1. 中国有丰富的文化资源却没有得到有效的利用和开发

我们从小就会背诵《木兰诗》:"唧唧复唧唧,木兰当户织……"对花木兰替父从军的故事耳熟能详。但迪士尼制作的动画片《花木兰》却让我们看到了不一样的花木兰,打破了我们的思维定势。这部取材自中国著名民间传说的动画电影是迪士尼推出的第36部经典动画。迪士尼为了《花木兰》的制作,专门在佛罗里达州重建了一个强大动画片场和制作工作室,并且多次派遣专家小组深入中国内地进行调查和取景,力求尽量还原中国古代故事的风貌;而配乐大师杰瑞·戈德史密斯(Jerry Goldsmith)则亲自为本片担任原声配乐,大量运用于电影中的民族乐器让中国人甚感亲切。成龙和李玟两大华人巨星更被重金聘请担任配音和中文主题歌曲的演唱,无形中使本片在华人地区的影响力进一步加强。影片虽然保留了故事的传统情节,但木兰却变成了一个调皮、任性又不失聪明可爱、勇于追求自我的女孩子。片中的花木兰代父从军,孝道成了其次,女性对理想和自我的追求成了故事的主题,传统的中国故事被赋予了崭新的美国个人主义和英雄主义。最终,海外票房达到2亿美元。

2008年的大屏幕上,一只熊猫红遍了世界。一部处处是中国元素的《功夫熊猫》,为梦工厂在全球扫回了6亿美元的票房,制造出了一个迄今为止史上最有名气的“熊猫”——阿宝。好莱坞将自己的观念融入到我国的民族文化形式中,最终表达的是美国的文化价值。而反观我们的传统文化开发,徒有丰富的文化资源,却只是瞻仰然后遗忘。历史上我们也有过很多成功的动画片,比如《神笔马良》、《小蝌蚪找妈妈》、《大闹天宫》、《哪吒闹海》、《阿凡提的故事》、《葫芦兄弟》、《黑猫警长》等等。为什么当年的作品会有那么大的影响力?那是因为当时很注重中国的文化资源,利用文化资源蕴涵的浪漫色彩展开想象力讲故事。而现在很多人片面追求金钱,传统的艺术往往被忽略,创作者只会机械地模仿国外作品,而不注重其思想内涵,结果造成中国动漫形式上“四不像”、内容上难以吸引人的尴尬局面。

2. 中国动漫在高端层次上缺少具有影响的大师,在中低端人才层次上数量不足,知识结构和专业背景有严重欠缺

提起日本动漫,我们就不得不记起那些耳熟能详的名字,如手冢治虫、宫崎骏、今敏、大友克洋、押井守、鸟山明等。著名漫画大师手冢治虫的作品涉及各个领域,遍布各类人群,他制作的动画片《铁臂阿童木》让世界认识了日本动画。让日本动漫走向世界,并得到世界的认可也离不开宫崎骏、北条司等大师。宫崎骏的《千与千寻》获得了2002年柏林电影节金熊奖和第75届奥斯卡动画长片奖。正是这些动漫大师引领了无数有志于动画或漫画事业的年轻人投身于日本的动漫产业中。正是这些人造就了日本动漫界繁荣的局面。反观中国的职业漫画家寥寥无几,更不必提大师级的人物了。据统计,目前我国的动漫产业人才不到1万人,只及韩国的1/3,职业漫画人仅有100多人,这对具有13亿多人口的泱泱大国来说,显得极不相称。而堪称全球动画业最成功典范的美国迪士尼公司,员工就有12万人。在日本,仅职业漫画家就有3000多人,其他插画家、自由漫画家也数以万计。没有众多的漫画家,是不可能创作出优秀漫画作品和漫画形象的。我国要使漫画界出现百花齐放的局面,也要在培养本土漫画家方面不遗余力。这不是一个短期内便可以解决的问题,需要长期的不懈努力。

另外,在人才结构方面也存在失衡的现象,主要表现为“重技术轻人文”、“重画面轻情节”、“重制作轻市场”、“重模仿轻创作”。我国现有的人才主要集中在技术制作上,缺乏创意、编剧、管理、营销策划等高端型人才,熟悉精通各产

业环节的复合型人才就更少。虽然最近几年,我国不少大学都设立了动漫专业,开办了涉及动漫专业的院系,但由于师资力量和教育观念的偏颇,使得很多动漫院系和培训机构更多地重视绘画和电脑技能的培训,而相对忽视人文底蕴、艺术修养、市场管理的培养。

同时,目前我国的动漫产业规模较小,很多企业本身的生存发展还处于不稳定的状态,无法保证员工稳定的收入,更无法谈及留住人才。国内相当部分的动漫企业从事对外代工生产,使得具备原创精神的人才大量流失。因此,我国的现状是一、二流的动漫人才在替别人打工,三、四流人才从事动漫的原创。事实上,我国并不缺少创意人才,但是,如何让创意人才得到发掘并发挥才能,才是目前我国动漫产业发展最紧迫的。这有赖于我们思维的转变,体制的深化改革,以及长期的努力。

3. 中国动漫缺少原创性,缺乏时尚性与趣味性,庞大的成人动漫市场没有得到很好的开发

虽然国家政策鼓励原创动漫,但从目前看来,国内真正能进行动漫原创的企业少之又少,相当部分的动漫企业,仅仅是对国外动漫进行"来料加工",没有自主知识产权,也缺乏核心竞争力。中国很多动漫企业,基本上是靠"为他人做嫁衣"挣手工钱。比如所谓"航班片",就是国外公司先画好动漫人物造型,定下基本故事基调或线索,然后拿到中国动漫制作企业,由一批具备绘画基础的年轻人填涂描绘,实行机械化"加工生产",成品出来后再迅速送回本国赶着时间档放映。如此一来,国内动漫企业事实上沦为了国外企业的"加工厂",不仅没有自主知识产权,而且一些动漫订单还涉及色情、暴力甚至意识形态等问题,造成文化侵蚀,危害严重。说起动漫,我们都会想起《狮子王》、《料理鼠王》、《海底总动员》等美国动画和《龙猫》、《千与千寻》、《灌篮高手》、《网球王子》等日本经典,很少津津乐道中国的动漫形象。调查显示青少年喜欢的20个动漫形象中,有19个来自日本,中国只有孙悟空这一个经典形象。

美国动画剧本强调故事的娱乐性,幽默的叙事风格及模式化的故事结构,取材于广为熟知且通俗易懂的经典故事,迎合观众和市场的需求成为了节目制作的基础和前提。日本动画电影似乎更看中叙事性,形象生动,故事情节引人入胜,作品取材广泛,想象力丰富。而中国动漫作品整体水平偏低,重复严重、题材单一,缺少艺术性和趣味性。创意环节是动漫产业的核心环节,而我国弱

项主要在创意方面。其表现为：在创作观念方面，说教味浓，缺乏娱乐性，而且内容和形式过于低龄化，动画更是被视为未成年人的教育工具，这些观念一定程度上制约了创意水平；在选题、编剧方面，作品缺乏创意，内容照搬历史故事、神话传说，缺乏对故事的改造，缺乏时尚性与娱乐性；在动画形象方面，动画角色缺少新鲜感，形象过于扁平，缺乏个性与幽默气质。灵活运用传统文化题材，注重动画剧本的新颖、巧妙，是创意制作应有的素质要求。

内容上的限制也决定了中国动漫定位的低龄化。好的精神是不分传统和现代的，好的作品也应该是不分年龄和阶层的。日本和美国的动画之所以有那么好的票房，很大程度上是成人观众的贡献。美国的《狮子王》、《料理鼠王》、《功夫熊猫》，日本的《千与千寻》、《悬崖上的金鱼公主》、《蜂蜜与四叶草》等，都有很大的成人市场。但是中国动画的定位基本是儿童市场，多数还是10岁以下的儿童，除了陪孩子看，成人根本不会去看。日本动漫历史上就有强大的成人读者和观众群，并非只是为小朋友提供娱乐。因此，作为动漫文化一部分的动画电影，不可避免地带上了很多成人的视角和思考。比如宫崎骏的作品，关于人与自然关系的思考，关于梦想、人生、生存这些令人反思的信息，大大超出普通小朋友的认识范围。

（二）传播面临的问题

1. 动漫产业链的不完整与发展模式的不科学

动漫是一个特殊的行业，它不仅仅局限于播放环节，还能带动书籍、音像、玩具等相关衍生行业的发展。这些特征决定了动漫的发行推广需要更加的灵活，不能过于单一。然而，我国动漫产品的发行销售一般只依靠电视广告媒体以及各种动漫节会所提供的交易平台，缺乏多层次的营销渠道和市场策略。随着行业竞争的日渐激烈，发行销售手段的多样化必然是大势所趋。当前，我国的动漫产业没有形成完整的产业链，创作、出版、播出、衍生产品开发缺少衔接，彼此缺少联系，各自为政。

对于变形金刚、阿童木这些“超级巨星”来讲，电影票房还只是他们总收入的一小部分，更大的财富则是来自漫画、小说、音像出版物、玩偶等大量出现在市场上的衍生品。在发展模式上，我国的动漫与日本相比，有一个“互逆”的现象：日本在制作动画前，通常是先出版相关漫画图书，依据图书的发行量选出年度最优秀的漫画作品制作成动画片，这是动漫作品市场收益的一个保障，也是有效的前期调查。而作品一经投入市场，则院线、DVD、图书、下游产品齐上阵，围绕一部作品形成一个完整的“小宇宙”。据统计，目前在日本、韩国成功的动画片大约70%来源于漫画，这就是说成功的动画片在拍摄之前，其形象和故事大都已经拥有了广泛的知名度和众多的热爱者，如《机器猫》、《铁臂阿童木》等等。而中国则相反，通常都是先有动画片，等到作品形成一定的影响力之后才回到图书上来，再等制作公司缓过劲来挖掘作品的潜在价值时，盗版已经铺天盖地了，消费者版权意识的薄弱和盗版的强势都削弱了维权的可能性和可操作性，最终，制作公司通常都会选择放弃打通动画业与漫画出版业的行业壁垒。

2. 动漫品牌的不自主阻碍中国动漫产业发展

尽管“中国制造”已经成为世界市场的主要产品，但中国产品的致命弱点是没有形成自己的品牌。品牌不但具有文化价值和情感内涵，还具有经济附加值。但由于长期进口外国的动画片，中国的观众已经被“阿童木”“变形金刚”等征服。美国迪士尼将米老鼠形象授权出去，每年就坐收47亿美元；小熊维尼的创收更大，达到57亿美元。动画形象品牌授权可用于多种行业，且长期反复使用而不易损耗。随着衍生产品的深度开发，成本会越来越低，而动画的附加值越来越高，从而创造出可观的经济效益。

中国的动画片之所以不能像《变形金刚》那样长盛不衰，是因为内地动漫投资商投机心理太严重。尽管有业内人士分析，中国动漫衍生品市场规模达到1000多亿元，但实际上大部分市场都被国外动漫形象品牌占领。一些国外知名动漫形象品牌采取低价买片甚至免费送片的策略，快速进入中国市场，并凭借出色的衍生品设计、庞大的销售网络和先进的管理手段，在中国取得理想的销售成绩。一部动画片往往需要3年才能得到市场的广泛认可，而有良好的收益需要5年，但一般投资者都不愿意做这种长线投资，他们总以为有了人才，有了创意，拿出作品就会盈利。但市场是需要有品牌的，没有打品牌的概念，中国动漫界只是人来人往，投资商只能打一枪换一个地方。从动漫形象的创作到衍生产品的推出，这也是一个品牌创立的过程。拥有一个优秀的品牌，无论是在传播效果还是在商业发展上都将是一个不小的突破。

3. 企业竞争力弱，市场占有率低

目前中国动画制作机构虽有五六千家，但真正有竞争力的企业却不多。原创电视动画年产量超过一万分钟的动画制作机构仅宏梦卡通和三辰卡通两家，合计年产量占全国的25%；绝大部分动画制作机构年产量只有几百分钟，甚至几十分钟，有赢利能力的动画企业甚至不超过1%。从2007年度全国电影动画片制作发行情况看，湖南、广东、江苏、上海和浙江5个经济发达的省（直辖市），合计动画产量占全国的79%；长沙、广州、上海和杭州等十大城市合计动画产量占全国的80%；2007年全国原创电视动画片生产机构前八强合计产量占全国的51%。[①] 正是由于企业自身的问题，我们的动画在市场上并没有多少优势。据统计，在我国青少年最喜爱的动漫作品中，日本动漫占60%，欧美动画占29%，而我国原创动漫，包括港台地区的比例只有11%，明显落后于国外动漫作品。[②] 在激烈的市场竞争中，中国动漫还没有成为优势产业。

4. 中国动漫推介营销水平偏低，中国动漫产品很少能进入国际市场

我们要发展动漫产业不仅要“引进来”，还需要“走出去”。目前我国动漫的明星品牌不多，知名度不高，实力不强，能走出国门的不多，能在国外建立长期稳定的发行网络的更是凤毛麟角。在这样的情况下，我国政府应该发挥引导带动作用，参考韩国的成功经验，以“抱团出展”的方式提高中国动漫企业的整体形象和国际知名度。通过化零为整，吸引国际投资商的关注，推动本土企业“走出去”、“走上去”。

三、多策并举，推动中国动漫产业创新

随着中国经济社会的全面发展，中国的文化产业也在改变过去陈旧的发展面貌，向着更加富有朝气和市场化的方向发展。底蕴深厚的传统文化与多样化的文化市场的结合，给中国动漫产业带来了前所未有的发展优势：先进的技术支持、丰富的文化资源、深厚的文化底蕴、众多的创作人员、广泛的群众基础、巨大的市场前景、强劲的发展势头、强大的政府和政策扶持，让我们看到了动漫产业发展的光明前景。

如何将这些优势进一步转化成促进中国动漫产业发展的助推器，也是摆在中国动漫人面前的问题。好在当前这一问题已经引起社会各界的重视，并且我

---

① 胡兰凌：《我国影视动画衍生产品市场存在的问题》，《电影文学》2009年第4期。
② 刘丽颖：《对中国动漫产业发展概况的思考》，《电影文学》2009年第21期。

国的动漫产业也在总结经验和自身的发展中逐渐摸索出了一条自己的路子。

（一）正确引导中国动漫产业园区的发展

动漫产业园区作为动漫产业发展模式的先锋和产业趋向成熟的载体，近年来逐渐勃兴，各地政府也是不遗余力地提供政策支持。北京出台了支持动漫网游发展专项政策，湖南则提出了十大举措助推动漫产业快速发展。除了北京、上海、广州、深圳等特大城市以及长沙、杭州、常州、无锡、青岛、大连、武汉等具有一定动漫产业发展基础的城市外，甚至贵阳、合肥、柳州、济南、沈阳、厦门、南京、烟台、哈尔滨、石家庄、保定等地也纷纷举办展会或者挂牌成立动漫基地，举办动漫周、动漫节等活动，不少城市还拿出具体支持的财政资金和奖励措施。[①] 动漫园区可以形成强大的地理聚集、功能聚集和创意聚集，是创意产业发展的必然要求，对于推进产业集群化和区域动漫发展具有重要的作用。但动漫政策本身的不健全和近年来大力发展动漫产业造成的“园区热”，使动漫产业几乎沦为一项政绩工程，产业结构和产业链条的不完善，都是我们在园区建设中应该注意的问题。

（二）大力扶持民族原创，完善产业链条

1. 充分开发和利用我国丰富的文化资源，使其转化为具有中国特色并体现中国文化精神的动漫作品

我国不仅有着悠久的历史和深厚的文化底蕴，古人丰富的想象力也给我们留下了许多宝贵财富。从女娲补天的传说到唐僧师徒西天取经的经历，都为我们提供了很好的素材。当代动漫的发展离不开好的创意，而创意更大程度上来自于丰富的想象，我们有着丰富的文化资源，为今日中国的动漫创作提供了不竭的源泉。只有结合传统文化的资源才能具备强大的竞争力和长久的生命力。当前国产动画也在积极寻找自身特色，成功地将中国传统文化、中国风格和中国元素运用到作品中，相信通过不懈的努力，一定会走出一条成功之路。

2. 整合资源、扩大宣传、有效营销，加快市场化运作，使中国动漫产品占领国内和国际市场

动漫产业链主要包括漫画（图书、报刊）、动画（电影、电视、音像制品）、舞

---

① 张晓明、胡惠林、章建刚主编：《2008年中国文化产业发展报告》，社会科学文献出版社2008年3月第1版，第200页。

台剧、网络动漫、手机动漫等环节。漫画创作是产业的基础,影视动漫是产业的主体,动漫舞台剧是产业的延展和提升,网络动漫、手机动漫是产业的前锋。此外,还有与动漫形象有关的服装、玩具、文具、电子游戏等衍生产品。全面把握动漫产业各环节的内在联系,以动漫形象为核心,构建产业自我良性发展的内在机制,加强各个环节联系,完善动漫产业链。在市场化的运作过程中,仅有创意是不够的,还需要专业化产业化的运作经验才能使艺术想法真正转化为观众喜欢的商品。动画产业的特性,决定了其经营上必须健全产业链,各相关产业一定要做好协同运营,出效益,谋发展。动漫企业自身也要积极学习国外成功的管理、技术、营销经验,健全市场营销体系。

在中国13亿多人口中,4亿青少年构成了动漫及其衍生产品的庞大消费市场,因此我国动漫企业可以将国内市场作为动漫产品销售的主市场。同时,动漫产业又是高度国际化和市场化的产业,这就要求我们掌握国际最先进的动漫技术、管理经验、市场营销理念和方法,通过参与国际市场竞争,引导动漫产业不断创新和发展,使我们跻身国际动漫产业的先进行列。由此看来,为实现我国动漫产业大国和强国的目标,应该努力形成以国内市场为基础,以国际市场为导向,国内外两个市场相互影响、相互促进、相互提升的格局。从国内各种具有自主知识产权的主题公园到与之相关的一系列衍生产品可以看出,各地动漫企业对于市场脉搏的把握比过去有了很大的提高。同时中国本土动漫也在积极寻求与国外动漫巨头的合作,使中国传统的动漫形象能够走出国门,在国际舞台上占有一席之地。迪士尼乐园即将入驻中国上海,让中国动漫人看到的不仅仅是竞争,更重要的是双方在竞争中找到的合作机会和提升国内创意产业水平的机会。

(三)建立我国动漫人才的培养机制,对有突出贡献的人才奖励

有人说,如果你不知道手冢治虫,那你一定对漫画一无所知,因为手冢治虫简直可以成为漫画的代名词,他是世界漫画发展史最伟大的画师之一。而宫崎骏是日本动画界的一个传奇,甚至可以说,如果没有他,日本动漫可能没有今天的辉煌。手冢治虫、宫崎骏之于日本的意义与影响可窥见一斑。

中国需要大师,需要高端动漫人才的影响带动。目前动漫人才培养的问题是技术和艺术分离,而要解决这一问题,必须从教育入手,加强学科综合与知识综合。同时,动漫人才的培养也是分层次的,既要有高端创意人才,也要有一般

性技术人才。建立健全动漫人才的培养体系，是当前动漫人才培养的当务之急。从高等教育、职业教育、继续教育、基础教育等不同层次全面推进动漫人才培养。发挥文化行政部门的艺术教育与培训资源优势，将动漫人才培养纳入国家文化艺术类人才培养规划，在学科门类、学位设置（包括博士硕士点）、教学研究经费上给予积极支持。以高等职业院校为依托，大力推进动漫人才职业教育。充分调动企业、学校、行业协会等的积极性，开展动漫人才培训。社会艺术考级中增设动漫方面的考级专业。抓好动漫高端人才培养，办好动漫产业发展高级研修班。加快动漫人才培养标准化进程，制定动漫人才培养标准，促进动漫人才职业化。①

（四）加强监管，改善市场环境

良好的市场环境有利于动漫产业的健康发展。但我国动漫产业发展的市场环境还存在一些问题，在一定程度上影响并制约我国动漫产业的发展。比如政策滞后，企业行为不规范，产权意识不强，盗版现象严重等等。要解决这些问题为动漫产业创造良好的发展环境，就必须加强监管，加强动漫产品内容监管，特别是对存在暴力、色情等危害社会公德和民族优秀传统文化的违法动漫产品。通过日常监管和专项整治，严厉打击违法动漫经营活动，规范市场秩序，为动漫产业发展创造公平竞争的市场秩序。有序引进优秀动漫产品，丰富我国动漫品种、门类，提高公众特别是青少年的审美情趣和欣赏能力。依法查处未经审查的进口动漫产品，坚决抵制不良文化通过动漫产品传播，为动漫文化营造健康有序的市场环境，为青少年营造健康向上的文化环境。

（五）以自主品牌树立我国动漫发展的信心

与国外动漫相比，中国动漫品牌一是少，二是影响力小，三是认可度低。如今，中国动漫界已经逐渐重视“品牌”的培育。从香港小猪麦兜，到喜羊羊与灰太狼，都已经让国人看到它们所具备的“巨星”潜质。

美国和日本的动漫产业是非常发达的，但他们的经验却不能直接在我国得到复制，如何找到符合中国国情的特色道路是我们一直思考的问题。《喜羊羊与灰太狼之牛气冲天》（以下简称《牛气冲天》）的成功不仅为我们提供了动漫产业发展的经验，同时也增强了国人发展国产动漫产业的信心。《牛气冲天》有

---

① 文化部：《关于扶持我国动漫产业发展的若干意见》，中国文化报2008年8月26日。

非常成功的商业运作模式。首先,多家公司联合出品和发行一部动漫电影,在国内尚属罕见;其次,出品方对衍生品开发的重视,为《牛气冲天》提前收回了大量成本。主创人员一开始就以产业终端——衍生品为出发点,在为片中角色设计卡通形象时,衍生产品制造商也参与了设计。作为影片的其中一位出品方,上海文广旗下的13个频道、多个广播频道以及新媒体,对《牛气冲天》的上映做了大量的宣传工作。而另一出品方优扬传媒不仅拥有国内最大的儿童电视广告资源,包括中央电视台、北京、天津等少儿频道在内,还买断了全国几乎所有少儿动画频道的广告代理权,这也使得《牛气冲天》电影预告广告得以在全国少儿和动画频道大面积投放。上海文广影视剧中心负责人王磊表示,接下来的计划是一年推出一部《喜羊羊与灰太狼》系列电影,以延续品牌生命力。

与儿童客户群相比,成年群体的推动作用更能够在经济效益上得到显著的体现。《牛气冲天》上映一周就能取得7000万元的票房成绩就很能说明这一问题。单一的消费群体已经成为我国动漫产业的一块软肋。不过近年来,我国的许多动漫创作团队逐渐看到了成人动漫市场的巨大潜力,特别是专业动漫频道的开通,改变了动漫作品以孩子为中心的传统观念,这是我国动漫产业进程中的重要一步。比如,上海的炫动卡通卫视打破了“卡通只属于孩子”的固有观念定位,将自身的观众群定位在2~60岁,是属于10亿人的全年龄段专业动画频道。炫动卡通从每天早上6点到晚上12点连播18小时,播出动画剧场、动漫资讯、综艺、教育等风格各异的卡通节目,以满足不同年龄段的受众需求,显示了一个富有特色的“全年龄、全卡通”专业频道的魅力。动漫观众群的不断扩大克服了受众低幼化、消费能力偏低的弊端。受众价值上升了,广告商也会相应而起,从而促使频道经营顺利,盈利能力增强,富足的资金又会帮助频道生产制作或者购买更为优秀、更受欢迎的节目,形成频道经营的良性循环。

北京光线影业和香港意马联合出品的《阿童木》也产生了不小的影响。《阿童木》不仅已经成为首部在全球50多个国家同步上映的中国电影,而且将有望成为有史以来票房成绩最好的国产动画片。中国动漫也有望接力四大名著。中国有众多动漫迷,有丰富的素材,有国人的期盼,并且开始拥有一批知名动漫企业和动漫品牌,发展好动漫产业既符合广大少年儿童快乐成长和人们精神文化的需求,又符合我国高科技产业化的发展方向,所以中国动漫产业具有广阔发展空间和市场空间,大有可为。

总之,中国动漫产业的创新,需要多策并举,大家一齐努力。既要有崭新的文化观念,也要有全新的市场运作。既要做出特色,为受众所欢迎,也要开拓市场,开发适销对路的产品。既要重视创意,用活自己的文化资源,也要重视传播,让中国文化走出国门。说到底,动漫是文化与市场的结合,作为艺术它要精益求精,在中国意境上下工夫;作为产品,它要在特色上下工夫,打开销路和市场。中华民族是具有非凡智慧的民族,过去曾以诸子散文、汉赋、唐诗、宋词、元曲、明清小说创造过文化高峰,今天只要努力,利用新技术和新手段,在动漫创作上也仍然能够打造出具有世界影响力的国际品牌。笔者相信中国动漫作品将会以鲜明的特色和艺术个性为全世界所瞩目,进而影响亿万人们的心灵!

(本章与研究生郭晓静合作完成)

第十四章 中国网络文化创新

1996年,一本名为《数字化生存》的图书在中国出版,使许多中国人都记住了这个名字:尼古拉斯·尼葛洛庞帝。"计算不再和计算机有关,它决定我们的生存。"信息DNA比特正在迅速取代原子而成为人类生活中的基本交换物,这种变化影响将极为巨大;将来电视机与计算机屏幕的差别变得只是大小不同而已;从前所说的大众传媒正演变成个人化的双向交流。信息不再被"推给"消费者,相反,人们将通过互联网把他们所需要的信息"拿过来"并参与到创造的活动中;信息技术的革命将改变我们的生活方式。如今,尼葛洛庞帝的观点和预言已经得到证实。当前,由互联网迅速兴起的网络文化正以人们难以想象的速度成为最流行的大众文化,网络不仅吸引了广大青少年的注意力,成为全社会关注的对象,也越来越成为人们参政议政的舆论平台,成为文化创造的策源地。在这种背景下,如何加强网络文化的建设,如何创新网络文化,如何发展网络文化产业,已经成为人们面临的主要问题。

一、网络大众化时代的到来

互联网是在计算机通信技术的基础上发展起来的,是由一台台计算机通过通讯线路和传输协议而联成的网络。众所周知,互联网发端于美国,率先流行于西方世界。但它一经出现就以一种难以抵挡的神奇力量,潮水般地席卷整个世界。对于中国人来讲,十几年前,可能有许多人不知道上网"冲浪"是怎么回事,今天,上网再也不是什么稀奇的事了。当办公室、家庭、大街小巷的网吧通过一根不起眼的网线接通网络时,世界的辽阔图景一下子展现在人们面前,一个真正的网络时代已经到来。

在日常生活中,人们喜欢将五花八门的东西或事情比作海。如人们把人的大脑比作海,称之为"脑海"。但是与无边无际的信息海洋相比,人脑这个"海"

实在是小不可言。正是为了克服人的大脑贮存和处理信息的局限性，人类才发明了电脑。就此而言，电脑比人脑更有资格比作“海”。特别是当全世界的计算机连在一起，无数的电脑组成一个庞大的网络，对于那些上网的人来说，就有了一种“海”的感觉。人们在网上自由地浏览、穿行在不同的网页之间，就像在茫茫无际的大海上冲浪，数字的海洋确实让我们着迷、兴奋、心跳，但又让我们产生出望洋兴叹的感觉。

互联网的快速发展，源自其独特的媒介特性：一是数字化。任何声音、文字、数字、图像信息都可以转化成数字格式进行处理加工。二是兼容性。我们可以在网上看报纸、听广播、听音乐、看电影、看电视，还可以发电子邮件、用QQ聊天、打网络电话、在网上办公等等，一举兼得。三是网络化。互联网将世界各地的用户“一网打尽”，从而实现全球联通，做到资源共享。四是交互性。人们既是信息的接受者又是信息的发送者，世界各地的信息都可以通过网络交换交流，不同地域、不同肤色、不同语言、不同民族的人都可以通过网络进行交流。五是时效性。互联网发布和接受信息方便快捷，大大消除了传统媒体因技术手段和出版周期而带来的时效缺陷。六是虚拟性。互联网是一种人机对话模式，网络世界只是现实世界的虚拟化存在，与真实的世界截然不同，这就不可避免地使网络世界具有隐匿性和前所未有的自由度。七是易检性。在资料保存和查询方面，因特网表现出了超常的能力，这为人们学习和工作带来了极大方便，大大提高了工作效率。八是全球性。互联网将全球的计算机连结起来，组成巨大的网络，它的无国界性，真正实现了人类全球化和地球村的梦想。“坐地日行八万里，巡天遥看一千河。”任何地方的人都可以通过网络到达世界任何一个地方。

正是由于互联网上述无可比拟的优势，互联网以超乎想象的速度进入了人们的日常生活，并且日益成为人们日常生活不可缺少的一部分。目前，全世界已有180多个国家和地区的数亿人使用互联网，并且一直保持增长的势头。1997年11月，中国互联网络信息中心（CNNIC）第一次向全世界公布中国互联网用户发展报告，当时中国互联网用户为62万。2008年7月，中国互联网络信息中心（CNNIC）发布的《第22次中国互联网络发展状况统计报告》显示，截至2008年6月，中国网民总人数达到2.53亿，网民规模已经跃居世界第一位。

互联网改变了信息存在与传播的方式。工业化时代可以说是原子时代，文化以物质形态而存在。它是一种大机器、标准化、流水线的生产方式。而进入信息时代,也就是电脑和互联网时代,则是比特时代。以原子为基础的实体经济深受时空的限制,而以比特为基础的虚拟经济则与时空的相关度大大减弱。无论何时何地,人们都可能制造比特。"比特与原子遵循着完全不同的法则。比特没有重量,易于复制。可以以极快的速度传播。在它传播时,时空障碍完全消失。原子只能由有限的人使用,使用的人越多,其价值越低,比特可以由无限的人使用,使用的人越多价值越高。"①网络时代的信息传播大大节省了人力、物力、财力,只要鼠标轻轻一点,就可能将自己要传送的东西发给对方,不管间隔千里万里。

互联网提高了新闻传播的速度。传统媒体新闻报道都有采、写、编、发等过程,互联网则将这一时段大大缩短,人们在最短的时间内可以看到最近时间发生的事。2008 年 5 月 12 日,四川汶川地震发生之后的 6 分钟,就有网友在百度"地震吧"中匿名发表了一篇题为"地震了"的帖子,比新华社发布的第一则新闻报道快了 11 分钟。而一位成都大学生用手机拍摄的视频短片在地震发生后上传到了土豆网,稍后即被 CCTV 和 CNN 等电视台相继引用。随后几天,大量惨烈的现场消息和照片发布到网络上,填补了传统媒体报道中的空白。如今,在所有媒体中,互联网传播新闻的速度最快。②

互联网引发了人类语言的变革。由网络特殊语境产生的网络语言已经渗透到我们生活的诸多方面,甚至小学生的作文。比如把"版主"说成"斑竹";把上网叫"冲浪";把发表意见说成是"灌水";把与自己一同上网的人叫"隔壁、楼上、楼下、楼主";另有一些以数字谐音替代的名词,如"555"是哭的意思,"886"代表再见(拜拜喽),"9494"代表"就是、就是","7456"代表"气死我了";还有一些大家已经熟悉的专有名词,如 BBS、BLOG、PK、E - mail 等等,层出不穷。不管这些语言是否规范,但在人们的日常生活和学习工作中却发挥着不可低估的作用。

互联网改变了人们的阅读方式。过去人们获取知识和信息的渠道主要依靠纸媒体和纸介质,现在可以通过网络了解信息、学习知识。第五次中国国民

---

① 尼葛洛庞帝著,胡泳、范海燕译:《数字化生存》,海南出版社 1997 年 2 月第 3 版,第 3 页。

② 《2008 中国互联网事件大盘点》,羊城晚报 2008 年 12 月 27 日。

阅读调查显示,我国的网络阅读首次超过纸质图书阅读。该调查显示,在文字媒体中,报纸以74.5%的阅读率位于首位;杂志阅读率为50.0%,排第二位;互联网阅读率为36.5%,排第三位,比2005年提高了8.7%。图书阅读率为34.7%,比2005年降低了14%。[①] 现在,随着电子图书馆、数字期刊网、电子图书、电子报刊的出现,人们不用去图书馆就可以查到自己想要的资料。

互联网改变了人们的行为方式和娱乐方式。著名学者钱钟书曾经说过富有哲理的一段话:"有了门,我们可以出去;有了窗,我们可以不必出去。窗子打通了人与自然的隔膜,把风和太阳逗引进来,使屋子也关着一部分春天,让我们安坐了享受,无需再到外面去找。"(散文《窗》)电脑的作用大体和窗子相同。没有产生互联网之前,人们户外活动的时间比较长,工作、学习、娱乐主要是在人与人之间进行的。互联网诞生之后,人们的大部分时间都消耗在电脑前,许多事情都依赖于电脑完成,网上办公、网上查阅资料、网上听音乐、看电影、看电视、玩游戏、网上旅游等使得人们外出的活动大大减少,人与人的交往变成机与机的对话。

互联网创造了新的商业运作模式。西方经济学家乔治·吉尔德提出,最为成功的商业运作模式是价格最低的资源将会被尽可能地消耗,以此来保存最昂贵的资源,这就是著名的吉尔德定律(Gilder's Law)。在蒸汽机出现的时代,因为蒸汽机的成本已经低于当时传统的运输工具马匹,因此聪明的商人开始了蒸汽机的使用。如今最为廉价的资源就是网络宽带资源,因此,电信业得到空前发展。现在随着3G技术的推广应用,更多的行业和人群使用互联网。由此而形成的庞大的产业集群产生了显著的经济效益。互联网的应用大大节省了商业运行的成本,电子商务因此而勃兴。

互联网拓展了人们文化创造的空间。过去的文化是一种少数人的文化,人们很少有发表的机会,整个文化舞台被少数作家和艺术家占领。现在,互联网的无门槛进入,使得每一个平民百姓都可以利用这一平台随心所欲地进行文化创造。不担心没有平台,而担心没有才能。人们可以通过开办个人网站、博客、播客、维客等多种形式来创作和传播自己的作品。人们既是网络文化的享受者,又是网络文化的创造者,像《老鼠爱大米》这样的流行歌曲、《明朝那些事

① 《网络阅读超图书阅读》,腾讯网2008年4月24日,http://news.QQ.com。

儿》这样的文学作品等，都是产生于网络、兴盛于网络又被社会所公认的文化作品。

互联网显示了民主对于集权的胜利。互联网之所以得到那么多人的青睐，最重要的它是一个自由的世界。互联网分散式的结构纵使统治者有三头六臂也无能为力。正像尼葛洛庞帝所说："我看到同样的分权心态正逐渐弥漫于整个社会，这是由于数字化世界年轻的公民的影响所致。那种集中控制的传统生活观念将成为明日黄花。"著名的未来学家约翰·奈斯比特也表达了同样的观点。他说："计算机将摧毁政治领域的金字塔式的管理系统是因为我们需要掌握下属的去向以及他们完成任务的情况，而有了计算机的帮助，我们可以用平等联系的方法重新设计我们的组织结构。"比尔·盖茨也说："传媒上的每一次进步，都对人民与政府之间的对话有极大的影响。印刷出版业以及其背后发行极广的报纸改变了政治辩论的性质。广播，还有接下来的电视，使得政府领导人可以直接地、亲切地和大众交谈。类似的，信息高速公路也将对政治起到独特的影响。"[①]互联网开辟了新的言论和议政空间。过去由于传播媒介的限制，人们的言论很难得以发表和传播，更说不上对于政府和官员的监督，但现在这一切都改变了。任何一个人都可以通过网络对当下发生的事件自由评说，任何官员和政府都被置于民众的网络监督之下。如华南虎事件、三鹿奶粉事件、周久耕事件、王帅事件等已经充分显示了网络舆论的强大力量。网络言论空间的拓展，大大促进了社会的民主化进程。

由此可见，网络已经成为我们社会中一种参与广泛的传播媒介，一种人与人之间沟通的桥梁，一种使我们瞭望大千世界的神奇窗口，一种超越现实自由飞翔的梦想之地……。它不仅可以使我们快速了解世界各地的新闻和信息，同时也带给我们许多生活的便利和快乐。与传统媒体相比，网络更自由、更开放、更快捷，信息更丰富、更生动、更互动，这是历史发展到今天最大众、最活跃也最具包容性的文化领域。

应当承认，网络时代的出现是人类文明的一大进步。网络极大地拓展了人们的社会交往，发展了个人的社会性存在，不仅使人们摆脱了地理区域的局限，同时也让人们摆脱了民族国家方面的所限，使个人成为一个真正的世界公民。

---

① 何弘：《生存的革命》，经济日报出版社 2000 年 7 月第 1 版，第 35 页。

人们之所以喜欢网络，除了网络具有新兴媒体资源的丰富性、互通的广泛性、信息快捷性之外，还有一个重要原因，它是一个虚拟的文化空间，人们在其中不仅可以获取信息和知识，还可以相互交流、增长智慧、联络情感。网络虽是一个虚拟世界，但自由和平等却不是虚无的，可以说，离开了自由和平等，网络也就失去了自身的活力。正是由于这是一片与现实生活迥异的自由世界，网络才显示出其他媒体所不具有的魅力。

二、玫瑰与罂粟同在的虚拟世界

西方作家爱默生说："每一个时代的技艺和发明都不过是属于当时的习俗而已，并不能使人类强大起来。先进的机器给人造成的危害可能正好抵消了它给人带来的好处。"①

无疑，网络世界是虚拟的、自由的、新奇的、丰富的、美好的，它给人们带来了巨大的精神快乐。然而，网络也是把双刃剑，它在给人们带来便利的同时，也不可避免地带来麻烦；它在成为人们一种全新的生活方式同时，大量的不良信息也在影响着人们的思想观念和行为方式。其对人类不良影响的表现形式主要有：

1. 黄色信息泛滥

黄色信息的泛滥已经成为互联网的首要祸害。一些利欲熏心的不法分子乘虚而入，以赚钱为目的，开办许多色情网站，网上淫秽色情信息的泛滥，严重污染了网络环境，毒害了人们的思想，败坏了社会风气，危害了青少年的身心健康，殃及千家万户，已成为一种新型的社会公害。许多青少年由一次偶尔猎奇发展到沉湎于此不可自拔，精神萎靡不振，根本无心向学。对此现象，社会各界人士痛心疾首，忧心忡忡。互联网上的"黄祸"，教坏的不仅仅是我们的孩子，它最终瓦解的将是一个国家和民族的道德体系。

2. 灰色游戏毒害

网络灰色游戏主要指暴力游戏和赌博游戏。以暴力血腥为题材的网络游戏，已侵占了部分学生的业余时间。专家指出，由于攻击性网络游戏是在虚拟

① 吴伯凡：《孤独的狂欢》，中国人民大学出版社 1998 年 1 月第 1 版，第 119 页。

空间中进行,这样就可以使学生展开大胆想象,平常被压抑的情绪可以得到宣泄。在校的大中学生可塑性强,对暴力游戏的迷恋会使他们失去对现实社会的包容,容易采取极端的方式来处理现实问题。有的游戏网站公然提供“梭哈”、“麻将”等变相赌博游戏,竟然规定允许玩家使用网络虚拟的“银子”下注,玩家之间进行“银子”换人民币的行为也十分盛行。输家和赢家都深深地沉溺其中,不能自拔。

3. 网络诈骗陷阱

网络诈骗是以非法占有为目的,利用互联网采用虚拟事实或者隐瞒事实真相的方法,骗取公私财物的行为。其主要表现形式有:利用网上购物拍卖实施诈骗;骗取信用卡;进行多层次销售和传销;利用中奖信息进行诈骗等等。网络被用于诈骗使犯罪嫌疑人虚构的事实更加逼近事实,或者能够更加隐蔽地掩盖事实真相,从而使被害人易于上当受骗。犯罪嫌疑人利用计算机网络技术和多媒体技术制作形式极为精美的电子信息,诈骗他人的财物,并不需要投入很大的人力和物力,实施犯罪的物质条件容易达到。网络发展形成一个虚拟的电脑空间,即消除了国境线也打破了社会和空间的界限,使得犯罪嫌疑人在进行诈骗他人财物时有极高的渗透性。

4. 网络聊天交友盛行

网上交往基本上是人机对话或以电脑为媒介,久而久之会使人产生非社会化倾向,导致人情关系淡薄疏远,交际能力下降,人与人之间不易理解。长此以往极易产生紧张、孤僻、冷漠的心理,进而引发一系列的心理和社会问题。越来越多的青少年醉心于网络聊天交友,其匿名性特征带来的不负责任,正影响着青少年诚信品质的树立。对网恋的痴迷,使青少年的情感世界陷入盲目和虚幻之中,也给个别不法分子进行情色交易和感情欺诈提供了可乘之机。

5. 流氓软件施恶

经常有一些所谓的免费软件引诱人们下载,而一旦安装在你的电脑里又难以卸载,不仅使你的一些程序难以运行,严重的还会使你的电脑瘫痪。当你打开网站,有些广告会接二连三弹出,强迫你用眼睛去看。有时想用鼠标删除,这些软件会跟随鼠标走,你不打开它就别想进来。这些强制性的活动广告,相当一部分带有色情内容,而且无法卸载。

6. 垃圾邮件泛滥

只要你打开邮箱，经常有一些无关的邮件不请自来，少则一两封，多则十几封，你的邮箱始终被垃圾邮件占据，每天都删除不尽，给你带来无穷的麻烦和烦恼。有的邮件是广告，有的邮件则是间谍软件，一旦点击、安装，你的电脑没有任何秘密可言，完全掌控在对方手中。据统计，仅垃圾邮件给我国国民经济每年造成的损失，就高达60多亿元。

7. 电脑黑客

黑客的英文名为“Hacker”，源于英语动词“Hack”，意为“劈、砍”，引申为“干了一件非常漂亮的工作”。现在提到黑客一般泛指的是通过高级技术和巧妙的手法入侵他人电脑系统的人。他们通常是以破坏、窃取或恶作剧为目的进入他人的电脑，对电脑用户造成不同程度的损失，这些群体被称为“Cracker”，中文译音为“骇客”。他们在不经人们允许的情况下，偷偷进入用户的电脑系统，轻则使系统变慢，重则使系统崩溃。曾经轰动全国的“熊猫烧香”病毒，就是一个学生让病毒四处蔓延，使千万人大伤脑筋。

8. 网络赌博

目前，中国正在成为全球网络赌博的目标国，经由海外的渗透和内地人员的“开发”，网络赌博正在中国迅速蔓延。据调查，上网参赌者的增长速度是网上购物者的两倍。在许多休闲类网络游戏平台，均包含两种游戏模式——游戏币和积分。积分就是玩家通过玩游戏积累分数，游戏币则可以通过购买其他相关增值服务获赠。这些游戏币被称为虚拟货币。尽管这些游戏平台都不提供从游戏币兑成人民币的业务，但赢家还是可以通过私下交易获得人民币，这几乎等同于现实赌博的链条由此形成，进而引发了不少犯罪行为的发生。

9. 人肉搜索

人肉搜索是指利用现代信息科技，变传统的网络信息搜索为人找人、人问人的网络社区活动。人肉搜索的方式对于迅速探明事实真相具有传统媒体所不具有的优势，特别是对于一些官员不法行为的监督方面起到了积极有效的作用。但是由于它是利用人际关系搜索，是在网民中发起的自觉自愿行为，缺少必要的法律约束，又使这种方式容易走火入魔，容易侵犯公民个人的隐私权和名誉权。目前，滥用人肉搜索造成名誉败坏和隐私公开的事情不少，给当事人造成极大伤害。

10. 网络诽谤

由于网络是一个虚拟世界，任何一个人都可以利用网名上网而不被觉察。同时，由于网络是自由的，任何一个人都可以在网上自由地发表言论。加之目前的法制不健全，一些不法言论很难受到法律的制裁。这就使得一些人利用网络攻击他人，诬蔑他人，谣言惑众，以泄私愤。目前网络诽谤案虽谈不上普遍，但由此造成的影响极其恶劣。

那么，网络上的种种不文明的行为到底是怎么造成的？它的根源何在呢？大家知道，在现实世界中，人们的言行总要受到法律和道德的约束。但是，在网络世界里，由于它是一个虚拟世界，人与人之间彼此不知道真实姓名和身份，不知道网络后面的人是男是女、是老是少。就像有人说的："在网上没有人知道你是一条狗。"正是在这样的虚拟自由的世界里，一些人失去了现实世界应有的法律和道德约束，彻底暴露了人性的弱点，释放出在现实世界无法表现、羞于表现的潜意识。一些人甚至认为，网络是一个没有管束的世界，想怎么样就怎么样，想干什么就干什么。上述种种不文明的行为，正是在这样的心理作用下发生的。

美国气象学家爱德华·罗伦兹（Edward Lorenz）在1963年发现了"蝴蝶效应"（The Butterfly Effect），蝴蝶在热带轻轻扇动一下翅膀，遥远的国家就可能造成一场飓风。它是指在一个动力系统中，初始条件下微小的变化能带动整个系统的长期的巨大的连锁反应。这是一种混沌现象。一个坏的微小的机制，如果不加以及时地引导、调节，会给社会带来非常大的危害，戏称为"龙卷风"或"风暴"；一个好的微小的机制，只要正确指引，经过一段时间的努力，将会产生轰动效应，或称为"革命"。

网络世界也存在着奇怪的"蝴蝶效应"。2008年春节前后，香港艺人"不雅照"事件在互联网上引起广泛关注，数天之内，便有越来越多的明星"不雅照"在全球各大网站现身，并经QQ、MSN等工具迅速扩散。这一借助互联网广泛性、无国界性的特点所制造的突发事件的发生，不仅再次将人们的目光聚集在如何抵制当前网络上出现的各种不良文化的问题上，同时，也使人们从深层思考如何正确引导互联网文化。

"蝴蝶效应"的本质是非理性、潜意识、"羊群效应"。网络行为的初始者极容易造成其他网民的盲目跟从。不管初始者的动机、目的及行为本身的对与错,“蝴蝶效应”所带来的后果是可怕的。特别是对于涉世未深、文化水平不高、处于青春萌动期,世界观、人生观还不成熟的青少年来说,网络这种不健康文化和错误导向极易对他们造成不良影响。《第23次中国互联网络发展状况统计报告》显示,目前我国近3亿的网民中,10～19岁的青少年网民是最大的用户群体,达到了网民总数的35.2%。显然,青少年已成为我国网络文化消费的主力军,净化网络环境将直接关系到青少年的成长,关系到整个社会的稳定。从网络文化的本质看,个人电脑造就的是一种崇尚少年精神、鼓励越轨、强调创造性的个人文化,它也会吸引无数的青少年像汤姆·索亚式的“男孩”(如比尔·盖茨),在寻宝中得到巨大的、意想不到的财富,在历险中得到一种“孤独的狂欢”。但是,如果社会没有正确的引导,这种盲目的冒险将导致犯罪。

的确,作为目前技术上最先进的媒介,网络对于社会的进步有巨大的推动作用。它使人们进入一个高度信息化的社会,大大提高了工作效率。同时,也要看到,由于技术的作用,它又使人性的“劣根性”得到空前的暴露,给人们的精神世界带来空前的伤害。因此,我们必须采取强有力的措施,最大程度地减少网络带来的负面作用,净化“网络天空”,营造良好的网络文化环境。

三、创造健康和谐的网络文化

“哪里有危险,拯救之力就在哪里生长。”哲学家海德格尔曾在自己的著作中反复引用诗人荷尔德林的这句话。其目的在于对现在存在的反思。他认为“拯救”就是让某物归于它的本质之家,以便将其本质带入真正的呈现。他说,如果技术的本质即框架是极度的危险,难道不能将拯救之力在其兴起时展现出来吗?[①] 互联网的兴起,既充满希望,又充满危险;既有机遇,又有挑战;既有兴奋,又有孤独……。这种悖论从一开始就困扰着人们脆弱的神经,促使人们思考互联网的现状和未来,思考互联网矛盾的解决之道。

2000年7月22日,美国、日本、德国、英国、法国、意大利、加拿大和俄罗斯等八国领导人在日本冲绳发表了《全球信息社会冲绳宪章》。宪章指出,信息通讯技术是21世纪社会发展的“最强有力”的动力之一,其革命性的发展不仅极

---

① 海德格尔著,郜元宝译:《人诗意地安居》,广西师范大学出版社2002年3月第2版,第112页。

大地影响着人们生活、学习和工作的方式，而且正在迅速地成为世界经济增长的重要动力。信息技术所带来的经济与社会的变革的实质就是帮助个人和社会更好地使用知识和智慧，从而使人类充分发挥其潜力，实现其理想。为此目的，八国领导人重申将努力使世界各地的人都能参与信息社会的发展、共同分享信息技术进步所带来的益处，并呼吁各国政府和私人企业界做出努力，缩小国际社会中的信息与知识差距。[①] 宪章主要讲了两个问题：一是数字机遇，二是信息鸿沟。

所谓“数字机遇”，按笔者的理解是指随着信息化社会的到来和互联网的快速普及，一些发展中国家将获得前所未有的发展机遇。首先，互联网的普及将打破原有地域限制，使发展中国家尽快融入世界发展的潮流。除了使他们及时快捷地得到各种信息，更重要地是从思想和观念上与国际接轨。其次，网络时代的到来将改变一个国家的经济形态，原有的以物质资源为主体的经济形态开始向知识经济、创意经济、信息经济、数字经济转变。电子商务越来越成为一种普遍的商业模式。虚拟经济应运而生。最后，网络时代使地域文化进入全球化。一些发展中国家除了接受发达国家的文化，同时，也利用网络将自己的文化传播出去。地域文化的介入将逐渐打破文化一元化的僵硬统治，为各种文化的多元发展造就机遇。

所谓“信息鸿沟”，是指由信息技术所带来的贫富差距越来越大。通过信息技术和知识来创造价值的“新经济”依然是一种“富国现象”。发达国家在“知识权力”的集中过程中，通过创造优势，夺取全球市场份额进行大规模产业重组来获取“先行者利益”，而大多数发展中国家则继续处在“信息贫困”之中和“数码鸿沟”的另一边。目前，富国和穷国在因特网用户数量方面的差距比其在国民收入方面的差距更为悬殊。根据联合国的资料，全球收入最高国家中的1/5人口拥有全球国内生产总值的86%，其因特网用户总数占世界因特网用户总数的93%，而收入最低国家的1/5 人口则只拥有全球国内生产总值的1%，其因特网用户总数只占全球因特网用户总数的0. 2%。[②]

虽然互联网表面上是自由的、无边的、没有国界的，但互联网的信息流动也

---

① 八国首脑发表《全球信息社会冲绳宪章》，新华通讯社2000年7月22日。

② 八国首脑发表《全球信息社会冲绳宪章》，新华通讯社2000年7月22日。

并不是平衡的和对等的。在互联网这个“看不见硝烟的战场”,某些信息技术高度发达的国家,利用其在技术上的垄断地位对技术相对落后的国家实行信息技术控制。

从信息的交流的角度看,发达国家将大量的信息输送给发展中国家和不发达国家,而发展中国家的信息则很少流向发达国家,从而形成信息不平衡和信息不对称的状况。目前,“全球互联网业务中有90%在美国发起、终结或通过。互联网的全部网页中有81%是英语的,其他语种加起来不到20%;互联网上访问量最大的100个网络站点中,有94个在美国。全球互联网管理中所有的重大决定仍由美国主导做出。负责全球域名管理的13个根服务器,有10个在美国”。①

从信息经济的角度看,现代经济的发展与增长,40%来源于信息产业。西方发达国家信息产业产值已占GNP(国民生产总值)的45%至60%,而发展中国家仅占1%左右。在全球信息产业中,CPU(中央处理器)的产量美国占92%,系统软件生产量占86%,目前因特网用户达1.13亿,世界性大型数据库在全球近3000个,70%设在美国。②

从文化传播的角度看,英语成为通行世界的语言,英语文化成为主流文化。中国人口虽然很多,但汉语在网络中不仅量很少,而且影响也很有限。从我们所接触的文化看,西方发达国家的文化源源不断地通过网络进入中国,美国的电影、动画、电视剧、软件等在中国很有市场。韩国的电影、日本的动画也随着网络长驱直入。而中国作为历史悠久的文化大国在国际文化市场上并没有多少优势。外国人对中国文化的熟悉程度远远没有中国人对发达国家文化熟悉。试想一下,中国人大都知道好莱坞电影、海明威、马克·吐温、自由女神、VOA、米老鼠和唐老鸭、华盛顿和杰弗逊……,而美国人则很少知道孔子、老子、庄子、唐诗、宋词、元曲、明清小说、鲁迅……。文化传播的不对等,将使民族文化面临严峻挑战,“文化殖民主义”借助网络大行其道,国家文化安全提上日程。

与发达国家相比,我们的网络传播力量还比较弱小。据有关部门统计,在整个互联网的信息输入、输出流量中,我国分别仅占0.1%和0.05%,而全球

① 王岳川主编:《媒介哲学》,河南大学出版社2004年9月第1版,第52~53页。

② 陈挺、赫克:《关注“信息殖民主义”现象》,解放军报2000年2月8日。

80%以上的网上信息和95%以上的服务信息却由美国提供。我国的150万个网站中,主流媒体新闻网站的影响力微乎其微,甚至说大部分网络舆论话语权不在我们手中。在中国网站排名的前60位中,只有人民网、新华网两家“国字号”官方新闻网站分别排在第36位和37位。

面对如此严峻的传播形势,我们必须要有一种危机意识、忧患意识和创新意识,抓住网络信息化的历史机遇,奋起直追,占领新兴媒体,发出自己的声音,引导网络文化,传播中华文化,提高中国文化的软实力。具体措施为:

1. 必须倡导健康的网络文化

网站要将文明办网作为运作和发展的基本原则。作为文化的传播者和信息的平台,网站在建构和谐文化的过程中起着举足轻重的作用,要多从积极的方面发挥文化建设的功能。要在网上弘扬正气,弘扬中华民族的传统美德和博大精深的文化,引导青少年树立正确的荣辱观和价值观,学会感恩,爱祖国、爱集体、爱亲人、爱他人。对于为吸引人们眼球故意渲染夸张的新闻标题要修正,对于刻意媚俗的社会新闻要把关,对于不适合青少年阅读的暴力色情内容要删除,对于论坛的一些极端言论要制止。不能单纯因为经济原因,通过一些不健康的低俗文化,来吸引眼球、提高点击率。

作为网民一定要文明上网,遵守道德和法律。有一位网友提出了上网的十个基本礼节:一是记住别人的存在;二是网上网下行为一致;三是入乡随俗;四是尊重他人的时间和资源;五是注意自己的网上形象;六是分享知识;七是平心静气地争论;八是尊重他人的隐私;九是不要滥用权利;十是宽容。这十个礼节,归根结底就是“自律”。互联网固然要比现实世界自由得多,但自由并不是为所欲为,自由必须以遵守法律、尊重别人为前提。网上之所以出现种种不文明现象,就是因为在一些人的头脑里,没有个人行为的底线,这就是,言论自由不得侵害他人的合法权益。所以,当人人都不守规范时,必然是每个人的自由和利益都受到侵害,每个人的尊严和价值都不复存在。因此,在网络活动中任何人都应做到:不该自己知道的不去探究,不该进入的范围坚决不进,不为低级趣味所诱惑而窥视他人隐私,不为金钱所引诱而陷入犯罪的泥潭,不因为要表现自己的能力而制造病毒来恶作剧等。要慢慢培养一种“慎独”精神,即在别人看不见的时候,也要谨慎自己的一言一行。

2. 建立行业规范,做到依法管理

由于网络是一个新兴事物,作为一个行业,它必须要建立这个行业的规范与秩序,必须要有这个行业的伦理道德。就像教师要遵守师德,医生要遵守医德,习武的人要遵守武德一样。在这个方面,国外一些计算机和网络组织为其用户制定的一系列相应的规范具有一定的借鉴意义。其中比较著名的是美国佛罗里达亚特兰大大学的瑞诺迪(A. H. Rinaldi)教授提出的电脑伦理十诫:(1)不应用计算机去伤害别人;(2)不应干扰别人的计算机工作;(3)不应窥探别人的文件;(4)不应用计算机进行偷窃;(5)不应用计算机作伪证;(6)不应使用或拷贝你没有付钱的软件;(7)不应未经许可而使用别人的计算机资源;(8)不应盗用别人的智力成果;(9)应该考虑你所编的程序的社会后果;(10)应该以深思熟虑和慎重的方式来使用计算机。2006 年,中宣部宣教局与中国精神文明网联合人民网、新华网、光明网、央视国际网、中青网及新浪网、搜狐网,开展了"网络十大不文明行为征集与评选活动",10 万多人次参与网上投票,评选出"网络十大不文明行为"。这一活动使人们对网络不文明行为有了清醒认识,对于加强网络道德伦理建设起到了极大的推动作用。今后还应该在全社会加强网络道德规范教育,从而使办网者和上网者都能够自觉地接受道德的约束。

近年来,我们为了加强互联网的管理工作,先后制定了相关的法律、法规和规章。如 1994 年颁布了《计算机信息系统安全保护条例》,1997 年颁布了《计算机信息网络国际联网管理暂行规定》。《刑法》也增加了惩治利用计算机和网络犯罪的有关条款。针对未成年人权益保护和加强对大、中、小学生思想政治教育的需要,我国制定了一系列网络规定,以净化校园网络环境。这些法律和政策的出台为我国网络的法制化建设起到了积极的推动作用。同时,我们也要看到,随着网络的发展,一些新问题不断出现。在管理网络的过程中,不要因为网络出现了一些问题就立即关掉完事。在网络治理中,"疏"要比"堵"更有效。我们要善于利用法律手段治理网络,积极研究治理互联网中的版权、侵权、隐私和责任等关键问题,正确处理个人隐私、公共利益和国家利益的关系,在法律的范围内规范互联网的经营行为。我们还应与时俱进,加快我国对于网络服务和网络文化问题的立法进程,真正做到有法可依,依法办事。要建立比较完善的管理体制,做到依法管理、科学管理和有效管理相结合。要确立行业管理准则,信息、公安、宣传、文化等部门做到既分工,又合作。要确立谁主管谁负责,谁经营谁负责的网络管理责任制,做到在管理上的几个统筹和结合:内容管理、行业管理和安全的结合;事前审批与事后监管的结合;技术封堵与舆论引导相结合;分级管理与属地管理相结合;政府管理与属地管理相结合;网上监控与网下管理相结合。

3. 在加强技术创新的同时,加强文化创新

面对良莠不齐的网络信息,仅仅依靠人自身的道德修养来起作用有时是远远不够的,一定的技术约束也是帮助道德完善的必要手段。同时,要掌握网络文化的主动权必须具有自己的核心技术。目前,我们的电脑硬件和软件都是依赖于美国,这样,我们的文化安全和信息安全就很难保障。为此,我国应该集中精锐力量加大电脑硬件与软件的开发。我们要针对网上中文信息偏少的情况,IT专业人员应大力开发适于中文信息处理的软件,简化网上中文信息加载、修改和刷新程序,提高中文网络信息加工、处理效率,打破西方文化特别是英语文化在网络世界的垄断格局。另外,针对国内外网络垃圾信息和黄色信息日益泛滥的现状,积极研究和开发用于监测、过滤、屏蔽不良信息的加密技术、防火墙技术、安全认证技术等,为实施有效的网络管理提供有力的技术支持。打击非法网站和清剿网络不良信息,高技术手段的保障和应用至关重要。技术部门要针对各种不同的技术手段研究不同的应对方法,为净化网络提供支持。

如何加强文化创新,提高中国文化的世界影响力?一是要坚持社会主义先进文化的发展方向,唱响网上思想文化的主旋律,努力宣传科学真理、传播先进文化、倡导科学精神、塑造美好心灵、弘扬社会正气。要大力宣传社会主义核心价值观,宣传英雄模范人物,培育和谐的社会风尚,树立健康的人生观和价值观,真正让优秀的先进文化成为网络文化的主流和社会文化的主流。二是要提高网络文化产品和服务的供给能力,提高网络文化产业的规模化、专业化水平,把博大精深的中华文化作为网络文化的重要源泉,推动我国优秀文化产品的数字化、网络化,加强高品位文化信息的传播,努力形成一批具有中国气派、体现时代精神和品位高雅的网络文化品牌,推动网络文化发挥滋润心灵、陶冶情操、愉悦身心的作用。三是要加强网上思想舆论阵地建设,掌握网上舆论主导权,提高网上引导水平,形成积极向上的主流舆论。近年来,国家为了引导网络文化,专门建设了8家中央级重点新闻网站和24家地方重点新闻网站,现在能做到80%~90%的新闻都转载于重点新闻网站。另外,还有意识地培养了一支网

上评论员队伍。这些措施的实施对于引导正确的舆论起到了十分显著的作用。

总之，网络作为一种社会性存在，是历史发展的必然，它为推动整个社会的进步具有不可忽视的积极作用。同时，作为一种新生事物，我们也要看到它的另一面，即对于人性异化和阻碍社会正常发展的一面。我们要正视网络的现状，积极思考推进网络正常发展的办法和措施，真正让网络在政治、经济、文化领域发挥它应有的作用。创新网络文化，真正让网络文化成为中国软实力的有效组成部分。

第十五章　科技创新与文化产业发展

文化产业既是文化与经济的结合，也是文化与科技的结合。正是由于现代科技的推动，文化生产的工业化、批量化、标准化才成为可能。科技创新不仅创造了崭新的文化样式，提高了文化生产的效率，而且扩大了文化传播的范围，催生了新的文化产业形态。现代意义上的文化之所以能够成为产业，在很大程度上依赖于科技的创新。今天，中国文化要实现大发展大繁荣，要迎接来自国际文化产业强国的挑战，必须积极推进科技创新，以科技创新不断提高文化企业的核心竞争力，努力推动文化产业的快速发展。

一、科技生产力与文化生产力

生产力（productive force）也称“社会生产力”，最初是由英国经济学家亚当·斯密在《国富论》中提出。在马克思那里，首见于1845～1846年马克思和恩格斯写的《德意志意识形态》一书。它主要指人们在生产过程中控制和改造自然的客观物质力量。马克思认为生产力的要素有生产者、生产资料、劳动对象。生产力诸要素是构成生产力的物质前提，但它必须以一定的方式结合成为一个有机统一体，才能成为现实的生产力。

在生产力的诸要素中，虽然生产者、生产资料、劳动对象缺一不可，但其中有主有次，所发挥的作用有轻有重。20世纪90年代，于光远先生就认为生产力的三要素中起重要作用的应该是生产者、生产手段、生产方式，而生产对象在生产中并不起重要作用，因此构不成生产力。最近这些年，关于生产力的研究又有了新的进展，认为在生产力中起决定作用的是生产者。生产者的知识水平和能力构成了生产力。这就说明人本身的主体能力是生产力的决定因素。这种主体能力实际上就包含了人的科技和文化水平。也就是说科技与文化的水平决定了生产力的发展水平。

从科技的角度来看,科技在生产力中发挥的作用是巨大的。从原始文明发展到现代文明,在人类几千年文明史中,科技发展在人类的物质文明生产方面起到了巨大作用。从劳动工具到交通工具,从矿产资源的开发到居住空间的改善,人类生活的一切领域无不渗透着科技的力量。马克思说过"科技是生产力",邓小平曾说"科技是第一生产力",由此可见科技的重要程度。

从文化的角度来看,文化在生产力中的作用与科技同样巨大,它是人类的精神生产能力。人类之所以能从低级文明发展到高级文明,从动物进化到人,文化起了决定性的作用。马克思一贯关注文化生产力问题,在马克思的著作中,曾在不同的语境中使用了"精神生产力"、"主观生产力"、"个人生产力"、"联合生产力"等概念。虽然马克思并没有明确提出"文化生产力"的概念,但"文化生产力"作为与"科技生产力"相对应的事实却一直存在着。

党的十六大之后,在中央文件里明确提出了"文化产业"和"文化生产力"的概念,这是有着深刻的历史背景的。从人类社会的发展过程来看,当人们处在物质不丰富,温饱问题不能解决的情况下,科学技术就成为第一生产力。而当人们的温饱问题得到解决,生活水平不断提高,文化生产力的重要性就凸显出来。人类从温饱型社会发展到小康型社会除了物质生活水平的提高,还有精神生活和文化生活的提升。今天,文化之所以被称为软力量(soft power)、软实力,就是因为文化越来越成为民族凝聚力和创造力的重要源泉,越来越成为综合国力竞争的重要因素,丰富精神文化生活越来越成为广大人民的热切愿望。

当然,科技生产力与文化生产力并不是相对立的,而是一个问题的两个方面,两种生产力相互补充、相互作用、相互渗透,共同推进了人类文明的进步。就文化产业的发展来说,科技是载体,文化是灵魂,两者缺一不可。离开了科技创新,文化产业就失去了前进的动力;同样,离开了文化创新,文化产业就没有了灵魂。正是科技与文化的有机融合,才共同推动了文化产业的发展。

文化产业是科技与文化的结晶,是社会化的大生产方式作用于文化生产的结果。联合国教科文组织给文化产业的定义是:"按照工业标准生产、再生产、储存以及分配文化产品和服务的一系列活动。"从历史的角度看,"文化产业"是由"文化工业"一词而来的。既然称为产业,它就超越了一家一户个体化的、作坊式的生产方式,而代之以大规模、大机器的、有分工、有合作的工业化生产方式。资本主义之所以能在很短的时间内从手工生产过渡到工业化生产,一个很重要的原因就是依赖于科学技术的发展。马克思说过“资产阶级在它不到一百年的阶级统治中所创造的生产力,比过去一切世纪创造的全部生产力还要多,还要大。”从今天的实际情况看,文化产业之所以不同于过去的文化生产方式,很大的原因也是由于科技已经广泛进入文化生产领域,而且显示了越来越重要的作用。因此,“文化生产不是一种简单的行业区分,而是生产方式变革的结果;文艺生产过程的产业化运作的根本标志也不仅仅在于进行有偿的经营和服务,而在于采用什么方式进行有偿的经营和服务;文化按照产业化的方式运作,更不是简单意义上的文化经营单位的数量相加,而是生产方式的本质变革。归根到底,文化产业是当代科技带入文艺生产过程所带来的相应的生产关系和生产力方式变化的必然结果”。①

我们在看到科技生产力与文化生产力相关作用的同时,必须看到科技进步对于文化生产深层领域的影响。特别是今天,文化产业的崛起将为科技创新提供更为广阔的发明空间,同时,文化生产将借助科技的力量释放出令人欣喜的创造能量。

二、科技创新是人类文化进步的重要动力

迄今为止,人类的文化已经历了五个时代:口语时代、文字时代、印刷时代、电子时代、网络时代。

口语时代。口语是语言的一种表现方式,它依靠人的发声器官而产生,具有即时性和现场性。人类的口头语言是从动物进化而来的,但又远比动物复杂。可以说,人能够发明语言是人与动物区别的标志。人类早期的文化形态,如神话、传说、寓言、歌舞都是依靠口耳相传的形式传播的。口语的好处是人面对面地直接交流,它的直观性、易理解性和现场性是其他任何形式的传播都无法代替的。但它的局限性也是显而易见的。由于口语依靠的是人与人之间的传播,在空间受到限制,传播的范围极其有限。同时,由于口语随说随逝,除了依靠人的记忆,它很难留下什么痕迹,于是在保存的时间上也受到限制。

---

① 孟晓驷:《文化经济学思维——物质与文化均衡发展分析》,人民文学出版社 2005 年 12 月第 1 版,第 297 页。

文字时代。文字是继口头语言之后的第二媒介，它的出现对于人类文明的诞生具有决定性意义。文字的出现虽然以口语为基础，但又比口语更复杂，表达的意义更细密，而且完全可以脱离口语而长久地保存下去。“如果说语言的出现，使我们的祖先最终实现了从动物到人类的转变；那么文字的发明，就使人类社会得以实现从原始文明的飞跃。没有语言，人类就只能生活在动物世界，没有文字，社会就只能停留在原始水平。”①从传播意义上，文字最大的优点在于它时空上比口语更有优势，保存得更久远，传播得更广泛。但文字作为语言的高级形态也有它的另一方面，由于文字脱离了口语，是一个比较复杂的语言系统，要掌握文字必须学习，而学习又需要一定的时间和财富成本，因此对贫穷的人来说，文字又变成了可望不可即的东西。在传统社会，文字成为富人和统治阶级的特权和统治工具。

印刷时代。中国早期的文字载体是龟甲、青铜器、石头、竹简、绢帛，由于材质本身的笨重、昂贵、不易获取，给文化传播带来极大障碍。后来东汉蔡伦发明造纸术之后，纸张的轻便和成本的降低为传播带来极大便利，但由于书写方式是毛笔的和人工的，传播的数量和范围依然受到限制。中国人很早就尝试以印刷的方式复制文本，比如石板印刷、木版印刷、铜活字、泥活字、木活字等，但都有局限性，一直到北宋毕昇发明活字印刷术后效率才大大提高。西方早期的传播载体也是泥板、木版、莎草或羊皮纸，直到1456年古登堡发明的第一部手摇印刷机情况才大为改观。印刷术是工业时代文明的象征，正是有了机器印刷，现代报业和出版业才得以诞生。大规模低成本的文化复制使得众多的人享受到现代文化的滋润，也使先进的文明得到广泛传播。可以说，印刷术开辟了人类文明的新时代。

电子时代。随着电子模拟技术和照相技术的诞生，广播、电影和电视应运而生。1831年，英国科学家法拉第发现电磁感应现象，为电子时代奠下第一块基石。1837年，英国画家莫尔研制成功有线电报机。1876年美国发明家贝尔发明电话。1877年爱迪生发明留声机、圆盘唱片。1884年美国人尼普科夫发明电视原理。1895年法国卢米埃尔兄弟发明电影。1898年丹麦人保森发明钢丝录音带。1904年，英国人弗莱明发明二极管。1906年，美国人德福雷斯特又

---

① 李彬：《传播学引论》，新华出版社2003年8月第1版，增补版第5页。

发明了“无线电心脏”三极管,解决了无线电通讯的关键技术问题。1906 年圣诞节前夕,美国人费森登首次用自己的实验电台播出了一段广播节目。1920 年世界第一座商业广播电台美国匹兹堡 KDKA 播音。1925 年英国发明黑白电视。1951 年美国发明三枪荫罩式彩色显像管。1935 年德国弗里奥莫发明磁带录音机。1960 年德国 Philips 公司发明盒式录音机。1981 年中国人王选发明激光照排。电子时代信息与文化以光电为媒介,传播速度大大加快,传播范围覆盖全球,传播效率大大提高。说明人类一步一步超越了平面的、无声的纸媒体时代,从而进入声画合一、光电合一的传播时代。如果说报纸和书籍这种文化形式让人们在阅读时还有局限的话,那么广播和电视则让文化水平并不太高的普通老百姓更能广泛接受。由于它们能满足人们最基本的视听需求,所以有广大的市场。在短短的 100 年左右的时间里,报业、印刷业、音像唱片业、广播电视业、电影业等都因电子技术时代的到来迅速发展成为影响最大的文化产业。

网络时代。随着 20 世纪数字技术和电脑的发明,人类文化的互联网时代也随之到来。1946 年美国的莫里奇发明电子计算机。1971 年美国的 Intel 公司发明微型计算机。1989 年美国正式命名 Internet。1997 年美国发明网络游戏。1973 年美国发明摩托罗拉手机。1995 年第一代数字手机问世,1996 ~ 1997 年出现了第二代数字手机,2007 年 3G 手机在中国亮相,2009 年中国正式运营 3G 业务。网络时代的最大特点是联通全球和数字化,由此,人类进入了一个全新的文化时代。

不同科技创新周期所对应的文化业态

年代	科技创新周期(年)	出现的文化业态(种)
20 世纪头 10 年	40	6
20 世纪 30 年代	25	8
20 世纪 50 年代	15	10
20 世纪 70 年代	8 ~ 9	10
20 世纪 80 年代	5 ~ 7	12
20 世纪 90 年代以后(1991 ~ 2004)	以月或天计算	30

说明:表中第 2 列数据来自:王滨:《科技革命和社会发展》,同济大学出版社 2003 版,第 120 页;表中第 3 列数据整理自:解学芳:《论科技创新主导的文化产业演化规律》,《上海交

通大学学报(哲学社会科学版)》,2007 年第 4 期。

由上表可以看出,人类进入 20 世纪以来,科技创新的周期越来越短,由科技创新所带来的文化业态越来越多。在人类文化发展的进程中,科技的作用越来越明显。特别是从 20 世纪 90 年代以后,科技的发明甚至以月或天来计算,由此反映的科技对于文化的推动作用日益显著。

上海交通大学文化产业研究中心胡惠林教授在《技术长波理论与文化产业的成长周期》一文里深入全面论述了科技创新周期与文化产业发展周期的关系,指出:“在今后的一段时间内,文化产业将以信息业、媒体业、通信业三者相结合的方式向前发展,报纸、电视、电影、网络、手机等将融合共享,从而推动文化产业发展的第三个长波周期形成”。[①] 他在《论文化产业发展与中国新文化变革》一文中指出:“当科学技术成为观念生产和传播的力量的时候,数字技术就同时成为文化的存在和文化的力量存在。实现数字技术从手段和工具向力量和内容的战略转移,是数字技术意识形态化的大趋势。”[②]

相对传统的报业、出版、广播电视,互联网文化的优势是非常明显的。第一是数字化。原来传统媒体无法兼容的文字、声音、图像,在数字技术出现之后都可以变成数字格式进行保存和传输。第二是互动性。传统媒体的传播是单向的,传者是主动的,受者是被动的,而互联网出现之后传受双方可以轻松地通过网络进行信息互动。第三是兼容性。传统媒体的传播路径是单一的,效果是有限的,报纸作为纸媒体无法实现影像化的流动,而广播电视因为是流动的时间媒体又不易保存,但是这些困难在网络出现之后都被轻易地克服了。网络成为继报纸、广播、电视之后的第四媒体,而且第四媒体不仅可以作为传统媒体的传播平台,同时,还可作为独立的媒体发挥传统媒体所不具备的优势。据有关研究,一种媒介从诞生发展至5000 万用户所花费的时间:收音机用了 38 年,电视机 13 年,有线电视 10 年,互联网 5 年,而博客仅用了 3 年。互联网的发展速度是惊人的。2009 年 1 月 13 日,中国互联网络信息中心(CNNIC)发布的《第 23 次中国互联网络发展状况统计报告》显示,截至 2008 年底,我国互联网普及率以 22.6% 的比例首次超过 21.9% 的全球平均水平。同时,我国网民数达到

---

① 胡惠林:《文化产业发展与中国新文化变革》,上海人民出版社 2009 年 4 月第 1 版,第 215 页。
② 胡惠林:《文化产业发展与中国新文化变革》,上海人民出版社 2009 年 4 月第 1 版,第 8 页。

2.98 亿,宽带网民数达到 2.7 亿,国家 CN 域名数达 1357.2 万,三项指标继续稳居世界排名第一。2008 年使用手机上网的网民较 2007 年翻了一番还多,达到 1.17 亿,博客用户数量为 1.62 亿。今天,网络已经成为人们普遍使用的通讯工具(电子邮件、腾讯 QQ、MSN、网易泡泡)和传播平台(博客、播客、维客)。与此同时,传统媒体与网络的结合出现了网上报纸、网上广播、网上电视、网上期刊、电子书,新的传播形式层出不穷标志着文化的快速变革。

与网络作为第四媒体相比,手机作为第五媒体的发展速度更是惊人。截至 2008 年 12 月,我国手机用户已经超过 6 亿,10 年前人们还把手机作为地位与身份的象征,今天手机已再普通不过。与传统媒体相比,手机媒体的优势是显而易见的。第一是交互性。手机在信息传播和接收过程中实现了点对点沟通。信息发送者把信息发到接收方,接收方可以进行反馈传播。第二是实时性。手机在每天生活当中至少可以保持 12 小时甚至更长时间的贴身沟通,这是任何其他媒体都望尘莫及的,只要有手机在身边,就可以接受到信息。第三是离散性。第四是随身性。手机不再是固定的传播终端,能把人从信息交流的沟通中释放出来,实现与信息同步,能够随时随地在第一时间内获取自己需要的信息。第五是分众性。在数字传播时代人们慢慢注重从海量信息当中甄别筛选对自己有用的信息,以某种共通的概念来寻求差异化的信息服务,而不是一味简单让自己成为无差异大众化的广播类的受众性。手机以分众定向方式来进行传播。① 现在,手机不仅可以打电话、发短信、听音乐、看电影,还可以上网、玩游戏、打字办公,蓝牙技术已经实现了手机与手机之间的无限传输和资源共享。高像素的手机和大存量的手机内存卡在一定程度上代替了数码相机。手机与传统媒体结合之后出现的手机报纸、手机广播、手机电视已经变成了非常普及的传播方式。

从科技创新对文化的影响我们可以看到,人类文化正是在科技的有力推动下,文化形式更新的速度越来越快,文化生产和传播的效率越来越高,文化创造的自主性越来越强,文化驰骋的空间越来越广阔。科技已经成为人类文化进步的主要动力。

---

① 敦煌:《电信运营商与传媒文化产业融合》,新浪财经 2007 年 5 月 25 日,http://www.sina.com.cn。

三、科技发展对于文化是一把双刃剑

科技对于文化的发展起到了巨大的推动作用，与文化构成了难分难解的关系。科技的进步极大地解放了文化生产力，激发了人们参与文化创造的激情，人类文化正是在科技创新中插上了腾飞的翅膀。但是，正如任何事物都有两面性一样，科技本身也是一把双刃剑，毋庸讳言，科技对于文化也存在着一定的负面作用。

（一）科技进步造成了某些人体机能的退化，使一些以手工为主的艺术不断弱化或消失

比如机器印刷出现之后，传统的木版年画生产就走向衰落。虽然木版印刷效率上比不上机器印刷，但木版印刷却具有极高的文化价值和审美价值。今天，广播、电视、网络、手机、数字摄影、动漫、网络游戏出现以后，人们沉湎于现代视听文化之中，传统的以文字为载体的语言文字文化大受影响。比如过多地使用电脑，人们常常提笔忘字，更不用说不用毛笔写字练书法了。长期看电视、看电影、上网，读书量大大减少，造成对语言文字的不敏感。仅靠看电影、电视了解中国的小说、诗词、歌赋，很难体味到中国语言文字的独特性。人们长时间坐在电脑和电视机前，很少动手、动脚、动嘴、动脑，不仅社交范围缩小，身体受到影响，而且很难亲身体会到中国传统书法、绘画、雕刻、雕塑、音乐、戏曲的审美意境和文化韵味。传统艺术的身体性使人能够真切体验到文化创造过程和文化表达过程的乐趣，而现代电子媒介的虚拟技术则使传统的以身体为特征的文化不断弱化甚至消亡。

（二）文化工业化的生产方式在一定程度上抹杀了文化创造的个性

工业化的生产方式可以大大提高生产效率，但同时也带来了文化产品的千篇一律。而文化产品和物质产品的最大区别就在于它的个性和创造性。同样是书法，颜真卿之所以不同于柳公权就在于每个人的书法都是自己个性的体现。现代大机器生产之后，虽然使传统艺术的光晕彻底消失，让精英艺术走入了大众，但文化产品的标准化、模仿化、同质化、浅表化又使艺术的个性之美正在消失。法兰克福学派对“标准化”的文化生产进行了猛烈地批判。他们认为，由于文化工业是以科学技术的机械化生产为前提，由于生产者不再是艺术家，

而是工业流水线上的普通人，因此，文化工业生产出的是通俗的、没有深度的、易于理解的、易于传播的、形式上大量重复的、缺乏创意的文化产品。这种文化生产不但过滤了不合流行的观点，复制了现存的社会关系，而且以休闲娱乐麻痹大众意识，满足虚假需求，造就了现实生活中“单向度的人”。

（三）技术统治对于人类文化有着压抑和控制作用

在现代社会中，许多人对技术盲目崇拜，产生了“唯技术主义”倾向。这种片面强调视听效果、漠视人文价值的“工具理性”已经严重影响了艺术的正常发展。马尔库塞在《单面人》里写道：“一种舒适的、安详的、合理的、民主的不自由笼罩在发达工业文明中，是技术进步的一个标志。”①技术进步虽然让人心悦诚服，但其中也有压抑和文化控制，它使人们丧失了文化选择的能力，让人陷入信息的海洋之中，感到无名的焦虑和压抑，让人欲罢不能。谁掌握了技术的先进性谁就掌握了文化的领导权和控制权。比如电视作为大众传媒它向大众传递的信息不是由大众决定的而是由传播者和传播媒介决定的。互联网虽然相比起传统媒体要自由得多、开放得多，但背后仍然有信息控制和信息干预。网络不仅成为各种意识形态力量的主战场，而且成为技术较量高下的试金石。依靠网络技术谋利和侵害广大网民利益的事件层出不穷，有关网络道德和技术正义的呼声越来越高。

（四）科技的发展使得文化产权保护的难度加大

科技进步提高了文化生产效率，降低了文化产品的制作成本，方便了文化传播和传输。特别是数字化技术出现之后，文化产品的数字化使复制的和传输的成本大大降低，但同时也为盗版行为提供了可乘之机。科技进步是一把双刃剑，它给人们带来方便的同时，也引发了一系列社会问题。法兰克福学派的本雅明指出：“复制技术把复制的东西从传统的领域中解脱了出来。由于它制作了许许多多的复制品，因而它使众多的复制物取代了独一无二的存在；由于它使复制品能为接受者在各自环境中去加以欣赏，因而它就赋予了所复制的对象以现实的活力。”②现在，由于复制技术便利，已经形成一条庞大的黑色产业链。目前，盗版对软件业、电视业、电影业、出版业造成了巨大冲击，损害了文化产业

① 《法兰克福学派论著选辑》（上），商务印书馆 1998 年版，第 490 页。

② 瓦尔特·本雅明著，王才勇译：《机械复制时代的艺术作品》，凤凰出版传媒集团、江苏人民出版社 2006 年 7 月第 1 版，第 53 页。

的正常发展。盗版的盛行虽然便利了广大消费者，特别是那些收入低的人群，但也极大地伤害了文化产品的生产者，特别是原创者。因为原创产品在研发过程中要付出巨大的物资成本和人才成本。盗版的泛滥将使整个社会创造文化的积极性大大降低。另外，过于便利的复制技术对于文化创造本身也是一个巨大伤害。现在，社会上出现了一些学术不端行为，甚至有为人代写论文的黑色产业。抄袭成风、剽窃成风极大地损害了原作者的利益，使社会形成了投机取巧或不劳而获的恶习。有人几个小时通过复制粘贴就拼凑成一篇学术论文；有人几万字的硕士论文只替换了几个关键词就顺利过关；还有人一部专著中几十万字都来自别人。类似借用技术造假、剽窃、抄袭的现象屡见不鲜，这种学术不端行为轻者有违道德，重者触犯法律。如果此类事件不引起人们重视，它将影响整个学术发展和社会风气，影响到整个中华民族文化创造的原动力，也使我们无法面对后人。

四、用科技创新推动文化产业创新

1959 年 5 月 7 日下午，英国小说家、科学家 C. P. 斯诺在剑桥大学作了《两种文化与科学革命》的讲演，表达了他对“两种文化”——科学文化与人文文化日益分裂和对峙的极度担忧。

斯诺在讲演中说：“我相信整个西方社会的知识生活日益被分化为两极群体。”“文学知识分子在一极，而在另一极是科学家，其中最具代表性的是数学家和物理学家。在这两极之间是一条充满互不理解的鸿沟，有时（特别是在年轻人中）是敌意和不喜欢，但大多数是由于缺乏了解。他们互相对对方存有偏见。他们的态度是如此的不同，以至于即使在感情层面上也找不到共同之处。非科学家大都认为科学家傲慢和爱吹牛。”“非科学家有一种根深蒂固的印象，那就是科学家是肤浅的乐观主义者，他们不知道人类的状况。而另一方面，科学家认为文学知识分子完全缺乏远见，尤其是不关心他们的同胞，在深层次上是反知识的，并且极力想把艺术和思想限制在有限的时空，如此等等。任何一个稍会咒骂的人都会在背后说出对方的一大堆坏话。虽然双方所说的话中有一些并不是没有根据，但这些话却是具有破坏力的。绝大多数想法是源于相互的不了解，而这是很危险的。”“实际上，科学家和非科学家间的隔阂在年轻人中比

30年前还难沟通。虽然30年前两种文化之间已停止对话,但至少他们隔着这条鸿沟还向对方维持一种生硬的微笑。现在连这种礼貌也没有了,彼此间的不满情绪全都写在脸上。"①

斯诺所说的两种文化:一是科学文化,一是人文文化。长期以来,由于分工原因,造成了两种文化的对峙和不理解。两种文化的分裂不仅对个人,而且对社会的发展都会造成不可估量的损失。基于此,斯诺设想是否可能用第三种文化来弥补上述两种文化的缺陷。1964年,斯诺在《再看两种文化》一文中预言第三种文化将会出现:"说第三种文化已经存在可能为时过早。但我现在确信它将到来。当它来的时候,一些交流的困难将最终被软化,因为这一文化为了能发挥作用必须要说科学术语。"②

今天我们还不能说斯诺的预言已经实现,出现了所谓的第三种文化,但我们可以说,文化的最新发展已经彻底打破了科学与人文的界线。任何一种文化发展都离不开另一种文化。文化产业的发展就是最明显的事实。科技文化与人文文化不但在文化产业中实现了完美的融合,也得到了共同发展。我们再也不能单从一种文化视角看待文化产业,文化产业的发展需要展开两个翅膀,在新的形势下两翼齐飞。科技文化与人文文化需要在文化产业中协同与整合。这种整合主要是三方面的:一是技术整合。文化产业通过技术创新使整个产业结构实现提升创新。二是价值整合。科学主要是求真,人文主要是求善和美,真、善、美的统一应该是文化创新的整体目标。三是社会行为的整合。科学精神与人文关怀需要内化为一个社会的自觉行为,通过文化普及到全社会,使得整个社会的文明水平整体提高。在文化产业发展中我们要有一种整体观,在科学与人文的融合互动中实现文化产业的整体创新。

(一)以科技创新催生新的文化业态

从当前我国文化产业的发展现实来看,我国的文化产业业态与发达国家比起来相对落后,而且产业结构不合理。目前,国外文化产业有着知识密集、技术密集、信息密集的特点,文化产业发展的重点主要集中在技术含量高、创意含量

---

① 胡守钧:《在科学与人文之间保持必要的张力》,中国文明网2009年7月11日,http:www.wenming.cn。

② 胡守钧:《在科学与人文之间保持必要的张力》,中国文明网2009年7月11日,http:www.wenming.cn。

高、前景看好的计算机、网络、电影、动漫、游戏、会展、设计、数字报纸、数字出版、数字电影、手机媒体以及体育健身、娱乐休闲等方面。而我国还基本上停留在原有的文化业态上，因此，调整产业结构成为发展文化产业的当务之急。而要造就更多更完备的文化产业形态，必须通过科技创新来实现。比如漫画与计算机的结合产生了动漫业，网络与游戏的结合产生了网络游戏新业态，手机与报纸的结合出现了手机报，手机与电视的结合出现了手机电视，电视与网络的结合出现了 IPTV，而这些无一不是通过科技创新和文化创意来完成的。这些新的文化业态由于形式新颖大大吸引了人们的参与兴趣，因此，所带来的经济效益相当可观。有关统计表明：2006 年中国网络游戏市场规模为 65.4 亿元，为相关行业带来直接收入达 333.2 亿元。而 5 年前，中国网络游戏的市场规模仅为 3.1 亿元。预计 2011 年中国网络游戏出版市场销售收入将达到 244.3 亿元。

（二）加大核心技术的创新力度，提高我国文化产业的核心竞争力

文化产业的竞争实际也是科技的竞争。众所周知，发达国家的文化产业之所以强大，就是因为他们掌握了核心技术。以电脑为例，现在的硬件和软件，美国都走在世界的前列，而且掌握了其中的核心技术，因此而形成的竞争力足以称霸世界。同样，以网络游戏和动漫为例，美国和日本之所以能走在前列，就是因为他们有自己的核心技术。目前，我们要赶上世界发达国家的文化产业水平，必须重视核心技术的自主研发。2004 年，在美国纳斯达克成功上市的盛大网络发展有限公司是一个利用科技创新取得快速发展的成功案例。上海盛大网络发展有限公司 2001 年以代理大型网络游戏《传奇》为契机进军在线游戏运营市场，在不到一年时间里就取得了巨大成功，成为当时中国国内最大的网络游戏运营商。但盛大公司深深体会到与国际高水平企业最大的差距就是缺乏自主研发核心技术的能力。于是，盛大公司在不到两年的时间里，加大研发力度，采取一系列措施终于拥有了一系列核心技术，突破了技术“瓶颈”，陆续推出《传奇世界》、《神迹》、《英雄年代》等盛大自主研发的多款网络游戏，在商业上取得了巨大成功，发展成为当今世界上最有影响的互动娱乐公司之一。科技创新在盛大网络的成功中扮演了关键性的角色。[①] 同样，王永民的五笔字型、王选的方正汉字排版系统的发明，对于我国文化产业的影响也是巨大的。以上事实

---

① 徐俊、丁烈云：《依靠科技创新促进文化产业发展》，《中国科技论坛》2006 年第 3 期。

说明，核心技术的发明与掌握是文化产业制胜的法宝。

（三）做好科技创新与文化创新的相互融合

文化产业是符号产业、内容产业和创意产业。文化产业的发展离不开科技创新，同时，文化产业的发展也离不开内容创新。科技创新为文化产业提供了新的传播手段、创造了新的表现形式，文化创新为文化产业赋予了新的内容和意义。只有科技创新与文化创新的有机融合，才能大力推进我国文化产业的发展。好的文化产品，不仅要有好的内容，还要有好的形式，它是内容与形式的统一。比如，手机这一传播载体具有庞大的使用人群，它所产生的经济效益也是巨大的。截至2008年12月，我国有6亿多用户，如果平均每人发10条短信，每条短信1角钱，就是6亿多元。特别是春节、中秋、元旦等重大节日手机短信的数量就更大。这么大的消费市场和消费潜力，而目前在内容开发方面却远远滞后。每到节日，祝福的短信大同小异，重复现象严重，让人情绪顿减。类似的还有手机彩铃也是如此。由此可见，围绕手机传播开发的内容产业十分丰富，前景非常光明。手机短信、手机报、手机广播、手机电视、手机电影、手机彩铃、手机游戏、手机动漫、电子书、MP3、MP4、网络与手机的短信聊天、下载传输业务等开发多种多样，而且，手机业务的迅速增加，也要求手机的功能有所改善和提高，这又要求不停地技术创新。正是两者相互促进、相互提高、相互融合才能不断满足人们的消费需求，这个产业才能做大做强。

总之，现代意义上的文化产业离不开科技支撑。特别是在今天国际文化产业竞争日益激烈的情况下，这就要求我们必须高度重视科技创新在文化产业发展中的地位与作用，高度重视以科技创新引领和助推文化产业发展，将科技创新与文化创新相结合，不断提升国家文化软实力，真正实现文化的繁荣与发展。

第十六章　实景演出：演绎山水诗学

近年来,大型实景演出在中国蓬勃兴起。广西桂林的《印象·刘三姐》、云南丽江的《印象·丽江》、浙江杭州的《印象·西湖》、江苏的《四季周庄》、河南登封的《禅宗少林·音乐大典》和开封的《大宋·东京梦华》、江西井冈山的《井冈山》、海南海口的《印象·海南岛》、新疆库木塔格沙漠的《印象·楼兰》……作为文化产业的新亮点,实景演出产生了巨大的社会影响和经济效益。此外,"印象"系列还在纪念品、演出广告,以及音乐唱片等相关领域有一定的业务拓展。"印象"系列已成为当地政府重点扶持的旅游项目,也是旅行社团体票和当地企业年会的首选。目前,大型实景演出已经成为各地发展文化创意产业的热点和重点。

作为一种新的文化产业形态和新的艺术表现形式,虽然大型实景演出已经引起了人们的普遍重视和广泛参与,媒体做了大量的报道,政府、企业和民间投入了大量的人力和财力,但是作为新的学术研究对象,还没有真正进入学者们的研究视野,真正艺术和产业方面的研究更是寥寥无几。特别是以一种冷静理性的态度认真研究这一新的产业形态和表现形式的还不多见。

一、大型实景演出的缘起、发展和现状

文化的创新首先是观念的创新,思想的解放。一个文化产业项目的运作,最初都只是一个概念和创意。实景演出是一个新生事物,它的产生既有偶然性,也有必然性。说它偶然,是指实景演出的推出有时可能只是一瞬间的艺术灵感。说它必然,是指实景演出确实是顺势而生,是艺术和市场结合的结果。1997 年,广西考虑做一个把丰富多彩的民族文化同广西旅游结合起来的好项目以拓展自己的旅游市场。正是在这样思想的指导下,几经周折,由张艺谋、梅帅元、王潮歌共同策划创作的中国第一个大型山水实景演出《印象·刘三姐》终于

在2004年3月20日正式公演。《印象·刘三姐》在策划时还有一个重要的动因是如何拉长旅游产业链。因为过去的旅游没有夜游项目,这部实景演出正是出于这样的目标使游客在夜间留下来消费,不但拉长了产业链,也使人们享受到白天没有的视听盛宴。继《印象·刘三姐》成功之后,张艺谋团队又先后策划和实施的《印象·西湖》和《印象·丽江》都取得了极大成功。短短几年各地相继兴起了实景演出热,除广西、浙江、云南之外,江苏、河南、江西、新疆、海南等地也都纷纷策划实施实景演出,截至目前,实景演出热仍在继续。实景演出的成功不仅给当地带来了很高的知名度和显著的经济效益,也引起了政府、企业和艺术界人士的广泛关注。

二、大型实景演出的艺术特色个案分析

目前全国实景演出很多,已经形成一个比较大的市场,但是,其艺术水平和市场反响却各有不同。其中影响比较大且做得比较成功的有以下四个:

(一)《印象·刘三姐》:开辟实景演出的先河

《印象·刘三姐》由桂林广维文华旅游文化产业有限公司投资建设,我国著名导演张艺谋、王潮歌、樊跃出任总导演,国家一级编剧梅帅元任总策划、制作人,历时五年半努力制作完成。它集漓江山水、广西少数民族文化和中国精英艺术家创作之大成,是全国第一部全新概念的“山水实景演出”。它突出广西的山水文化与歌舞文化,以真山真水为舞台,将广西漓江美丽的山水和少数民族优美的歌舞完整地再现在人们面前。

众所周知,广西山水与歌舞素来有名,享有“桂林山水甲天下”的美誉。同时,广西也因电影《刘三姐》被誉为歌舞之乡。1961年,电影《刘三姐》诞生。该片的拍摄地就是桂林,影片中美丽的山水、美丽的刘三姐、美丽的山歌给人们留下了深刻的印象。从此,前来游览桂林山水、寻访刘三姐和广西山歌,便成了一代又一代人的梦想。可以说,桂林山水和电影《刘三姐》就是广西的文化符号。这么好的文化资源过去给广西带来了很高的声誉,也带动了广西的旅游和文化产业。但是,原有的文化产业和旅游产业如果不按今天的市场规律和艺术规律运作,就不会达到产业升级。优越的自然资源和文化资源如果得不到开发和利用,也就不能产生显著的经济效益。《印象·刘三姐》没有因循守旧,而是另辟

蹊径,用新的创意和新的形式使广西的山水和文化重新焕发出夺目的光彩。《印象·刘三姐》让桂林的山水变得如梦如幻,如诗如歌。其演出分为金色印象——渔火,红色印象——山歌,蓝色印象——精灵,绿色印象——家园,紫色印象——嫁娘五个宏大的场面。每一个场面的精彩表演,无不令人赞叹,是古今中外舞台表演的极致经典。

《印象·刘三姐》的艺术创意在于:在方圆两公里的阳朔风光美丽的漓江水域上以十二座山峰为背景,广袤无际的天穹,构成了迄今为止世界上最大的山水剧场。传统演出是在剧院有限的空间里进行。这场演出则以自然造化为实景舞台,放眼望去,漓江的水,桂林的山,化为艺术的舞台,给人宽广的视野和超人的感受,让您完全沉溺在这美丽的阳朔风光里。传统的舞台演出,是人的创作,而"山水实景演出"是人与上帝的共同的创作。山峰的隐现、水面的倒影、烟雨的点缀、竹林的轻吟、月光的披洒,随时都会加入演出,成为最美妙的插曲。晴天的漓江,清风倒影特别迷人;烟雨漓江赐给人们的却是另一种美的享受,细雨如纱,淅淅沥沥;云雾缭绕,似在仙宫,如入梦境……演出正是利用晴、烟、雨、雾和春、夏、秋、冬不同的自然气候,创造出无穷的神奇魅力,使那里的演出每场都是新的。演出以"印象·刘三姐"为总题,将刘三姐的经典山歌、民族风情、漓江渔火等元素创新组合,不着痕迹地融入山水,还原于自然,成功诠释了人与自然的和谐关系,创造出天人合一的境界,被称为"与上帝合作之杰作"。演出把广西举世闻名的两个旅游文化资源——桂林山水和"刘三姐"的传说进行巧妙的嫁接和有机的融合,让阳朔风光与人文景观交相辉映。演出立足于广西,与广西的音乐资源、自然风光、民俗风情完美地结合,看演出的同时,也看漓江人的生活。①

《印象·刘三姐》之所以成功是强强合作的结果,一流的策划创意班子、一流的文化资源、一流的山水资源、一流的演出场地、一流的演出队伍。演出中除了保留电影《刘三姐》的原唱段外,还曾融入了王菲、齐秦的唱段,使纯粹的民族歌舞旋律在现代演绎中有了新的表达。600 人的演出队伍都不是专业演员,其中 400 人是当地渔民,他们高超的驾驭竹筏技术,使水面的造型和场面堪称一绝。特别是利用现代科技手段建造的环境艺术灯光烟雾工程所产生的视觉效

① 《印象·刘三姐》,百度百科,http://baike.baidu.com/view/32018.htm。

果绝对一流。“演出中的烟雾系统是抽漓江水制作的，它不仅没污染，而且增加了负离子；灯光、音响不仅保证了整个视听效果，而且采用隐蔽式设计，与环境融为一体；水上竹排搭建，不演出时可以拆散、隐蔽，对漓江水体及河床不造成影响，江面上依然是波光粼粼。”①

《印象·刘三姐》不仅给人以美的感受，而且创造了很好的经济效益。从首场演出到2008年底，该演出总场次接近2000场，观众约300万人次，票房收入达840万元。据桂林旅游局发布的统计，2009年十一黄金周期间共接待游客50.8万人次，同比增长38%，实现旅游总收入2.06亿元，同比增长47.2%，旅游人数和旅游总收入创实行黄金周以来最好成绩。②

《印象·刘三姐》作为全国文化产业创新的典型，它的意义在于：首先，它创造了“实景演出”这一崭新的艺术形式，从封闭的室内舞台，走向开放的自然山水。其次，它成功地实现了自然与人文的完美结合。将广西两个文化符号桂林山水和歌舞有机地融合在一起。再次，它开辟的夜游项目，拉长了旅游产业链，增加了经济收入。最后，它巧妙运用声、光、电等现代科技手段，为艺术增添了时尚元素和神奇色彩。

（二）《印象·丽江》：突出云南的山水文化与歌舞文化

云南处于云贵高原之上，是一个多民族的省份，其风俗、地理、景观独特别致，成为旅游和文化胜地。丽江位于云南省西北部，1997年12月，丽江古城申报世界文化遗产成功，引起世人注目，成为内地游人向往之地。丽江自然资源和文化资源丰富独特：美丽的玉龙雪山，秀丽挺拔，山上景色随着时令和阴晴的交替，景观也变幻无常，丰富多彩；山下丽江古城民风纯朴，如高原江南，青石板的街巷、木结构的房屋、小桥流水，潺潺溪水从雪山积雪融化而来，古老的象形文字和纳西古乐，让人们体味到生活的休闲和悠然的诗意。《印象·丽江》是张艺谋团队利用丽江独特的文化资源打造而成的另一个文化精品。

《印象·丽江》是继《印象·刘三姐》之后推出的又一部大型实景演出，总投资达2.5亿元。从演出结构上，《印象·丽江》全篇分《古道马帮》、《对酒雪山》、《天上人间》、《打跳组歌》、《鼓舞祭天》和《祈福仪式》共六大部分。上篇

① 王永章主编：《中国文化产业典型案例选编》，北京出版社2003年12月第1版，第65页。

② 张锐主编：《2010年河南文化发展报告》，社会科学文献出版社2010年1月第1版，第107页。

为“雪山印象”,下篇为“古城印象”,主创人员由《印象·刘三姐》的原班人马组成。《印象·丽江》以雪山为背景,汲天地之灵气,取自然之大成,以民俗文化为载体,用大手笔的写意,在海拔3100米的世界最高的演出场地,让生命的真实与震撼,如此贴近每一个人。来自10个少数民族的铿锵汉子,来自16个乡下村庄的普通农民,500多个有着黝黑皮肤的非专业演员,用他们最原生的动作,用他们最质朴的歌声,用他们最滚烫的汗水,与天地共舞,与自然同声,带给你心灵的绝对震撼。

《印象·丽江》大型实景演出克服了白天演出的诸多弊端,在经过近百次的修改之后,终于将白天的劣势转为优势,让每一个身临其境的观众都能无比真实地感受到一种从未体验过的情感。演出全长1个小时,启用了最先进的造水工程和烟雾效果工程,与自然交相辉映,营造出令人赞叹的视觉效果。其演出特点:一是白天演出;二是全部为非专业演员;三是表现雪山的四季变幻;四是服装音乐融入大量民族元素。玉龙雪山以险、奇、美、秀著称于世,气势磅礴、玲珑秀丽。随着时令和阴晴的变化,有时云蒸霞蔚,玉龙时隐时现;有时碧空如水,群峰晶莹耀眼;有时云带束腰,云中雪峰皎洁;有时霞光辉映,雪峰如披红纱,娇艳无比。丽江以世外桃源般的巨大诱惑,吸引着千千万万的游客,成为人们探寻古朴神秘的民族文化的一方圣土。来丽江寻幽探胜的人们都试图在短暂的逗留期间,不仅欣赏到最美的风光景致,还要了解丰富迷人的民俗风情。这个大型的实景舞台剧和《印象·刘三姐》完全没有相同之处,它以讲故事为主,同时还融入了大量的纳西族和摩梭人等的民族元素,而且服装和音乐都以民族为主。纳西古乐以其独特的师徒传承方式流传至今,是民族文化保存和交流的历史见证,是我国古代音乐的宝贵遗产,为丽江古城增色不少。①

(三)《印象·西湖》:突出天堂杭州的西湖之美

杭州是我国八大古都之一,有着2200年的悠久历史,人文景观丰富多彩,灵隐寺、六和塔、飞来峰、岳王庙、西泠印社、龙井茶、虎跑泉最为著名。杭州也是中国著名的风景旅游城市,以其美丽的西湖山水著称于世,素有“上有天堂、下有苏杭”之称。宋代大文豪苏东坡曾写道:“天下西湖三十六,就中最好是杭州。”西湖,是杭州最典型的文化符号,她以“淡妆浓抹总相宜”的自然风光天下

① 《印象·丽江》,百度百科,http://baike.baidu.com/view/1276835.htm。

闻名。西湖十景,即苏堤春晓、曲苑风荷、平湖秋月、断桥残雪、柳浪闻莺、花港观鱼、雷峰夕照、双峰插云、南屏晚钟、三潭印月,成为杭州人的骄傲。

《印象·西湖》是由杭州市委市政府、浙江广播电视集团及浙江凯恩集团共同组建的"印象西湖文化发展有限公司"打造的一台大型山水实景演出。它是由著名导演张艺谋、王潮歌、樊跃"铁三角"导演团队联手打造的继《印象·刘三姐》、《印象·丽江》之后又一部"印象"系列实景演出。2007 年,《印象·西湖》开始公演。

《印象·西湖》以西湖浓厚的历史人文和秀丽的自然风光为创作源泉,深入挖掘杭州许仙与白娘子的传说,将西湖人文历史的代表性元素得以重现,同时借助高科技手法再造"西湖雨",从一个侧面反映雨中西湖和西湖之雨的自然神韵。整场山水实景演出,通过动态演绎、实景再现,将杭州城市内涵和自然山水浓缩成为一场高水准的艺术盛宴。《印象·西湖》突出名湖、名家、名作,从创作理念上力图演绎江南杭州的"山水诗学"。它以"雨"和"梦"为意象,通过散文化的手法将一个美丽杭州呈现在人们面前。

《印象·西湖》坐落于西湖的岳湖景区,每个寂静的夜晚,在迷人的西子湖上,如诗如画的江南美景和流传千古的美妙传说,都将在夜色和记忆里浮现绽放。如果说白天西湖显露出她美丽的容貌,那么夜晚她将会述说自己动人的故事。

《印象·西湖》分五幕演出:"相见"、"相爱"、"离别"、"追忆"、"印象"。全剧以各种虚幻的西湖景色片段构成,从开始小船载着"许仙"登上"水中阁楼",所有的表演都没有故事,而是一种意向的表演。其中最令人感到震撼的是从湖面升起的三角形雨帘,两只大鸟在雨中翱翔,伴着张靓颖《印象西湖雨》的歌声,你还能看到白娘子与许仙互诉衷肠的情景。①

"西湖实景演出"是一个特别的水上剧场概念。演员在西湖水域上表演,以自然的山水、景观为天然舞台,拥有一个具有千年文化积淀的超大视觉空间。它不是歌舞、不是戏剧,更不是晚会。它的演出内容必须和自然景观一致,所以它是唯一的、不可取代的。自然环境是演出的一部分,随着一年四季的更替、每天气象的不同、自然景观的变化,这个天然的舞台所表现的视觉感受也就不同,

---

① 《印象·西湖》,百度百科,http://baike.baidu.com/view/1708599.htm。

实景演出之魅力正在于此。

《印象·西湖》的特点:

1. 名家联手,顶级阵容

张艺谋、王潮歌、樊跃“铁三角”导演团队,世界级音乐家喜多郎音乐原创,“亚洲青年领袖”张靓颖主唱,中国著名灯光师易立明大手笔设计,明星云集,大腕毕至。

2. 没有剧场的剧场

空旷水面上,演员踏水而来。你看不到舞台,让人恍惚以为演员全都会轻功。现实中的苏堤、雷峰塔、曲院风荷,都是《印象·西湖》最天然最独特的舞台布景。《印象·西湖》是没有剧场的演出,或者说,西湖就是它的剧场。白天来到这里,看不到任何舞台、座位、音响、灯光。大自然的风雨雷电、阴晴明晦,就是它时时变化而惊心动魄的自然背景。只有《印象·西湖》,让人离俗世这么近,却又远离喧嚣,做一场70分钟的美梦。

3. 一场无法复制的演出

经过专业培训的300多名演员,无论春夏秋冬,均在水上演出。所有的道具服装均出自名设计师之手。每天的气象都在变化,所以每场演出都是唯一的,是不可复制的,是这一晚的绝版演出,让人感动,让人惊奇。

4. 生态优先,保护第一

《印象·西湖》是环保与艺术的完美结合。这场演出的独特之处在于:在提供晚间艺术享受的同时,也保证白天游人正常的游湖,真正做到还湖于民。《印象·西湖》的所有演出设施,都可组装、可拆卸、可移动。看台是可收缩可移动式的,每天演出前打开,演完收起入库。音响灯光也设计为强指向性音响和隐蔽式灯光,演出前用拖船拖出,结束后立即拖走。整场演出工作量很大,目的只有一个,就是环保。①

(四)《禅宗少林·音乐大典》:突出河南嵩山独特的禅宗文化和少林文化

河南是中国历史文化积淀最为丰厚的地区之一,省会郑州,也是中国八大古都之一。郑州最主要的文化优势是:一是黄河文化;二是嵩山文化;三是商都

---

① 《印象西湖:杭州第十一种风景》,杭州网2008年12月24日,http://www.hangzhou.com.cn/20090201/ca1650537.htm。

文化；四是黄帝文化；五是少林文化。嵩山是五岳之中岳，地位独特。嵩山地区儒、道、佛三教荟萃，文化丰富。嵩山的自然景观变化万千，为世界地质公园。如今少林寺、少林武术名扬天下，成为嵩山文化的品牌。近年来，嵩山的所在地登封市旅游业发展迅速，吸引了大量的国内外游客。但由于嵩山离郑州很近，游客基本不做长久停留。为了开发夜游项目，拉长旅游产业链，登封市开发推出了《禅宗少林·音乐大典》这一实景演出项目。

《禅宗少林·音乐大典》为大型文化演出项目，由郑州天人文化旅游有限责任公司投资建设，项目一期投资1.15亿元，整个项目投资3.5亿元，实景演出选址在距登封市南10公里的待仙沟。《禅宗少林·音乐大典》由我国第一部山水实景演出《印象·刘三姐》的总策划梅帅元担任总策划，原创音乐和艺术总监由全球最具影响力的华人作曲家谭盾担纲，著名舞蹈家黄豆豆担任舞蹈编导，著名文化学者易中天担任禅学顾问。自2006年试演、2007年4月正式演出以来，受到了海内外观众的好评。截至2008年10月，共接待观众28.6万人次，门票收入达5000多万元。

“郑州所辖的登封市是少林武术的原产地、佛教禅宗的祖庭，还有世界地质公园中岳嵩山。这三大文化资源为《禅宗少林·音乐大典》打造产业品牌、提升产品文化品质创造了条件。在《禅宗少林·音乐大典》演出中，少林武术雄健、威猛的表演，音乐语言对佛教禅宗和谐概念的艺术诠释，以中岳嵩山为天然剧场给观众带来的视听震撼，都被制作者巧妙地组合在一起，营造出具有浓重民族文化色彩的神奇意境。”①

《禅宗少林·音乐大典》按音乐结构排列，分为：《水乐》、《木乐》、《风乐》、《光乐》、《石乐》五个乐章。演出将神奇的禅宗文化与博大精湛的少林功夫完美结合起来。禅宗不著文字，直指心性，讲求顿悟的文化内涵，通过纯自然的山石水声得到完美表达。嵩山峡谷中奏响的禅乐与大自然的各种声响——水声、风声、林涛、虫鸣合在一起，构成一种天籁般的禅韵。人们坐于蒲团，迎风看水，听禅赏武，心情轻松而愉快，精神进入圆融无碍的人生境界。“春有百花秋有月，夏有凉风冬有雪；若无闲事挂心头，便是人间好时节。”（宋，无门禅师）人们

① 张晓明、胡惠林、章建刚主编：《2008年中国文化产业发展报告》，社会科学文献出版社2008年3月第1版，第364页。

在观看演出时,远离凡尘,心灵与自然契合为一,心地纯净,安然康泰,达到人与自然的和谐统一。

《禅宗少林·音乐大典》以壮丽的中岳嵩山为舞台,以禅宗文化、武术文化为艺术表现内容,采用大型山地实景演出的艺术表现形式,形成了融文化、历史、自然于一体的全新艺术作品。

《禅宗少林·音乐大典》的制作理念为:

禅宗不著文字,直指心性,讲求顿悟。音乐是表现禅境的最佳方式,嵩山峡谷中奏响的禅乐与大自然的各种声响——水声、风声、林涛、虫鸣合在一起,构成一种天籁般的禅韵。

一样是演出,音乐、灯光、舞蹈、功夫……不一样的是在这里演出,此山此水,是禅宗和少林武术的发源地,所有艺术元素因为有了背景注释,变得不同凡响,这便是你必须来此观赏的理由。

项目选址在距登封市南 10 公里的待仙沟,距少林寺 7 公里。主要表演舞台为一片峡谷。山呈竖状排列,近、中、远景层次分明,峡内有溪水、树林、石桥等,构成实景表演的要素。整个演区面积近 3 平方公里,演出最高点 1400 米。观众席由一些曲折的木廊和庙宇形态的建筑构成,与自然景观和谐。这是剧场的一大特色。

《禅宗少林·音乐大典》演出规模宏大,音画一体,近 600 人的禅武演绎,少林僧侣的现场唱诵,春夏秋冬的景观变化,直指心性的佛乐禅音,合成了中岳嵩山辉煌的交响。而每天晚上的定时演出,成为中原文化旅游的一大亮点。①

《禅宗少林·音乐大典》创作伊始,就面向旅游市场策划定位,完全由企业通过市场自主运作。在投资开发主体上,组建了郑州天人文化旅游有限责任公司,以股份制产权为纽带,自主经营、自负盈亏、自我发展。在市场营销上,实行票务代理制,委托《禅宗少林·音乐大典》票务销售中心进行市场销售,不断扩大销售队伍,编制销售网络,努力开拓旅游消费市场。在产业开发上,以《禅宗少林·音乐大典》演出项目为龙头,配套建设禅街、禅田、禅院等休闲娱乐观光设施,完善就餐、住宿、购物等服务,延伸产业链条,提高市场竞争力。

① 《禅宗少林·音乐大典》,百度百科,http://baike.baidu.com/view/1375747.htm。

三、大型实景演出的艺术创新与可持续发展

大型实景演出是文化与旅游的结合，是艺术与山水的结合，是人与自然的结合，它突破了原有的文化格局和产业形态，无论从文化产业还是从艺术创作方面都具有开拓意义。

实景演出之所以能够风靡全国，是与当今的社会转型与文化转向密切相关的。曾几何时，喜欢山水和喜欢旅游被当成小资情调批判。正是改革开放打破了人们的思想枷锁，进入了一个心灵自由的时代。人们可以从喧嚣的都市进入宁静的自然，自然本身的魅力又陶冶了人们的心灵。人通过对自然山水的感悟，通过对自然美的探寻，通过对历史的追索，通过与自然和历史的对话，心灵变得无限开阔。孔子曰："智者乐水，仁者乐山，智者动，仁者静；智者乐，仁者寿"；庄子曰："天地与我并生，万物与我为一"；刘勰的"登山则情满于山，观海则意溢于海"；李白的"孤帆远影碧空尽，唯见长江天际流"；王维的"江流天地外，山色有无中。郡邑浮前浦，波澜动远空"；苏轼的"大江东去，浪淘尽，千古风流人物"……古人这种天人合一，人与自然心灵合一的境界在今天新的历史语境中又有了新的内涵和新的意思。今天人们对于自然又有了新的认识，早已摆脱了征服自然、无限度地攫取自然的旧观念，而与自然亲近共生、和谐相处成为一种崭新的文化理念。如今，山水文化、旅游文化之所以能够成为朝阳产业，就是因为这种产业与人们的生活需求和精神需求密切相关。作为人来讲，不仅要工作，还要休息；不仅要有物质追求，还要有精神满足；不仅要享受现代化带来的种种便利，更需要回归自然，返璞归真，找回曾经失落的美好情怀。山水文化在这方面越来越发挥着重要作用。特别是作为现代的都市人，整天生活在汽车的叫声、机器的轰鸣声、污染的空气、狭小的办公室、格子式的住房、密集的人流中，他们十分向往到一个绿水青山、空气清新、安静悠闲的地方感受生活的另一种情调和诗意。山水实景演出恰恰满足了人们这种消费需求和文化需求。

山水实景演出在艺术上的创新性主要体现在：

相对于传统艺术的内聚性、故事性、逻辑性，大型实景演出则更强调自身的开放性、发散性和印象性。

相对于传统艺术以舞台为载体，大型实景演出更注重以真山真水为舞台和

背景。

相对于传统艺术的可复制性,大型实景演出更强调地理环境、文化特色的独特性和唯一性。

相对于传统艺术的人文性,大型实景演出更强调文化的原生态性。

相对于传统艺术的表现手法,大型实景演出更强调现代科技声光电表现手段的介入。

相对于传统演出人员的职业化,大型实景演出更强调演员的非职业化。

相对于传统演出内容和形式的单一化,大型实景演出更体现内容和形式的多样化和综合性。

相对于传统文化的天人相分,大型实景演出真正力图达到一种天人合一的至高境界。

大型实景演出开创了一种全新的文化产业理念,用文化营销山水,用山水彰显文化,使文化、山水、旅游得到完美的融合。实景演出从策划到演出,符合文化产业的发展规律,符合艺术发展的内在逻辑,实现了文化与旅游、人与自然、文化与产业的和谐统一。

大型实景演出的成功主要来自于它的内涵创新。从自然美的发现到民族文化底蕴的挖掘,再到"天人合一"哲学理念的升华,其艺术形态也有着从原生态向艺术化、哲学化的发展轨迹。如果说《印象·刘三姐》的"山水实景"演出是"朴素稚拙"的天然情趣,《印象·西湖》的"烟雨意境"渲染是心灵宁静的"山水诗学",那么《禅宗少林·音乐大典》的"山水实景"突出的是"灵慧悟觉"的超然情怀。

山水实景演出其核心价值理念是中国哲学的"天人合一"。它是民族文化的精华,是中国人贡献给世界的独一无二的精神财富。和海德格尔倡导的"诗意栖居"的现代西方哲学精神相通,"天人合一"的哲学理念已经成为现代人们尊奉的普世价值和理想的生活境界。实景演出的意义在于如何让现代人从繁杂的日常生活中解脱和超越出来,让心灵得到美的陶冶,使人活得更自由、更惬意、更文化。

实景演出的艺术主旨是"身临其境"和"生命体验"。实景演出强调自然意境的营造。优美的山水自然景观以其独特的魅力吸引着人们纷纷前往,阔大的山水剧场演绎当地独一无二的文化风情。人们置身其中,身心放松,感受自然的美景，感受文化的风采，体验前所未有的人生意味。让自然走进生活，让艺术走进心灵，审美的日常生活化使广大百姓都能受到文化的洗礼。

但是，目前一些大型山水实景演出在艺术上也存在一些问题，主要表现为：(1)选取的文化资源和山水资源没有特色，达不到山水与人文的统一。(2)整个演出缺少创意，同质化现象严重。许多山水实景演出缺少故事，缺少人物，只有音乐与歌舞，观众看后，除了热闹留不下任何印象。(3)现代科技手段运用过多，造成视觉和听觉的狂轰滥炸。一些实景演出没有原创音乐，只能通过碟片播放，音乐与演出不能有机统一。(4)缺少意境和美感，缺少文化提升和美学品位。一些演出除了视听轰炸，并没有营造美好的艺术意境，缺少必要的美感。(5)片面追求大手笔、大制作，造成大量的物质资源和人力资源浪费。(6)由于开发不当，造成自然生态环境污染和破坏。

当前，许多地方在发展文化产业和旅游方面都将大型实景演出作为重点项目，动辄投资上亿元，演员数百人，其成本之巨，耗费人力之多，前所未有。但并不是所有的实景演出项目都是成功的。由于各地的自然条件、文化资源乃至文化创意不同，实景演出的情况也有所差异。成功者皆大欢喜，失败者损失惨重。目前因实景演出跟风现象所造成的资金浪费和自然环境被破坏已经引起人们的高度重视。实景演出作为一种市场背景下的文化产品，其核心要素是它的艺术内涵和艺术特色，它的成败关键在于它的文化品位和文化精神。要避免实景演出的雷同化、同质化、单一化，最重要的是突出它的艺术特色。大型实景演出的艺术特色研究不仅具有很高的学术价值，而且具有强烈的现实意义。因此，在其运作和实施的过程中，要防止过度化的倾向。在强化视听感受的同时，一定要避免感官的过度刺激，努力激发人们对演出本身的想象力和感受力。在主题的发掘上，突出“形散而神不散”的意趣，避免过多的意义附加，尽量让一种主题显现其中，唤起观众发自内心的情感和共鸣。在自然、历史和文化符号的使用与融合上要避免简单拼贴，力求揭示其所潜藏的深层意蕴，努力做到自然山水与文化内涵的圆融为一。具体要从以下几个方面进行创作：

(1)树立正确的文化理念和艺术理念，在文化创新和艺术创新上下功夫。(2)深入挖掘文化资源内涵，搞好文化创意，做好文化资源的产业转化。(3)做好生态环境保护，使艺术的表现复归自然，顺应自然。(4)做好山水与文化的有机融合，达到人与自然的和谐统一，努力提升实景演出的文化品位。(5)做好游客与观众的心理调查,研究其审美期待、审美心理、消费心理、艺术趣味。因为游客和观众就是市场,他们的反映直接决定着演出的成败。(6)做好市场的推介和营销。实景演出既然是一种旅游产品和文化产品,就要做好市场的推介和营销,通过广泛宣传,提高演出的认识度、知名度和美誉度。推介和营销的成功与否也是演出可持续发展的重要因素。

总之,山水实景演出作为一种文化旅游产品,绝不是文化与旅游的简单相加,也不是随心所欲的"印象"复制。山水实景演出必须充分利用当地的特色文化资源,让演出的内容与自然环境水乳交融、浑然一体;同时,要放眼全国,加强内容与形式的创新,体现充分的文化个性,营造全新的美学意境,消除观众的审美疲劳,发挥山水实景演出的助推作用,使整个文化旅游产业升级,保持文化旅游产业的科学发展与可持续发展。

第十七章　期待：建立文化产业创新体系

创新是一个民族的灵魂，也是文化产业发展的根本动力。文化产业创新既是一个系统工程，又是一个有机整体，任何一部分不到位都会影响到整体创新。中国文化产业要想在世界文化产业发展的格局中体现自己的特色和实力，笔者认为必须重视建立和完善文化产业发展的创新体系。

一、重视文化观念创新

1. 要树立“大文化”的理念

过去，我们一提起“文化”，就认为文化是文化部门的事，对文化的理解相当狭隘。今天，当“文化产业”这一概念出现之后，文化的内涵和外延大大拓展。文化不仅仅是文学、艺术、戏曲、电影、博物馆、文化馆、图书馆，还包括广电、报业、出版、网络、体育休闲、艺术品的收藏与交易、旅游等。随着技术进步与传播手段的不断更新，文化的形态与业态也在不断变化。围绕电脑、手机和移动多媒体技术所产生的网络游戏、动漫、手机报、手机电视、移动电视等已经进入百姓的日常生活。因此，“文化”这一概念不仅包括了主流文化、精英文化，还包括大众文化；不仅有物质文化，也有非物质文化；不仅有形而上的观念文化，也有形而下的物质文化；不仅有源远流长的传统文化，也有充满生机的当代文化；不仅有属于本土的民族文化，也有不断进入的外来文化。现在随着文化经济一体化趋势的不断加强，特别是市场经济对于文化的影响、渗透与改变，文化已经由单一的意识形态变为复杂的经济形态；由单一的只重视社会效益开始变得重视经济效益；由单一的重视文化生产开始转向文化消费；由单一的传者本位开始转向受众本位。文化不仅是影响人心的力量，也成了振兴经济的重要力量。

2. 要确立文化产业是软实力的理念

文化从其本质上来讲是一种春风化雨的力量,与政治、经济、军事相比,文化是一种软力量。《周易》有言“刚柔交错,天文也;文明以止,人文也。观乎天文,以察时变;观乎人文,以化成天下”。文化发挥作用的主要方式是“化”。它不是说教、征服,而是感染和吸引。好的文化是以真启人,以善引人,以美悦人。时任河南省委书记徐光春同志2009年在香港中文大学的演讲中如此总结文化的作用:文化创造巨大价值,是经济发展的“强引擎”;文化提升人类素质,是经济发展的“活力源”;文化增进社会共识,是经济发展的“催化剂”;文化塑造良好形象,是经济发展的“大磁场”;文化提供不竭动力,是经济发展的“永动机”。文化的作用是“以文化人、以文化物、以文化事”。以文化人,是指文化能武装人、塑造人,提高人的涵养、素质和能力;以文化物,是指文化能使物质生产因注入文化内涵、文化元素而改变性质,提升品质,创造更大财富;以文化事,是指文化能渗透、影响到经济社会发展的各个领域、各个方面,产生强大动力,发生显著变化,从而对一个地区经济社会发展的速度、质量、效益和竞争力产生重大而深远的影响。[①] 美国学者约瑟夫·奈针对当今国际形势的变化提出了“软实力”概念。他认为,当前国际竞争的新趋势就是软实力的竞争。国与国之间,除了政治、经济、军事这些硬实力,意识形态、文化、艺术这些软力量变得越来重要;而且软力量发挥的作用要比硬力量长远得多。今天,我们发展文化产业,要从贯彻落实科学发展观的高度,从经济、政治、文化、社会四位一体建设的高度,从国家文化安全的高度,从提高我国国民素质的高度,充分认识文化建设的地位与作用。尽管文化产业不完全等同于国家软实力,但却是软实力的重要组成部分。因此加强发展文化产业,不仅是推动经济发展的迫切需要,也是满足人民群众日益增长的精神文化需求的迫切需要,更是维护国家文化安全的需要。

3. 要树立文化的服务意识

按照国家统计局2004年对于文化产业的分类,文化产业的核心层包括新闻服务、出版发行服务、广播电视电影服务、文化艺术服务。文化产业的外围层包括网络文化服务、文化休闲娱乐服务、其他文化服务。文化产业的相关层包

① 徐光春:《从中原兴衰圆梦的历史和现实看文化在经济发展中的地位和作用——在香港中文大学的演讲》,河南日报2009年2月20日。

括文化用品、设备及相关文化产品的生产、销售。发展文化产业必须树立服务意识，这是社会和经济发展的必然要求。过去我们对于文化的认识，只是强调它的意识形态属性，而没有认识到它的产业属性。因此，在文化的生产和传播上出现了对上不对下，对领导不对大众，对内不对外的局面。文化的生产是单一化的，文化销售是计划化的，文化的管理是行政化的，文化的传播是生硬化的，文化的影响是小众化的。过分的文化官本位色彩导致了文化资源的浪费和文化产品高度垄断。自上而下的文化灌输不但禁锢了人们的头脑，也束缚了广大人民群众创造文化的积极性。目前，文化虽然分为公益性文化与经营性文化，文化事业和文化产业，但文化的服务职能则是相同的。因此，文化产业要发展就必须树立服务意识，没有服务意识，文化产品的生产和销售就不会有广阔的市场，更不会有良好的社会效益和经济效益，文化作为软实力的作用也就不会彰显出来。

4. 要树立文化的市场意识

树立市场意识对于发展文化产业极为关键。这里边包括两个层面：一是政府的层面；二是文化企业和文化生产者的层面。从政府的层面讲，我们要改变过去那种包揽一切、无所不能的管理方式，由管计划、管人事、管生产、管销售等，转移到管方向、管规则、管秩序。政府所做的事就是建立一个良好的办事环境和干事环境，制定一个公开、公平、公正的竞争规则；政府的职能就是为企业服务好，帮助他们解决市场化过程中所面临的政策难题，而不是具体插手他们的决策、项目、生产和销售。因此，政事分开、政企分开、事企分开、管办分开很重要。对于文化企业和生产者来说，主要精力应该放在研究市场、研究人们的审美需求，生产出适销对路、人们喜闻乐见的文化产品，而不是把过多的精力用在向政府要政策、要计划、要资金。事实证明，对于政府的依赖性越强，文化企业开拓市场的能力就越弱。目前文化产业发展过程中，政府的行政干预色彩依然过强，企业的市场生存能力依然太差。这反映出我们在文化发展上开放程度不高，思想解放不够，市场意识薄弱。这些无疑成为制约我国文化产业发展的主要障碍。因此，笔者认为，减少政府干预，培养文化企业的市场意识极为重要。让企业真正面向市场、面向受众，而不是面向政府、面向领导。在具体的运作过程中应采用市场化的运作模式，而不是政府不计成本地搞形象工程，这是当前搞好文化产业的关键。

二、重视体制与机制创新

文化体制和机制是文化发展的根本保障。深化文化体制改革是推动文化大繁荣大发展的必由之路。近年来,我国着眼于解放和发展文化生产力,强力推进文化体制和机制改革,取得了可喜的成绩。在培育市场主体、深化内部改革、转变政府职能、建立市场体系方面成绩卓著。截至 2008 年,全国共有 122 家出版社、25 家音像出版社、27 家影视制作单位、32 家电影发行公司、29 家省级和市级文艺院团已经完成转企改制,国有文化单位市场主体缺失、竞争力不强的状况初步改变。文化传播渠道建设速度加快,9 个省(区、市)实现了全区域广电传输网络整合,23 个省级(区、市)国有出版发行集团公司实现了省内连锁。①

通过改革,我们培育和重塑了一批新的文化市场主体,文化事业和文化企业凸现出强大的发展活力。2007 年辽宁出版传媒股份公司上市,文化产业与资本市场接轨。在资本市场的推动下,跨地区、跨行业、跨所有制开始迈出重要一步。2008 年 3 月 24 日,江西出版集团与宋庆龄基金会主管的中国和平出版社共同成立的中国和平出版社有限责任公司在京成立,这可以称得上跨地区重组的"破冰之旅"。② 在传媒改革方面,各地先后成立报业集团,积极探索制播分离、采编和经营两分开,进一步发挥宣传功能和产业功能。河南日报报业集团作为全国文化体制改革试点单位,在改革中也取得了显著成效,综合实力跨入全国党报前列。实践证明,文化发展只有突破原有的体制和机制,才会产生良好的社会效益和经济效益。

但是,从目前的情况看,我们的体制和机制改革与飞速发展的形势要求还有相当距离。文化体制改革的进程还比较缓慢,人事、劳动、分配制度改革还没有完全到位,文化产业发展的体制性障碍依然存在。具体表现为:文化生产的计划性与文化产品的市场性之间的矛盾比较突出,许多国有文化单位还面临着

① 中宣部理论局编:《理论热点面对面·2008》,学习出版社、人民出版社 2008 年 6 月第 1 版,第 153 页。

② 张晓明、胡惠林、章建刚主编:《2009 年中国文化产业发展报告》,社会科学文献出版社 2009 年 4 月第 1 版,第 5 页。

国有企业一样的双重困境。行政干预过多、政企不分、政事不分现象仍然严重，市场机制对于文化资源的基础性配置作用难以得到有效发挥，规模化、集约化、产业化程度很低。布局结构不合理，有些行业如报社、电台、电视台、剧团重复设置，造成不必要的人财物资源浪费，结果造成有效文化生产力太差和有效文化产品短缺，无效文化生产力过强和低效文化产品过剩的不良局面。

从目前国有文化企业的改革情况看，一是各行业改革快慢不一。出版行业进展较快，从市场主体、人事制度、管理制度、融资机制、发行渠道等已经开始全方位的改革。而报业和广电行业相对较慢，报纸虽然在经营上已经开始集团化，但大部分报纸还是地方性的，影响力有限，没有走出去，只是在本地争夺市场；广播电视虽然开始提出制播分离，但并没有真正实行，自编自制自播依然存在。二是国有文化企业的核心和支撑作用没有发挥出来。在民营文化企业快速发展的同时，国有文化企业相对来说，改革滞后，暮气沉沉，集约化程度低，应对市场能力差，文化观念陈旧，产品与市场脱节，缺乏核心竞争力，缺乏市场影响力。三是公益性文化事业和经营性产业界线不明。特别是传媒业，新闻服务应该是公益性的，而广告则是经营性的，但现在由于媒体经营模式单一，事业经费不足、人员众多致使两者相互交织在一体，难分难解。四是管理体制陈旧，原有问题依然存在。由于国有文化企业依然是任命制，管理方式依然是上下级的行政命令式，政府对于文化产业的管理依然是干预过多，不仅管人事、管内容，而且管渠道、管市场，条块分割、资源浪费、人员众多、效率低下的状况依然存在。

因此，要大力发展文化产业，就必须进一步深化改革，全面推进文化体制机制创新，解放和发展文化生产力。对于文化体制改革，我们要加大力度，加快速度，重视实效。第一，必须区分开公益性文化事业和经营性文化产业，对于不同的文化单位和文化企业，提出不同的改革要求。第二，对于公益性文化单位要以“增加投入、转换机制、增强活力、改善服务”为重点。关键在于构建完善的公共文化服务体系，大力推进文化事业单位的干部制度、劳动人事制度、分配制度改革，全面提高文化服务水平，保障广大人民的文化权益，逐步提高全社会的科学文化素质。第三，对于经营性文化单位要以“创新体制、转换机制、面向市场、壮大实力”为重点，努力推动国有经营性文化事业单位的转企改制，使它们真正走向市场，真正成为自主经营、自负盈亏、自我发展、自我约束的市场主体。第四，要坚持一手抓公益性文化事业，一手抓经营性文化产业，两手抓、两手都要硬，两轮驱动、两翼齐飞、相互促进、共同发展，推动文化产业走上科学发展的轨道。

三、重视文化内容与形式创新

1. 将文化资源优势变成文化产业优势

文化的发展有它自身的脉络与历史的继承性。但文化的继承并不是对前人的一味模仿，也不是对文化遗产和传统的因袭和照搬，而是在继承以往文化的同时勇于创新。社会生活的发展为文化创新提供了崭新的内容，群众审美趣味的变化也向文化产业提出了新的要求。文化产业要适应新的时代，就必须创造出异于前人和超越前人的精品。中国是四大文明古国之一，文化资源异常丰富，文化底蕴非常深厚。目前，中国文化产业发展面临的突出问题是我们虽然具有得天独厚的文化资源优势，但还没有形成文化产业优势。大量的文化资源还没有开发成有特色的文化产品，文化资源的利用还停留在粗放型的初级阶段，文化产品还缺少独特的文化创意。而我国文化资源被别的国家利用变成知名文化品牌而获得可观经济效益的事例屡见不鲜。比如中国有 8000 年的贾湖遗址，美国人利用配方制作出了贾湖酒；中国有古老的花木兰传说，美国人制作出了同一题材的动画片，仅票房收入就达 20 亿美元；中国有恐龙蛋化石，美国人依此拍出了《侏罗纪公园》。还有河南温县的天狼鞋厂生产的解放鞋，经过美国设计师沃斯特的创意设计改造，成了欧美市场上颇为有名的“Ospop”运动鞋，每双售价由原来不足 2 美元上升到 75 美元。由此可见，对于中国来说，仅有丰富的文化资源是不够的，还必须让这些文化资源转化成文化产品。将文化资源优势变成文化产业优势，是当前中国文化产业发展所面临的最重要的任务。

2. 以文化创意为契机，打造当代人喜欢的文化产品

在文化资源转化为文化产品的过程中，文化创意是最重要的中间环节。特别是在交通、信息、传播高度发达的今天，文化资源的独享性正在弱化，文化资源不再是民族所独有的精神财富。文化资源的利用完全可以打破地域限制，任何文化资源都可以在具有创意的思想中为我所用，并创造出独特的文化产品。因此，文化资源的开发、利用和竞争，表面上看是文化资源的竞争，实质上是文

化创意、文化传播形式、文化表现方式和文化观念的竞争。例如美国虽然只有200多年的历史,历史文化资源没法和中国相比,但美国却有超强的文化资源转化能力,它借用别的国家的文化资源所打造的文化产品可以行销全世界。比如功夫是中国的,熊猫也是中国的,但中国没有将它变成文化产品,而美国利用创意所打造的《功夫熊猫》却能打开国际市场,畅销全世界。由此可见,问题不在于你有没有文化资源,关键是你有没有文化资源的加工能力和转化能力。就像你虽然有资源,但不一定有工业,不一定有产品。最重要的是对原材料的加工,形成新产品、新品牌。中国是一个文化资源非常丰富的地方,这么丰富的文化资源实际上是一座得天独厚的文化富矿。问题是我们不能守着金山要饭吃。现在中国人最缺乏的不是资源,而是创意,是把文化资源变成让当代人喜闻乐见的文化产品的创意,是作品能够体现民族文化精神和时代精神的创意,是能吸引外国人来到中国以及让中国文化走出去的创意。近年来,我们利用新创意开发自己的文化资源,打造了《印象·刘三姐》、《印象·丽江》、《印象·西湖》、《禅宗少林·音乐大典》等一系列山水实景演出。这些演出巧借大自然的景观,赋予丰富的文化内涵,成功地实现了人与自然的和谐统一,让人进入一种诗意的境界,享受到美的感受,在国内外产生了强烈的社会反响,取得了令人瞩目的成绩。但是相对于丰富的文化资源来说,这样的开发还只是极其有限的一小部分,还有大量的文化资源等待着我们进一步挖掘、利用和创造。强调文化创意,突出文化内容与形式的创新,应该是中国文化产业的发展方向。

3. 以内容和形式创新,打造高品位的文化品牌

内容与形式创新是文化发展的关键,是文化最根本的创新。在提升文化软实力的过程中,文化需求的增加,文化市场的开拓,文化品牌的打造,都要靠内容创新和形式创新来实现。文化创新不是对自己的重复,也不是对别人的模仿。它是由“制造”到“创造”的升华,是由“品质”向“品位”的升华,是由一般“产品”向“品牌”的升华。文化创新是继往与开来的统一,是形式与内容的统一,是时代性与规律性的统一,是艺术性与市场性的统一,是“下里巴人”与“阳春白雪”的统一。以昆曲为例,经过600多年发展,达到了极高的艺术水平,作为中国文化的代表入选世界非物质文化遗产名录。其经典剧目王世贞的《鸣凤记》、汤显祖的《牡丹亭》、沈璟的《义侠记》、李渔的《风筝误》、朱素臣的《十五贯》、孔尚任的《桃花扇》、洪昇的《长生殿》等影响广泛,成为中国文学特别是中

国戏曲的经典之作。尤其是近年来由台湾作家白先勇为主创人员打造的青春版《牡丹亭》深受当代青年观众的喜爱。这也说明艺术应随时代，古老的内容即使经典也需要以当代人喜欢的新形式表现，让人赏心悦目。昆曲所代表的美学趣味虽然是南方的，但是它却走向了全国和世界。昆曲最初的兴起是民间的，但在发展的过程中却倾注了文人的大量心血。正是文人的参与和加工，提升了昆曲的文化水准和艺术水平。昆曲因其独特的审美意趣成为中国戏曲的经典，从而有了广泛传播的可能性。

好的文化产品留给人的是一种永恒的美感，虽历经沧桑，但魅力永存，其神韵让人玩味不尽。以中国的瓷器为例，它是中国文化的典型符号和典型代表。在数千年的发展过程中，因时代变迁，其形式和内涵也在不断变化，不断创新。比如钧瓷是我国宋代五大名窑瓷器之一，以独特的窑变艺术而著称于世，素有"黄金有价钧无价"和"家有万贯，不如钧瓷一片"的美誉。钧瓷的美美在意境，如寒鸦归林、夕阳残照、高山云雾、峡谷飞瀑、伯牙抚琴等。这些釉色变化，意味无穷，具有永久的艺术魅力。过去曾有这样的诗句形容钧瓷："出窑一幅元人画，落叶寒林返暮鸦"；"雨过天晴泛红霞，夕阳紫翠忽成岚"。但是，钧瓷在后来的发展中却落入俗套，由于皇帝的宠爱，红色成为皇家美学的基调。此种美学意趣也大大影响到民间。众多的艺人亦步亦趋，千篇一律的红色降低了钧瓷的品位，一味的模仿窒息了创造的生气。相比而言，江西景德镇的青花瓷却独树一帜，成为中国瓷器的代表。青花之所以能在中国瓷坛独占鳌头，主要是因为它与中国人的审美趣味相契合。"青花作为中国瓷器的代表，以白色和蓝色所构成的清雅世界，表现宁静清洁的美，青花瓷器有一种静气，看这样的瓷器可以平息人心的浮躁，将人的心灵从喧嚣的世界中拉回。青花是一种单色彩绘，色彩上看起来比较单调，但也正是青花的特点，没有过分的装饰，没有刻意的夸张，优雅而平静。"①青花可以说集中体现了儒道美学思想的精华，儒家的内蕴、含蓄，道家的简单、透明，都在青花中得以体现。由此可见，文化产品的创新必须冲破原有的束缚，必须独树一帜，必须与民族的审美习惯相结合，必须与高层次的文化形式相结合，才有可能成为精品，成为经典。

---

① 叶朗、朱良志：《中国文化读本》，外语教学与研究出版社2008年4月第1版，第222页。

四、重视传播手段创新

传播手段的创新关系到文化的传承与传播，关系到文化的渗透力和影响力。在文化产业发展的过程中，传播是连接生产和消费的中间环节，是生产者与消费者之间的桥梁。正是因为有了传播，文化产品才得以面对市场，面向消费者。如果没有传播，文化产品的社会价值与经济价值就无法实现。人类学家萨皮尔说过："每一种文化形式和每一社会行为的表现都或则明晰或则含糊地涉及传播。"[①]文化传播的目的主要是让更多的人接受文化、享受文化，进而改变人们的思想，提升人们的素质。因此，传播手段与传播方式的改变，会极大地影响到传播的效果与传播的范围，影响到文化产品接受者的心理结构和思想导向，甚至由此可以引发起一次文化革命。20世纪的五四新文化运动之所以成为现代中国的思想革命，其重要原因就在于利用了现代传媒和现代语言符号。可以说，没有《新青年》、《新潮》等一大批体现新文化精神的报刊，没有将文言文变成通俗的白话文，思想革命的任务与现代中国的转型是不可能完成的。今天，文化产业的蓬勃发展，在很大程度上依赖于传播手段的更新。

有人说："文化不是化石，化石可以凭借其古老而价值不衰。文化是活的生命，只有发展才有影响力，只有传播才有影响力"。从报纸、广播、电视到互联网、手机等新媒体，文化传播方式的变革对人们接受心理的影响是巨大的，由此引发的产业革命在更深层次和更大范围改变着人们对于文化的体认与期待。近年来，河南电视台的《梨园春》之所以受到了广大观众的欢迎，就是成功地利用电视擂台赛的形式，充分调动广大观众的参与热情。老人、儿童，专业的、业余的，本地人、外地人，豫剧、曲剧、京剧等，都可以在《梨园春》的舞台上一决高下、一展风采。《梨园春》作为河南电视台创办的一个以播放河南地方戏为基本内容的综艺专题栏目，自1994年10月创立以来，经过几次改版，现已成为在全国有重大影响的戏曲栏目。在《梨园春》的影响下，河南省内10多家电视台相继开办了戏曲电视栏目，一些兄弟省市电视台也办起了自己的地方戏栏目。

---

① 威尔伯·施拉姆、威廉·波特著，陈亮、李启、周立方译：《传播学概论》，新华出版社1984年版，第4页。

《梨园春》的传播创新，使传统戏曲现代化，重新焕发出新的生命力。在当今的传播媒体中，影响力最大的依然是电视，随着电视的普及，原来不太景气的电影也因之走红。目前许多电视台都开通了电影频道，使中国电影的传播有了进入百姓和市场的通道。另外，电视对出版业的拉动也非常明显，随着《百家讲坛》和各种传统文化类栏目的走红，与之相关的图书也畅销不衰。与此同时，电视播出的动画片，也拉动了少儿图书的出版。

随着科学技术的快速发展，网络作为最有影响力的新兴媒体，带来了文化形式的深刻变革，它在传播信息方面具有传统媒体不可比拟的优势。近年来，网络对于各类突发事件和重大事件的报道反应速度很快，走在传统媒体的前边，已经成为人们普遍关注的第四媒体。人们利用网络一方面获取信息知识、休闲娱乐、商务办公，另一方面进行文化创作、发表意见、沟通交流。网络已经成为获取信息的主渠道，成为各种思想文化碰撞的平台。随着 LED 显示屏在国内的迅速发展，它日益成为户外大型传媒载体。LED 显示屏因其画面色彩鲜艳、立体感强、高亮度、大尺寸的特点，普遍应用于电视传播、广告发布、医疗、航天、演出等众多领域。现在不少人就是通过户外大屏幕电视观看新闻，了解信息。另外，随着手机的普及，手机电视成为传播的新热点。比起传统电视，它的无线可移动性和即时性的优点是显而易见的，虽然手机电视目前还不是非常普及，但无疑有着良好的发展前景。2008 年北京奥运期间手机媒体发挥了很重要的作用，奥运会开幕式当天，有近 20 万人进入中国移动手机奥运专区，这是奥运史上第一次出现手机电视服务。2009 年，3G 手机上市并大规模使用，传输速度大大加快。今后越来越多的人将会利用手机看报纸、看电视、看电影、听广播、听音乐，围绕手机开发的文化形式将会越来越多。

因此，在新形势下，我们一方面要发挥报纸、广播、电视这些传统媒体的优势，充分体现其权威性、公正性、导向性；同时又要善于利用网络等新兴媒体快捷性、互动性的特点，做好传统媒体与新兴媒体的融合。《河南日报》与大河网互动创办的《焦点网谈》栏目被评为中国新闻奖新闻名专栏一等奖，开创了河南省报刊界和中国互联网历史上的两个第一。《河南日报》与河南移动公司合作，共同创建的河南手机报，全国发行。现在，体验用户已达百万，位居全国前列。这就是成功借助了网络与新媒体的力量。因此，我们必须充分发挥科技在文化产业中的支撑作用，加快手机电视、手机电影、手机动漫、移动电视、数字出版、数字图书馆、数字博物馆、动漫、游戏等新兴文化业态的开发，最大限度地促进传播创新，提高文化传播的效果。

传播手段的创新，关系到占领舆论阵地的问题，关系到国家文化安全的问题，关系到文化市场的问题，关系到文化竞争力的问题，关系到文化传播主动权的问题。因此，积极培育、占领、发展新媒体对于发展文化产业至关重要。

五、重视文化人才创新

文化生产是复杂的创造性劳动，其中既有智力的，也有体力的。相对其他产业而言，文化产业对于人的知识、智慧、创造性要求更高。现代意义上的文化产业有着知识密集、技术密集、信息密集、人才密集的特点，因此，人才成为文化产业发展的关键。特别是在当前一些新兴的文化业态不断出现，产业结构不断调整，知识不断更新的情况下，文化产业人才就显得尤其重要。

1. 培养文化产业的领军人才

人才是文化产业发展的根本，没有一流的人才作支撑，中国文化产业的发展壮大就无从谈起。当今文化，我们既需要像陈寅恪、钱钟书、季羡林、任继愈等这样的高雅纯粹的文化大家，也需要像余秋雨、易中天、于丹等这样走向大众的文化传播名家，更需要像张艺谋、陈凯歌、冯小刚、杨丽萍、赵本山等这样走向市场的文化艺术家。文化产业作为文化与市场相结合的产物，同样需要特殊的人才。大家的作用是通过自己的特殊才能，带动一批人，将一方的地域文化从地方推进全国，由一般影响形成特殊影响，由一般文化变成文化品牌。例如东北的赵本山，这位农村长大的民间演艺奇才，在全国产生了深远的影响，被观众誉为“小品王”、“东方卓别林”、“中国笑星”等。赵本山的最大贡献是将“二人转”进行净化和改良，并把它推向了全国。在“宁舍一顿饭，不舍二人转”的口号声中，赵本山连同他的东北文化被炒得如火如荼。如今围绕赵本山现象形成的“东北风”早已取代了当年的“西北风”，由此形成的文化产业越做越大。2005年，伴随辽宁民间艺术团升格为“本山传媒”，赵本山出色完成了从喜剧演员到文化商人的转型。他的企业被国家文化部授予除事业单位以外的“中国文化经济实体30强”，由此形成的文化集团越做越强。演出业是本山传媒的第一个支柱产业，包括辽宁民间艺术团和刘老根大舞台剧场。刘老根大舞台的8家连锁剧场“天天有演出，场场都爆满”，成为各地一大文化景观。2006年，赵本山带着刘老根大舞台的二人转“转”进了人民大会堂。2008年，赵本山当选为曲艺类东北二人转国家级非物质文化遗产传承人。本山传媒的第二个支柱产业——影视制作业。《刘老根》、《马大帅》、《乡村爱情》系列先后在央视一套播出，连创央视当年电视剧收视率冠军，赵本山也因此由“小品王”一跃成为当代农村题材电视剧的“名导”。本山传媒的第三个产业是电视栏目业。2006年，本山传媒与辽宁电视台合作推出了《刘老根大舞台》栏目；2009年5月，又与黑龙江卫视携手，成功打造了国内第一部大型娱乐栏目剧《本山快乐营》，让二人转明星和观众充分互动，展现黑土地最原味的城乡生活。本山传媒的第四个产业是艺术教育业。2003年，赵本山与辽宁大学签订联合办学协议，共同创办了辽宁大学本山艺术学院，并于2004年9月如期开学，设影视表演、文学艺术等4个专业，成为东北地区艺术人才培养的重要基地。本山传媒集团横跨演出、电视剧、电视栏目、艺术教育等经营业务，这四大板块组成了一个互相呼应的小生态系统，“产业链”上的各环节环环相扣：演出业为影视制作捧红人气，电视栏目业为艺术教育业的学生提供实习平台，而本山艺术学院则为演出业、影视制作业和电视栏目业输送人才。这种独特的商业模式让本山传媒实现了良性循环，赵本山本人也登上了“福布斯”世界文化名人富豪榜。① 从“赵本山现象”可以看到，如今文化产业的发展，需要出现一批能够带动一方文化发展的杰出人才。

2. 培养引领时尚的文化先锋

中国文化产业目前最大的缺陷是缺少时尚元素、缺少流行风格、缺少现代精神，太传统、太古老、太土气，与今天的时尚文化、青少年文化有相当的距离，特别是要想占领广大的青少年消费市场有相当大的困难。比如在先锋美术、流行音乐、现代舞蹈、网络游戏、动漫、手机电影等方面还没有多少优势，我们的市场基本上是被外来的文化所占领。在这方面我们应该出现几个周杰伦式的人物。周杰伦是来自中国台湾的歌手、作曲人、作词人、演员、导演。在流行文化方面，周杰伦无疑是影响广泛的“文化英雄”，是当代青少年的“文化偶像”。周杰伦从小对音乐情有独钟，表现出了惊人的天赋。高中毕业后，他没有考上大学，只能到餐馆当服务生，被老板暴骂过，被扣过薪水。后来，一个偶然的机会，

---

① 天笑：《赵本山，“小品王”的商业帝国》，《青年文摘》（彩版），2009年7月上半月刊。

周杰伦被台湾乐坛的吴宗宪“相中”,进入吴的公司做音乐制片助理。其间,他不停地写歌,结果都被吴宗宪搁置一旁,有时甚至当面扔进纸篓,最后才答应歌手唱他写的歌。但是,他的歌太稀奇、太古怪,被很多歌手因不理解而拒绝。有一天,吴宗宪抛给他一个机会:10天,写50首歌,然后挑选10首,自己唱,出专辑。终于,他的第一张专辑问世,立即轰动歌坛。周杰伦对于流行音乐的最大贡献是将底蕴深厚、意境优美的中国传统文化与快节奏的流行文化完美地结合,将中国传统的音乐意境与现代西洋音乐配器完美地融合。他的《七里香》、《东风破》、《菊花台》、《兰亭序》、《青花瓷》、《双节棍》等将中国传统文化演绎得非常时尚与流行,其爱情意蕴与节奏的转换无疑具有天才的创造性。中国文化传统源远流长,要让它实现“创造性的现代转换”,必须有周杰伦式的人方可引领潮流。

3. 建立崭新的文化产业人才培养体系

现代意义上的文化产业有着知识密集、技术密集、信息密集、人才密集的特点,特别是在当前一些新兴的文化业态不断出现,产业结构不断调整,知识不断更新的情况下,文化产业人才就显得尤其重要。现在,从中央到地方都非常重视文化产业的研究和人才培养工作。国家文化部与全国9所大学联合建立了国家文化产业创新与发展研究基地。这9所大学是:北京大学、清华大学、上海交通大学、中国传媒大学、南京大学、南京航空航天大学、华中师范大学、云南大学、中国海洋大学。其中北京大学、中国传媒大学成立了文化产业研究院,云南大学成立了文化产业学院。国家教育部从2004年开始批准开设文化产业相关专业,截至2008年全国已经有60多所高校设立了相关院系和专业。相比起蓬勃发展的文化产业实践,我们的文化产业研究、学科建设和人才培养远远落后于发达国家。目前,我们培养的人才局限性很大,懂文化的不懂经济,懂经济的不懂文化;懂技术的不懂艺术,懂艺术的不懂技术;学科单一、知识面窄、孤陋寡闻,不能适应文化产业发展的要求。要改变这种状况,一要尽快确立文化产业的学科地位,将“文化”作为一级学科,尽快在我国的一些高校率先建立国家级文化产业研究机构、开设文化产业的相关专业,努力建立完整的本、硕、博一体化的文化产业人才培养体系。二要加强对于文化管理干部和文化企业人才的培训,提升文化产业管理人员和从业人员的整体素质。三要加强文化产业的研究。针对我国文化产业发展的实际,确立重大项目,组织专家团队,与政府和企业一起研究文化产业的发展战略，破解文化产业发展过程中的难题。四要打破原有学科壁垒，建立专才教育与通才相结合的人才培养体系，培养既懂文化又懂经营，既懂技术又懂艺术的复合型人才。五要通过有效的人才激励措施，加大对于各类人才的奖励力度和使用力度。在文化产业人才使用方面，要为人才提供宽松的成长环境，创作环境，施展才能的平台，发挥才能的机会。使人才真正有位有为，各尽其才，脱颖而出。

总之，建立和完善文化产业创新体系对于中国文化产业发展至关重要。因为只有创新，文化才能保持长久的生机与活力；只有创新，我们丰富的文化资源才能变成知名的文化产品和文化品牌。只要我们齐心协力，发挥每一个人的创造力，中国文化繁荣的春天就一定能到来。

主要参考书目

1. 沙少海、徐子宏译注:《老子全译》,贵州人民出版社 1989 年 8 月第 1 版。

2. 张耿光译注:《庄子全译》,贵州人民出版社 1991 年 7 月第 1 版。

3. 杨伯峻译注:《论语译注》,中华书局 1980 年 12 月第 1 版。

4. 杨伯峻译注:《孟子译注》,中华书局 1960 年 1 月第 1 版。

5. 陈襄民等注译:《五经四书全译》(四册),中州古籍出版社 2000 年 8 月第 1 版。

6. 冯友兰:《中国哲学简史》,北京大学出版社 1985 年 2 月第 1 版。

7. 张岱年:《文化与价值》,新华出版社 2004 年 4 月第 1 版。

8. 张岱年、方克立主编:《中国文化概论》,北京师范大学出版社 2004 年 1 月第 2 版。

9. 汤一介:《中国文化十一讲》,中华书局 2008 年 4 月第 1 版。

10. 叶朗、朱良志:《中国文化读本》,外语教学与研究出版社 2008 年 4 月第 1 版。

11. 张岂之主编:《中国传统文化》,高等教育出版社 2005 年 12 月第 1 版。

12. 夏中义编:《大学人文读本:人与国家》,广西师范大学出版社 2002 年 7 月第 1 版。

13. 姜义华、吴根梁、马学新编:《港台及海外学者论中国文化》,上海人民出版社 1988 年版。

14. 国家图书馆编:《部级领导干部历史文化讲座》,北京图书馆出版社 2008 年 2 月第 1 版。

15. 陈江风:《观念与中国文化》,广西师范大学出版社 2006 年 11 月第 1 版。

16. 钱理群、温儒敏、吴福辉:《中国现代文学三十年》,北京大学出版社 1998 年第 1 版。

17.《中国文化史三百题》,上海古籍出版社1987年11月第1版。

18. 张晓明、胡惠林、章建刚主编:《2008年中国文化产业发展报告》,社会科学文献出版社2008年3月第1版。

19. 张晓明、胡惠林、章建刚主编:《2009年中国文化产业发展报告》,社会科学文献出版社2009年4月第1版。

20. 叶朗主编:《中国文化产业年度发展报告》,湖南文艺出版社2008年6月第1版。

21. 张晓明、尹昌龙、李平主编:《文化蓝皮书:国际文化产业发展报告,第一卷(2007)》,社会科学文献出版社2007年12月第1版。

22. 王永章主编:《中国文化产业典型案例选编》,北京出版社2003年12月第1版。

23. 张京成主编:《中国创意产业发展报告2006》,中国经济出版社2006年5月第1版。

24. 欧阳友权、柏定国主编:《2007中国文化品牌报告》,中国市场出版社2007年5月第1版。

25. 刘海贵:《中国报业发展战略》,上海人民出版社2006年1月第1版。

26. 宋建武主编:《2009年中国报业年鉴》,中华工商联合出版社2009年4月第1版。

27. 张锐主编:《2010年河南文化发展报告》,社会科学文献出版社2010年1月第1版。

28. 丁世显主编:《2008年郑州文化蓝皮书》,社会科学文献出版社2008年12月第1版。

29. 汪振军:《创意中原:河南文化产业创新研究》,大象出版社2007年9月第1版。

30. 李颖生主编:《中国文化产业经典案例分析》,河南文艺出版社2007年8月第1版。

31. 中宣部理论局编:《理论热点面对面·2008》,学习出版社、人民出版社2008年6月第1版。

32. 中国艺术研究院、中国非物质文化遗产保护中心编:《中国非物质文化遗产普查手册》,文化艺术出版社2007年1月第1版。

33. 邹启山主编:《人类非物质文化遗产代表作》,大象出版社 2006 年 9 月第 1 版。

34. 徐光春主讲:《中原文化与中原崛起》,河南人民出版社 2007 年 4 月第 1 版。

35. 徐光春:《一部河南史半部中国史》,大象出版社 2009 年第 1 版。

36. 胡惠林:《文化产业发展与国家文化安全》,广东人民出版社 2005 年 4 月第 1 版。

37. 胡惠林:《文化产业发展与中国新文化变革》,上海人民出版社 2009 年 4 月第 1 版。

38. 丹增:《文化产业发展论》,人民出版社 2005 年 11 月第 1 版。

39. 孟晓驷:《文化经济学思维——物质与文化均衡发展分析》,人民文学出版社 2005 年 12 月第 1 版。

40. 海德格尔著,郜元宝译:《人诗意地安居》,广西师范大学出版社 2002 年 3 月第 1 版。

41. 本尼迪克特著,孙志民译:《菊花与刀》,九州出版社 2005 年 1 月第 1 版。

42. 刘宗坤:《诸神时代的智者——马克斯·韦伯》,河北大学出版社 1998 年 10 月第 1 版。

43. 马克斯·韦伯著,于晓、陈维纲等译:《新教伦理与资本主义精神》,三联书店 1996 年版。

44. 哈耶克著,王明毅、冯兴元译:《通往奴役之路》,中国社会科学出版社 1997 年 8 月第 1 版。

45. 上海社会科学院哲学研究所外国哲学研究室编:《法兰克福学派论著选辑》,商务印书馆 1998 年版。

46. 尼葛洛庞帝著,胡泳、范海燕译:《数字化生存》,海南出版社 1997 年 2 月第 3 版。

47. 威尔伯·施拉姆、威廉·波特著,陈亮、李启、周立方译:《传播学概论》,新华出版社 1984 年版。

48. 李彬:《传播学引论》(增补版),新华出版社 2003 年 8 月第 1 版

49. 方汉奇主编:《〈大公报〉百年史》,中国人民大学出版社 2004 年 7 月第

1 版。

50. 刘连喜主编:《电视批判》,中华书局 2003 年 4 月第 1 版。

51. 何弘:《生存的革命》,经济日报出版社 2000 年 7 月第 1 版。

52. 吴伯凡:《孤独的狂欢》,中国人民大学出版社 1998 年 1 月第 1 版。

53. 王岳川主编:《媒介哲学》,河南大学出版社 2004 年 9 月第 1 版。

54. 周星、王宜文等著:《影视艺术史》,广西师范大学出版社 2005 年 1 月第 1 版。

55. 张泽群:《城市灵魂》,大象出版社 2006 年 5 月第 1 版。

56. 倪宝诚主编:《大河风》,河南人民出版社 1995 年 9 月第 1 版。

57. 高丙中:《中国民俗概论》,北京大学出版社 2009 年 10 月第 1 版。

58. 瓦尔特·本雅明著,王才勇译:《机械复制时代的艺术作品》,凤凰出版传媒集团、江苏人民出版社 2006 年 7 月第 1 版。

59. 罗钢、刘象愚主编:《文化研究读本》,中国社会科学出版社 2000 年 9 月第 1 版。

后　记

这是我的第三部学术专著。第一部《独立精神的坚守与失落》,作为我的博士学位论文,主要研究20世纪四五十年代知识者题材小说。第二部《创意中原:河南文化产业创新研究》,主要研究河南文化产业。前两部已于2007年出版。这一部《中国文化产业创新研究》,主要研究中国文化产业,历时三年,终于完成。两部研究文化产业的书,一个着重地域,一个着重全国,恰好形成一个体系,凝聚了我对文化产业的整体思考。

从2005年到现在,我专注于文化产业研究已经七年,其间经历了难以言说的喜悦与无奈,付出了大量的时间和心血。岁月匆匆,青丝几多成霜,但付出总会有收获,七年来先后主持完成国家和省部级项目20余项,出版专著三部,发表学术论文20余篇,文化产业研究专著获得了河南省社会科学优秀成果一等奖……

随着国际文化产业的蓬勃发展和中国文化产业的迅速崛起,文化产业发展的春天已经到来。这是一个需要珍惜和重视自己文化的时代,也是一个创意和创造自己文化的时代。当今时代,缺的不是资源,而是创意、创新、个性、品位和品牌。

对于一个学者来说,研究文化产业同样是一个探险的历程。他面对的是一个全新的领域与全新的产业,是文化与经济的交集,是历史与现实的碰撞,是地域化与全球化的融合。这样一个复杂而多变的课题无疑具有挑战性,也正由于此,它又是富于魅力和具有无穷的探索空间。

对于整个国家和人类来讲,任何个人的探索都是微乎其微的。但正是这种具有使命感的探索,对于文化建设尤为重要。当众多的个体为民族与人类的进步自觉自愿地、默默无闻地做着一份力所能及的努力时,国家、民族、人类的文化才充满光明和希望。

我不追求虚妄的轰动效应,只追求内心的真实与快乐。尽管个人的探索难免有许多不足和遗憾,但真正希望阅读本书的人,能有那么一点点启发和想象,弥补我的不足和遗憾,从而继续前行。

本书在写作和出版过程中得到了国家社科基金项目、中国博士后特别基金项目、河南省委宣传部、河南人民出版社的大力支持,在此表示诚挚的谢意!

诚挚感谢我的硕士导师、哲学家赵仲牧先生,我的博士导师、文学评论家刘思谦教授,我的博士后合作导师、郑州大学历史学院院长韩国河教授的指导、帮助和支持!没有他们,就没有我的今天。

本书在成书过程中,我的硕士研究生郭晓静、贾楠、张红超、马晓博、谷喜艳、张璐、郭晨、辛欣等同学在资料收集和校对方面给予帮助,在此表示感谢!诚挚感谢那些曾经帮助和支持过我的领导、朋友、师长和学生!

汪振军

2011 年 11 月 20 日